영유아 문제행동 지도

이하원 | 이신혜 | 이지연

창지사

머 리 말

사회의 기본단위는 가정이다. 사회가 건강하기 위해서는 가정이 건강해야 한다. 그러나 현재 대한민국은 다음세대 리더를 양산하는 가정이 어느 때보다 위기에 처해 있으며 이를 회복할 많은 대안들이 비교적 생산적인 결과물을 내지 못하고 있다. 이에 많은 대안 중 가장 적합한 것을 제시하는 시대가 아니라 원안을 찾아야 하는 시대가 되었다. 물론 본 도서도 원안을 명쾌하게 제시했다고 주장하기에는 부족함이 있다. 뿐만 아니라, 미취학 아동을 대상으로 한 문제행동 관련 양서들이 적지 않게 출간되어 있다. 그럼에도 불구하고 공동집필자들과 오래전부터 본 도서를 기획하고 자료를 수집하며 미취학 아동들에게 도움이 되는 최적의 답을 찾아내는 과정을 거쳐 도서를 출간한 데에는 다음과 같은 두 가지 이유가 있다.

첫째, 미취학 아동의 문제행동을 다룬 대학교재 중 발달과정에서 자연스럽게 나타날 수 있는 행동으로 부모와 교사의 일상 속 세심한 개입만으로도 완화될 문제행동과 치료실을 내원하여 전문가의 개입을 반드시 필요로 하는 행동을 동시에 다루면서 임상적 경험을 바탕으로 한 구체적 대안들을 제시한 도서는 많지 않다. 이는 대학에서 수학하는 학생들이 문제행동을 완화시키는 '임상현장의 실제'를 묻어두고 학습 하는 안타까운 상황이 된다. 이 같은 현실은 대학 강단에서 학생들을 가르치는 교수자로서 장님들이 코끼리를 각자의 위치에서 만지고 다 아는 것과 같이 평하는 군맹평상(群盲評象)을 종종 느끼게 한다. 미취학 자녀를 키우는 부모, 현직에 있는 유치원, 어린이집 원장, 교사 및 대안교육 교사들에게도 군맹평상(群盲評象)은 동일하다. 그래서 아이의 문제양상이 전문치료사를 만나야 할 만큼의 수준인가 아니면 가정에서 부모의 양육태도를 바꾸는 것만으로도 충분한가를 고민하고 어떤 시기에 전문가를 만나는 것이 적절한가를 갈등하며 임상현장 앞을 서성거리는 경우가 적지 않다. 이에 본 도서는 다양한 문제행동 사례들을 전문적 식견에 따라 다루어 줌으로써 코끼리 전체를 경험할 수 있도록 돕고 문제행동을 완화하기 위한 구체적인 개입 방안 및 전문가와 협업하는 데에 필요한 가이드라인을 제시하였다. 또한 미취학 아동들의 심리정서, 언어, 사회성 발달에서의 균형 잡힌 성장을 위한 예방적 차원에서의 개입들도 함께 제시함으로써 일상 속 교사와 부모의 구체적 실천 및 적용을 용이하게 하였다.

둘째, 우리는 문제행동이라고 하면 통상 '행동'이라는 단어의 주관적 정의에 따라 심리/정서영역으로만 연결시키는 경향이 있다. 그러나 심리/정서영역과 더불어 미취학 아동들의 문제행동에 배제되어서 안 되는 중요한 영역은 언어이다. 언어는 관계매개체로서 애착을 맺고 또래친구와 사회적 관계를 형성하며 인지 습득의 주요한 도구이다. 이런 의미에서 지연된 언어는 미취학 아동의 전반적인 발달의 열쇠를 잠궈 놓는 것과 같다. 행동주의학자인 B. F. Skinner는 인간의 언어가 어떻게 발달하고 습득되는지를 '언어행동(Language Behavior)'이라는 전문용어를 제시하여 설명하기도 한다. 그러나 대학에서 사용하는 문제행동 교재에는 심리·정서영역만 포함되고 언어문제는 제외되어 있는 경우가 많아 두 가지 영역을 모두 다룬 책은 찾아보기 어렵다. 해당 교과목의 특성상, 두 영역을 동시에 강의하기 어려워 한 권의 도서에 담기 어려운 현실도 이해하지만 고등교육에서 미취학 아동의 문제행동을 수학했다면 알아야 하는 모든 지식을 담아내는 것이 바람직하다는 생각에서, 출판사에서 적정한 양에 대한 의견을 주셨음에도 불구하고 두 가지 영역을 모두 넣었다.

본 도서는 이론 및 실제라는 두 파트로 나누어서 제1부 이론에서는 문제행동의 개념(1장), 문제행동에 영향을 미치는 요인(2장) 그리고 문제행동을 지도하는 방법(3장)을 심리, 정서, 행동 및 언어발달영역에서 모두 다루고 제2부 실제에서도 제1부와 동일하게 심리, 정서, 행동 및 언어발달영역에서 총 38개에 해당하는 미취학 아동들의 대표적인 문제행동을 각각의 사례로 제시하고 원인과 솔루션을 임상전문가 수준에서 구체적으로 제시하고 있다. 뿐만 아니라, 미취학 아동을 둔 부모로부터 이들을 교육하는 현장 전문가들에 이르기까지 궁금해하는 주제인 전문가 개입이 필요한 경우와 자연스럽게 시간이 지나면 회복될 수 있는 경우를 구분하는 기준과 조기 외국어교육에 대한 소고(小考)를 부록에 제시하였다. 이는 인터넷에 과학적 근거 없이 돌아다니는 정보들이 전문가 의견과 혼재된 수준에서 현장에 접근되는 것을 넘어 잘못된 정보가 옳은 정보로 굳어지는 현실을 보며 전문가의 입장을 알리고자 함이다. 따라서 본 도서는 예비 보육·유아교사 및 현직에 있는 미취학 아동전문가들로부터 부모에 이르기까지 미취학 아동의 문제행동에 관심이 있는 모든 사람들에게 가치 있는 안내서가 될 것으로 기대한다.

마지막으로 본 도서가 나오기까지 창지사의 양승수 부장님을 비롯하여 애써주신 편집부 직원분들께 진심으로 감사를 드린다. 또한 본 도서가 대학교재로 활용될 뿐만 아니라 보육 및 유아교육 현장에서 유아들과 직접적인 상호작용을 하는 교사들이 활용하는 데 이질감이 없도록 현장의 목소리를 전달해 준 우리 Laboratory의 이미숙 선생님을 비롯한 제자 전원에게 고마움을 전한다. 그리고 다양한 문제를 토로하며 자신의 성장을 우리들과 함께 해 준 임상현장의 내담자들과 그 가족들에게도 진심으로 고마움과 응원을 전하고 싶다. 특히, 집필 회의를 시작하면 엄마로서 역할이 매끄러워지지 못하는 경우가 많은데 어느 장소 어느 시간에서든 흔쾌히 기다려주며 책 출간에 수고를 함께 해 준, 눈에 넣어도 아프지 않은 사랑스런 우리 딸 서윤이와 이신혜 소장이 상담가로서 그리고 한 인간으로서 성장하는 데 가장 좋은 교사이자 동반자라고 늘 말하는 딸 예원, 예빈이에게도 고마움을 전한다.

2020년 1월
사당동 연구실에서
대표저자 드림

차 례

제1부 이 론

제2부 실 제

〈부 록〉

표 차례

PART 1

이 론

CHAPTER 1

문제행동 이해

1.1 문제행동 개념

영유아기는 인간의 발달이 일어나는 초기로서 주 양육자와의 애착을 기반으로 신체, 인지, 언어, 정서 및 사회성 등 여러 영역의 자극을 수용하고 반응하며 성장하는 시기이다. 생후 4~5개월 영아는 양육자와의 공생관계로부터 분리-개별화[1]과정을 시작한다. 생후 6개월 무렵이 되면 영아는 어머니의 머리를 만지고, 귀, 코를 잡아당기는 등 자신의 신체와 어머니의 신체를 구분하기 시작한다. 이 시기를 '분

1) 대상관계 이론에서 제안하는 분리-개별화 단계는 한 인간의 생리적 탄생뿐 아니라 독립적이고 자율적인 개체로 성장하기까지의 심리적 탄생과정을 설명해 준다. 분리-개별화는 공생단계의 절정기인 생후 4~5개월에 시작하여 2세 반까지 지속되는 발달 단계로서, 이 시기를 통해 영아는 양육자로부터 분리되며 자신만의 고유한 개별성을 획득해 간다. 분리-개별화 과정은 4단계(분화, 연습, 재접근, 개별성의 공고화와 정서적 대상항상성)로 이루어지는데, 각 단계들은 서로 겹치기도 하지만 각 단계와 이후의 단계들이 구분되는 그 자체만으로 독특한 행동 특성들을 갖기도 한다(Mahler, 1997).

리' 단계의 시작으로 보는데 분리는 분화, 거리 두기, 경계 형성 등 주 양육자로부터의 독립을 뜻한다. 반면 '개별화'는 유아의 내적 자율성, 지각, 기억, 인지, 현실 검증 능력 등이 발달하는 것으로 자신의 개인적 특성을 갖추어 가는 과정이다. 이는 사회적 맥락에서 일어나는데(Kostelnik, 2009), 개별화 과정을 통해 자아 혹은 정체성이 발달해 가고 사회 질서 안에서 자신의 위치를 획득해간다(positioning). 이는 영아가 걸음마를 시작하면서 독립적 자율을 발달시키는 시기와 맞물려 있는데 '분리'와 '개별화' 과정이 균형적으로 진행될 때 최적의 상태라고 본다(Mahler, 1997).

분리-개별화 과정이 잘 이루어진 영유아는 자신이 속한 환경의 구성원들이 기대하는 바에 따라 가치관, 태도, 규범, 행동양식 등을 형성하며 적응한다. 그러나 동시에 인지, 사회, 정서 등 급격한 변화를 경험하는 과정 속에 부적응으로 인한 문제 행동[2]들이 나타나기도 한다.

문제행동이란 일반적인 규범에서 벗어난 부적절한 행동이나 발달 수준에 맞지 않는 행동을 의미하는데, 문제행동을 바라보는 관점은 인간의 문제를 바라보는 시대의 패러다임 및 인식론의 흐름에 따라 변화·발전하였다. 초기 심리학에서는 문제의 원인과 해결을 개인 심리내적인 관점에서 바라보았다. 이는 당시 서구의 기계론적 세계관에 기초한 것인데, 기계론적 세계관에서는 세상을 기본적인 물질 구성체로 만들어진 거대한 기계로 보며, 기계의 작동원리와 같은 법칙에 의해 이 세상이 움직여진다고 본다(정문자 외, 2007). 맥락이나 상황에 관계없이 작동하는 기계

2) 문제행동이라는 용어는 이상행동, 부적응행동 등 여러 용어와 혼용되어 쓰인다. 그러나 '문제행동'은 개별 사회·문화 혹은 성인들이 바람직하지 않게 여기는 행동이기 때문에 그 판단이 결국 사회·문화의 고유한 해석에 준한다. 따라서 문제행동은 성인중심 용어이다. 반면 '부적응 행동'은 유아가 자기의 생활을 원만하게 이끌어 가지 못하는 데 관련된 행동을 의미한다. 따라서 반의어는 적응 행동이다. 결국, 적응과 부적응은 성인보다는 유아의 일상에서 어떻게 생활을 하느냐와 보다 관련되어 있어 부적응 행동이라는 말이 문제행동보다 영유아 대상으로 사용하기에 적합하다고 볼 수 있다(전선희, 2014). 그럼에도 본 책의 제목과 본문에서 '문제행동'으로 표기한 것은 현장 교사들에게 보다 친밀한 용어로 이해가 용이하도록 한 것이다.

는 고장이 나면 원인을 확인하여 부분적으로 수리가 가능하다. 이와 같이 한 개인에게 나타나는 문제의 원인은 개인내적으로 존재하며, 그 원인을 찾아 교정하고 수정하는 과정을 치료적 과정으로 여긴다. 이 관점에서 태동한 고전적 정신분석의 대표적인 학자인 프로이트(Freud)에 따르면, 영유아기의 문제행동은 특정 발달단계에서 신체적, 정신적 손상을 받아 그 시기에 획득되어야 하는 발달과업을 성취하지 못하고 고착되거나 왜곡, 퇴행된 모습으로 정의했다. 1950년대 중반부터 유기체론적 세계관이 등장하며 한 개인의 문제를 이해하는 새로운 해석과 관점이 발전하였는데, 유기체론적 세계관은 우주가 상호 연관된 관계망으로 구성되어 있으며 본질적으로 역동적이라고 가정한다. 사람, 자연, 생명체와 같은 유기체는 만들어지는 것이 아니라 태어나서 자라며, 부분들은 유기적으로 연결되어 있기 때문에 문제가 되는 부분만 제거하거나 고치기가 어려우며, 맥락이나 상황에 따라 상대적으로 행동한다(정문자 외, 2007)고 보는 것이다. 유기체론적 세계관에서 시작된 체계이론적인 관점에 따르면, 한 개인의 병리적 증상이나 문제행동은 개인에게 원인이 있는 것이 아니라 개인을 둘러싼 체계(가족 및 사회집단 등)의 결함 및 병리를 반영하는 것이다(김유숙, 2017). 즉, 이 관점에서는 가족구조 및 환경과의 관계를 적극적으로 고려하며 영유아기의 문제행동은 가족의 경계(boundary) 및 의사소통의 어려움으로 비롯되었다고 본다. 종합하여 볼 때, 현대에서는 영유아를 포함한 인간의 문제행동을 이해하는 데 있어서 위에서 언급한 개인 심리내적인 관점과 체계론적 관점을 통합적으로 조망하는 시각을 통해 한 인간의 문제행동을 해석하고 진단하는 것을 보편적인 방식으로 인식하고 있다.

영유아기는 언어, 인지, 정서, 사회성 등 전반적 발달이 이루어지는 과정 중에 있으므로 자기표현능력이나 조절능력이 미숙하다. 또한 자아강도가 아직 약하므로 외부환경이나 본능적 충동에 쉽게 영향을 받고 부정적 정서에 노출될 가능성도 크다. 이에 문제 행동도 빈번하게 나타날 수 있는데 어떤 유아들은 지나치게 억제된 행동과 내면화 문제 즉, 우울, 두려움, 위축, 불안 등을 보이는 반면 자신을 적절히 통제하지 못하여 공격성, 과잉행동을 나타내거나 억압된 감정을 행동화하는 등의 외현화 문제를 보이는 유아들도 있다(Achenbach et al., 1983). 바우어(Bower,

1970)는 부적응 행동을 심리와 행동으로 나누었는데, 유아가 사회규범 및 환경에서 요청하는 사안들에 적절하게 반응하지 못하거나 갈등을 보일 때 위축, 긴장, 좌절, 불만 등이 생기는 것을 심리적 부적응으로 보았고, 주의력 결핍 및 과잉행동, 반항, 공격 등을 행동적 부적응으로 제시하였다. 황혜정 외(2002)는 공격, 산만, 충동, 불순종 등 겉으로 드러나는 행동으로 타인에게 불편을 주는 경우와 반대로 우울, 위축, 불안 등 스스로 고통을 겪는 경우를 각각 외면화, 내면화 문제로 문제행동을 구분하였다.

부적응 행동을 적게 보이는 영유아들은 자신의 욕구, 또래의 욕구 및 감정, 관점 등을 잘 인식하여 적절하게 반응한다. 그러나 부적응 행동을 많이 보이는 영유아들은 이와 같은 능력의 결핍으로 또래 관계에서 거절을 당하거나 상호작용이 쉽지 않다(문송이, 2008). 예를 들면, 교실에서 자리를 이탈하여 다른 친구들을 방해하며 자신의 욕구대로 소리를 지르거나 자신과 또래를 모두 위험하게 하는 등 다양한 부적응적 모습을 나타낸다. 영유아가 이러한 행동을 보일 때 주변으로부터 부정적인 피드백(예: 지적, 비난, 훈계 등)을 빈번하게 경험할 수 있는데, 이는 결과적으로 영유아의 건강한 자아발달과 자존감 형성을 방해한다.

이와 같은 영유아의 외현, 내재적 문제행동은 그 강도와 빈도, 지속성 등에 따라 전문가의 직접적인 개입과 도움이 필요할 수 있다. 그러나 문제 행동이 습관화되거나 악화되기 이전에 전문가의 의견을 참고하여 교사와 부모가 함께 노력한다면 연령이 어릴수록 더 빠른 변화와 회복을 기대할 수 있다. 특히 영유아 시기의 문제행동 해결 여부는 영유아의 현재 및 이후 발달단계에서의 발달과업 획득 및 자아존중감과 성숙한 인격 형성에 지속적인 영향을 준다. 그러므로 교사는 부모와의 협업하에 올바른 방향에서의 문제행동 해결을 위한 적절한 지도 및 개입이 필요하다.

1.2 문제행동 고려 시 주의점

교사는 영유아의 외현적/내재적 행동에 대해 체계적인 관찰 및 객관적인 평가를 기반으로 문제행동의 유무를 고려해야 한다. 그 이유는 영유아의 문제행동 유무를 판별하는 데 있어 영유아 주변에 있는 중요한 성인(교사, 부모)의 기대와 관점이 반영될 수 있기 때문이다. 같은 행동을 할지라도 영유아의 해당 연령과 그 행동을 관찰하고 평가하는 성인이 누구이며, 어떤 특성을 갖고 있는지에 따라 문제행동 유무를 다르게 평가할 수 있다. 부모와 교사의 주관적 기준은 각자의 기질, 성향뿐만 아니라 자각 및 경험에서 비롯되므로 결국 이들의 가치관, 해석력 등이 중요하다. 즉, 영유아의 어떤 행동은 객관적으로 문제가 되지 않는다 하더라도 영유아를 돌보는 부모나 교사가 힘들어하는 행동이라면 문제행동이 될 수 있다. 예를 들어, 허용적이고 개방적인 부모는 대체로 원 가족으로부터 허용적인 양육을 받았을 가능성이 높아 자녀의 행동에 대해 여유로운 기준을 갖고, 서둘러 개입하기보다는 지켜보고 믿어주려는 양상이 크게 나타난다. 반면, 엄격하고 통제적인 부모는 원 가족으로부터 권위주의적 훈육을 받았을 가능성이 크므로 자녀의 행동에 엄격한 개입과 훈육이 필요하다고 생각하며 자녀가 반듯함의 기준을 벗어나게 되면 문제행동으로 단정 짓기 쉽다. 이와 같이 영유아의 문제행동은 영유아에게 중요한 인물들의 양육관과 기대에 따라 문제행동 유무가 달라진다.

그러므로 문제행동 유무를 고려할 때는 문제행동에 대한 유형파악을 기초로 문제를 정의해야 한다. 또한 행동의 빈도, 강도, 지속성, 부수 행동(문제 행동으로 나타나는 2차 문제) 및 문제발생 맥락 등 체계적인 관찰이 필요하다(Campbell, 2002). 무엇보다 이와 같은 체계적 관찰이 요구되는 이유는 상황과 맥락에 따라 영유아의 행동 특성이 다른 경우가 많기 때문이다. 영유아들의 경우 누구와 있으며 어떤 상황에 있는지에 따라 다르게 행동할 수 있다. 교육기관에서는 또래들과 잘 지내고 협력적으로 행동하지만 가정에서는 짜증이 많고 제멋대로인 유아도 있다. 반면, 가정에서는 활발하고 적극적이지만 교육기관에서는 수줍고 위축된 경우도 있다. 따라서 영유아 문제행동의 판별을 위해서는 영유아 주변 성인들의 다양한 관점뿐만 아니라 여러 상황에서 나타나는 영유아 특성들을 반영하여 신중하게 결정해야 한다. 또한 문제행동으로 진단되었다 하더라도 문제행동 자체를 소거하는 데에만 초점을 두어 비판, 훈계, 처벌 등의 방법을 사용한다면 이로 인한 부수적인 문제들이 발생할 수 있으므로 주의해야 한다. 문제행동을 판정하는 이유는 부정적인 행동의 소거뿐만 아니라 궁극적으로 영유아를 이해하고 돕고자 하는 데 그 목적이 있으므로 문제행동이라는 부정적 낙인효과(labelling effect)가 생기지 않도록 해야 한다.

문제행동 유무를 판단하기 위해서 질문지, 면담, 관찰, 검사 등 다양한 방법을 활용하되, 객관성과 신뢰성의 확보를 위해 표준화된 검사 도구를 함께 사용한다. 표준화된 검사 도구는 신뢰도와 타당도를 제시한 공식적인 검사도구로서 전문가들의 의견을 가장 명확하게 반영해 주는 방식이다. 그러나 평가하는 당일 유아의 컨디션을 무시할 수 없으므로 위에서 기술한 바와 같이 체계적인 관찰 및 교사와 부모를 대상으로 한 다각도에서의 평가가 필요하다. 즉, 영유아의 문제 행동이 이사, 양육자의 재취업, 동생 출생 등 갑작스러운 환경 변화나 일시적인 스트레스로 초래된 것인지, 교사 이외의 다른 성인에 의해 유사하게 관찰되는지, 교육 기관 이외의 다른 환경에서도 동일하게 나타나는지 그리고 유아의 행동이 타인에게 어떤 영향을 주는지 등 검사에서 산출된 원 점수(raw data) 자체보다 그 의미를 여러 차원에서 해석해야 한다(Campbell, 2002).

마지막으로 영유아의 문제 행동 고려 시 필요한 것은 영유아의 전반적인 발달영역에 대한 지표 이해이다. 각각의 발달 영역에 대한 일반적 발달 규준을 제대로 숙지하고 있어야 정상발달과 이상발달을 구분 지을 수 있기 때문이다. 규준(norm)이란 표준화된 기준으로서 영유아의 발달지표를 해석하는 틀이다. 즉, 영유아들의 다섯 가지 발달영역(신체, 인지, 언어, 정서, 사회)에서 연령에 적합한 행동이 무엇인지를 제시한 것이다. 이에 본 기준에 따라 영유아 발달의 문제 유무를 가늠할 수 있다. 예를 들면, 30개월 무렵의 영아가 '싫어'라는 말을 자주 사용하는 것은 자아(ego)의 출현으로 발달 단계상 정상범주에 포함될 수 있다. 하지만 만 6세인 유아가 '싫어'라는 표현을 자주 한다면 이 행동 양상은 정서문제로서 30개월 영아가 자아의 출현으로 표현하는 것과는 다르게 고려되어야 한다. 또한 정상발달과 이상발달을 규정하기 위해서는 통계에 의한 규준 외에도 개인차를 고려할 필요가 있다. 예를 들면, 36개월 영아의 경우 문장 수준에서 의사소통이 되어야 하는 것이 규준상 정상범주이다. 그러나 외국에서 거주하는 영아라면 두 가지 언어를 동시에 습득하는 시기를 보내고 있기 때문에 우리나라 말이 약간 지연되었다 하더라도 개인적 배경을 고려하여 이상언어발달로 규정하지 않는 것이다. 따라서 다음은 영유아의 신체 및 운동, 인지, 언어, 정서 및 사회, 도덕성 발달의 영역별 규준을 구체적으로 살펴보도록 하겠다.

먼저, 신체 및 운동능력 발달 영역이다. 신체발달은 위에서 아래로, 중심에서 외부로 즉, 체계적인 방향성을 갖고 성장한다. 따라서 머리에서 다리 쪽으로, 심장에서 손끝·발끝으로 발달한다. 그래서 가슴과 몸통이 팔다리 혹은 손가락, 발가락보다 먼저 발달하게 된다. 또한 신체 각 부위의 성장 속도가 다른데 골격, 근육, 내장은 유아기와 아동 초기에 급성장을 이루다가 아동 중기에는 성장이 주춤하고 청소년기에 다시 빨라지는 형태를 띤다. 뇌는 출생 시 무게가 성인의 약 25%에 해당되어 다른 기관에 비해 상대적으로 큰 편이며 약 5세경이 되면 성인 뇌 무게의 약 95%가 된다.

영아의 운동발달은 머리에서 하반신으로의 순서를 따른다. 머리의 조절은 팔과 몸통을 조절하기 전에 할 수 있게 되고 팔과 몸통 조절은 다리를 조절하기 전에 한다. 신체중심에서 바깥쪽으로 향하는 머리, 몸통, 팔의 조절은 손과 손가락의 협응에 비해 앞서서 성취된다(Berk, 2006). 하지만 영아의 중추신경계 발달, 신체움직임 능력, 영아의 동기, 목표에 따라 일반적인 패턴을 따르지 않고 개인적인 방식으로 운동능력을 습득할 수도 있다. 예를 들어, 일반적으로는 잡고 서고 걷기 전에 기게 된다. 하지만 어떤 경우 영아가 엎드리는 것을 싫어하고 앉아 있거나 똑바로 있는 것을 좋아해서 기기 전에 잡고 서고 걷게 되는 경우도 있다. 소근육은 눈과 손의 협응 및 두뇌와 긴밀한 관련성이 있어 문제가 될 경우 전문가에게 평가의뢰를 해야 한다. 본서 〈표 1〉에 제시된 규준 표에 따라 24개월 미만은 약 6개월, 24개월 이상은 약 1년 정도 발달이 느리다면 소근육 발달 이상을 고려해야 한다(Berk,

2006).

다음은 인지발달 영역이다. 영유아기 인지발달을 설명하는 대표적인 학자는 인지발달 심리학자인 피아제(Piaget)와 사회인지발달 심리학자인 비고츠키(Vygotsky)다. 스위스 출생의 피아제는 인간의 발달을 인지로 설명한 학자이다. 피아제에 따르면, 인간의 인지는 도식(스키마)으로 대변되는데, 연령에 따라 도식의 특성이 다르기 때문에 인간의 발달 모습이 다르다는 것이다. 도식은 지식의 틀, 인지기반, 지식구조 등으로 불리며 한 인간이 환경에 적응하는 데 필요한 저장고와 같다. 이에 피아제는 연령에 따라 감각운동기(출생~2세), 전조작기(2~7세), 구체적 조작기(7~11세), 형식적 조작기(11세 이후)로 나누고 각각의 단계가 잘 획득될수록 인지적 평형화 상태를 갖는다고 하였다.

감각운동기는 24개월 미만 영아로서 오감(감각)과 움직임(운동)에 따라 주변 자극을 통합하고 분석하여 발달하는 시기이다. 특히, 이 시기에 중요한 인지개념은 '대상영속성'이다. 대상영속성은 눈에 보이지 않아도 사물 혹은 사람이 어딘가에 존재한다는 개념으로 사물영속성 혹은 사물항구성이라고도 한다. 눈에 보이지 않아도 어떤 것/사람이 존재한다는 것을 안다는 개념은 분리불안과 언어습득과 관련지어 설명된다. 영아가 눈에 존재하지 않는 부모가 어딘가 잘 있다는 안정감을 획득한다면 분리되었을 때 덜 불안할 수 있다. 또한 언어습득에서는 반복 요구 즉, 또, 더(more) 등의 표현이 가능하고 가정(만약~라면), 시제(특히, 미래) 등을 표현할 수 있는 기본이 될 수 있다. 그러므로 까꿍 놀이와 같이 눈에 보이지 않다가 보게 되는 활동은 인지발달을 위해 중요한 놀이가 된다. 감각운동기 후반에 이르면 상징적 사고 형태가 조금씩 출현하기 시작한다. 즉, 감각과 운동만으로 자극을 수용하던 영아가 사고라는 새로운 도식형태를 갖게 된다.

2세에서 6, 7세에 해당하는 전조작기는 감각운동기 후반에 나타난 상징적 사고로 인해 언어가 출현되기 시작한다. 언어, 숫자, 글자 등은 모두 상징성을 갖는다. 상징성이란 반드시 그렇게 붙일 필요가 없는 내용에 형식을 덧붙이는 것으로 비둘기가 반드시 평화를 상징하는 것은 아니지만 사람들이 임의로 붙인 것과 같은 원리이다. 숫자 3이 반드시 3의 의미를 갖는 것은 아니다. 인간이 '3'이라고 쓰고 이를 셋의 양으로 붙인 것뿐이다. 이것을 상징성이라고 한다.

상징성의 놀라운 변화는 인지적 성장의 초석이 되며 획기적인 사고의 성장을 기대할 수 있다. 또한 전조작기는 자아 중심성(ego centrism)을 갖는다. 자아 중심성이란 이기적인 것이 아니라 조망수용능력 차원에서 한 가지 측면에 집중하는 형태이다. 이를 설명하는 대표적인 실험이 피아제가 주장한 '세 산 실험'이다. 세 산 실험은 큰 산, 중간 산, 작은 산 이렇게 세 가지 형태의 산을 책상 위에 올려놓고 5세 아동을 앉힌 후, 맞은편에는 인형을 앉힌다. 이와 같은 세팅에서 실험자는 5세 아동에게 자신이 보는 산의 모양과 같은 그림카드를 골라 오라고 지시한다. 아동은 자신이 보는 산의 모양과 같은 그림카드를 가져 온다. 그러나 실험자가 인형이 보는 산의 모양과 같은 그림카드를 가져오라고 해도 본인이 보는 산의 모양과 동일한 그림카드를 선택한다. 이는 인형의 입장에서 보는 산의 모양을 인식할 수 없다는 것을 의미한다. 이와 같이, 전조작기는 한 측면밖에는 볼 수 없다. 이는 엄마와 자신의 생각이 다른 것에 대해 충분한 인식이 어려운 것을 이해할 수 있게 한다. 또한 역지사지가 되지 않으므로 언니가 있는 여아에게 "너, 언니 있니?" 하면 "네"라고 대답하지만 "그 언니에게 동생이 있니?"라고 물으면 "몰라요"라고 대답한다. 그리고 이 시기는 물활론적 사고를 하기 때문에 초기에 생물, 무생물 모두 살아 있는 것으로 인식한다. 그래서 해, 달, 자동차 등도 살아 있다고 생각하여 해님, 달님과 같은 호칭을 사용하거나 자동차에 시동을 걸면 죽었거나 혹은 자고 있다가 깨어나는 것으로 이해한다. 또한 이하원 외(2013) 연구에 따르면, 5~7세 유아의 경우 로봇을 생물도 무생물도 아닌 중간 형태(hybrid being)로 인식하고 있었다. 이에 유아기는 생물과 무생물 존재에 대한 이해가 흥미롭게도 성인과 다름을 알 수 있다. 전조작기의 마지막 특징인 보존 개념은 외형이 변하지 않으면 양, 수, 부피, 넓이에서 변함이 없다는 것을 아는 개념인데 전 조작기 유아들은 이 개념을 획득하지 못해 인지적 갈등 과제에서 불평형화 상태를 경험한다. 예를 들면, 동전 5개를 두 줄로 늘어놓고 두 줄 중 어떤 줄의 동전을 갖고 싶은지 물으면 두 줄 중 어떤 것도 관계없다고 대답한다. 왜냐하면 두 줄의 동전 수가 같다는 것을 알기 때문이다. 그러나 한 줄을 보다 길게 늘어트리면 늘어트린 줄의 동전을 갖는다고 대답한다. 그리고 그 이유로 늘어진 줄의 동전이 더 많다고 말한다.

비고츠키는 사회·문화가 영유아 사고에 영향을 미친다고 주장한 심리학자이다. 그는 인간은 동물과 동일하게 감각, 주의집중, 기억능력을 갖고 태어나는데, 이러한 선천적인 능력이 환경과의 상호작용을 통해 생후 첫 2년 동안 발달하고 이후 사고의 급속한 성장으로 인지변화를 보인다고 주장했다. 또한 사고는 문화과업을 전수하는 도구이며 영유아 주변에 이들보다 조금 더 똑똑한 또래(more capable peers) 혹은 성인과의 상호작용적 대화를 통해 형성된다고 설명한다. 그 결과, 기본적인 정신능력이 인간의 고등 정신과정으로 변형되는 것이다(Berk, 2006).

비고츠키가 주장한 고등 정신과정은 언어를 통해 관찰될 수 있다. 그의 주장은 언어가 '자기규제' 및 '외적 언어를 내면화'시키는 기능을 하는데 이와 같은 역할이 동물과는 구별된 고등정신 과정이라는 것이다. 먼저, 자기규제의 경우 놀이에 몰두하고 있는 유아가 환경을 탐색할 때, 혼잣말처럼 "빨간 블록은 어디 있지?", "나는 빨간 블록이 필요한데 이건 파랑이잖아", "이건 여기에 맞지 않아. 여기에 끼워볼래" 등을 표현함으로써 자신의 문제를 언어로 통제하며 해결한다. 혼잣말에 대해서 피아제는 미성숙하고 이기적인 자신의 표현이라고 주장한 반면 비고츠키는 규제적 형태의 성숙한 고등정신 기능으로 설명한 것이다. 뿐만 아니라, 비고츠키는 자기 규제적 언어가 타인을 의식하지 않고 속에서 말하는 즉, 사고와 타인을 고려하여 말하는 사회적 언어의 중간단계라고 주장하면서 혼잣말이 내적 언어로 내면화되는 과정 중에 있다고 설명했다. 그러므로 혼잣말은 연령이 증가함에 따라 감소하고, 속삭임이나 조용한 입술 움직임으로 변한다.

비고츠키가 인간 발달에 중요한 요소로 강조하는 언어는 선택적 주의집중, 기억, 회상, 분류 및 문제해결 등 모든 고등 정신과정의 기초이기 때문에(Berk, 2006), (인지)발달은 개인에서 사회(타인)로가 아니라 언어를 사용함으로써 관계 맺어진 사회(타인)에서 개인으로 이루어진다(배한동 외, 2008). 이 과정에서 비고츠키는 근접발달지대 개념을 통해 사회로부터의 영향력을 강조했다. 근접발달지대란 내가 혼자서 할 수 있는 영역과 누군가가 도와주어서 할 수 있는 영역 간의 차이로서 (Berk, 2006) 퍼즐을 맞추고 있는 유아에게 엄마가 "어느 조각이 맞을까?", "이 모양과 비슷한 것은 어디에 있을까?"라고 질문하며 성취를 격려하면 이 부분이 근접발달지대가 된다. 근접발달지대에서는 성인 및 보다 유능한 또래가 영유아와 상호작용할 때 다음의 두 가지 특성이 발현된다.

첫째, 간 주관성이다(intersubjectivity). 간 주관성이란 주어진 과제에서 학습자와 가르치는 자가 서로 다르게 이해하고 있던 부분이 공유되어 이해되고 일치되는 지점을 의미한다. 이는 의사소통을 원활하게 하는 데 필요한 요소로서 소통의 원만함을 위해 공통지식이 필요한 것과 동일한 원리이다. 즉, 성인(부모, 교사)들이 영유아가 이해하는 방식으로 과제에 접근함으로써 영유아의 발달을 촉진하는 것이다. 3~5세 유아의 경우, 대화 기술이 향상되면서 또래에게 "나는 이렇게 생각하는데 너는 어떠니?"라고 말하며 자발적으로 자신의 관점을 제시함과 동시에 타인의 관점을 수용하고자 하는 간 주관성 지점을 형성하며 더 나아가 근접발달지대를 생성한다.

둘째, 비계(scaffolding)이다. 비계란 건물을 건축하거나 수리할 때 건축 재료들을 운반할 수 있도록 건물 주변에 설치하는 임시시설물로 작업원의 통로 및 작업을 위한 발판을 말한다(두산백과사전). 영유아의 지식과 기술을 발전시키고 지원하기 위해 영유아보다 유능한 또래 및 성인(교사, 부모)이 학습자에게 적절한 안내나 도움을 제공하는 것이다(배한동 외, 2008).

다음은 언어발달 영역이다. 영유아기 언어발달은 아무리 강조해도 지나치지 않을 만큼 중요하다. 이는 언어가 관계매개체로서 사회성, 정서 및 학습까지 영향을 주기 때문이다. 언어습득에 문제가 된 영유아들은 애착, 또래 관계 및 인지습득 문제로 일생동안 삶의 어려움을 경험한다. 미취학 아동들의 집단 따돌림과 같은 형태의 또래 문제는 언어지연 문제가 주요 원인인 경우가 많으며 과한 공격 문제 역시 소통의 문제이다.

그렇다면 언어는 어떻게 습득되는가? 언어 습득은 파블로프(Pavlov), 스키너(Skinner), 손다이크(Thorndike) 및 반두라(Bandura)로 대표되는 행동주의, 그리고 촘스키(Chomsky)가 주장한 생득주의로 설명된다. 초기 행동주의는 자극과 반응 그리고 강화를 기제로 언어습득을 설명한다. 즉, 부모의 양질의 언어자극이 영유아 언어습득에 중요한 요소임을 강조한다. 이는 부모의 말투, 어휘사용 수준, 다양한 강화(예: 음식, 스티커, 칭찬 등) 등이 영유아 의사소통 능력과 관련 있다는 것이다. 그러나 정상적인 성인이 제공하지 않은 말을 영유아가 산출하는 것은 행동주의로만 설명할 수 없는 부분이다. 예를 들면, 어떤 성인도 "이 닦을래?"라는 질문에 "안 이 닦을래요."라고 안(negation) 부정어를 문장 앞에 꺼내는 경우는 없다. 그러나 많은 수의 아이들이 언어 발달기에 이와 같은 오류를 보인다. 또한 장애아동의 경우 언어 재활과정에서 끊임없이 강화를 제공하지만 완전한 모국어 습득자가 되지 못한다. 후기 행동학자인 반두라는 모방이 언어습득에 중요한 요소임을 강조했다. 아무리 부모가 좋은 언어자극을 풍성하게 제공한다 하더라도 영유아가 부모를 따라 하고자 하는 동기가 생기지 않는다면 언어습득이 이루어지지 못하기 때문에 모방이 중요하다는 것이다. 모방이 충분히 이루어지기 위해 영유아는 주 양육자와 좋은 애착이 형성되어야 한다.

이와 같이 행동주의가 언어습득을 완전하게 설명해 주지 못하는 점을 보완하여 1970년대 촘스키는 언어습득기제(Language Acquisition Devise: LAD)를 제시하면서 생득주의를 주장했다. 촘스키는 언어습득이 환경에 의한 것이 아니라 타고난 성향에 의한 것이라고 하였다. 아이들의 언어는 뇌에서 이미 생성되어 산출될 뿐이라는 것이다. 촘스키의 주장을 뒷받침할 실험으로 '우그 테스트(wug test)'가 있다. 실험자는 '우그'라는 낯선 새를 실험에 참여한 아동들에게 제시하고 새를 한 마리 더 가져와 어떻게 부를지를 질문하였다. 아이들은 한 번도 보지 못한 새이기 때문에 이 새의 복수형 또한 성인에게 들은 적이 전혀 없다. 그럼에도 불구하고 모든 아이들은 두 마리의 새를 wugs라고 말하였다. 본 답변을 통해, 우리는 아동의 언어능력은 단지 외부 자극에 의해서만 이루어지는 것이 아니라 태생적으로 획득할 수 있는 기제가 있음을 알 수 있다(https://flogblog.tistory.com/10). 특히, 동일한 가정환경에서 성장한 형제 자매 중 언어능력이 탁월한 아동(언어적성)과 그렇지 않은 아동이 있는 사례들을 살펴보면 생득주의를 지지하게 한다.

그러나 어떤 이론도 그 자체만으로 인간의 언어를 완전하게 설명하지 못한다. 따라서 행동주의, 생득주의가 통합된 설명이 적합할 것으로 생각된다. 즉, 아동이 출생 시 건강한 뇌를 갖고 태어나고 외부 환경도 언어자극이 결핍되지 않을 때 완전한 모국어 화자가 되어 간다.

감각운동기인 영아기에 피아제는 언어습득을 위한 인지 도식으로 수단-목적 개념, 인과론, 사물영속성, 동작 및 소리 모방, 상징놀이를 제시했다. 피아제의 주장은 언어는 자신의 목적을 달성하기 위해 도구로 사용하는 것이기 때문에 언어습득을 위해서는 '수단-목적 개념'을 갖추고 있어야 한다고 설명한다. 이는 높은 선반에 사탕이 있을 때 영아들이 엄마 손을 끌거나, 의자를 가져가는 등 원하는 목적을 달성하기 위해 다양한 방법을 사용할 수 있는 능력에 해당한다. '인과론'은 원인과 결과에 대한 연결고리를 이해하는지를 보는 것인데 예를 들면, 장난감 자동차를 무심코 만졌는데 반짝하고 불빛이 생겼고 이를 또 보고 싶은 아동은 자동차를 만질 것이다. 이때 아동이 자동차를 자꾸 만지며 불빛을 즐겁게 보는 경험을 계속한다면 인과개념이 획득된 경우이다. '사물영속성'은 눈에 보이지 않아도 물건/사람이 어딘가 존재한다는 것을 아는 것이다[3]. '행동 및 소리모방'은 주변의 소리들을 모방하는 능력인데 후기 행동학자인 반두라의 주장을 고려한다면 본 능력은 언어습득에 절대적인 요소이다. 그러나 이 또한 순서가 있어 행동모방 이후 소리모방이 가능하므로 말을 따라 하지 못하는 영유아에게 손을 올리거나 박수치는 등 간단한 행동모방이 가능한지 파악해 볼 필요가 있다. 그래서 영아기에 짝짜꿍, 곤지곤지 등 손으로 간단하게 하는 유희는 중요하다. 마지막으로 상징행동이다. 언어는 상징성을 갖고 있기 때문에 상징놀이를 하지 못하는 영유아는 언어를 습득하기 어렵다. 연령에 적합한 상징놀이는 제2부 실제 편을 참고하길 바란다.

---

3) 보다 자세한 설명은 1장의 인지발달 영역을 참고할 수 있다.

〈표 1〉 연령별 신체 및 운동발달, 인지발달, 언어발달 이정표

	만 1세	만 2세	만 3세	만 4세	만 5세	만 6세
신체운동발달 – 대근육	• 엎드린 자세에서 가슴 어깨를 들고, 이를 위해 팔 사용하기(2~3개월) • 양팔을 벌리고 뒤집기(5개월) • 사람이나 가구의 도움으로 설 수 있고 겨드랑이 밑으로 손을 넣으면 다리에 힘을 주어 통통 튐(6~7개월) • 배밀이 및 혼자 앉기 시작(8개월) • 손과 무릎을 이용하여 기어 다니거나 가구를 잡고 일어설 수 있음(9~10개월) • 혼자 일어서며 어른이 붙잡아 주면 걸을 수 있음(12개월)	• 혼자 걸을 수 있음(13개월) • 계단 오르기, 끌어당기기, 쌓기, 부수기, 물건이 담긴 상자나 서랍을 비우고, 채우기, 공 던지기(18개월) • 한 손 잡고 계단 내려오기, 서기, 앉기, 넘어지지 않고 바로 서 있기, 빨리 움직이고 두 발로 제자리에서 뛰기, 몸에 균형을 잡고 공을 앞으로 치기(24개월) • 잘 달림, 달리다가 멈추기, 유모차 등을 밀거나 조종하기	• 달리기, 빨리 뛰면서 균형 유지, 한 발로 뛰기, 상체를 고정시킨 상태에서 공을 던지고 받기, 세 발 자전거 타기, 발 바꿔 층계 오르내리기	• 혼자 옷 벗기 • 한 발 들고 몇 초 동안 균형 잡기, 장애물을 피하여 진로 바꾸어 뛰기, 발을 교대로 사용하여 계단 위로 올라가기, 한 발씩 계단 내려가기, 상체를 구부려서 깡충 뛰기, 세발자전거 타기	• 발 교대로 계단 내려가기, 신체회전 향상 • 발에 체중 옮겨 공 던지기, 한 손으로 공 잡기, 세발자전거 빨리 타며 유연하게 조종하기	• 유연하게 달리기(달리는 속도가 초당 3.5m로 증가), 정확한 깡충뛰기 및 옆으로 걷기, 온몸을 사용하여 던지고 잡기, 보조바퀴 달린 두발자전거 타기

	만 1세	만 2세	만 3세	만 4세	만 5세	만 6세
신체운동발달 - 소근육	• 장난감이 닿으면 손을 쥠(1개월) • 느슨하게 손을 펴거나 오므리기, 손을 폈다가 주먹을 쥐고 상대를 보며 손 뻗기(3~4개월) • 양손 모두 장난감 잡기(8개월) • 바구니 안의 장난감을 꺼내고 다시 장난감을 상자 안에 넣기 • 종이에 그림 그리기, 크레용 쥐고 끼적이기(9~10개월)	• 연필로 낙서하는 것을 모방하려고 함(13개월) • 컵 사용은 잘 하지만 숟가락 사용은 미숙함(15개월) • 크레용을 주면 자발적으로 낙서함 • 숟가락을 잘 다룰 수 있게 됨 • 5~7개의 블록을 쌓아올릴 수 있음	• 숟가락을 효과적으로 사용, 책장을 한 장씩 넘길 수 있음 • 원 색칠 가능, 물건 쥐기, 조작하기, 붙였다 떼었다 하기 • 왼손 또는 오른손 중 한 손 주로 사용, 단추 채우고 지퍼 잠그는 시도함	• 간단한 모양 그리기 • 신발 정리 가능, 나무토막 9~10개 쌓기 • 단추를 끼울 수 있음 • 가위 사용, 줄로 구슬 꿰어 목걸이 만들기 • 세수하기, 양치하기 • 손 씻기	• 블록 쌓기에 있어 민첩성, 정교성, 정확성이 높아짐 • 신발 혼자서 신기	• 빨래집게 사용 가능 • 선 따라 모양 오리기 • 깔때기 사용해서 물 따르기 • 대상이 명확한 찰흙 빚기 가능 • 빨대, 단추 등 작은 사물 끈으로 묶기 • 작은 블록으로 균형 잡힌 구조물을 만들기
인지발달	• 흥미 있는 장면이나 소리에 접근하기 위해 제한된 운동기술을 사용하여 탐색 함(0~1개월) • 대상영속성, 중력을 포함한 많은 물리적 속성 인지발달 시작(1~4개월)	• 여러 장소에서 숨겨진 사물이나 대상을 찾음 • 물건을 숨겨 둔 장소를 떠난 후, 그 물건이 그 장소에 있다고 생각함, 여러 달 지난 행동에 대한 지연모방 대상을 한 개의 주제로 분류(12~18개월)	• 이중표상[4]을 이해하게 됨에 따라 언어발달, 가장놀이, 그리기 활동에서 표상활동이 증가함 • 단순하고 친숙한 상황과 일상에서 타인 관점 이해함 • 생물과 무생물 구별	• 가장(pretend)이 표상임을 인식함 • 요정, 도깨비 등에 관한 마법적인 생각을 할 수 있음		

	만 1세	만 2세	만 3세	만 4세	만 5세	만 6세
인지발달	• 짧은 지연(1일) 후에 성인 얼굴표정 지연 모방 가능, 개념적으로 유사한 대상과 사건 분류 가능(4~8개월) • 천으로 가린 숨겨진 대상 찾기, 간단한 문제 해결 능력(8~12개월)	• 보지 않고 옮겨진 대상을 찾을 수 있음 • 성인이 보인 행동에 대해 지연 모방, 대상을 두 개의 주제로 분류(18~2세)	• 보존개념, 변형 주목 및 사고전환, 친숙한 상황에서 인과관계 이해 가능 • 대상을 종류, 기능, 행동에 기초하여 분류함 • 유목 내에 포함되어 있는 사물이나 대상이 공유하는 중요한 특징을 생각할 수 있음[5]	• 인과관계에 대한 그럴듯한 설명을 할 수 있음 • 언어적인 외양 – 실제 문제를 해결함(4~7세)		

4) 상징 대상을 본래의 대상과 상징으로 구분하여 보는 것을 이중표상이라고 한다. 예를 들어, 만 2세 영아에게 실제의 방에 어떤 물건을 숨기는 것을 보여주고 찾아보라고 지시하고, 이후 실제의 방과 비슷하게 꾸며놓은 모형의 방을 보여준 뒤 물건을 어디에 숨겼는지 찾아보라고 하면 만 2세 영아의 경우 모형의 방이 장난감 방이면서 또 다른 방을 상징한다는 것을 인식하지 못한다(Berk, 2006).

5) 유목포함(class inclusion)은 상위유목과 하위유목 간의 관계, 즉, 전체와 부분의 관계를 이해하는 능력을 말한다. 유아에게 열 송이의 빨간색 장미와 다섯 송이의 노란색 장미를 보여주고 "빨간색 장미가 더 많니? 노란색 장미가 더 많니?"라고 물으면 유아는 빨간색 장미가 더 많다고 대답한다. 이때 유아는 빨간색 장미와 노란색 장미라는 하위유목이 모두 장미라는 상위유목에 포함된다는 사실을 이해하지 못하고 장미꽃의 색깔이라는 지각된 특성에만 주의를 집중하게 된다. 왜냐하면 전체(장미)와 부분(빨간색 장미와 노란색 장미)이라는 논리적 관계를 이해하지 못하기 때문이다(정옥분, 2013).

	만 1세	만 2세	만 3세	만 4세	만 5세	만 6세
언어발달	• 소리에 놀람 • 같은 소리 반복 이야기를 하면 미소 지음 • 고개 돌려 소리 근원지를 찾음. 목소리 인식(0~6개월) • '안 돼' 소리 이해함 • 이름 호명에 반응함 • 소리모방 • 옹알이 • 1개 이상의 낱말 사용 • 주로 명사 사용 • 1~3개 표현어휘 획득(7~12개월)	• 성인과 유사한 억양패턴을 사용함 • 간단한 지시 따르기 가능 • 3~10개, 혹은 그 이상(대부분 명사)의 표현 어휘 습득 • 2낱말 조합형태 사용 • 원하는 물건 요구(13~18개월) • 50~100개 혹은 그 이상 표현 어휘 습득 • 명사와 동사 결합 • 대명사(내, 나) 사용 시작 • 이게 뭐지? 질문에 대답 • 5개 정도 신체 부위 앎(19~24개월)	• 50~75% 구어 명료도 • 배설 욕구 말로 표현 • 이름 명명하여 물건 요구 • 낱말 듣고 그에 해당하는 그림 지적 • 첫 음절에서 반복하는 현상을 자주 보임(예: 그거 있잖아요, 그거, 아니 아니 등)	• 물건 기능 이해 • 단순 질문에 대답 • 질문 가능(예:. 누가, 무엇을, 어디, 왜) • 문장 사용 • 과거와 미래 인식 • '왜냐하면'이라는 접속사를 사용함 • 모방하며 5까지 세기 • 1~3가지 색 이해함 • 10까지 외워서 셀 수 있음 • 더듬는 횟수 줄어듦 • 노래, 리듬, 무의미 음절을 즐김 • 놀이터나 친구 집에서 있었던 경험을 이야기함	• 여섯 가지 기초 색깔과 세 가지의 기초 모양을 말함 • 주어진 지시 수행 • 요일을 순서대로 말할 수 있음 • 30까지 외워서 셈 정보를 교환하거나 질문을 함 • 문법적으로 완벽한 문장 사용함	• 약간의 철자, 숫자 돈의 단위를 명명할 수 있음 • 순서대로 수 세기 • 왼쪽과 오른쪽 이해 • 100까지 외워서 세기 • 대부분의 시간개념 이해함

출처: 김영태(2015), 보건복지부 육아정책연구소(2013), Berk(2006)의 자료를 인용

다음은 정서 및 사회성 발달 영역이다. 정서는 개인 내적 특성인 반면 사회성은 이를 기초로 타인과 상호작용하는 방식이다. 그러므로 사회성이 좋지 않다는 것은 정서에 문제가 있다는 것을 의미한다. 영유아기의 정서발달의 가장 핵심인 애착 형성은 또래 집단과의 관계 질을 결정하므로 정서와 사회성은 불가분의 관계라 할 수 있다.

영아기는 아직 언어 산출이 미숙하기 때문에 이들의 정서를 파악할 수 있는 방법은 목소리, 표정, 신체 움직임 패턴이다. 영아기 기본 정서는 기쁨, 흥미, 놀람,

공포, 분노, 슬픔, 혐오이다. 생후 6개월이 되면 영아는 주 양육자의 표정뿐만 아니라 타인의 표정을 보고 이들의 정서를 가늠할 수 있는 능력을 갖는다. 또한 타인 정서에 영향을 받아 자신의 기분이 결정되기도 하는데 본스타인(Bornstein, 1995)은 이를 영아가 정서를 이해하기 때문이라고 설명한다. 영아들의 의사소통 능력이 아직 미숙하여 타인의 정서를 기초로 자신의 정서를 결정짓는 것을 사회적 참조라 한다. 사회적 참조(social referencing)[6]는 주 양육자의 태도가 영아의 감정에 영향을 주는 것이므로 낯선 상황에서 주 양육자는 주의해야 한다. 예를 들어, 어린이집에 처음 등원하거나 적응기간을 경험하고 있는 영아들은 주 양육자의 표정에 의해 교육기관이 안전한 곳인지 그렇지 않은지를 결정하게 된다.

유아기는 공포, 분노, 질투, 울음, 애정 등 다양한 정서적 표현이 증가하면서 인지적 해석이 다양해져 제2차 정서시기라고도 한다. 3, 4세경의 유아는 인지적 해석이 복잡한 감정들에 대한 이해 및 표현이 어렵고 슬픔 같은 부정적 정서보다는 행복과 같은 긍정적 정서를 더 쉽게 이해한다. 한편, 6세 유아들은 '시샘하는', '뽐내는', '난처한', '가련한'과 같은 좀 더 복잡한 정서 개념도 이해할 수 있다(Fabes et al., 1994). 또한 3, 4세가 되면 말이나 행동을 통해 자신의 감정을 조절하는 정서조절 전략[7]이 가능해진다. 예를 들면, 두려운 장면에서 눈을 감거나 "엄마가 곧 오신다고 했어."라고 스스로에게 이야기함으로써 자신의 감정을 달래고 조절한다. 이러한 조절은 처음에는 양육자나 교사의 다독임과 같은 외부 지원에 의해 이루어지지만 이후에는 스스로 자신의 정서를 조절하게 된다.

---

6) 사회적 참조 현상은 대부분 모호한 상황에서 발생한다. 영아는 익숙하지 않은 사람이나 물체를 접했을 때 어떻게 해야 할지 양육자를 보고 결정한다. 그래서 낯선 상황에 대해 부모가 불안한 표정을 지으면 그 상황이 어떠한지 정확한 파악은 하지 못해도 불안하게 되는 것이다(Feinman et al., 1992; Rosen et al., 1992).

7) Westen(1994)에 따르면, '정서조절'이란 유쾌한 정서를 극대화하고 불쾌한 정서를 최소화시키기 위한 의식적, 무의식적 과정들이라고 정의하였고, Thompson(1994)은 어떤 목표를 수행하기 위한 정서반응을 모니터링, 평가, 수정하는 데 관계되는 외적, 내적 과정으로 정의했다.

이와 같이 정서인식과 정서조절 능력은 정서발달에 중요한 두 축이다. 이 두 가지 능력이 탁월한 유아들의 경우 사회성에서도 좋은 평가를 받는다. 던햄 외(Dunham et al., 2003) 연구에 따르면, 긍정적인 정서를 표현하고 슬픔이나 분노를 적게 표현하는 유아들이 화, 슬픔 혹은 변덕스러움을 많이 표현하는 유아들에 비해 교사나 또래로부터 우호적인 평가를 받는다고 하였다. 유아의 정서와 밀접한 관련이 있는 사회맥락은 부모, 또래, 문화로 나뉜다. 부모와의 애착을 강조하는 학자들은 생애 초기의 주 양육자와의 관계가 이후 사회성을 형성하는 데 중요한 기초인 내적 작동 모델을 만든다고 주장한다. 사회학습 이론가들도 유능한 사회성을 형성하는 유아들은 부모가 좋은 모델이 된다고 강조한다. 특히, 유아는 부모의 언어, 행동, 정서적 민감성 등을 관찰하여 이를 획득한다고 보았다. 이에 유아의 사회적 유능성은 어머니의 사회적 민감성에 준한다(정옥분 외, 2007).

초기 사회관계 형성은 가족에서 발달이 시작되지만 맞벌이 부부의 증가 및 여성들의 자아실현 등 현대 사회의 여성권익 신장과 관련하여 보육기관 서비스를 활용하는 유아들의 연령이 낮아지고 있다. 이와 같은 현상에 대해 학자들의 의견이 분분하지만 이른 연령에 어린이집 경험은 또래와 직간접적인 영향을 많이 받는 시대가 되었음을 시사한다. 이에 또래가 사회맥락으로 영향을 미치는데, 3~5세 유아들은 또래와 상호작용하면서 우정, 갈등, 경쟁, 협력 등의 사회적 행동을 습득한다. 또래와의 놀이는 정서발달을 돕고 갈등 상황에서 나타나는 공격행동을 규제하는 능력을 발달시키며 적절한 성역할을 습득하도록 돕는다(정옥분 외, 2007). 4, 5세가량의 유아들은 인지적 과정의 성장과 변화로부터 파생된 사회적 능력을 습득하면서 복잡한 구성놀이, 상상놀이를 통해 협동적 놀이를 할 수 있게 된다. 유아들이 차례를 지키며 사이좋게 놀기 위해 스스로 조절 행동을 하며 목표에 대해 타협하고 대화할 수 있는 능력은 자기통제능력, 표상(representation)사고, 수단-목적 사고, 조망수용능력, 타인의 의도와 사회적 맥락 이해, 기억, 언어능력 변화 등이 동반되어야 가능하다(Campbell, 2002).

마지막으로, 영유아의 정서발달은 문화에 영향을 받는다. 즉, 영유아는 속한 문화에 따라 특정 상황에서 수용되는 정서와 그렇지 않은 정서가 무엇인지 파악하게 되며 정서를 어떻게 표현하는지 배우게 된다. 예를 들면, 중국 문화에서는 어른에게 훈계를 듣게 되면 죄송함의 표현으로 웃어야 하고 서양 문화는 어른의 눈을 지속적으로 맞추는 것이 존중의 표현이다(Lynch et al., 2004). 즉, 영유아는 가정과 지역 사회에서 타인을 관찰하고 상호작용함으로써 본인이 속한 문화의 양식을 익혀 정서인식 및 조절 등 정서발달을 획득한다.

다음은 유아의 도덕성 발달 영역이다. 도덕성이란 옳고 그름을 구분하고 이에 따라 행동하며 공정한 행동에 스스로 자부심을 느끼는 반면, 자신의 기준에 위배되는 행동에 대해서는 죄책감, 수치심을 느끼는 것이다(Shaffer, 1994). 그러므로 도덕성은 단지 도덕개념에서 그치는 것이 아니라 이를 토대로 행동하고 정서적으로 어떤 느낌을 형성하는지까지 포함된다. 즉, 도덕성은 도덕적 사고, 도덕적 정서, 도덕적 행동의 종합 형태이다. 정신분석 관점에서 유아의 초자아를 고려할 때 미취학 시기는 도덕성 형성에 민감한 시기이자 평생의 삶에 중요한 기초가 되는 단계이다(Santrock, 2007).

유아의 도덕성 발달은 학파에 따라 관점이 다른데 정신분석학 이론에서는 도덕적 정서에 초점을 두는 반면, 인지발달 이론에서는 도덕적 사고에 초점을 둔다. 그리고 사회학습 이론에서는 도덕적 행동의 중요성을 피력한다(Berk, 2006). 세 가지 구성요소 중 어떤 것이 더 중요하다고 할 수 없으나 학파에 따라 강조하는 혹은 출발점이 되는 영역을 다르게 둔 것이다. 인지발달이론에서는 도덕성이란 인지가 발달되어야 도덕적 사고와 판단이 가능하고 이를 기초로 도덕적 행동을 하며 결국 자신의 도덕적 정서가 자리 잡는다고 주장한다. 특히, 도덕성은 내면화 과정을 통해 형성되는데, 이는 자기 조절의 가장 발전된 형태이며 타인을 의식하며 결정하던 것에서 (그 기준을) 자신의 것으로 내재화시켜 가치를 부여하는 것이다. 즉, 외적 보상, 혹은 타인의 승인, 인정 등에서 벗어나 자기 스스로 가해지는 비난을 피하고자 하는 것이며 그 기준의 명백한 이유를 이해하고 받아들이는 도덕적 의무감에 집중된 형태이다(Kostelnik, 2009).

정신분석학 이론의 대표적인 학자인 프로이트(Freud)는 도덕성을 3~6세 사이에 생성되는 초자아와 관련지어 설명하였다. 3~6세는 남근기로서 오이디푸스와 엘렉

트라 콤플렉스가 관찰되는 시기인데 오이디푸스 콤플렉스는 남아가 어머니를 두고 아버지와 경쟁하는 것이며 엘렉트라 콤플렉스는 여아가 아버지를 두고 어머니와 경쟁하는 것이다. 이 콤플렉스를 극복해가는 과정에서 동성 부모를 동일시하는데 이때 초자아(양심)가 형성되면서 도덕적 기준을 자신의 성격 일부로 통합한다. 그러나 현대 정신분석학에서는 초자아 형성과정에 동성부모와의 동일시가 아니라 주 양육자와의 애착(attachment)을 핵심요소로 강조하여 부모-자녀 관계를 부각하고 있다(Emde et al., 1991). 즉, 부모가 따뜻하고 다정하게 반응하면서 지지적으로 자녀와 관계를 맺는다면 이와 같은 훈육법이 유아의 양심과 긍정적으로 연결되어 건강한 도덕성을 형성한다는 것이다.

사회학습 이론에서는 도덕성 발달이 인간에게 특별한 과정으로 진행되는 것이 아니라 강화와 모델링을 통해 습득된다고 주장한다. 즉, 영유아는 도덕적으로 적합한 행동을 보이는 성인을 관찰, 모방하거나 적절한 행동에 대해 받은 강화를 통해서 도덕적 행동을 습득한다(Berk, 2006). 도덕적 행동은 주변의 성인들로부터 긍정적인 반응을 이끌어 내기 때문에 영유아의 친사회성과 연결된다. 예를 들어, 영유아의 올바른 행동에 대해 '너는 매우 친절하고, 사려 깊구나!', '네가 차례를 잘 지키는 모습을 보니 선생님이 매우 뿌듯하고 기분이 좋다.'는 식의 강화를 한다. 이러한 성인들의 다정한 관심 표현과 격려, 칭찬은 영유아의 친사회적 행동과 좋은 행동규칙의 내면화를 돕는다. 그러나 문제행동에 대해 부모의 훈육이 처벌적이거나 비난을 사용하는 경우가 많다면 영유아들은 이 상황을 모면하거나 순간적으로 회피하고 싶어 도덕적 행동을 내면화할 기회를 갖지 못하게 된다. 그러므로 사회학습 이론가들이 주장하는 가장 효과적인 도덕성 발달과 훈육방법은 유아와 상호 존중적인 유대를 구축하고, 성숙한 행동을 칭찬하여 좋은 행동의 수행을 격려하는 것이다(Berk, 2006).

인지발달 이론에서는 도덕성을 한 개인이 사회적 갈등상황에서 적극적으로 주의 집중하고 상황에 대한 다중적 관점을 인식하여 상호 연결고리를 인지해 낼 수 있는 능력으로 보았다. 그래서 도덕적 이해를 도출하는 인지적 기제인 '구성(construction)'을 통해 발달한다고 보았다(Berk, 2006). 구성(construction)은 주어진 자극에 대한 구조화 과정으로 동일한 자극을 받았다 하더라도 영유아의 도식 수준에 따라 다른 결과물을 보인다. 즉, 영유아는 자신의 도식 수준에 따라 다른 도덕 수준을 보이는 것이다. 이에 인지발달 관점에서는 개인의 인지적 성숙이 사회적 경험과 맞물려서 도덕성 발달을 구성한다고 본다. 인지주의적 관점에서 도덕성 발달을 제시한 대표적인 학자는 피아제(Piaget)와 콜버그(Kohlberg)이다. 피아제는 도덕성 발달을 '타율적 도덕성(약 5~10세)', '자율적 도덕성(10세 이상)'으로 제시하였고 콜버그는 세 가지 수준(전 관습적 수준, 관습적 수준, 후 관습적 수준)과 이에 속한 여섯 단계로 제시하였다(〈표 2〉 참조).

영아기 초기는 옳고 그름에 대한 분별이 없는 '무도덕 단계'로서 보상과 처벌에 따라 행동한다. 이후에는 자신의 행동을 점검해 주는 타인에게 의존하여 따르는 '외적 조절 단계'에 도달한다. 예를 들면, 교실에서 뛰어다닐 때 교사가 천천히 가도록 유아의 손을 잡고 걷는 행동, 놀이터에서 두 아이가 그네를 서로 먼저 타고 싶어서 밀치고 있다면 두 아이를 분리하는 행동, 교실에서 뛰는 유아에 대해 걷기로 했다는 것을 상기시키는 행동 등이다. 물론 영유아기는 보상, 처벌 등을 의식하며 규칙을 따르는 것이지 내면의 기준에 의해 행동하지 않는다. 뿐만 아니라 피상적으로 복종해야 한다는 개념이 있는 것이지 본 행동이 도덕적으로 어떠한지에 대한 이해 혹은 공감은 적다. 그러나 연령이 높아지면서 보다 발전된 형태로서 자기 조절이 생성되는데 동일시 과정을 통해 부모, 가족, 교사 등 나에게 중요한 사람들의 행동, 태도, 가치를 모방하며 도덕성을 획득한다. 도덕성에서 타인을 이롭게 하는 이타적 속성은 유아기에 단순히 먹을 것 혹은 장난감 정도를 나누어서 타인을 즐겁게 해주려는 정도이지 나눔의 진정한 가치, 이타적인 삶의 내재적 속성 또는 공정함 등 초인지적 영역까지 이해하기 어렵다.

〈표 2〉 도덕규준의 내면화 발달단계

연령	도덕규준의 내면화	내용
2~5세	① 도덕행동을 모방하고자 함 ② 위반에 대한 죄책감이 있음	① 신체손상, 처벌, 성인의 힘과 지위에 의존하여 도덕 판단을 하거나 동기가 아니라 결과에 초점을 둠 ② 타인 의도에 초점을 두기 시작 ③ 언어, 동등, 분배의 공정성을 고려함
6~11세	① 친사회적 기준을 포함한 도덕적 규준을 내면화함	① 물리적 결과와 자기 관심을 포함한 피상적 요인을 중심으로 도덕적 판단을 함 (피아제의 타율적 도덕단계와[8] 콜버그의 전 관습적[9] 1단계, 2단계) ② 이상적인 상호호혜성을 점차 이해하면서 인간의 의도 및 기대를 중요하게 여김 (피아제의 자율성[10]과 콜버그의 관습적 3단계[11] 도덕성) ③ 도덕적 강제력, 사회관습, 개인가치, 위반기준 등 좀 더 다양한 변인을 고려하고 도덕 규칙의 목적, 사람의 의도, 맥락 등을 명료화하여 판단 (피아제의 자율성과 콜버그의 관습적 3단계, 4단계)

출처: Berk(2006)에서 인용

8) 인지 발달적 관점에서 피아제의 도덕성 발달 연구에 따르면, 약 5~10세 사이에 속하는 유·아동은 타율적 도덕성의 단계에 있으며 규칙이 권위자(신, 부모, 교사)에 의해 좌우된다고 생각한다.

9) 콜버그의 전 관습적 수준은 외부적으로 통제되는 단계인데 피아제는 이를 타율적 단계로 명명한다. 아동은 권위적 인물의 규칙을 수용하고 행동은 결과에 의해 판단한다. 처벌의 결과를 가져오는 행동은 동기가 어떠하든 나쁜 행동이며 보상을 가져오는 행동은 무조건 좋은 행동으로 생각한다. 1단계는 처벌과 복종을 지향하는 단계이며, 2단계는 도구적 목적지향 단계이다. 1단계인 처벌과 복종을 지향하는 단계는 권위에 대한 공포와 처벌의 회피에 초점을 두어 행동을 결정하는 반면 도구적 목적 지향 단계는 조망 능력이 확장되면서 다른 관점도 이해하지만 자기 관점이 옳은 행동이라 생각한다.

10) 유아의 인지적 발달, 성인의 통제로부터의 점진적 해방, 또래 상호작용으로 인해 유아는 두 번째 단계인 자율적 도덕성, 혹은 협력적 도덕성으로 이행된다. 유아들은 규칙을 더 이상 고정된 것으로 보지 않고, 다수의 의지에 맞추어 변형될 수 있는 융통성 있고 사회적으로 합의된 원칙으로 간주한다(Berk, 2006).

11) 관습적 수준 3단계에서 개인은 사회적 규칙에 대한 일치를 존중하며 착한 사람 되기에 의하여 신뢰, 충성심, 존경심, 도움, 다정함으로 주변의 사람과의 사랑, 승인을 유지하기 원한다. 관습적 수준 4단계에서 개인은 더 큰 관점, 즉 사회 관습적 법을 고려하게 된다. 규칙은 모두를 위한 동일하고 공평한 형태이며, 사회의 각 구성원은 자신을 지지하는 개인적 의무를 갖도록 강요한다(Berk, 2006).

CHAPTER 2

문제행동의 영향 요인

2.1 기질

1. 기질의 이해

기질이란 정서적인 반응으로 한 개인에게 지속적이고 안정적인 특성이라고 할 수 있으며 다른 사람과 나를 구별 짓는 속성이라 할 수 있다(최경숙, 2006). 후천적인 환경보다는 타고난 성향으로 정의되기 때문에 쉽게 바뀌기 어렵고 부모의 유전적 소인을 많이 닮는 것으로 볼 수 있다.

토마스 외(Thomas et al., 1977)는 중상류 아동 141명, 저소득층 아동 95명, 조산 아동 68명, 지적장애 아동 52명을 대상으로 이들 부모에게 각각의 영아 특징을 조사하였다. 그 결과에 따라 활동 수준, 규칙성, 새로운 자극의 접근 혹은 회피 정도, 적응력, 반응을 일으키기에 필요한 자극량, 반응강도, 일반적 정서 상태, 산만성, 주의력·지구력 등 9개 범주로 나누었다. 이와 같은 9가지 특성을 다양성에 따라 순한 기질, 까다로운 기질, 적응이 느린(혹은 더딘) 기질 그리고 어디에도 속하지 않는 기질로 분류했다.

순한 기질 영아(easy infants)는 약 40%에 해당하는 영아들로 규칙적인 생리적 리듬을 갖고 있으며 일상생활이 대체로 명랑하고 새로운 상황에 쉽게 적응을 한다. 그래서 부모들이 양육의 어려움을 적게 호소하고 자녀를 키우는 일에 즐거움을 쉽게 느낀다. 까다로운 기질의 영아(difficult infants)는 약 10%에 해당하는 영아들로서 생리적 리듬이 불규칙하고 새로운 상황에 적응하기 어려우며 반응이 대부분 강하고 부정적이다. 그래서 쉽게 좌절하고 화가 나면 공격적 반응을 크게 보이므로 주변에서 영아를 다루기 힘들어하며 부모도 양육에 있어 어려움을 많이 느낀다. 특히, 수면 및 식습관이 불규칙하고 까다롭기 때문에 양육자의 스트레스가 높으며 이로 인해 부부간 갈등이 생기는 경우도 적지 않다. 적응이 느린 기질 영아(slow to warm up infants)는 약 15%에 해당하는 영아들로서 자극에 대해 명랑하고 수월한 반응보다는 약간의 불안 및 긴장 혹은 부정적 상태를 보여 적응 시간이 오래 걸린다. 낯선 환경에 노출되면 영아는 얼어 있다가 서서히 녹는 것 같은 모습을 보이며, 탐색 기간이 순한 기질보다 길고 자신의 태도를 결정하는 데 오래 걸린다. 적응이 느린 기질의 영아는 까다로운 기질의 영아보다 수월하지만 낯선 상황에 쉽게 적응할 수 있는 유형이 아니기 때문에 부모가 조급해지기 쉽고 빠른 적응을 위해 다그치는 경우가 많다. 마지막으로 35%의 영아들은 위에서 제시한 세 가지 기질 중 어느 기질에도 분명하게 속하지 않는 경우로서 상황 및 주변 사람들이 누구인지에 따라 여러 가지 모습을 복합적으로 보인다.

그렇다면 기질은 얼마나 안정적인가? 토마스 외(Thomas et al., 1977)는 영아들이 성장함에 따라 기질이 얼마나 안정적인지를 종단연구로 그 결과를 제시하였다. 연구 대상자들은 3, 6, 9, 16~17세에 연구자들을 만나 심리검사, 학교기록, 행동관찰, 아동과의 면담 등 여러 차원의 검사를 받았다. 그 결과, 연령이 높아져도 기질 유형은 대부분 쉽게 변화하지 않았으나 일부 변화를 보인 아동도 있어 기질은 안정된 속성이기는 하나 변화가 불가능한 것은 아님을 알 수 있었다. 이와 같은 결과는 비록 기질이 까다롭거나 더디다 할지라도 부모가 양육환경을 어떻게 제공하였는지에 따라 적응적인 성인으로 성장할 수 있음을 시사한다.

버스 외(Buss et al., 1975)는 기질 특성으로 첫째, 선천적인 특성이며 둘째, 사람, 사물 및 사건 등에 반응하는 방식에 영향을 주고 셋째, 타인이 자신을 대하는 방식에도 영향을 주는 요소로 설명하였다. 순한 기질의 영아는 타인을 보며 잘 웃고 반응이 예측 가능하며 편안하기 때문에 주변 사람들과 긍정적인 상호작용을 한다. 이는 선순환 구조를 형성하여 지속적으로 주변과 긍정적인 상호작용을 맺어 적응하기 쉬운 성격으로 성장하기 쉽다. 특히, 외모가 타인과의 관계 맺기에 영향을 주는 경우가 있는데 이를 큐피 인형 효과(Kewpie doll effect)라고 한다(Lorenz, 1943). 이 효과에 따르면, 이마가 크고 오동통한 뺨 그리고 부드럽고 동글동글한 얼굴의 사랑스러운 외모를 가진 영유아가 주변으로부터 보다 많은 긍정적인 관심과 상호작용을 경험할 가능성이 높다(최경숙 외, 2011).

그러나 토마스 외(Thomas et al., 1977)의 연구에서 설명한 바와 같이, 기질은 변화 가능하다. 인간 발달에 유전요소가 어떤 영향을 주는지 확인할 수 있는 대표적인 연구는 쌍둥이 연구인데 쌍둥이의 기질 상관성이 연령이 높아짐에 따라 감소한다는 결과는 후천적인 환경이 기질에 줄 수 있는 영향력을 설명한다. 특히, 토마스 외(Thomas et al., 1977)는 까다로운 기질의 영아들이 성장 후 70%만이 문제행동을 보이고 30%는 사회에 적응적인 기질로 변화되었음을 보고하여 양육환경이 기질변화를 일으킬 수 있음을 증명하였다. 또한 순한 기질 영아들도 청소년기 이후에 약 18%가 문제행동을 보여 사회에 적응적이지 못한 모습을 보였다고 한다. 이는 양육자가 어떤 양육환경을 제공했는지에 따라 선천적 요소인 기질도 변화 가능하다는 것으로 주 양육자의 양육패턴의 중요성을 강조한 실험 결과이다. 이와 같이 주 양육자와 자녀의 조화로운 양육을 설명하는 용어로 '조화의 적합성'이 있다.

조화의 적합성(goodness of fit)이란 개인의 기질과 환경의 요구 즉, 주 양육자의 양육방식이 자녀와 조화를 이루면 비록 기질이 까다롭고 적응적이지 못한 성향을 타고났다 하더라도 적응적이지 못한 행동들이 줄어들거나 긍정적인 행동으로 바뀔 수 있다는 개념이다. 이는 기질 자체보다 자녀와 주 양육자와의 '조화'가 더 중요하다는 설명으로 양육자는 영아의 기질이 어떠한지 즉, 범주에 초점을 두는 것보다 그 기질을 어떻게 수긍하고 양육의 방식을 어떻게 조율하는지가 보다 중요하다는 의미이다.

예를 들어, 자녀가 순한 기질에 속해 양육에 대해 큰 관심을 두지 않고 그대로 방치하는 경우 결핍상황에 놓이게 되어 발달 지연을 보일 수 있다. 그러나 까다로운 기질이라도 주 양육자가 이들의 특성을 자기 주관이 뚜렷하고 원하는 바를 잘 바꾸지 않는 성취 지향적 자녀로 생각하며 긍정적으로 상호작용한다면 적응적인 인간으로 성장할 수 있다. 그러므로 기질은 문제행동에 영향을 주는 것은 분명하지만 이를 어떻게 다루어 주는지가 적응력에 보다 더 중요하며 이와 같은 의미에서 기질은 좋고 나쁨이 아니라 인간이 반응하는 하나의 특성화된 양식(mode)이라 하겠다. 그리고 기질은 언어발달에도 영향을 주는 경우가 있으나 이는 기질 자체가 언어습득 수준 자체에 영향을 준다기보다는 순한 기질로 인해 방임하여 결핍된 언어 환경에서 언어발달지체 현상이 나타났다고 보는 것이 보다 바람직한 설명이다. 그렇기 때문에 기질은 언어발달지체 혹은 언어발달장애로 진단받는 데 영향을 준다기보다 언어발달의 개인차 원인으로 설명하는 것이 바람직하다.

2. 기질 평가

1) 기질 및 성격 검사(The Temperament and Character Inventory: TCI)

기질 및 성격 검사는 미국 워싱턴 대학교 교수인 클로닝거 외(Cloninger et al., 1993)의 심리생물학적 인성 모델에 기초하여 개발된 검사로서 한 개인의 기질 및 성격을 측정하기 위한 검사이다. 연령대에 따라 유아용(JTCI 3~6), 아동용(JTCI 7~11), 청소년용(JTCI 12~18), 성인용으로 나누어지며 기질을 측정하는 4개의 척도와 성격을 측정하는 3개의 척도를 포함하여 모두 7개의 기본척도로 이루어져 있다. 4가지 기질 차원은 자극추구, 위험회피, 사회적 민감성, 인내력의 차원이고, 3가지 성격 차원은 자율성, 연대감, 자기초월의 차원이다. 각각의 차원이 측정하는 내용과 척도의 높고 낮음에 따른 영유아의 특징은 다음과 같다(민병배 외, 2007).

(1) 자극추구(Novelty Seeking)

자극추구 척도는 흥분과 보상을 추구하는 탐색활동을 하고 처벌과 단조로움을 회피하는 성향에서의 개인차를 측정하는 것이다. 자극추구 척도가 높은 영유아는 호기심이 많고 적극적이고 자유로운 탐색활동을 통해 새로운 것들을 경험하고 싶은 욕구가 크다. 따라서 쉽게 흥분하거나 충동적일 수 있고 정해진 틀이나 규칙 안에 있기를 불편해하고 단조로운 일들을 지루해하며 힘들어한다. 간혹 욕구지연 능력이나 좌절인내력이 부족할 수 있어 감정 기복이 있을 수 있다. 자극추구 척도가 낮은 영유아는 정해진 규칙이나 규정을 따르는 데 어려움이 없고 종종 뛰어난 집중력을 보이며 단조로움을 잘 견디고 차분해 보인다. 단, 새롭고 낯선 것에 대한 호기심이 부족하고 익숙함을 선호하기 때문에 새로운 자극을 거부하기도 한다.

(2) 위험회피(Harm Avoidance)

위험회피 척도는 위험하거나 혐오스런 자극을 피하기 위해 행동이 억제되거나 위축되는 성향에서의 개인차를 측정하는 것이다. 위험회피 척도가 높은 영유아는 불확실성에 대한 두려움이 크고 미래에 있을 수 있는 가능적 상황들에 대해 미리 걱정하고 염려하는 성향이 높기 때문에 매사에 조심성과 겁이 많고 수동적이다. 낯선 상황에 대한 불편감, 위축감, 수줍음, 긴장감이 높기 때문에 쉽게 피곤해하고 지칠 수 있다. 장점은 신중하고 위험한 상황에 직면하는 빈도가 낮다는 점이다. 반면, 단점은 불필요한 걱정으로 인한 에너지 소진이 있고 세상을 제한적으로 경험할 수 있다는 점이다. 위험회피 척도가 낮은 영유아는 익숙하지 않은 환경에 대한 거부감이 적고 위험과 불확실성에 대해 대담하고 용기가 있어 사회적 관계 속에서 활발하고 적극적인 인상을 준다. 단, 기본적으로 삶에 대해 낙관적이어서 위험에 둔감하다.

(3) 사회적 민감성(Reward Dependence)

사회적 민감성 척도는 사회적 애착에 대한 의존성에서의 개인차 즉, 사회적 보상 신호[12]와 타인의 감정에 대한 민감성에서의 개인차를 측정하는 것이다. 사회적 민감성 척도가 높은 영유아는 관계에서 친밀함을 나누고자 하는 욕구가 크기 때문에 타인과의 교류에 마음이 열려 있고 애정이 많고 따뜻하며 공감능력이 있다. 자신과 타인의 감정에 민감하고 관계를 잘 형성하는 편이다. 단점은 관계에 영향을 많이 받을 수 있어 감정이 쉽게 변하고 의존적일 수 있다는 점이다. 사회적 민감성 척도가 낮은 영유아는 자신과 타인의 감정에 둔감하고 무관심하므로 관계에 영향을 적게 받는다. 또한, 독립적이고 객관성을 유지할 수 있으나 사회적 관계에서 센스가 부족하고 타인의 입장을 잘 이해하지 못하므로 사회성이 부족할 수 있다.

(4) 인내력(Persistence)

인내력 척도는 보상이 예상되지만 지속적인 강화가 없고 심지어 간헐적인 처벌이 있더라도, 한번 시작한 행동을 계속하려는 성향에서의 개인차를 측정하는 것이다. 인내력 척도가 높은 영유아는 끈기가 있어 한번 시작한 활동은 뜻대로 되지 않거나 피곤하다고 해서 쉽게 포기하거나 단념하지 않고 꾸준히 노력한다. 인내력 척도가 낮은 영유아는 어려워 보이는 일에 대해 쉽게 도전하지 않고 꼭 해야 하는 일이라 하더라도 뜻대로 되지 않거나 장애물이 있으면 쉽게 단념한다. 현재의 모습에 만족을 느끼며 더 나은 성취를 위해 부가적인 노력을 기울이지 않는 실용주의자적인 측면이 있어 실제 자신이 이룰 수 있는 것에 비해 성취나 결과가 낮을 수 있다.

(5) 자율성(Self-Directedness)

자율성 척도는 자신을 '자율적 개인'으로 이해하고 동일시하는 정도를 측정한다. 자율성이란 자신이 선택한 목표와 가치를 이루기 위하여 자신의 행동을 상황에 맞게 통제, 조절, 적응시키는 능력이라고 정의될 수 있다(민병배 외, 2007). 따라서 자율성 척도는 자아분화가 어느 정도 이루어진 유아에게 적용 가능한 개념이다. 자율성 척도가 높은 유아는 자신이 원하는 목표에 맞게 자신의 행동을 조절할 수

---

12) 인간은 관계 속에서 친밀함을 나누고 사랑받고 싶은 욕구가 있기 때문에 개인의 정서반응과 행동반응은 사회적 보상신호(예: 칭찬, 부드러운 음성, 따뜻한 눈맞춤, 찡그린 표정, 엄한 말투, 차가운 눈초리 등)에 영향을 받는다.

있고 건강한 자존감과 자기신뢰를 갖고 있다. 단, 자신의 원함이나 목표와 다른 명령이나 지시를 받을 때 이에 도전하기 때문에 때로 다루기 힘든 아이로 보일 수 있다. 자율성 척도가 낮은 유아는 마음이 약하고 상처에 취약하며 낮은 자존감과 자기 신뢰를 갖고 있으므로 쉽게 남을 원망하거나 문제 상황의 원인을 타인에게로 돌리기 쉽다. 자신의 원함과 목표에 따라 행동하기보다 외부자극과 압력에 반응하는 경향을 보인다.

(6) 연대감(Cooperativeness)

연대감은 타인에 대한 수용 능력 및 타인과의 동일시 능력에서의 개인차를 측정한다. 연대감 척도가 높은 유아는 관계 속에서 함께 협력하며 도움 주기를 좋아하고 공감적이며 타인에게 지지적이며 관대하다. 기본적으로 관계 속에서 수용적인 태도를 보이므로 부드럽다는 인상을 준다. 반면, 연대감 척도가 낮은 유아는 함께 어울리기보다 독자적으로 행동하는 것을 선호하고 공감능력이 적다. 자신에게 필요한 상황에서는 협조적인 태도를 보이지만 기본적으로 타인의 욕구와 원함보다 자신의 욕구와 원함이 우선시되며 타인의 관심과 감정에 대한 배려가 적다.

(7) 자기초월(Self-Transcendence)

자기초월 척도는 우주 만물과 자연을 수용하고 동일시하며 이들과 일체감을 느끼는 능력에서의 정도를 측정한다. 자기초월 척도의 하위척도[13]는 환상과 영성인데 자기초월 척도가 높은 유아일수록 어떤 놀이나 일에 집중할 때 몰입이 잘되어 그것에 푹 빠지는 경향성이 있으며, 눈에 보이지 않는 세계(예: 죽음, 삶, 천사 등)나 신비한 주제에 대한 관심이 많다. 자기초월 척도가 낮은 유아는 놀이나 활동을 할 때 그것에 대한 심취나 몰입의 정도가 약하고 자신의 개별성에 대한 인식을 잘 유지

---

13) 유아용 검사에서 자기초월 척도의 경우, 청소년용과 성인용과는 다른 하위척도 명을 갖는다. 유아와 아동의 발달분화 수준을 고려하여 하위척도를 재구성했으나 기본적인 내용이 달라지는 것은 아니다(민병배 외, 2007).

하며 눈에 보이지 않는 세계보다 현실적이고 실질적인 주제에 더 많은 관심을 갖는다.

기질이 생득적이라면 성격은 기질이라는 원재료를 기본으로 환경의 영향을 받으며 후천적으로 형성된다. 클로닝거(Cloninger, 2004)는 성격발달[14)]을 기질반응에 대한 수용과 이를 통한 자각에서 출발한다고 보았다. 영유아의 타고난 기질과 그에 따른 욕구처리 방식을 포함한 자동적 반응이 때로는 문제행동으로 비춰질 수 있다. 하지만 이를 인위적으로 통제하고 억제할 때 오히려 문제행동이 심화될 수 있으므로 일차적으로 영유아의 기질과 이면의 욕구를 정확히 파악하고 이를 수용해 주는 가운데 점진적으로 사회화를 위한 과정을 밟아갈 수 있도록 지도할 필요가 있다(민병배 외, 2007).

2.2 애착

1. 애착의 이해

일반적으로 문제행동의 원인으로 가정환경 특히, 부모와의 관계를 일차적으로 생각한다. 즉, 인간이 태어나서 사람을 경험하는 최초의 작은 사회가 가정이기 때문에 가정에서 경험하는 부모와의 관계는 인간관계의 성격을 결정하고 사회에 적응하는 방법을 배우는 장이 된다. 이와 같은 배경에서 영유아들은 가정에서 정서적 위로와 안정을 느끼며 발달해야 하는데, 이때 가장 중요한 것이 주 양육자와의 애착(attachment)이다.

---

14) 우리가 기질에서 오는 자동적인 반응을 자각할 때 기질 반응의 지배와 구속으로부터 벗어나 가치에 따라 선택적으로 행동할 수 있게 되므로 기질로부터의 자유 및 가치 선택에 따른 행동은 성격발달의 핵심적 양상이다. 이렇듯 기질의 수용은 성격발달을 촉진하고 이렇게 발달된 성격은 기질반응을 조절한다. 성격의 성숙은 기질로부터의 자유와 행동의 유연성을 의미하며 이기성의 극복, 이타성의 확장, 자기의 초월로 이해될 수 있다(Cloninger, 2004).

애착은 주 양육자와 영아의 정서적 유대감을 의미하는데 보울비(Bowlby, 1969)에 따르면, 긍정적인 애착관계에 있는 사람들은 상호작용을 쉽게 하며 물리적 거리 혹은 심리적으로 가까움을 유지하려 한다. 따라서 애착이 형성된 영아는 주 양육자와 떨어지게 되면 가까움을 유지하고 싶어서 울고 매달리는 모습을 보인다. 그렇다면 안정적인 애착은 어떻게 형성되는가? 학자들에 따라 주장하는 바가 다른데 본서에서는 정신분석 이론, 학습 이론, 인지발달 이론 그리고 동물행동학 이론으로 설명하고자 한다.

먼저, 정신분석 이론의 대표적인 학자는 심리성적 발달이론가인 프로이트(Freud)와 심리사회 발달이론가인 에릭슨(Erikson)이다. 프로이트는 구강기(oral stage)인 0에서 1세 사이의 영아들은 수유, 옹알이 및 물건을 입으로 넣는 등 입으로 하는 활동을 통해 만족을 추구한다고 하였다. 이에 입으로 하는 활동에 만족을 주는 주 양육자에게 정신적인 위로와 안정, 안전 등을 획득하며 애착을 형성한다. 반면 에릭슨은 영아기의 수유 활동도 애착 형성에 중요한 일이지만 수유 과정에 보다 초점을 두어 애착을 설명했다. 즉, 배가 고픈 영아가 울음을 통해 수유를 필요로 하는 메시지를 보낼 때, 주 양육자가 그 욕구를 민감하고 적절하게 그리고 일관적으로 만족시키면 주 양육자에 대한 신뢰를 형성하게 되어 안정 애착을 맺게 된다. 그러나 영아의 울음이 어떤 의미를 갖는지 그 메시지를 파악하지 못하여 부적절한 반응을 하거나 전혀 반응을 하지 않는 등 주 양육자가 영아에 대해 민감하지 못하면 영아는 주 양육자를 신뢰하기 어려워 불신감을 형성하게 되고 불안정 애착을 맺게 된다.

학습 이론에서는 자극과 반응의 연합이 강조되는 이론으로 학습 이론가들은 정신분석학자들이 주장하는 안정애착의 주요 요소로 식사(feeding)를 주장하는 것에는 동의하지만 식사 자체가 아니라 식사가 제공되는 상황에서 생기는 즐거운 경험들이 영아에게 연합되는 것이 중요하다고 보았다. 즉, 배고픈 영아에게 음식을 제공하면(자극) 영아는 배고픔을 해결하게 되고 미각의 즐거움을 통해 만족감을 형성하고(반응) 주 양육자의 따뜻한 스킨십 등이 동반되면서 즐겁고 안정된 경험으로 기억된다. 그러므로 영아는 주 양육자와의 즐거운 경험이 수유와 연합되어 주 양육자와 안정 애착을 형성하게 된다.

할로우 외(Harlow et al., 1959)는 원숭이 실험을 통해 주 양육자와의 안정애착에 수유가 주는 영향을 살펴보았다. 이들은 태어난 직후의 아기 원숭이를 어미 원숭이로부터 분리시켜 165일을 대리모 원숭이에게 키운 후, 대리모 원숭이와 흡사한 외모를 가진 인형 원숭이를 아기 원숭이에게 보여 주었다. 단, 두 가지 종류의 인형 원숭이인데 한 원숭이는 철사로 만든 원숭이며 또 하나는 부드러운 천으로 싸인 원숭이였다. 이와 같은 경우에 두 원숭이 모두에게서 우유가 나와 아기 원숭이들은 두 곳에서 모두 우유를 먹었으나 부드러운 천으로 싸인 원숭이를 보다 더 좋아했다. 또 다른 실험환경에서는 철사 원숭이에게서 우유를 먹은 아기 원숭이가 음식을 먹지 않을 때는 부드러운 원숭이에게 가서 15시간 이상을 안고 있었다. 그리고 위험한 상황이 생기면, 우유를 제공해 준 철사 원숭이가 아니라 안정감을 주었던 부드러운 원숭이에게 달려갔다. 이는 음식 제공이 주 양육자와의 관계 형성에 결정적인 요인이 아님을 시사한다. 그래서 주 양육자들이 영아와 맺는 안정 애착은 먹이고 입히고 씻기는 등 기본적인 의식주 제공 자체라기보다는 이를 기초로 사랑, 수용감, 따뜻함 등 그 이상의 관계적 요소들이 포함되어 있다. 뿐만 아니라, 쉐퍼 외(Schaffer et al., 1964)의 연구에서도 영아의 요구에 대해 주 양육자가 제공하는 자극의 총량, 반응양태가 어떻게 연합되어 있는지가 애착에 매우 중요함을 주장했다.

인지발달 이론에서는 애착이 정서 영역이라기보다는 인지적 문제임을 주장한다. 따라서 인지발달심리학자들은 인지적 성숙이 안정애착을 이루는 전제조건임을 주장하였다. 특히, 낯선 사람과 익숙한 사람을 구별할 수 있는 능력과 대상영속성을 획득했는지가 애착 형성에 매우 중요한 능력이다. 타인과 애착을 맺는다는 것은 주 양육자와 타인이 다르다는 것을 인식해야만 주 양육자와의 특별한 애착형태 즉, 안정애착을 맺을 수 있는데, 이는 7~10개월경에 낯가림이라는 형태로 나타난다. 이 시기의 모든 영아들이 동일하게 낯가림을 심하게 보이는 것은 아니지만 이후에 점차 감소하면서 정서적으로 안정된 애착을 맺어나간다. 뿐만 아니라, 눈앞에 보이지 않는 사물 혹은 사람이 어딘가에 존재한다고 믿는 대상영속성은 7~9개월에 획득되기 '시작'한다(〈표 1〉 참고). 따라서 이 시기에 영아들은 완전하게 습득되지 못한 대상영속성으로 인해 주 양육자가 눈에 보이지 않으면 불안하여 분리불안을 보이기 시작한다. 그러나 이 시기에 대상영속성이 이미 획득된 영아들은 자신의 시야에 주 양육자가 있지 않아도 어딘가에 있으며 위험하고 불편할 때 자신에게 와 줄 것에 대한 신뢰가 있기 때문에 분리불안을 보이지 않을 수 있다. 다음의 〈표 3〉은 애착발달 단계인데 비사회적 단계에서 무분별 애착, 특정대상 애착에서 다수 애착으로 발달한다(〈표 3〉 참고).

〈표 3〉 애착발달 단계

단계	시기	내용
비사회적 단계	1~6주	'안녕'과 같은 사회적 자극이나 '옆에 앉아 있는 정도'의 비사회적 자극 모두에서 동일하게 긍정적인 반응을 보임
무분별 애착 단계	6주~6, 7개월	사람들을 좋아하고 즐거워하나 특정인에 대한 선호는 거의 없음 예) 누구든지 안았다가 내려놓으면 불편해함
특정대상 애착 단계	7~9개월	특정한 한 사람, 특히 주 양육자인 엄마에 대한 선호가 커짐. 엄마를 안전기반(secure base)[15]으로 생각함
다수 애착 단계	18개월	초기 애착 형성 후, 여러 사람에게 애착을 맺는 단계

출처: 최경숙(2006)에서 인용

동물행동학 이론은 인간이라는 종(種)이 사회에 적응하는 데 필요한 행동은 타고난다고 설명한다. 즉, 매달리기, 울기, 빨기, 웃기 등은 애착을 형성하기 위해 영아들에게 타고난 행동들로서 본 행동들이 주 양육자에게 접근하고자 하는 경향을 추동시켜 애착을 형성해 나간다고 주장한다. 또한 양육자들도 이와 같은 영아

15) 안전기반(secure base)은 환경을 탐색하다가 돌아올 수 있는 정서지원체계로 주 양육자의 특성을 의미한다. 영아들이 낯선 환경에 노출될 때, 주 양육자인 엄마가 있는지를 확인하고 다시 안정적으로 탐색하는 것은 엄마를 안전기반으로 생각하기 때문이다.

들의 행동을 무시하지 않고 도우며 위로와 달램을 주는 모성을 선천적으로 타고 난다고 본다. 그러므로 양육자와 자녀의 두 가지 선천적 성향들이 조화롭게 긍정적 상호작용을 맺어 안정애착을 형성한다. 로렌츠(Lorenz)는 이와 같은 개념을 각인(imprint)으로 설명했다. 로렌츠는 오리가 태어난 직후 12~13시간 안에 처음으로 움직이는 대상을 보면 엄마라고 생각하는 개념을 선천적으로 갖고 태어난다고 하였다. 이는 움직이는 첫 번째 대상이 오리에게 각인되는 것이다. 각인은 일정한 시간 내에 매우 빠르게 습득되는 선천적 학습형태로 소거되기 어렵다. 따라서 민감기라는 개념이 제시되는데, 오리들이 움직이는 대상을 부화 후 처음 본다 하더라도 13시간을 넘기면 그 움직이는 대상을 엄마 오리로 생각하지 않는다. 즉, 오리에게는 13시간이 엄마를 인식하는 민감기이다.

로렌츠의 각인 이론에 의하면 아기와 엄마도 서로 애착을 맺을 수 있는 선천적 소인을 갖고 있으나 일정한 시간 내에 긍정적 상호작용을 하지 않으면 애착 형성은 어려운 것이다. 그래서 만 3세 즉, 36개월을 애착의 민감한 시기로 두고 이 시간 내에 주 양육자와 영아의 긍정적인 관계가 중요함을 설명한다. 그래서 동물행동학자 중 보울비는 로렌츠의 각인 이론에서 영아와 엄마가 애착을 맺고자 하는 요소를 선천적으로 갖고 있는 것은 분명하지만 그 요인들이 상대방에게 긍정적으로 해석되어 기능적 상호작용을 할 때 안정애착을 맺을 수 있다고 주장한다. 즉, 영아가 울음, 옹알이, 웃음 등을 주 양육자에게 보일 경우, 그 의미가 무엇인지 주 양육자가 민감하게 이해하고 이해된 내용을 아이에게 반응하며 그 반응이 일관적일 때 안정애착이 형성된다. 그러므로 영아의 선천적 요인들을 주 양육자가 능숙하게 파악할 수 있는 센스가 요구되며 이 감각이 더디게 형성되는 양육자일수록 안정애착을 형성하는 과정이 천천히 이루어진다. 또한 영아도 자신의 엄마가 어떤 행동을 할 때, 그 행동의 의미가 무엇인지를 파악하고 자신이 어떤 반응을 보이면 긍정적인 상호작용이 가능한지를 습득하며 애착을 맺는다(최경숙, 2006).

애착은 안정애착과 불안정애착으로 나뉘며 불안정애착은 회피, 혼란, 저항애착으로 세분된다. 미국의 영아들을 대상으로 조사한 결과(Ainsworth, 1978), 안정애착 영유아는 약 65%에 해당한다. 안정애착 영아들은 양육자와 함께 있을 때 능동적 탐색을 하며 정서적으로 안정된 상태에 있으나 양육자와 분리되면 불안해한다. 그러나 다시 양육자를 만나면 매우 반가워하고 안정을 찾을 수 있다. 안정애착 영아를 둔 양육자의 특성은 영유아가 보내는 신호 즉, 울음 및 부정적인 감정 표현에 민감하게 반응하며 자녀와의 신체적 접촉 및 함께 보내는 시간을 즐거워한다.

불안정애착은 저항애착, 회피애착, 혼란애착으로 나뉜다. 저항애착은 약 10%에 해당하는데, 양육자가 옆에 있어도 불안한 정서를 갖고 있어 능동적인 탐색을 하지 못하며 양육자와 떨어지면 심하게 고통스러워한다. 영아들은 낯선 상황 실험에서 자신을 두고 어머니가 사라졌다는 데에 화를 내고 다시 만났을 때 양육자를 가까이 가려고 했지만 정작 양육자가 다가오면 불편해하며 거절하였다. 저항애착 영아들은 대체로 쉽게 흥분하거나 반응이 적절하지 않은 경우가 많으며 양육자 특성도 본인의 감정에 따라 자녀를 대하는 경우가 많아서 비일관적이고 예측이 어려운 형태로 양육한다. 그래서 저항애착 영아들은 울거나 매달리면서 부정적인 감정을 양육자에게 표현하지만 가늠이 되지 않는 양육자의 반응에 학습된 무기력감을 느끼며 우울함을 경험한다. 학습된 무기력감은 예측 가능하지 않은 양육자로 인해 영유아들이 자신의 행동은 양육자에게 영향을 줄 수 없다고 느끼는 상태로 신뢰할 수 없는 관계를 형성한다.

회피애착은 약 20%에 해당하는 영아들로서 양육자가 옆에 있는지 여부에 영향을 받지 않고 옆에 있어도 양육자에게 접촉을 시도하지 않거나 무시하며 낯선 사람이나 양육자에게 동일하게 무관심한 경우이다. 회피애착을 맺는 영아들의 양육자 특성은 자녀 행동과 신호에 반응이 없고 함께하는 시간을 즐거워하지 않아 영유아들의 행동, 말 등을 수용하며 즐겁게 보내지 못한다. 혹은 반대로 지나치게 자극을 많이 주는 경우도 회피애착에 속한다.

혼란애착은 회피애착과 저항애착 모습을 동시에 갖고 있는 애착유형으로서 혼란애착 영아는 양육자를 좋아하지만 동시에 무서워하여 회피하거나 화를 내는 등 예측이 불가능한 모습을 보인다. 혼란애착 영아의 주 양육자는 대체로 정신적인 문제가 있어 자녀들에게 정신적, 신체적 학대를 했을 가능성이 높다. 뿐만 아니라, 주 양육자의 원 가족(original family)과 불안정애착을 맺었을 확률이 매우 높다.

초기 애착형태는 자녀의 학업, 친구관계, 자존감 등 여러 영역에 영향을 미친다. 특히, 타인과의 관계에 영향을 강하게 미치는데, 애착은 자신과 타인에 대한 표상 및 인간관계에 대한 기대를 제공해 준다. 보울비(Bowlby, 1980)는 이를 '내적 작동 모델(internal working model)'로 설명했다. 내적 작동 모델은 영아가 어머니와의 상호작용을 통해서 구성한 자신에 대한 개념, 타인에 대한 개념 그리고 인간관계를 개념화한 것으로 또래 및 교사와의 관계 등 대인관계에 영향을 미친다. 내면에 타인에 대한 긍정적인 기대와 즐거움이 있다면 또래 친구 및 선생님에게 접근할 때 긍정적이고 자신감 있는 시도를 할 것이다. 그러나 사람은 예측할 수 없으며 화를 잘 내고 신경질적이라는 개념을 내면에 구성한다면 타인에 대한 접근이 긴장되고 불안하여 부정적 감정과 정서에 쉽게 노출될 것이다. 그러므로 초기 애착을 통해 긍정적인 내적 작동 모델을 형성하는 것은 인생 전반에 걸쳐 매우 중요한 요소이다[16].

일반적으로 애착은 정서영역 및 양육자와의 관계에 속하기 때문에 정서에만 영향을 준다고 생각하기 쉽다. 그러나 애착은 결국 양육의 질에 속하는 문제이기 때문에 언어습득과도 긴밀한 관계를 맺는다. 안정애착 영아의 경우, 주 양육자와 정서적 친밀감 속에 성인에 대한 긍정표상을 갖고 있으므로 주 양육자와 교사를 포함한 성인들의 언어를 모방하여 언어습득에 도움을 받는다. 불안정애착 영아는 주 양육자와의 관계가 편하지 않기 때문에 모방욕구가 언어습득을 위한 긍정적인 자극제가 되지 못한다.

단, 언어 습득에는 환경자극 외에 타고난 능력 즉, 언어적성(language talent)도

16) 모든 불안정애착 영유아들이 대인관계에서 항상 문제가 있는 것은 아니다. 주 양육자와의 애착에 문제가 있어 내적 작동 모델이 비록 기능적이지 못하더라도 또래 친구, 교사 및 건전한 종교를 통해 내적 작동 모델이 변화될 수 있기 때문이다. 그러나 부정적 감정과 정서를 경험하는 다양한 상황들 속에서 안정애착 유아들은 불안정애착 유아에 비해 빠르게 회복 가능하므로 초기 애착의 질을 무시해서는 안 된다.

고려해야 한다. 도니 외(Dorney et al., 2003)에 따르면, 언어적성이란 '단순히 전통적, 명시적, 규칙 중심의 교수 맥락뿐만 아니라 자연적 학습맥락에서 함축적으로 학습이 이루어질 때도 관련 있는 능력(p. 600)'으로서 단지 학습적 환경이 아닌 보편적인 상황에서도 다른 아동들보다 더욱 쉽게 언어를 획득할 수 있는 천부적 언어재능을 가진 영유아들이 있다고 주장했다. 그러므로 애착과 언어습득과의 관련성을 무시할 수 없으나 언어적성이라는 천부적 능력도 언어발달에 중요한 요소이므로 언어습득 및 발달은 여러 요소가 고려되어야 한다.

2. 애착 평가

1) 영아 낯선 상황 실험

에인스워드 외(Ainsworth et al., 1978)는 그들이 고안한 낯선 상황 실험을 통해 안정애착, 회피적 애착, 불안/양가적 애착의 세 가지 유형으로 분류하였다. 이 도구는 총 8개의 에피소드로 이루어져 있으며 연구자가 장난감이 있는 방으로 인도하며 시작된다. 이후, 각각의 에피소드 상황 속에서 양육자가 안전기지로서의 역할을 하는지, 낯선 사람에 대한 반응 및 양육자와의 분리/재결합 상황에서의 영아의 반응은 어떠한지, 낯선 사람과 양육자가 달래줄 때 영아의 반응은 어떠한지 등을 관찰하여 세 가지 유형으로 기술했는데, 그 특징은 다음과 같다.

(1) 안정애착

이 유형의 영아들은 양육자를 안전기지로 삼고 활발한 탐색활동을 펼치고 낯선 사람을 불편해하거나 경계하지 않는다. 양육자와의 분리 상황에서 슬퍼하고 민감한 반응을 보이지만 양육자와의 재결합 상황에서는 양육자를 반기며 양육자가 안아주면 쉽게 마음의 평정을 찾는다. 분리 상황에 대한 스트레스가 컸던 유아일수록 양육자와 신체적 접촉을 하려 하며, 양육자에게서 위안과 위로를 받으려 한다.

(2) 회피적 애착

이 유형의 영아들은 양육자와의 분리 상황에서 울거나 보채지 않고 놀이를 계속하기도 한다. 낯선 사람에 대해서도 크게 반응하지 않는다. 양육자와의 재결합 상황 시 표정변화가 없고 양육자를 회피하려 한다. 양육자가 안아주려 해도 꼭 안기지 않으며 양육자로부터 위로와 위안을 얻으려 하지 않는다. 이 유형의 영아들은 순응적으로 보일 수 있으나 불안정성, 불안이 내재되어 있을 수 있다.

(3) 불안/양가적 애착

이 유형의 영아들은 양육자와 가까이 머물려 하며 탐색활동을 거의 하지 않는다. 양육자와의 분리 시에 가장 큰 소리로 울고 보채며 슬픔을 표현하고 낯선 이를 경계한다. 하지만 양육자가 돌아와도 잘 달래지지 않고 기분 전환이 되지 않은 채 양육자에게 매달리면서도 저항을 보이기도 한다. 마음의 평정심을 찾지 못하고 탐색활동이나 놀이에 몰두하지 못한다.

2) 유아 낯선 상황 실험

캐시디 외(Cassidy et al., 1992)는 영아를 대상으로 한 에인스워드의 낯선 상황실험을 유아들(2.5~4.5세)에게 맞게 수정하여 진행하였다. 이 실험 역시 8가지의 에피소드로 구성되어 있는데, 진행절차는 다음과 같다.

〈표 4〉 유아 낯선 상황 실험의 에피소드별 요약

에피소드	시간	참여자 및 행동
1	짧게	어머니, 유아, 연구자 연구자는 어머니와 유아를 실험실로 안내하고 나간다.
2	3분	어머니, 유아 어머니는 유아 혼자서 놀게 한다. 유아가 상호작용을 원하면 필요하다고 판단될 때에만 반응해 준다.
3	3분	낯선 사람, 어머니, 유아 낯선 사람이 들어와 어머니에게 인사하고 의자에 앉아서 어머니와 2분 동안 대화한다. 나머지 1분 동안은 낯선 사람이 유아의 놀이에 참여한다. 총 3분이 지나면 어머니는 (적용 가능한 경우) 핸드백을 의자에 남겨두고 조용히 방을 나간다.
4	3분 (이하)	낯선 사람, 유아 낯선 사람은 유아와의 상호작용을 줄인다. 유아가 탐색을 계속하면 의자로 가서 앉는다. 유아가 우는 경우 낯선 사람이 달래주고 다시 장난감을 가지고 혼자 놀게 한다. (어머니와 함께 있을 때 유아 혼자서 했던 탐색의 양과 낯선 사람과 있을 때 유아 혼자서 하는 탐색의 양을 비교)
5	3분 (이상)	어머니, 유아 어머니는 방문을 열고 들어가 유아를 맞이하고 진정시켜 장난감에 관심을 갖게 한다. 이때 낯선 사람은 조용히 방을 나간다. 3분 후 어머니는 핸드백을 의자에 남겨둔 채, 유아에게 "엄마가 전화할 데가 있어. 전화하고 올게."라고 말하고 방을 나간다.
6	3분 (이하)	유아 유아 혼자서 방에 남아 탐색한다.
7	3분 (이하)	낯선 사람, 유아 낯선 사람이 방으로 들어와 유아의 반응을 잠깐 기다린다. 유아가 울면 달래주고 함께 놀이한다. 유아가 장난감에 다시 관심을 보이고 놀면 낯선 사람은 의자로 가서 앉는다. 유아가 원하는 경우에는 반응을 해 준다.
8	3분	어머니, 유아 어머니는 방문을 열고 들어가 유아를 맞이해 준다. 낯선 사람은 조용히 방을 나간다.

출처: 민성혜 외(2007)에서 인용

캐시디 외(1992)는 유아가 양육자와의 분리 및 재결합 상황에서의 반응을 관찰함과 동시에 각각의 에피소드 속에서의 유아의 행동을 근접성(proximity)/접촉(contact), 신체 방향(body orientation), 대화의 내용과 스타일(speech), 응시(gaze), 정서(affect)를 고려하여 관찰하였다. 유아의 애착 분류체계는 다음과 같다.

〈표 5〉 유아 애착 행동의 분류기준 요약

유아 애착 행동	준거
근접 및 접촉 유지	• 유아–어머니가 접촉하는 양 • 유아–어머니 접촉 시 편안함의 정도 • 유아–어머니 접촉이 있게 된 상황 (예: 어머니와 함께 놀이하는 정도, 놀이 시 어머니와 접촉하거나 어머니에게 요구하고 반응하는 정도)
신체의 방향	• 유아–어머니 상호작용 시 신체의 방향 • 유아–어머니 상호작용 시 신체의 긴장 정도 (예: 부모와 대화 시 유아의 몸의 방향이 마주 보고 있는지, 등을 돌리고 있는지, 부모가 다가올 때 유아가 뒤로 물러서는지의 여부)
대화의 내용과 스타일	• 유아–어머니 대화의 즐거움 • 유아–어머니 대화 내용에서 유아 개인적인 내용 및 놀이나 탐색에 대한 내용이 차지하는 정도 (예: 어머니와 놀이나 탐색에 대한 이야기만 하는지, 유아의 개인적인 감정이나 기분에 대해서 이야기하는지)
응시	• 재결합 시 유아가 어머니를 바라보는 시기 • 유아가 어머니와 눈 맞추는 정도 (예: 어머니와의 재결합 시 바로 어머니를 쳐다보는지, 어머니가 들어 온 후 30초 이상 경과된 후 보는지, 어머니와 대화는 하지만 눈을 마주치지 않거나, 어머니의 응시를 회피하는지)
정서	• 유아가 어머니에게 정서표현을 하는 상황 • 정서 표현 정도(예: 과장된 표현, 편안한 표현) • 거짓된 웃음의 정도(예: 어머니를 기쁘게 해 주고 난 후 유아가 돌아서서 한숨을 짓는 행동)

출처: 민성혜 외(2007)에서 인용

위의 분류체계를 기준으로 캐시디 외(1992)는 안정, 회피, 의존, 비조직/통제, 불안정–기타 유형으로 애착유형을 분류하였다. 각각의 유형별 특징은 다음과 같다.

(1) 안정(Secure)

유아는 애착 대상을 안전기지로 삼고 탐색활동을 안정적으로 진행하며 유아와 애착 대상 간의 편안하고 즐거운 상호작용이 이루어진다. 안정 유형은 ⓐ 매우 안정 유형(very secure), ⓑ 안정–유보적 유형(secure-reserved), ⓒ 안정–의존적 유형(secure-dependent), ⓓ 안정–주도적 유형(secure-feisty), ⓔ 안정–통제적 유형

(secure-controlling)의 다섯 가지 하위유형으로 나뉜다. 하위유형에 따라 양육자에게 의존적 반응을 보이거나 양육자를 통제하려는 유아의 모습이 일부 발견되긴 하지만 전반적으로 유아의 행동이 안정적인 경우 안정 유형으로 분류한다.

(2) 회피적(Avoidant)

양육자와의 관계 속에서 유아는 신체적, 심리적으로 거리를 두는 회피반응을 보이며 탐색활동에 보다 집중하는 양상을 보인다. 따뜻한 눈맞춤이나 긍정적인 정서적 상호작용은 이루어지지 않으며 양육자가 다가와도 회피하거나 무덤덤한 반응을 보인다. 회피 유형은 ⓐ 회피–무시유형(avoidant-ignoring)과 ⓑ 회피–중립유형(avoidant-neutral)의 두 가지 하위 유형으로 나뉜다. 두 유형 모두 유아와 양육자와의 상호작용이 무미건조하며 중립적이지만 전자는 양육자의 개입이나 반응을 완전히 무시하는 반면, 후자는 양육자에게 최소한의 예의는 갖춘 반응을 한다.

(3) 의존적(Dependent)

유아는 양육자와 신체적, 심리적으로 떨어지지 않으며 모든 행동과 반응에서 의존성을 보인다. 양육자와의 분리 상황을 견디지 못하며 재결합 상황 이후에는 신체적으로 양육자와 더 붙어 있으려 하며 탐색활동은 제대로 이루어지지 않는다. 의존적 유형은 ⓐ 의존–저항 유형(dependent-resistant)과 ⓑ 의존–미숙 유형(dependent-immature)으로 나뉘는데, 의존–저항 유형은 양육자에게 의존적이면서도 분리 상황과 같은 스트레스 상황에서 양육자에게 직접적으로 분노와 저항을 표출한다. 반면, 의존–미숙 유형은 양육자에게 아기같이 미숙하게 행동함으로써 양육자의 보호본능과 모성본능을 자극한다.

(4) 비조직/통제적(Disorganized/Controlling)

양육자와의 상호작용 시 유아의 행동이 비일관적·비조직적이다. 유아가 오히려 주도권과 통제권을 갖고 양육자를 움직이려 하는 행동을 보이는 역할 전이를 보이기도 한다. 이 유형은 ⓐ 통제–양육적 유형(controlling-caregiving), ⓑ 통제–처벌적 유형(controlling-punitive), ⓒ 통제-일반 유형(controlling-general)의 세 가지 하위유형으로 나뉜다. 통제-양육적 유형은 유아가 양육자에게 돌봄과 방향성 제시 등의 양육적 요소들을 제공함을 통해 양육자로부터 주도권과 통제권을 가지려 한다. 통제-처벌적 유형은 유아가 양육자를 혼내고 화를 내기도 하면서 양육자와의 관계에서의 주도권과 통제권을 유지하려 한다. 통제-일반 유형은 유아가 양육자와의 관계에서 주도권과 통제권을 갖지만 위의 두 유형에서 보이는 양상을 함께 보이기도 하고 보이지 않기도 한다. 즉, 돌봄을 제공하는 양육적 요소와 혼내는 처벌적인 요소를 동시에 갖기도 하고 두 요소가 부재하기도 한다.

(5) 불안정-기타(Insecure-Other)

안정 애착 유형에는 속하지 않지만 위의 제시된 어떤 유형에도 해당되지 않는 애착 유형이 이 범주에 포함된다. 유아들의 행동과 반응은 위에서 제시된 유형들이 혼합된 양상이거나 특정 유형으로 설명할 수 없을 정도로 독특한 양상이다.

3) 맥아더 이야기 완성과제(McArthur Story-Stem Battery: MSSB)

맥아더 이야기 완성과제(MSSB)는 브래더튼(Bretherton), 오펀하임(Oppenheim), 부쉬바움(Buchsbaum), 엠드(Emde)와 McArthur Narrative Group(1990)이 개발한 것을 유영미와 이영(2001)이 번안한 이야기 완성과제이며, 유아의 애착 표상을 측정하기 위한 평가 도구이다. 이 도구는 유아의 애착 표상뿐 아니라 애착과 관련된 유아의 감정, 행동, 주의, 기억에 대한 정보 그리고 유아의 역할에 대한 이해, 도덕적 내면화와 가족 갈등에 대한 태도 등에 대한 정보를 준다. 유아는 이야기 완성과제를 실시하고 평가자는 유아의 애착 체계를 범주화하는 표준화된 체계에 따라 분류한다. MSSB는 애착의 내적 작동 모델을 유아가 언어적, 비언어적 방법으로 표현하는 것을 이용한다. 유아가 인형놀이를 완성하는 과정에서 묘사한 이야기 내용과 감정 반응, 유아의 행동 등을 분석하여 유아의 애착 표상을 평가한다(Buchsbaum et al., 1990). 평가자는 만 3세에서 만 7세 연령의 아동에게 13가지 이야기를 인형 및 사물과 더불어 제시한 후 아동에게 이야기를 완성하여 끝내도록 하는데, 부모-자녀 관계에서 일어날 수 있는 갈등과 정서적으로 도전받는 사건들을 다양하게 제시한다. 그리고 이에 대해 유아가 일관적으로 이야기를 해 나가는지, 개방적으로 정서를 표현하는지, 부모에 대한 표상은 어떠한지, 평가자에 대한 반응은 어떠한지 등 종합적인 평가를 통해 유아 내적 작동 모델을 측정한다.

표상[17]을 통해 유아 애착을 평가하는 방법은 유아 표상이 믿음, 바람, 행동 간의 이해에 근거하여 표출된다는 이론적 가정에 근거하고 있다. 즉, 마음은 믿음과 바람으로 이루어져 있고, 믿음은 보고, 듣고, 만져 보고, 느끼는 것과 같은 지각 경험에 의해 생겨나고, 바람은 갈증이나 배고픔, 고통 등과 같은 생리적인 현상이나 좋아하는 것, 싫어하는 것과 같은 기본 정서에 의해 생겨난다. 이렇게 생겨난 믿음과 바람은 행동을 유발하고 이러한 행동의 결과에 대한 반응으로 정서를 경험하게 된다는 이론에 근거한다(Wellman, 1990).

(1) MSSB 실시방법

평가자는 유아에게 가족인형과 소품들을 소개하며 라포를 형성하고 어떤 시간을 보낼지 알려주는 warm-up 및 시작을 다음과 같이 진행한다.

---

17) 애착이론에 의하면, 양육자와의 초기 경험이 애착 대상 및 타인과의 관계에서 유아가 경험한 인간에 대한 표상을 발달시키는데(Bretherton, 1999), 이 표상이 외부 세계 인식에 영향을 미친다.

I(평가자): "선생님하고, ○○하고 여기 있는 인형들을 가지고 놀이를 할 거야. 이 놀이를 할 때 규칙이 하나 있는데, 선생님이 먼저 인형을 가지고 놀이를 하고 그 다음에 선생님이 '이제 ○○ 차례야'라고 말하면 이어서 인형 놀이를 하는 거야. 자, 이제 시작해 볼까?"

■ **Warm-up 생일 파티 이야기**

유아는 평가자와 생일 파티 관련 이야기를 나누고 인형과 소품들을 만지기도 하며 라포를 형성한다. 이 시간은 약 5~10분이지만 유아 기질에 따라 시간을 더 가질 수 있다. 평가자는 인형이 살아서 말하는 것처럼 목소리를 역할에 맞게 바꾸기도 하고 움직이기도 하며 자연스럽게 유아가 유아 자신을 표현할 수 있도록 돕는다.

I(평가자): (케이크를 가져오며) ○○의 생일이야. 그래서 엄마가 예쁜 케이크를 만들었단다. 자, 파티 할 시간이야.

M(평가자-엄마역할): 모두 모두 오세요. ○○의 생일을 축하할 시간이에요.

I(평가자): 가족이 탁자에 앉도록 준비시켜 줄 수 있니? (유아가 직접 인형을 잡고 식구들을 식탁 주변에 앉히도록 하고 충분히 기다려 준다.)

I(평가자): 이제 다음에 무슨 일이 일어날지 보여주고 말해 줄 수 있겠니?

■ **story 1. 주스를 쏟았어요(spilled juice)**

사건에 대한 부모반응을 통해 애착과 권위에 대한 표상을 볼 수 있다.

I(평가자): 가족들이 주스를 마시며 테이블에 둘러앉아 있단다. 이제 주스를 마실 수 있도록 가족들을 탁자 주변에 놓아 보자(유아가 인형들을 모두 놓을 때까지 기다린다). 여기 가족들이 주스를 마시고 있어. ○○이는 여전히 목이 말라서 주스를 더 먹고 싶었대. 그래서 주스 병 근처로 갔는데… "어, 어!" 주스를 바닥에 다 엎질렀어.

I(평가자): 이제 다음에 무슨 일이 일어날지 보여 주고 말해 줄 수 있겠니?

위의 순서로 13가지의 이야기가 전개되며, warm-up 이야기 외에는 평가자가 유아의 이야기를 격려하거나 인도하는 반응(예: 잘한다, 정말?, 괜찮아, 잘할 수 있어 등)은 하지 않는다. 각 이야기에 따른 관련된 표상은 다음과 같다.

〈표 6〉 MSSB 13가지 이야기 주제에 따른 표상

이야기 주제	표상
1. 엎질러진 주스 이야기	유아와 권위 있는 애착 대상과의 관계
2. 잃어버린 강아지, 강아지와의 재회	상실과 재회
3. 엄마의 두통	도덕적 딜레마
4. 엄마 혹은 아빠에게 선물하기	오이디푸스 콤플렉스
5. 셋은 너무 많아요	또래와의 갈등
6. 뜨거운 국 냄비	애착 권위
7. 잃어버린 열쇠 이야기	가족 갈등
8. 사탕 훔치기	유아의 행위에 대한 부모 반응의 표상
9. 출발/재회	유아의 분리불안과 대처능력
10. 화장실 선반, 약 상자	유아의 도덕적 딜레마와 규칙을 지키는 방식
11. 바위 오르기	유아의 고통과 부모의 보호적 행동
12. 제외시키기, 배제	오이디푸스 콤플렉스
13. 과자 상자 이야기	도덕적 딜레마

출처: 임경민(2005). 민성혜 외(2007)에서 인용

(2) MSSB 분석 및 결과

이야기의 주제, 종류에 따라 유아의 표상을 분류한다. 유아의 부모에 대한 표상, 대인 갈등 주제, 공감 주제, 조절되지 않은 공격성 주제로 나누어 분석할 수 있다. 유아의 부모에 대한 표상은 긍정적 표상, 부정적 표상, 훈육적 표상으로 나누어 볼 수 있는데, 긍정적 표상에는 유아를 보호하기, 양육하기, 애정 표시하기, 도움 주기의 행동을 포함한다. 예를 들어, 위의 이야기 속에서 부모가 "조심해! 가스불이 뜨거워!"라고 말한다면 '긍정적 표상–보호하기' 항목에 속한다고 할 수 있으며, "어머니는 자녀가 잃어버린 강아지를 찾아다니는 것을 도와준다."라고 말한다면 '긍정적 표상–도움 주기'로 분류한다. 약 상자 이야기(story 10)에서 유아의 반응에 따른 표상 분류의 예는 다음과 같다.

■ **story 10. 약 상자 이야기**

엄마가 이웃에 간 사이에 동생이 다쳤지만 약 상자를 만지지 말라고 한 엄마 말씀을 기억하는 유아의 갈등상황 이야기

유아 1: 언니가 닦아 줄게. 그래서 휴지로 닦아 주고 엄마한테 빨리 전화했어요. 엄마가 빨리 와서 아가 손에 약 발라줘요. (→ 긍정적 표상)
유아 2: 엄마한테 전화했는데 전화를 안 받아요. (→ 부정적 표상)
유아 3: 약 상자 만졌다고 혼나요. (→ 훈육적 표상)

4) 맨체스터 애착 이야기 검사(Manchester Attachment Story Task)

맨체스터 애착 이야기는 상징적 표상(symbolic representation)을 통한 측정 방법 중 대표적인 도구이다. 그린 외(Green et al., 2000)는 보통의 애착측정을 위한 검사들이 6세 이전의 학령전기 유아를 대상으로 하는 점을 보완하기 위해 만 4.5세부터 만 9.5세 아동들을 대상으로 평가할 수 있는 맨체스터 아동 애착 이야기 검사(The Manchester Child Attachment Story Task)를 고안했다. 이 검사는 낯선 상황 실험과 성인 애착 면접(Adult Attachment Interview: AAI)의 개념을 응용하여 만든 것으로 아동에게 양육자를 필요로 하는 일종의 스트레스 상황을 주고 인형 놀이를 통해 이야기를 만들도록 한다. 실험자는 이 검사를 통해 아동의 애착인물에 대한 정신적 표상을 측정할 수 있다.

구체적인 실시방법은 다음과 같다. 실험자는 가구가 있는 인형 집을 포함한 관련 놀잇감들이 있는 곳에서 아동에게 아동 자신을 나타내는 인형과 양육자 인형을 고르도록 한다. 양육자 인형은 아동 인형과 조금 떨어뜨려 놓음으로써 아동이 이야기를 완성해가는 과정 속에서 근접성 추구행동(proximity-seeking behaviour)을 할 수 있는 기회를 제공한다. 검사는 본격적인 스트레스 상황을 주기 전에 '아침식사 장면(warm-up)'으로 시작한다. 이후 아동 인형이 밤에 악몽을 꾸고 일어난 상황(nightmare 에피소드), 밖에서 놀다가 넘어져서 무릎에서 피가 나는 상황(hurt knee

에피소드), 텔레비전을 보다가 갑자기 복부 통증이 있는 상황(abdominal pain 에피소드), 그리고 양육자 인형과 함께 사람이 많은 곳에 쇼핑갔다가 갑자기 양육자를 잃어버려 혼자 있게 된 상황(shopping 에피소드)으로 발전해간다[18]. 실험자는 아동에게 각각의 상황 속에서 아이에게 어떤 일이 일어날지 이야기를 완성하도록 요구하는데 인형놀이 속에서 이야기가 만들어지도록 한다. 이때 실험자는 아동이 제시된 상황마다 감정을 몰입할 수 있도록 돕고 "아이/부모 인형이 지금 어떤 느낌인지 말해 줄래? 아이/부모 인형이 지금 어떤 생각을 하고 있을까? 아이 인형은 뭘 하고 싶을까?" 등과 같은 질문을 한다. 검사는 각각의 상황 속 이야기가 인형놀이 속에서 완성되고 자유놀이시간을 가진 후 끝난다(Green et al., 2000).

위에서 제시한 각각의 스트레스 상황 속에서 아동이 지어내는 이야기 내용과 놀이 속 행동 및 반응들은 아동 자신의 행동과 반응뿐만 아니라 아동이 지각한[19] 세계 속에서의 양육자의 태도 및 행동이 모두 드러난다. 이에 맨체스터 애착 이야기 검사는 다음의 구체적인 척도–근접성 추구(proximity), 양육자의 따뜻함(carer warmth), 양육자 민감성(carer sensitivity), 자기 돌봄(self-care), 강압적(intrusiveness), 갈등적 행동(conflicted behavior)–가 이야기 속에서 어떻게 반영되는지를 평가한다. 또한 아동이 표현한 이야기 내용이 얼마나 진정성 있고 충분한 근거를 가지고 있는지(질적인 측면), 이야기 내용이 간단하면서도 명료하고 짜임새가 있는지(양적인 측면), 아동이 주제와 연관 있는 이야기를 하고 있는지(관련성의

18) 맨체스터 애착 이야기 검사는 위에서 소개된 네 가지 에피소드를 기본 상황으로 하는데, 또래관계 속 스트레스나 좌절상황에 대한 아동과 양육자의 반응을 살펴보고 싶다면 신체적 아픔과 쇼핑 에피소드 사이에 학교에서 친구와 싸웠고 부모님이 계신 집으로 돌아오기 전 혼자 남겨진 상황–또래로부터 거절당한 상황(peer rejection 에피소드)–을 포함할 수 있다. 또한, 성공·성취 경험에 대한 아동과 양육자의 반응을 알아보고 싶다면, 마지막 쇼핑 에피소드 직전에 성공·성취 에피소드–학교에서 아름다운 그림을 그려 상을 받고 그림을 들고 집으로 가져가는 상황(achievement 에피소드)–를 추가로 넣을 수 있다(Green 외, 2000).

19) 실제 객관적 세계와 '아동이 지각한' 세계는 다를 수 있다. 예를 들어, 아동이 양육자를 '엄마는 내 마음도 몰라주고 항상 엄마 마음대로만 한다.'고 지각하고 있다면 양육자의 합리적 반응과 행동에 대해서도 부정적으로 지각할 수 있다.

측면), 어법상 명백하고 확실하며 조리 있게 이야기하고 있는지(양식의 측면)를 통해 일관성(coherence)[20]을 평가한다(Green et al., 2003). 이를 통해 분류된 애착의 유형은 안정애착, 회피애착, 저항애착, 비조직화(혼란) 유형이며 각각의 유형별 특징은 다음과 같다.

(1) 안정애착

안정애착 유형의 아동은 스트레스 상황에서 다른 사람과의 접촉을 통해 완화될 수 있다는 기대와 신뢰를 갖는다. 따라서 이 유형의 아동은 스트레스나 문제 상황에서 이를 해결하기 위해 양육자와의 근접성과 돌봄을 추구하고 양육자가 제공하는 따뜻함이나 돌봄에 수용적이다. 결국 스트레스가 완화되고 문제 상황을 극복하거나 인내할 수 있는 여유가 생긴다.

(2) 회피애착

회피애착 유형의 아동은 스트레스 감소나 문제 상황의 해결을 위해 양육자와의 근접성을 추구하거나 돌봄을 구하지 않는다. 양육자나 다른 사람에 대한 긍정 신뢰나 기대가 적으며 오히려 자기 돌봄(self-care)의 형태를 보이기도 한다. 이 유형의 아동들은 스트레스 상황 자체를 직면하기보다 거부하며 회피한다.

(3) 저항애착

저항애착 유형의 아동은 스트레스 완화를 위해 양육자를 등장시키고 양육자의 돌봄을 추구하기도 하지만 강압적(intrusiveness)이거나 갈등적 행동(conflicted behavior)이 나오기도 하며 양가적인 태도를 보인다. 스트레스가 완화되는 만큼 또 다른 면에서는 스트레스가 증가하는 양상을 보이며 상반되는 행동(contradictory behavior)들이 나오기도 한다.

---

20) 성인애착 면접은 어린 시절의 이야기가 어느 정도 일관성을 가지느냐에 따라 성인애착 표상을 분류했다. 이 일관성(coherence) 개념은 언어철학자 그라이스(Grice, 1975)가 제안했는데, 맨체스터 애착 이야기 검사에서도 이 개념을 적용했다.

(4) 비조직화(혼란) 유형

비조직화 유형의 아동은 스트레스나 문제 상황을 극복·해결하기 위한 ⓐ 전략(strategy) 자체가 없거나, ⓑ 여러 가지 전략들이 혼재되어 있거나, ⓒ 상반되는 행동이 동시적 혹은 즉각적으로 일어나거나, ⓓ 이야기의 맥락과 상반되는 행동이 등장하며 갑자기 움직임이 많아지거나, ⓔ 순간적으로 얼어붙은 듯한 행동이나 정지 자세를 보이는 식의 불완전한 움직임들이 나타나거나, ⓕ 양육자를 향한 두려움이 드러나고, ⓖ 체계적으로 정리되지 못한 비조직적 행동 등을 보인다(Green et al., 2003). 맨체스터 애착 이야기 검사를 통해 평가되는 구체적인 예는 다음과 같다.

1. 안정애착

1) 악몽 상황

아동: 엄마한테 가서 너무 무섭다고 했더니 같이 자자고 해서 엄마랑 같이 잤어요.
상담사: 기분은 어땠어?
아동: 더 이상 무섭지 않았어요.

2) 다친 상황

아동: 너무 많이 다쳐서 아파서 걸을 수가 없어서 엄마를 불렀어요. 엄마가 나와서 부축해서 데려가서 반창고랑 약을 발라줬어요. 그러고 나서 좀 쉬다가 괜찮아져서 텔레비전 보고 컴퓨터 게임도 했어요. 다쳐서 약간 아프지만 아까보다는 나아졌어요.
상담사: 아이는 무슨 생각했을까?
아동: 아까는 많이 아팠는데 지금은 신기하게 괜찮아졌다고 생각해요.

3) 배 아픈 상황

아동: '엄마, 배 아파요.'라고 말했어요. 엄마가 텔레비전을 끄고 2층으로 올라가서 침대에 눕히고 머리를 만져줄 것 같아요.
상담사: 그래서 기분이 어떨 것 같니?
아동: 괜찮아졌어요.

2. 회피 애착

1) 악몽 상황

아동: 일어나서 아래층으로 와서 물 마시고 다시 올라가서 잘 것 같아요.
상담사: 아이는 무슨 생각했을까?

아동: 빨리 잠이 들고 싶다고 생각했대요.
상담사: 그리고 나서 아이는 빨리 잠이 들었을까?
아동: 잠이 안 와서 다시 물 마시러 내려갔어요.

2) 다친 상황

아동: 반창고를 찾았는데 없어서 오빠에게 반창고 어디 있는지 물어봐요.
상담사: 엄마는 아이가 다친 것을 알았을까?
아동: 엄마는 컴퓨터 일하느라 바빠요.
상담사: 그래서 아이는 어떻게 했을까?
아동: 아이스크림이 먹고 싶었대요.

3) 배 아픈 상황

아동: 배를 혼자 문질렀어요.
상담사: 아이는 기분이 어땠을까?
아동: 모르겠어요.
상담사: 엄마 기분은 어땠을까?
아동: 엄마는 아무 것도 몰라요.

3. 저항애착

1) 악몽 상황

아동: 꿈에서 괴물이 나왔어요. 너무 무서워서 울었어요.
상담사: 그리고 어떻게 했어?
아동: 엄마를 불렀는데 엄마가 바로 오지 않아서 계속 불렀어요. 엄마가 왔지만 빨리 오지 않은 엄마가 미워서 화를 냈어요.
상담사: 엄마 기분은 어땠을까?
아동: 아이가 화 내서 엄마도 짜증났대요.

2) 다친 상황

아동: 넘어져서 아파서 울었어요. 엄마를 찾았고 엄마가 왔어요. 그런데 엄마가 '엄마가 그러니까 조심하라고 했잖아! 으이구' 하면서 반창고를 붙여줬어요.
상담사: 기분은 어땠어?
아동: 반창고 붙여줘서 좋았어요. 그런데 '으이구' 한 것은 싫었어요.

3) 배 아픈 상황

아동: 아파서 침대로 가서 텔레비전을 봐요. 엄마가 텔레비전을 가져다까 하고 물어보고, 가져다줄 것 같아요. 엄마가 다시 아픈지 보러 왔는데 방이 더러워서 혼낼 거 같아요.
아동: 기분이 안 좋을 것 같아요.
상담사: 왜?
아동: 엄마가 혼내서요.

4. 비조직 애착

1) 악몽 상황

아동: 집이 물로 가득 찼는데 도깨비가 갑자기 나타났어요. 무서워서 엄마를 불렀는데 엄마가 도깨비로 변했어요.
상담사: 꿈 속에서?
아동: 아뇨. 진짜로 엄마가 도깨비로 변해요. 그런데 엄마가 다시 엄마로 돌아왔어요.
상담사: 아이는 어떤 기분이었어?
아동: 엄마가 돌아와서 다행이었어요.
상담사: 아이가 지금 무엇을 하고 싶을까?
아동: 뭘 하고 싶은지 몰라서 가만히 있어요. 갑자기 배고파져서 냉장고로 가요.

2) 다친 상황

아동: 엄마가 안아 줘요. 그런 다음 넘어져서 머리를 다쳐요.
상담사: 뭐라고?
아동: 엄마가 벽 쪽으로 걸어가다가 넘어져서 머리를 다쳐요.
상담사: 그래서?
아동: 엄마를 의사에게 데려가요. 그런데 엄마가 너무 무거워서 연못에 빠져요. 연못에서 수영하는 생각을 해요.

3) 배 아픈 상황

아동: 배가 아파서 소리를 질렀어요.
상담사: 소리를 지르고 어떻게 되었어?
아동: 소리를 지르다가 화장실에 갔는데 똥이 나오지 않았어요. 엄마는 똥 참는다고 화를 내요. 엄마 화내면 괴물 같아져요.

출처: 정성훈 외(2009)에서 본 내용에 맞게 수정·보완함

2.3 가족

1. 가족의 이해

한 인간이 사회에 적응하기 위해서 배워야 할 가치, 신념들은 대부분 가정에서 습득된다. 영아는 자신이 속한 가정에서 처음 대인관계를 배우고 자아상을 획득하게 되며 이를 기초로 또래 친구, 교사들과 관계를 맺는다. 따라서 가족은 한 인간

이 사회에 적응하는 최초의 집단이자 매우 중요한 영향을 미치는 공동체이다. 가족은 스스로 선택하지 않음과 동시에 혈연관계라는 점에서 원하지 않는다고 해서 탈퇴할 수 없다[21]. 따라서 가족에게 생기는 문제는 해결이 쉽지 않다.

가족구성원은 부부 관계, 부모-자녀 관계 그리고 형제자매 관계가 있는데, 이중 가장 중심이 되어야 하는 관계는 부부 관계이다(이기복, 2010). 그럼에도 불구하고 현대인의 가정은 부부중심이 아니라 자녀중심으로 생활하는 경우가 많다. 특히 기러기 부부처럼, 자녀를 위해서라면 부부가 떨어져 지내는 경우도 종종 있는데 이는 지양할 필요가 있다. 왜냐하면 부부관계가 좋으면 자녀들이 화목한 가정 안에서 안정감을 갖고 성장하는 경우가 많으나 그렇지 않은 경우에는 자녀들이 두려움, 불안, 분노 등으로 역기능적 성장을 하기 쉽기 때문이다.

서로 다른 문화를 오랜 시간 경험한 두 남녀가 부부라는 이름으로 하나가 되는 과정은 쉬운 일이 아니다. 특히, 원 가족(original family)[22]과 정신적 독립을 이루지 못한 성인아이[23] 배우자를 둔 경우는 배우자의 정신건강 미성숙으로 부부관계가 원만하기 어렵다. 그러므로 부부 사이를 회복하기 위해 원 가족으로부터 정신적으로 독립해야 하며 성장과정에서 경험된 상처로 인한 미숙한 대인관계 기술을 회복해야 한다. 또한 공감능력의 결여 및 인지적 왜곡문제는 전문가에게 도움받을 필요가 있다. 무엇보다 원 가족으로부터 경험된 잘못된 양육형태는 다음 세대인 자녀에게 그대로 전수된다. 그러므로 화목한 가정을 이루기 위해서는 마음과 의지만이 아니라 부부 역할, 부모 됨이 무엇인지에 대한 교육을 받는 것이 필요하다.

부모의 양육유형은 허용과 통제를 어느 정도 자녀에게 제공했는지에 따라 '권위주의적 양육', '권위 있는 양육', '허용 양육', '방임형 양육'으로 나뉜다(Baumrind,

---

21) 부모와 자녀의 경우, 부모가 싫기 때문에 집을 나오거나 법적으로 정리를 한다 하더라도 혈연이라는 사실은 그대로 남는다. 이에 가족은 분리될 수 없는 집단이며 고아의 경우도 부모가 없는 것이 아니라 부모를 모르는 경우이기 때문에 어떤 사람도 가족이 없는 사람은 없으며 원함 유무와 무관하게 속해 있다.

22) 원 가족(original family)은 배우자가 결혼 전에 속했던 원래 가정을 뜻한다.

23) 성인아이는 성장기의 상처로 인해 신체발달은 성인의 모습이나 정서면에서 어린아이 같은 모습으로 대인관계에 문제가 있으며 감정처리에 미숙하다(남명자, 2011).

1971). 권위주의적 양육은 통제가 많은 양육형태로서 부모가 아이에게 합리적 설명 없이 강압적으로 규칙을 제공하는 경우이다. 권위주의적 부모는 자녀의 생각이나 선택에 대한 관심보다 자녀를 훈계해서 자신의 말을 듣게 하는 것에 보다 초점이 놓여 있으며 권위주의형 부모로부터 양육되었을 가능성이 높다. 특히, 권위주의적 양육형태를 가진 부모들은 완벽주의 성향을 가진 경우가 많으며 부모로서 자녀에게 주입하는 자신이 철저하게 옳다고 생각한다. 이 경우 자신의 기준과 기대에 부응하지 못하는 자녀를 믿지 못하는 것이 습관이 되기도 한다. 대체로 무서운 아버지, 신경질적인 어머니의 모습으로 훈육되는 권위주의적 양육형태는 발달기에 있는 어린 자녀들에게 말더듬 증상을 야기시키기도 한다(신문자, 1999). 권위주의적 양육을 받은 자녀들은 우울하고 창의적이지 못하며 리더십이 적다. 또한 지나치게 타인의 눈치를 보거나 타인 평가에 예민하여 긴장이 많고 목표를 정해도 성취하지 못하는 등 사회에 적응적이지 못하다.

그러나 허용과 통제가 균형 잡힌 이상적인 부모 양육형태로 권위 있는 양육을 실시한 부모들은 그들의 자녀를 신뢰하고 선택을 지지하며 허용해 줌과 동시에 안 되는 부분에 대해서는 명확하고 단호하게 규제한다. 특히, 제한의 이유를 설명해 주고 행동의 변화를 스스로 촉구하는 '귀납적 훈육법'을 사용한다. 귀납적 훈육이란 행동이 왜 잘못되었는지 이유를 설명하고 그 행동으로 인해 빚어지는 결과를 제시해 줌으로써 자녀가 강압적으로 통제받는다는 생각이 아니라 할 수 없는 이유에 대한 인격적인 설명을 제공받는다는 마음을 갖게 한다. 결국, 권위 있는 양육은 제한된 자유(limited freedom)를 주지만 자녀가 이를 수긍하는 융통성 있는 규칙이므로 자녀들이 부모로부터 인격적인 대우를 받는다고 생각한다. 제한의 이유가 분명하며 납득되기 때문에 부모 지시에 순응하며 안정되어 있다. 권위 있는 양육을 하는 부모들은 부모 자신이 자존감이 높고 안정되어 있으며 삶이 균형 잡혀 있다. 특히, 부모 효능감이 높아 양육 성공 경험이 많으며 자신의 양육법에 대해 확신이 있다. 권위 있는 양육방법하에 성장한 자녀들은 자율적이며 자신의 삶을 주도적으로 이끌어 가고 친구들과 좋은 우애와 높은 학업성취를 보이는 편이다.

허용 양육은 현대 부모들에게 가장 많이 나타나는 양육방식으로서 자녀의 행동에 통제와 규제가 거의 없이 무엇이든지 아이의 요구를 들어주는 형태이다. 보통 친구 같은 부모로 표현되는 양육형태인데 부모 권위와 적절한 바운더리의 부재로 자녀들이 이기적이고 산만하다. 허용적인 양육을 받은 자녀들은 요구가 만족되는 경우가 많아 부모에게 감사하고 반듯하게 성장할 것 같지만 오히려 불안, 우울 및 충동 등으로 또래 관계 형성에 어려움이 많다. 이와 같은 허용 양육방식이 오늘날 많이 사용되는 이유는 자녀를 인격적이고 민주적으로 양육해야 한다는 생각이 자녀 위주로 키운다는 의미와 혼재된 것으로 보인다. 자녀의 성향을 고려하여 개인차를 고려하고 인격적으로 자녀를 대하는 것과 원하는 것을 모두 수용해 주는 것은 다르다.

마지막으로, 방임형 양육은 허용과 통제가 모두 없는 것으로 자녀는 사랑도 훈육도 받지 못했다고 생각한다. 즉, 부모에게 전혀 관심을 받지 못했다고 생각하기 때문에 누군가 잘해 주면 지나친 헌신을 하거나 비정상적인 연인관계를 맺기도 한다. 특히, 부모에 대한 분노가 사회까지 확장되어 반사회적 성격을 형성하기도 하여 적응적인 인간으로 관계를 맺지 못한다.

그렇다면 권위 있는 양육이 영유아를 적응적이고 유능한 자녀로 성장시키는 이유는 무엇인가? 권위 있는 부모는 따뜻하고 합리적인 기준을 제시하며 자녀로 하여금 부모에 대해 좋은 마음을 갖게 하기 때문에 자녀는 역할 모델로서 부모에게 순응하고 싶은 마음을 갖는다. 이는 더 나아가 언어습득에도 긍정적인 영향을 준다. 권위 있는 양육을 받은 자녀들은 부모를 신뢰하고 좋은 모델자로 생각하기 때문에 부모의 언어를 쉽게 모방하기 때문이다. 같은 맥락에서 권위주의적 양육형태를 가진 부모들의 경우, 그들의 강압적인 언어습관을 자녀들이 배워 또래 친구들에게 지시적이고 비판적인 언행을 사용하고 결과적으로 또래 관계에 부적응적이다[24].

---

24) 결국 권위 있는 양육 형태는 안정애착을 통한 긍정적인 대인표상 획득을 돕는다. 따라서 권위 있는 양육을 제공받은 영유아는 내적 안정감과 열린 마음으로 부모뿐만 아니라 주변 성인들의 언어를 쉽게 모방할 수 있다. 특히 권위 있는 양육을 하는 부모들은 자신들이 이미 원가족과의 관계에서 긍정적인 대인 표상을 획득했을 가능성이 높으므로 이웃과의 좋은 관계 능력을 가진 경우가 많은데, 자녀들은 이러한 부모의 친사회적인 대화법을 보고 배우면서 적응적인 사회인으로 성장하게 된다.

2. 가족 평가

1) 가족 놀이 평가

놀이는 영유아에게 가장 자연스러운 표현과 소통의 매체이므로 영유아가 있는 가족의 상호작용을 평가할 때는 놀이를 활용하는 경우가 많다. 부모-자녀의 상호작용을 측정하는 평가는 제시된 특정 상황[25]이나 준비된 과제를 수행하는 구조화된 가족 놀이 평가와 자유 놀이 상황을 관찰하는 비구조화된 가족 놀이 평가가 있는데 경우에 따라[26] 이를 함께 적용하기도 한다[27].

(1) MIM(Marsharck Interaction Method)을 활용한 가족 놀이 평가

가장 대표적인 구조화된 가족 놀이 평가는 MIM을 활용하여 부모-자녀 상호작용을 평가하는 방법이다. MIM을 활용한 평가는 부모가 주어진 과제를 수행함에 있어 '구조화(structure)', '개입(engagement)', '양육(nurture)', '도전(challenge)'의 4가지 영역에서 상호작용을 관찰하여 평가한다(송영혜 외, 2002). 예를 들어, 3세 이상의 유아가 있는 가정에서는 '부모와 자녀는 각각 소리 나는 동물 인형 한 개씩 갖

---

25) 뒤마 외(Dumas et al., 2000)는 미취학 자녀를 대상으로 가게 상황을 제시한 후 부모-자녀의 상호작용을 관찰했는데 협력과 계획 기술의 특성 및 발달을 평가하는 데 중점을 두었다(송영혜 외, 2002, 재인용).

26) 스미스(Smith, 2000)는 아동의 연령에 따라 구조화된 놀이와 비구조화된 놀이 양식을 사용한다. 그가 제안하는 부모-아동 상호작용 놀이 평가(Parent-Child Interaction Play Assessment; P-CIPA)에서는 '부모의 간섭, 부모의 칭찬, 부모의 관심, 아동발달에 대한 부모의 예민성, 아동과의 상호작용에서의 부모의 반응, 부모-자녀의 참여, 아동의 사회적 반응, 활동에 대한 아동의 관심, 아동의 활동성 수준, 아동의 공격성, 부모와의 상호작용에서의 아동의 반응' 등을 9점 척도로 평가한다.

27) 실제 임상에서 자유놀이상황의 비구조화된 평가와 MIM을 이용한 구조화된 평가를 함께 실시하는 것이 필요할 때가 있다. 명확하고 분명한 구조화 및 바운더리의 제공 여부는 MIM의 '구조화'와 '도전' 관련 과제 수행을 통해 잘 드러나는 반면, 유아의 심리 발달적 이슈와 내재된 정서는 자유놀이에서 유아가 선택하는 놀잇감 및 놀이 주제와 내용 등을 통해 알 수 있기 때문이다.

고 함께 놀이를 한다', '부모와 자녀는 각각 종이와 연필을 갖고 부모가 빠르게 그린 그림을 자녀로 하여금 똑같이 그리게 한다', '부모와 자녀가 서로 먹여준다' 등의 과제를 수행하도록 한다. 이때, 동물 인형과제에서는 '개입'을, 그리기 과제에서는 '구조화'와 '도전'을, 먹여 주기 과제에서는 '양육' 측면을 측정한다. 부와 모는 자녀와 각각 진행하는데, 이때 평가자는 과제가 겹치지 않도록 하며 4가지 영역을 각각 2개 이상의 과제수행을 통해 측정될 수 있도록 한다. 부모 평가 영역과 자녀 평가 영역은 다음과 같다.

〈표 7〉 MIM을 활용한 가족 놀이 평가에서의 평가 내용

평가 영역	평가 내용
부모 영역	• 구조화: 자녀의 안전을 위해 제한설정하고 적절한 환경을 제공하고 있는가? • 개입: 자녀의 욕구에 민감하고 적절한 방법으로 상호작용하는가? • 양육: 자녀의 필요를 충족시키고 적절한 돌봄과 양육을 제공하는가? • 도전: 자녀의 발달에 적합한 수준에서 도전과 격려를 주고 있는가?
자녀 영역	• 구조화: 부모가 제공하는 놀이 규칙을 잘 받아들이는가? • 개입: 부모와 함께 활동에 참여하는가? • 양육: 부모가 제공하는 양육을 편안해하고 잘 받아들이는가? • 도전: 부모의 도전에 무관심하거나 지나치게 경쟁적이지 않고 적절히 반응하는가?

출처: 김수정(2009)에서 인용

(2) 부모-자녀 자유놀이 관찰을 통한 가족 놀이 평가

비구조화된 가족 놀이 평가는 다양한 놀잇감들이 준비되어 있는 방에서 부모와 자녀의 자유 놀이를 통해 이루어진다. 이때 가족구성원의 조합은 임상적 필요와 가족구성원 수에 따라 다양하게 조합한다. 보통 3인 가족은 어머니와 자녀의 놀이(2인)를 먼저 시행한 후, 아버지와 자녀의 놀이(2인), 그리고 온 가족 놀이(3인) 순서로 진행하며 각각의 놀이는 15~20분씩 진행한다. 4인 이상의 가족은 부적응 행동을 보이는 자녀를 중심으로 가족구성원을 조합할 수 있다. 예를 들어, 첫째 자녀가 부적응 행동을 보이는 4인 가족의 경우, 어머니와 첫째 자녀와의 놀이(2인), 아버지와 첫째 자녀와의 놀이(2인), 부모와 첫째 자녀와의 놀이(3인), 온 가족 놀이(4

인), 그리고 형제·자매·남매 간 놀이(2인) 순서로 놀이 평가를 구성할 수 있다. 새로운 가족구성원이 참여할 때마다 아래에서 제시한 평가내용뿐만 아니라 가족 간 상호작용과 관계 역동이 어떻게 달라지는지를 평가한다. 또한 마지막 순서로 평가자와 자녀의 놀이를 추가로 구성하여 가족과의 상호작용과 평가자와의 상호작용을 비교하여 평가할 수 있다. 자유놀이 관찰을 통한 비구조화된 놀이평가 시 평가내용[28]은 다음과 같다.

〈표 8〉 부모-자녀 자유놀이 관찰을 통한 가족 놀이 평가의 평가 내용

평가 영역	평가 내용
부모 영역	• 입실 시 반응과 태도는 어떠한가? • 감정과 정서표현은 자연스러운가? • 긍정 활력과 에너지 수준은 어느 정도인가? • 자녀의 관심과 흥미를 존중해 주며 따라가 주는가? • 자녀의 바운더리를 침범하지는 않는가? • 자녀의 탐색 과정이나 좌절/문제 상황 시 어떤 반응/개입을 하는가? • 자녀의 감정과 욕구에 대한 민감성은 어느 정도인가? • 분리/재결합 상황 시 언어적/비언어적 반응은 어떠한가? • 전반적인 개입과 반응이 적절한가? • 자녀의 자율성과 주도성 획득에 도움이 되는 개입을 하는가? • 퇴실 상황 시 반응은 어떠한가?
자녀 영역	• 입실 시 반응과 태도는 어떠한가? • 전반적인 표정과 인상은 어떠한가? • 탐색활동은 적절하게 이루어지는가? • 활동량 및 움직임의 양상은 적절한가? • 주의력을 유지하는 정도는 어떠한가? • 분리/재결합 상황 시 비언어적/언어적 반응은 어떠한가? • 발달과제 획득은 잘 이루어졌는가? • 좌절 상황이나 문제 상황 시 반응 양상은 어떠한가? • 과제 도전 양상은 어떠한가? • 감정과 정서 표현은 자연스러운가? • 주로 표현되는 정서 범주는 무엇인가?

28) 송영혜 외(2002)는 평가내용을 주도성, 함께 놀기, 정서적 유대, 즐거움의 네 가지 차원으로 구성하였다. '주도성'은 놀잇감을 누가 선택하고 누가 전개해 가는지를 평가한다. '함께 놀기'는 놀이의 참여, 놀잇감을 선택하고 바꿀 때의 반응, 놀이 활동을 유지시키는 반응을 관찰한다. '정서적 유대'는 응시, 상호작용에서의 스킨십, 언어적 지원을 평가한다. '즐거움'은 놀이 활동에 따른 에너지 수준, 표정에서 드러나는 감정, 놀이에서 언어와 동작으로 표현하는 정서가 포함된다.

평가 영역	평가 내용
자녀 영역	• 자신의 생각, 원함과 욕구를 자연스럽게 표현하는가? • 놀이를 스스로 선택하고 이끌어가는 힘이 있는가? • 놀이 수준과 놀이 주제는 어떠한가? • 놀이와 상호작용 속에서 드러나는 내재된 욕구와 정서는 무엇인가? • 의존 정도, 신체적 근접성의 추구 정도는 적절한가? • 제한(예: 퇴실, 놀잇감 정리 등)에 대한 수용은 적절한가?
상호작용 영역	• 눈맞춤의 빈도와 질적인 측면은 어떠한가? • 신체적 근접성은 적절한가? • 시간의 흐름에 따른 반응양상은 어떠한가? • 반복적으로 관찰되는 상호작용 패턴이 있는가? • 언어적 상호작용의 양상은 어떠한가? • 정서적 상호작용의 양상은 어떠한가? 특히, 긍정적인 정서적 상호작용은 어느 정도로 이루어지는가? • 심리적 거리(예: 친밀함, 소원함 등)는 적절한가?

출처: 송영혜 외(2002)에서 본 내용에 맞게 수정·보완함

2) 운동성 가족화 그림검사(Kinetic Family Drawing: KFD)

운동성 가족화 그림검사(KFD)는 번스 외(Burns et al., 1970)가 그들의 임상경험에 기반을 두어 개발한 것으로, 아동으로 하여금 자신의 가족을 그리되 무언가를 하고 있는 내용을 그리도록 하는 검사이다. 평가자는 "가족들이 무언가 하고 있는 그림을 그려보자."라고 지시한다. KFD의 해석은 정적인 인물 자체보다는 그림 내 인물의 행동이나 움직임에 초점을 둔다. 그러므로 가족 내의 역동적 관계에 대한 유아의 생각을 파악할 수 있으며 구성원 간의 힘의 균형에 대해 유아가 어떻게 적응하고 방어하는지도 예상하게 한다. KFD는 자신들의 요구나 관심을 말로써 표현하기 어려운 아동들이 방어 없이 그들의 그림 속에서 자신에 대한 느낌과 생각을 투사함으로써 아동 문제를 평가하는 데 있어 유용하다(최선남 외, 1996).

KFD 기법은 묘사된 인물 간의 물리적 거리가 심리적 거리 혹은 소원함의 지표가 되기 때문에 그림을 통하여 인물들 간의 사회적 상호작용을 이해할 수 있다고 보았다(Rabinowitz et al., 1989). 예를 들어, 가족구성원을 각각 구획시켜 그린 그림이나 누군가가 누워 있는 그림은 단절되고 불안정한 가족 분위기를 반영해 주는

것으로 해석할 수 있다. 헐스(Hulse, 1951)는 KFD를 통해 아동의 심리적 어려움의 원인 및 부모와의 관계, 형제와의 관계를 알 수 있고 가족관계에서 아동이 자신의 위치를 어떻게 지각하는지도 알 수 있다고 하였다. 그러나 아동의 감정이나 느낌이 변화 가능하다는 점에서 KFD 검사 해석도 유의해야 한다. 그림에 표현된 모든 사물이나 현상에 대해 그림 자체에 대한 직언적 해석 혹은 과장된 해석 등은 지양하되 유아의 배경 정보 및 그림에 대한 유아의 표현들을 고려하여 주의 깊은 해석을 한다.

헐스(1951)는 그림을 해석할 때 그림 전체 형태가 중요하며 세부적으로 필압, 음영, 색깔, 가족구성원이 그려진 순서, 특정 인물에 대한 만화적 과장이나 특징적인 신체 묘사, 특정 구성원의 생략 등과 같은 부분들을 주의해서 살펴보아야 한다고 하였다. 필압(pressure)은 연필에 얼마나 힘을 주어 그림을 그렸는가를 나타내는데 피검자의 에너지 수준, 긴장 정도, 공격성 및 충동성에 대한 정보를 제공해 준다. 필압이 강한 경우는 스트레스 상황에 처하면 쉽게 불안해지고 위축되는 경향이 있거나 자기 주장적·공격적이고, 공격성을 외현화할 가능성이 크다. 그러나 기질적 장애 및 간질환자나 지적 장애인들도 필압이 강한 경향이 있어 배경 정보를 고려하여 그림을 해석해야 한다.

필압이 낮은 경우는 자신이 없고 소심하며 두려움 및 불안을 보이는 경우가 많다. 특히, 단순 불안이 아닌 두려움과 관련된 신경증이나 만성 정신분열증인 경우에도 필압이 약해(Alschuler et al., 1947) 억압된 자아상을 표출한 것으로 해석된다. 필압의 한 형태인 획(strokes)을 강하게 힘을 주어 그리는 아동의 경우, 그렇지 않은 아동에 비해 자기주장이 강하고 충동적이다. 또한 약하게 그리는 아동은 에너지 수준이 낮거나 억압된 정서를 가질 확률이 높다. 음영은 그림의 표현력을 강조하고 싶어서 그릴 수 있지만 대체로 불안, 갈등, 우울을 무의식적으로 표현한 경우이다. 어떤 인물의 신체 한 부분에 음영이 그려질 경우, 그 신체 부분에 몰두하고 있거나 불안을 느끼고 있음을 시사한다. 또한 음영이 표시된 인물에 대한 분노와 적개심을 의미할 수도 있다(신민섭 외, 2009). 가족구성원이 그려진 순서는 유아가 지각하는 가족 내 힘의 서열을 반영하거나 유아에게 정서적으로 중요한 대상의 순서를 반영하기도 한다. 예를 들어, 아빠보다 엄마를 먼저 그린 경우에는 엄마가 가정 내에서 가장 큰 영향을 행사할 성을 암시하거나 유아가 엄마를 좀 더 가까운 대상으로 느낀다는 것을 반영한다. 가족 외 인물을 먼저 그렸다면, 가족 내 소속감이나 유대감이 부족함을 알 수 있다. 가족구성원 중 특정 인물을 빼고 그렸거나 그렸다가 지운 흔적이 있는 경우에는 유아가 지워진 가족구성원에게 양가감정을 느끼거나 그 구성원과 내적 갈등관계에 있음을 시사한다(신민섭 외, 2009).

3) 가족 미술 평가

투사 방식의 가족 미술 평가로는 가족협동화 그리기, 가족화 그리기, 점토로 상징 만들기 등이 있다. 이와 같은 평가에는 가족과 대화로 전반적인 라포를 형성하는 질의응답 형식의 인터뷰와 가족들에게 그리기나 만들기를 하게 하는 투사적 미술 평가가 포함된다. 이때 질의응답이 이루어지는 언어적 면담과정은 언어습득이 미숙한 연령에게는 실시하기 어려우므로 언어적 상호작용이 가능한 가족들에게 적합하다. 가족 미술 평가는 가족구성원 모두가 한자리에 모여 있는 가운데 진행하게 되는데, 평가자는 가족들에게 본 검사에 대한 간략한 내용을 소개한 후, 면담으로 시작해서 그림 작업으로 연결되는 일체의 과정을 설명한다.

■ **도입**

"오늘은 ㅇㅇ의 가족이 면담과 미술작업을 통해 의사소통 방식과 친밀도를 평가하기 위해 모였습니다."

■ **면담 내용**

- 현재 느끼고 있는 가족 내의 어려움은 무엇이라고 생각하나요?
- 우리 가족의 장점은 무엇이라고 생각하나요?
- 우리 가족의 단점을 무엇이라고 생각하나요?
- 우리 가족에게 힘든 일이 있었을 때 어떤 노력을 해 왔나요?

■ **그림 작업**

- 4절지 정도의 큰 종이를 가운데에 두고, 가족구성원이 한 사람씩 각자 한 가지 색깔의 색칠도구(예: 색연필, 크레파스, 마커 등)를 선택한다. 평가자는 가족구성원끼리 의논하여 협동화를 그리도록 지시하고, 그림이 완성되는 과정을 관찰한다.

• 어떤 구성원의 색이 얼마만큼 포함되었는지, 언어적으로 지시하거나 구체적으로 실행하는 사람은 누구인지, 비언어적으로 가족이 보이고 있는 특징은 무엇인지 등을 통해 가족 역동을 평가한다. 이는 가족 내 힘의 균형과 불균형, 영역 존중 여부, 의사소통 방식의 특성을 살펴 가족 간 친밀감과 심리 역동을 추측할 수 있는 근거로 삼는다.

■ **관찰 항목**

- 누가 가장 먼저 말하는가?
- 누가 가장 말을 많이 하는가?
- 누가 누구를 방해하는가?
- 누가 누구의 영역을 침범하는가?
- 누가 누구에게 동의하는가?
- 누가 의사결정의 최종 권한을 갖고 있는가?
- 가족구성원 각자가 언어적, 비언어적으로 표현하는 정서범주는 무엇인가?

2.4 교사

1. 교사의 이해

교사는 교육기관에서 주 양육자 역할을 하기 때문에 브론펜브루너(Bronfenn-bruner)에 따르면, 영유아들에게 매우 큰 영향을 미치는 미시체계이다(Rosa et al., 2013). 따라서 영유아 발달연구에서 교사변인 즉, 자질 탐구, 교사의 지도력 그리고 학업 성취와 교사 태도 관련성 등을 밝힌 연구가 적지 않다(Darling-Hammond, 2000; Darling-Hammond et al., 2005; Freeman, 1989; Harris, 2003; Harris et al., 2011; Rice, 2003; York-Barr et al., 2004). 교사 연구에서 가장 많이 언급되는 부분은 교사가 학생에 대해서 갖는 태도 즉, '피그말리온 효과'이다. 피그말리온 효과는 매우 고전적 용어이며 연구방법에 있어서 윤리에 벗어나는 부분들 때문에 비판을 받고 있지만 그럼에도 불구하고 교사를 설명한 연구 및 교사교육에서 자주 언급되고 있다(황선희, 2015).

피그말리온 효과는 로젠탈(Rosental)과 제이콥슨(Jacobson)이 제시한 연구로서 캘리포니아 주의 오크 초등학교(Oak School)에서 1학년부터 6학년까지 몇 개의 검사를 실시한 후, 초등학생들을 무작위로 나누고 그 결과를 제시한 연구이다. 교사에게 학생들을 할당할 때, 매우 유능하고 우수한 아이들만 선별해서 본 학급으로 보낸다는 예견표현을 교사들에게 제시하여 할당하였다. 일정시간 이후 이 그룹의 초등학생들은 지능 검사, 사회성 검사 및 학업성취 검사에서 비교집단과 비교할 때 우수한 점수가 나왔다. 이와 같은 결과는 초등학교 교사들이 평범한 학생들에 대해 처음 들었던 예견적 표현에 의해 학생들의 성취가 충족되는 자기충족적 예언 효과가 나타난 것이다(Rosental et al., 1968).

본 연구의 결과는 로젠탈과 제이콥슨이 실험집단 교사들에게 제공한 선제 정보 즉, 학생들이 모두 유능하다는 정보가 교사들의 해석에 영향을 준 것으로 판단한다. 학생들이 문제 행동을 보여도 교사들은 보다 인내심을 갖고 성장을 기대하며 상호작용했고 지도방식에 있어서도 유능함을 전제로 지도하였다는 것이다. 결과적으로 이와 같은 교사와 학생의 상호작용은 자신을 믿어주는 교사에 대한 높은 신뢰와 교사들을 만족시켜 주고자 하는 동기가 합쳐져 좋은 성취를 보여주었다.

그러므로 아동의 문제행동에는 교사태도가 영향력을 가진다고 볼 수 있으며 이 같은 상황에서 교사의 스트레스는 아동들에게 직간접적인 영향을 미친다. 특히, 오늘날 교사들은 일의 복잡성, 미래에 대한 불확실성 및 교육기관의 목표와 개인 욕구 사이의 불균형 등 직무 스트레스가 크다(한국기업교육학회, 2010). 그러므로 평소에 직무로 인한 부정적 감정을 적절하게 처리하고 학생들과의 상호작용에 부정적인 에너지가 산출되지 않을 예방책이 필요하다. 뿐만 아니라, 직무 스트레스는 교사 자존감과 관련되어 있으므로 현장에서 일어나는 문제에 왜곡된 해석과 태도가 나타날 수 있다. 그러므로 교사는 교사 자신에 대한 객관적 이해 및 수용을 위한 노력과 더불어 가족 및 친구 등 자신의 정서적 어려움을 나눌 수 있는 네트워크가 필요하다(신혜영 외, 2005).

교사의 정서, 아동에 대한 태도 및 직무 스트레스 등이 학생과의 상호작용에서 이들 행동에 영향을 주듯이 교사의 언어 질(예: 발음, 발문 형태, 문장 구성력, 어휘사용 수준 등) 또한 영유아들에게 영향을 준다. 특히, 교사가 2세에서 5세 사이의 언어 습득기 아동들에게 어떻게 질문하고 영유아의 언어 산출에 어떤 반응을 주는지에 따라 언어발달에 영향을 줄 수 있으므로 교사의 평소 언어습관 및 발문은 중요하다.

2. 교사 평가

교사의 기질과 성향, 에너지 수준, 자아 강도, 신체 건강, 심리 상태 등에 따라 영유아에 대한 허용 기준이 달라진다. 예를 들어, 교실에서 뛰어다니는 행동에 대해 컨디션이 좋은 날과 두통이 심한 날의 교사의 반응은 다를 것이다. 에너지 수준이 높고 자극추구 지향적 교사는 활발한 탐색활동을 펼치는 영유아의 행동에 대해 지지적일 수 있지만 위험회피 기질이 높고 에너지 수준이 낮은 교사는 염려의 시선을 가질 수 있다. 따라서 교사의 자기이해 및 인식의 깊이가 깊을수록 교사 역할에서의 만족감과 유능감이 높을 수 있다. 본 장에서는 교사의 자기이해 및 인식을 돕기 위해 MBTI 성격유형과 교사 직무 스트레스 평가 도구를 소개한다.

1) MBTI 심리유형 검사(Myers-Briggs Type Indicator)

융(Jung)의 심리유형 이론은 인간 행동이 다양성으로 인해 종잡을 수 없는 것 같이 보여도 사실은 아주 질서정연하고 일관된 경향이 있다는 데서 출발한다. 또한 인간 행동의 다양성은 개인이 인식하고 판단하는 특징이 서로 다르기 때문이라고 설명한다. 인식이라 함은 사물, 사람, 사건 또는 아이디어를 깨닫게 되는 모든 방법을 가리킨다. 판단은 인식한 내용을 바탕으로 하여 결론을 내리는 모든 방식이다. 사람들이 인식하는 방법이 근본적으로 다르고 또 결론을 내리는 방법도 다르기 때문에 반응, 흥미, 가치, 동기, 기술, 관심 등이 다른 것도 지극히 당연한 일이다.

MBTI는 융의 심리유형 이론을 보다 쉽게 이해하여 일상생활에서 유용하게 활용할 수 있도록 개발한 도구이다. MBTI는 인식과 판단에 대한 융의 이론, 그리고 인식과 판단의 방향을 결정짓는 융의 태도 이론을 바탕으로 제작되었다. 이를 통해 각자의 선호경향을 찾고 또 이러한 선호경향들이 하나 또는 여러 개가 합쳐져서 인간의 행동에 어떤 영향을 미치는가를 파악하여 실생활에 응용할 수 있도록 제작되었다.

(1) MBTI 네 가지 선호경향

MBTI는 외향–내향(Extraversion-Introversion), 감각–직관(Sensing-iNuition), 사고–감정(Thinking-Feeling), 판단–인식(Judging-Perceiving)의 네 가지 선호경향으로 나타낼 수 있으며 각각의 특징은 다음과 같다.

① 외향–내향(Extraversion–Introversion)

이 지표는 에너지의 방향에 따라 외향형(E)과 내향형(I)으로 나뉜다. 외향형은 에너지의 방향과 주의초점이 외부 세계 즉 타인, 사물, 외부 경험에 맞춰져 있으며 외부 세계를 통해 에너지를 얻는다. 대부분 말로 표현하는 것을 좋아하며 개방적이어서 활동을 선호한다. 내향형은 에너지의 방향이 내부세계로 향하기 때문에 내면의 생각과 반성에 의해 에너지를 얻고 조용히 혼자 있는 것 그리고 혼자 일하는 것을 선호한다.

② 감각–직관(Sensing–iNuition)

이 지표는 정보를 받아들이는 방식에 따라 감각형(S)과 직관형(N)으로 나뉜다. 감각형은 오감을 통해 관찰 가능한 사실이나 사건을 더 잘 인식하므로 현실적, 구체적이며 사실에 단계적으로 접근하여 정보를 얻는다. 반면, 직관형은 육감, 영감 등의 직관(N)을 통해 인식하므로 현재보다는 미래를 향해 살고 의식의 영역을 넘어서서 어떤 사실이나 사건의 이면에 감추어진 의미나 관계 또는 가능성을 더 잘 파악한다.

③ 사고–감정(Thinking–Feeling)

이 지표는 판단 및 의사결정 기준에 따라 사고형(T)과 감정형(F)으로 나뉜다. 사고형은 합리성, 옳고 그름을 바탕으로 결정하므로 진실, 정의, 공정함에 관심이 많고 논리적인 것을 가치 있고 신뢰할 수 있다고 여긴다. 반면, 감정형을 선호하는 사람은 주로 개인적 또는 사회적 가치를 바탕으로 결정하려는 경향을 가져 관계와 조화로움에 관심이 많으며 수용적 태도를 갖고 있다.

④ 판단-인식(Judging-Perceiving)

이 지표는 개인의 생활양식에 따라 판단형(J)과 인식형(P)으로 나뉜다. 판단형은 삶이 예측 가능하도록 구조화, 조직화되어 있는 것을 선호하며 갑작스러운 사태보다는 준비되어 있기를 바란다. 판단형을 선호하는 사람은 외부 세계에 대처할 때 사고나 감정 같은 판단과정을 주로 사용한다. 인식형은 삶의 변화나 즉흥적 상황에 크게 스트레스를 받지 않으며 동시에 여러 가지 일을 생산적으로 해낼 수 있다. 인식형을 선호하는 사람은 외부 세계에 대처해 나갈 때 감각이나 직관과 같은 인식과정을 주로 사용한다.

(2) MBTI 16가지 성격유형

위의 8가지 지표를 기준으로 심리유형검사 결과는 16가지 유형으로 나뉜다(〈표 9〉 참고).

〈표 9〉 MBTI·16가지 성격유형

ISTJ 세상의 소금형	ISFJ 임금 뒤편의 권력형	INFJ 예언자형	INTJ 과학자형
ISTP 백과사전형	ISFP 성인군자형	INFP 잔다르크형	INTP 아이디어 뱅크형
ESTP 수완 좋은 활동가형	ESFP 사교적인 유형	ENFP 스파크형	ENTP 발명가형
ESTJ 사업가형	ESFJ 친선 도모형	ENFJ 언변 능숙형	ENTJ 지도자형

출처: 김정택 외(2013)에서 인용

각각의 유형들은 고유한 특성을 갖기 때문에 자신만의 의사소통 방식을 통해 타인과의 관계에서 다양한 역동이 만들어진다. 본 검사는 의사소통 방식, 의사결정 기준, 세상을 지각하는 방식, 생활방식 등을 이해하는 데이터가 되므로 타인과의 효과적인 관계 맺기가 가능하며, 불필요한 에너지 소진 및 오해와 갈등 상황을 예방할 수 있다. 또한 자신에 대한 이해와 인식이 보다 심층적으로 이루어지기 때문에 일이나 관계에서 자신의 강점을 활용하고 취약점을 보완할 수 있다(심혜숙 외, 1998). 다음은 유형별 교사 특징이다.

① ISTJ 교사의 특징

매사에 신중하고 책임감이 강하며 실질적이고 조직적으로 일을 처리한다. 교사로서 맡은 바 임무에 성실하며 체계적이고 안정적인 방식으로 주어진 일을 해낸다. 따라서 타인에게 신뢰와 안정감을 줄 수 있는 강점이 있다. 그러나 내향적이고 규칙을 중요하게 생각하기에 활동성이 높고 규칙을 자주 어기는 유아의 행동에 대해서 예민하게 생각하며 쉽게 소진될 수 있다. 그러므로 혼자만의 시간과 공간을 통해 재충전하는 시간을 가져야 한다.

② ISTP 교사의 특징

조용한 편에 속하지만 일상생활에서 적응력이 매우 뛰어나고 도구나 재료를 잘 다루며 손재주가 많다. 논리적인 분석능력과 객관적인 관찰력이 뛰어나다. 특히, 사실적인 정보를 조직하는 것에 재능이 있다. 교사로서도 일에 대한 정확한 판단능력과 좋아하는 일에 대한 깊은 호기심을 갖고 있기 때문에 맡은 바 임무를 능숙하게 해결한다. 그러나 내향적 사고형(IT)이기 때문에 정서적 지지를 제공하고 다양한 감정을 표현하는 것에 어색해할 수 있다. 또한 삶에서 독립적이고 자립적인 태도를 중요하게 여기기 때문에 영유아가 정서적인 돌봄을 섬세하게 필요로 할 때 깊이 관여하는 것을 꺼릴 수 있다. 그러므로 영유아들의 감정과 잘 교류할 수 있는 편안한 방법을 모색할 필요가 있으며 보다 따뜻한 정서표현을 많이 하도록 노력해야 한다.

③ ESTP 교사의 특징

직접 보고 만지는 등의 다양한 활동에 관심이 많고 경험을 통해 배우는 것을 선호한다. 반복되는 일상의 일들을 일종의 게임처럼 재미있게 만들 수 있다. 삶에 대해 전반적인 에너지와 열정이 많기 때문에 다양한 경험을 유아들과 공유할 수 있다. 또한 이를 통해 친밀한 관계를 형성한다. 말로만 유아들에게 가르치는 것이 아니라 스스로 행동으로 실천하며 유아들의 수준에 맞게 소통해 줄 수 있다. 활동성과 에너지 수준이 높기 때문에 산만하고 부주의하며 충동적 성향의 영유아들을 돌보기가 수월하며 융통성이 있다. 그러나 조용하거나 활기가 없는 상황 그리고 지루한 일상을 유지하는 것이 힘들기 때문에 교사로서 자신의 업무 강점과 성향을 인식 및 수용함과 동시에 여러 가지 활동 및 자발적 욕구충족 시간(예: 여행, 운동, 친구와의 만남 등)을 정기적으로 가져야 한다.

④ ESTJ 교사의 특징

일을 계획하고 추진하는 능력이 뛰어나며 리더십이 있다. 주변 사람들에게 신뢰와 믿음을 줄 수 있으며 일 처리에 있어서도 꼼꼼하며 잘 처리한다는 평을 받는다. 분주한 생활을 활동적으로 꾸려나가는 데 탁월하며 많은 일을 계획하고 실행시킬 수 있는 에너지도 있다. 뿐만 아니라 어떻게 하면 성취·성공할 수 있는지 알고 있기 때문에 필요한 기술(예: 새로운 친구들을 사귀는 방법, 실수를 반복하지 않는 방법 등)과 문제해결 방법을 유아들에게 쉽게 알려줄 수 있다. 그러나 때로는 영유아 행동에 대해 자신의 기준을 엄격하게 적용하는 실수를 할 수 있다. 특히, 수줍고 내성적 성향의 유아에게는 자기표현과 주장을 할 수 있도록 여유롭게 기다려주고 따뜻한 표현을 해 주려는 노력이 필요하다.

⑤ ISFJ 교사의 특징

책임감이 강하고 헌신적이며 다정하고 온화하다. 침착하고 인내심이 있어 맡은 바 일에 성실하므로 조직에서 안정적인 인상을 준다. 영유아들에게 일관되게 대할 수 있으며 그들의 요구를 우선적으로 들어주는 성향이 있다. 영유아들이 사랑받고 있거나 특별하다는 느낌을 갖는 모습을 보며 좋아한다. 칭찬과 감정 흐름에 민감해서 영유아들의 말이나 행동에 대한 공감능력이 탁월하다. 그러나 지나치게 헌신적이고 책임감이 있어 자신의 수고가 인정받지 못하면 불편한 마음이 생길 수 있으므로 조용한 휴식을 통해 자신의 욕구를 돌아보는 시간이 요구된다.

⑥ ISFP 교사의 특징

겸손하고 헌신적이며 타인에게 따뜻한 마음을 쉽게 갖는다. 다양한 상황에 쉽게 적응하며 정서표현이 자연스럽기 때문에 교사역할이 잘 어울리는 유형이다. 유연성이 있어 영유아들이 항상 수용받는다고 느끼게 하며 영유아 각각의 욕구를 정확히 파악하여 반응해 줄 수 있다. 반면, 자신의 욕구 혹은 흥미를 파악하는 일은 어려우며 스스로를 돌보는 일 또한 자연스럽지 못하다. 뿐만 아니라 타인의 요구를 거절하거나 자신의 주장을 내세우는 것을 어려워하여 불필요한 에너지 소진이 생기기도 한다. 그러므로 책, 영화, 산책 등 자신을 돌보는 시간을 정기적으로 갖고 관계 속에서 적절한 자기주장을 연습할 필요가 있다.

⑦ ESFP 교사의 특징

친절하고 수용적이며 어떤 상황에서도 잘 적응한다. 활동적이고 관계 지향적인 성향 때문에 어떤 공동체에서도 밝고 재미있는 분위기를 조성할 수 있다. 또한 삶의 다양한 활동에 관심과 호기심이 높고 재치와 유머를 갖고 있기 때문에 영유아들과 소통이 수월하다. 영유아와 관계를 쉽게 맺기 때문에 영유아들에게 좋은 모델이 될 수 있다. 단, 훈육 혹은 규칙을 제안할 때 단호하고 객관적인 입장을 갖기 어려워 제재 자체를 불편해한다.

⑧ ESFJ 교사의 특징

친절함과 따뜻한 공감능력으로 타인들에게 편안함을 제공한다. 특히, 유머감각이 있어 영유아들과 친밀한 관계를 형성하기 쉬우며 우호적이어서 영유아들에게 좋은 사회적 모델이 된다. 그룹 전체를 이끌어가는 부드러운 리더십이 있으나 판단과 통제 성향이 강한 측면이 있어 영유아들의 행동이나 말이 본인의 이해 범위를 넘어서면 융통성 있는 대처가 어렵다. 뿐만 아니라, 영유아들의 반복되는 갈등상황을 힘들어하고 스트레스 상황 시 지나치게 완벽주의 성향을 보일 수 있다. 그러므로 삶에서 보다 여유로운 자세를 가지며 모든 일이 내 생각과 바람대로 이루어지지 못함을 인정하고 이를 성장의 기회로 삼는 태도가 필요하다.

⑨ INFJ 교사의 특징

강한 직관력의 소유자로 창의성과 통찰력이 뛰어나다. 사람과의 진실한 관계를 지향하고, 어떤 일을 할 때 의미가 중요한 요소가 된다. 교사로서는 영유아들 각자의 독특한 가능성을 지지하며 이들이 타고난 본성대로 잘 성장하도록 돕는다. 영유아들을 관찰하고 이해하는 데 시간을 쓰며, 친밀한 대화를 이끌어내고 자유로운 감정표현과 상호작용을 추구한다. 영유아들의 감정에 민감하며 무거운 정서조차도 다룰 수 있도록 도와준다. 그러나 이상적인 가치를 추구하며 살아가기 때문에 비현실적인 기대감을 가지거나 전체의 화목을 위해 자신의 욕구와 필요를 희생시킬 수 있다. 따라서 삶을 보다 가볍게 받아들이고 현재 주어진 일상 속에서 소소한 즐거움을 찾기 위한 노력(예: 일기 쓰기, 명상, 여행, 음악 감상, 친한 친구와의 만남 등)을 할 필요가 있겠다.

⑩ INFP 교사의 특징

자각과 통찰이 뛰어나고 영유아들의 욕구, 감정에 민감하여 무엇을 필요로 하는지 직관적으로 알아차릴 수 있다. 수용적이고 관대한 성품이 있어 영유아들 각각의 성향에 맞춰 줄 수 있다. 그리고 친밀함을 형성하는 것에 가치를 두고 항상 상호작용할 수 있는 방법을 연구하고 고민한다. 그러나 영유아들에게 분명한 규칙을 설정하거나 훈육하기를 꺼려 허용적 측면과 우유부단함이 지나치다고 생각하기도 한다. 특히, 모든 영유아의 감정과 관점에 반응하고자 하기 때문에 이들의 욕구와 관점들이 충돌할 경우 의사결정을 힘들어할 수 있다. 따라서 실수를 두려워하기보다 실수조차도 성장과 배움의 기회가 될 수 있음을 기억하고 보다 자기 확신을 갖고 의사 결정을 내릴 필요가 있다.

⑪ ENFP 교사의 특징

열정이 있는 교사로서 풍부한 상상력으로 영유아들과 교감이 가능하며 영유아들을 좋은 친구로 생각하여 이들과 함께하는 것을 즐거워한다. 아이들에게 자유, 즐거움 그리고 자기 탐구 시간을 제공하는 것을 중요하게 생각하며 각각 갖고 있는 특별한 잠재력을 발달시키도록 돕는다. 영유아들에게 흥미를 확장시킬 수 있는 경험과 기회를 제공하고 끊임없이 격려와 지지를 보낸다. 그러나 영유아들이 힘들어할 때 객관적인 거리를 두는 것을 어려워하고 지나치게 동일시하여 필요 이상의 괴로움을 가질 수 있다. 그러므로 문제를 경험하고 있는 사람이 누구인지, 문제의 중압감 정도가 어느 정도인지 보다 객관적 관점을 제시해 줄 수 있는 TJ 유형의 배우자나 친구들의 조언이 필요하다.

⑫ ENFJ 교사의 특징

동정심과 동료애가 많으며 친절하고 유머가 있다. 영유아들을 돌봄에 있어 긍정적인 말과 칭찬 그리고 격려를 활용한다. 또한 영유아와의 소통과 교감 능력이 뛰어나 이들을 포용할 수 있다. 그리고 창의적인 교과과정 운영에 열정과 호기심이 있으며 자신의 아이디어를 활용하여 응용하는 능력이 탁월하다. 그러나 친밀한 관계와 일의 성취를 모두 이루어야 하는 상황에서는 우선순위 선택에 있어 다른 유형의 교사들보다 갈등이 크다. 또한 영유아 교육현장에서 흔하게 발생될 수 있는 혼란, 소음, 어수선함 및 일상의 많은 요구들이 소진의 근원이 되는 경우가 많아 업무와 관련되지 않은 친구들과의 만남을 통해 재충전 기회를 가져야 한다.

⑬ INTJ 교사의 특징

개인적이고 독립적인 성향을 가진 교사로서 관찰력과 독창적인 분석능력이 뛰어나며 자신의 신념을 매우 중요하게 생각한다. 성실한 태도를 지닌 본 유형의 교사는 영유아들의 직접적인 요구에 잘 반응해 줄 수 있지만 유아들의 내적 속성 즉,

자아 존중감, 자신감 발달에 보다 관심이 많다. 일상에 대한 이야기 속에서 교훈을 얻도록 돕는 능력이 있으며 유아들의 눈높이에 맞게 소통할 수 있다. 그러나 영유아들의 소란스러움과 무질서 등이 에너지 소진에 주요한 원인이 되기도 하며 자아실현과 영유아를 돌보는 업무 사이의 균형감 유지를 힘들어할 수 있다. 그러므로 혼자만의 시간을 갖거나 자아 성장을 위한 강의 혹은 사적인 독서 모임에 참여하는 것이 도움이 된다.

⑭ INTP 교사의 특징

조용하며 과묵한 편이지만 지적 호기심이 많아서 관심 분야에 대해서 깊이가 있다. 또한 통찰력, 분석력, 논리력이 있어 이와 같은 개념들을 다루는 학문분야에서 두각을 나타내고 가르치는 능력 또한 탁월하다. 영유아에게 지식 전달 시간을 진정으로 즐거워하며 영유아들의 질문에 진지하게 반응하거나 새로운 지식을 덧붙여 주는 활동을 기뻐한다. 사고 기능이 발달되어 있어 영유아들의 이야기 시간을 유능하게 진행할 수 있으며 지적 자극을 주어 이들의 발달을 촉진하는 데 탁월하다. 그러나 영유아들이 끊임없이 떠드는 소리와 움직임, 충동적 행동 및 반응을 촉구하는 영유아들의 요구에 대해 신체적, 정신적으로 소진되기 쉽다. 뿐만 아니라, 다른 교사와 자신을 비교하는 성향이 짙어 본인의 강점을 기억하고 즐거워하며 업무에 스스로 자족하는 태도가 필요하다.

⑮ ENTP 교사의 특징

독창적이며 풍부한 에너지가 있는 본 유형의 교사는 항상 새로운 것을 찾아 시도하는 것을 즐거워한다. 영유아들에게 새로운 개념과 활동을 소개하고 도전해 보도록 격려함으로써 새로운 관점을 제공하고 창의적인 이들의 잠재력을 촉진시켜 준다. 또한 행동 지향적이기 때문에 유아와 함께 민첩하게 행동하는 것을 좋아한다. 그리고 여러 가지 재능을 갖추어 영유아와 활동하는 것 자체에 대한 자기 효능감이 높다. 뿐만 아니라, 영유아가 자신이 원하는 대로 행동하고 독립성을 키울 수 있는 기회를 만들면서 지지해 준다. 그러나 에너지가 적은 영유아나 의존적인 영유아(예: 신체적으로 밀착하는 영유아, 정서적 돌봄을 지나치게 요구하는 영유아 등)에게 부드러운 지지자 역할은 힘들어할 수 있다.

⑯ ENTJ 교사의 특징

활동적, 논리적, 분석적이며 영유아들이 나타내는 성취에 만족스러워한다. 통찰력이 뛰어나서 영유아들의 지적, 정서적 발달을 촉진할 수 있으며 문제상황에서의 전략적 접근이 가능하다. 그러나 때로는 예측 불가능한 상황에서 융통성이 부족하고 교사 자신의 속도와 규율만을 적용하고자 할 수 있어 관계에서 스트레스를 주고받을 수 있다. 또한 해결책을 모색하고 제시하고자 하는 결과 중심적 사고를 하기 때문에 본인뿐만 아니라 영유아들의 감정을 수용하고 표현하기 위한 노력이 필요하다.

2) 교사 직무 스트레스 평가

교사들은 영유아 발달을 위한 환경 구성에 중요한 역할을 한다. 따라서 교사는 자신의 스트레스에 민감하게 인식할 필요가 있다. 교사 스트레스는 개인이 갖는 일상의 스트레스와 업무를 토대로 발생되는 스트레스 두 가지가 모두 적용된다. 이는 직무 수행 시 필요한 능력, 자질, 성취감, 사명감과 함께 과다 업무, 대인관계(예: 학부모, 동료 교사와의 관계 등), 보수 및 복지 수준 등 다차원적인 스트레스가 발생한다. 〈표 10〉은 보육 교사 직무 스트레스 척도이다. 채점기준은 전혀 그렇지 않다/아주 많다(0점), 대체로 그렇지 않다/대체로 많다(1점), 보통이다(2점), 대체로 그렇다/대체로 적다(3점), 매우 그렇다/아주 적다(4점)이며 자신이 체크한 문항의 점수를 모두 더한 점수가 총점이다. 총점이 높을수록 스트레스가 높다고 볼 수 있는데 총점이 70점 이상이면 유의미한 수준으로 스트레스가 높다고 볼 수 있다. 따라서 이 경우에는 스트레스 관리를 위한 실질적이고 구체적인 개입 혹은 전문가와의 상담이 필요하다.

〈표 10〉 교사 직무 스트레스 척도

1. 우리 어린이집은 교사들 사이에 갈등이 크다.
☐ 전혀 그렇지 않다 ☐ 대체로 그렇지 않다 ☐ 보통이다 ☐ 대체로 그렇다 ☐ 매우 그렇다

2. 우리 어린이집은 교사들 간의 관계가 매우 사무적이다.
☐ 전혀 그렇지 않다 ☐ 대체로 그렇지 않다 ☐ 보통이다 ☐ 대체로 그렇다 ☐ 매우 그렇다

3. 우리 어린이집은 교사들 간에 의사소통이 잘 이루어지지 않는다.
☐ 전혀 그렇지 않다 ☐ 대체로 그렇지 않다 ☐ 보통이다 ☐ 대체로 그렇다 ☐ 매우 그렇다

4. 학부모들은 우리 어린이집에 무리한 요구를 한다.
☐ 전혀 그렇지 않다 ☐ 대체로 그렇지 않다 ☐ 보통이다 ☐ 대체로 그렇다 ☐ 매우 그렇다

5. 원아 간의 싸움이나 미미한 안전사고 등으로 항의하는 학부모가 많다.
☐ 전혀 그렇지 않다 ☐ 대체로 그렇지 않다 ☐ 보통이다 ☐ 대체로 그렇다 ☐ 매우 그렇다

6. 학부모들이 자신의 아이에게 관심을 쏟아 달라고 지나치게 요구한다.
☐ 전혀 그렇지 않다 ☐ 대체로 그렇지 않다 ☐ 보통이다 ☐ 대체로 그렇다 ☐ 매우 그렇다

7. 말썽을 일으키는 원아들의 지도가 힘이 든다.
☐ 전혀 그렇지 않다 ☐ 대체로 그렇지 않다 ☐ 보통이다 ☐ 대체로 그렇다 ☐ 매우 그렇다

8. 원아들의 대소변 훈련이나 식사습관 지도로 힘이 든다.
☐ 전혀 그렇지 않다 ☐ 대체로 그렇지 않다 ☐ 보통이다 ☐ 대체로 그렇다 ☐ 매우 그렇다

9. 내가 담당하고 있는 반의 원아 수가 많아 지도가 어렵다.
☐ 전혀 그렇지 않다 ☐ 대체로 그렇지 않다 ☐ 보통이다 ☐ 대체로 그렇다 ☐ 매우 그렇다

10. 교육활동을 계획하고 조직하는 데 너무 광범위한 능력이 요구된다.
☐ 전혀 그렇지 않다 ☐ 대체로 그렇지 않다 ☐ 보통이다 ☐ 대체로 그렇다 ☐ 매우 그렇다

11. 보육시간 이외의 부수적인 일들(예: 수업준비, 정리 등)이 많다.
☐ 전혀 그렇지 않다 ☐ 대체로 그렇지 않다 ☐ 보통이다 ☐ 대체로 그렇다 ☐ 매우 그렇다

12. 보육의 행정업무(예: 상담일지, 관찰일지, 전화일지, 차량운행일지, 일일계획안 등)량이 너무 많다.
☐ 전혀 그렇지 않다 ☐ 대체로 그렇지 않다 ☐ 보통이다 ☐ 대체로 그렇다 ☐ 매우 그렇다

13. 우리 어린이집은 행사가 너무 많다.
☐ 전혀 그렇지 않다 ☐ 대체로 그렇지 않다 ☐ 보통이다 ☐ 대체로 그렇다 ☐ 매우 그렇다

14. 어린이집에서의 근무시간이 너무 길다.
□ 전혀 그렇지 않다 □ 대체로 그렇지 않다 □ 보통이다 □ 대체로 그렇다 □ 매우 그렇다

15. 어린이집에서의 휴식 및 자기계발할 시간이 부족하다.
□ 전혀 그렇지 않다 □ 대체로 그렇지 않다 □ 보통이다 □ 대체로 그렇다 □ 매우 그렇다

16. 수업 및 학급운영을 위하여 준비할 시간이 부족하다.
□ 전혀 그렇지 않다 □ 대체로 그렇지 않다 □ 보통이다 □ 대체로 그렇다 □ 매우 그렇다

17. 출퇴근 거리가 멀어 소요시간이 길다.
□ 전혀 그렇지 않다 □ 대체로 그렇지 않다 □ 보통이다 □ 대체로 그렇다 □ 매우 그렇다

18. 출퇴근 교통수단이 불편하다.
□ 전혀 그렇지 않다 □ 대체로 그렇지 않다 □ 보통이다 □ 대체로 그렇다 □ 매우 그렇다

19. 우리 어린이집은 교사를 위한 시설 및 환경이 열악하다고 생각한다.
□ 전혀 그렇지 않다 □ 대체로 그렇지 않다 □ 보통이다 □ 대체로 그렇다 □ 매우 그렇다

20. 우리 어린이집의 냉난방 시설은 열악하다.
□ 전혀 그렇지 않다 □ 대체로 그렇지 않다 □ 보통이다 □ 대체로 그렇다 □ 매우 그렇다

21. 우리 어린이집의 편의시설(예: 화장실, 세면대, 계단, 컴퓨터, 전화 등)의 이용이 불편하다.
□ 전혀 그렇지 않다 □ 대체로 그렇지 않다 □ 보통이다 □ 대체로 그렇다 □ 매우 그렇다

22. 실내외 놀이시설의 안전관리가 미비하다.
□ 전혀 그렇지 않다 □ 대체로 그렇지 않다 □ 보통이다 □ 대체로 그렇다 □ 매우 그렇다

23. 나의 보수를 나의 업무량과 비교하면
□ 아주 많다 □ 대체로 많다 □ 보통이다 □ 대체로 적다 □ 아주 적다

24. 나의 보수를 나의 의무 및 책임 정도와 비교하면
□ 아주 많다 □ 대체로 많다 □ 보통이다 □ 대체로 적다 □ 아주 적다

25. 나의 보수를 타 어린이집과 비교하면
□ 아주 많다 □ 대체로 많다 □ 보통이다 □ 대체로 적다 □ 아주 적다

26. 나의 보수를 나의 생활비와 비교하면
□ 아주 많다 □ 대체로 많다 □ 보통이다 □ 대체로 적다 □ 아주 적다

출처: 서정은(2016)에서 본 내용에 맞게 수정·보완함

2.5 또래

1. 또래의 이해

또래 친구는 청소년기뿐만 아니라 영유아를 포함한 어느 시기에나 영향을 주고받는다는 점에서 매우 중요하다. 영유아기는 부모에게 영향을 많이 받는 시기이지만 오늘날 맞벌이 부부가 급증하여 사교육 및 또래 친구들과 사귈 기회를 갖는 연령이 보다 낮아졌다. 황선희(2015)에 따르면, 영유아 시기의 또래 기능은 다음과 같다.

첫째, 영향을 주고받는 관계로서 청소년기의 도당(clique)[29]에서 나타나는 사회적 압력을 이 시기에 암묵적으로 경험한다. 친구들이 하는 행동, 옷차림, 말투 등을 따라 하며 우리 감정(we-feeling)을 형성한다. 그러므로 영유아 문제행동의 원인 가운데 또래 역할을 무시할 수 없다. 특히, 부모의 훈육을 통해 어떤 행동이 옳은지 알고 있다 하더라도 또래의 언어와 행동이 보다 매력적으로 생각되어 내적 갈등이 생길 수 있다.

둘째, 또래 친구는 소속감을 형성하여 정서적 안정감을 준다. 인간은 누구나 소속감을 필요로 한다. 소속감을 통해 자신의 존재감을 확인하고 가치를 인정받는다고 느끼기 때문이다. 이는 자아존중감과 연결되는데 자아존중감이란 나에 대한 평가로서 내가 얼마나 가치 있고 사랑받는 존재인지를 스스로 평가하는 것이다. 흥미로운 것은, 자아 존중감은 자신에 대한 평가로서 객관적이기보다 주관적이며 내가 나를 평가하는 것처럼 보이나 사실은 거울효과에 준한다. '거울효과'란 나의 모습을 스스로 볼 수 없고 거울을 통해 보게 되는 것처럼, 중요한 타인들이 나를 어떻게 보는지가 자존감의 기초라는 의미이다. 실제로 외모가 귀엽지 않은 영유아라도 중요한 주변의 사람들 즉, 부모, 또래 혹은 교사가 귀엽다고 이야기해 주면 '나

29) 도당은 빈번히 상호작용을 하고 성원들 간의 결속력과 애착이 강한 4~5명의 또래 집단을 말한다(최경숙 외, 2010).

는 귀여워'라고 생각하여 자존감에 반영한다. 그러므로 또래는 내가 누구인지 생각하는 데 영향을 미치고 친한 친구와의 지속적인 관계는 소속감을 형성해서 든든한 정서적 울타리를 만든다. 그러나 또래 친구와 연대감을 형성하지 못하고 긍정적인 피드백을 받지 못하는 영유아들은 이와 같은 상황이 지속되면 부정적인 정서를 갖게 되어 낮은 자존감을 형성한다. 낮은 자존감을 가진 영유아들은 자아상이 좋지 못해 또래 관계에서 문제행동을 지속적으로 일으키는 악순환을 경험한다.

셋째, 또래는 자신의 행동을 평가하는 기준이 된다. 영유아들은 자신의 행동이 어떠한지 또래를 통해 평가한다. 즉, 또래에게 수용받는 행동은 좋은 행동, 거절받는 행동은 좋지 않은 행동으로 본인 행동의 가치를 부여한다. 따라서 영유아들의 문제행동은 친구가 자신을 수용하는지 그렇지 않은지에 따라 문제 유무가 결정되기도 한다. 이는 객관적인 사회적 규범이 아니라 주관에 준하기 때문에 위험할 수 있다.

넷째, 또래는 지지자 역할을 한다. 또래는 많은 시간을 함께 보내고 상호작용하면서 행동을 긍정하며 즐거운 경험을 나누기 때문에 동반자적 지지자 관계가 될 수 있다.

또한 또래는 언어습득에 영향을 준다. 대체로 영유아의 언어습득은 주 양육자가 얼마나 양질의 언어자극을 제공하는지가 중요한 요소로 강조되고 있지만 많은 시간을 함께 보내는 또래의 영향을 무시할 수 없다. 특히, 또래 언어자극은 청각적 현저성으로 영향을 강하게 줄 수 있다. '청각적 현저성'이란 다른 소리보다 더 잘 들린다는 개념으로 심리적 소리에 해당한다. 즉, 영유아에게 또래 친구들의 목소리가 성인보다 더 잘 들린다는 뜻으로 또래 언어는 언어습득에 영향력 있는 요인이 된다. 따라서 영유아를 대상으로 보육하는 교사들은 그림책을 읽어 주거나 상호작용할 때, 성인과 대화할 때와는 다른 영유아들에게 특화된 소리를 내게 되는데 대체로 문장이 단순하며 쉬운 어휘들을 사용하고 약간의 높은 톤과 다양한 억양을 사용한다. 그리고 이와 같은 '아기식 말투(motherese)'가 또래 말투이기 때문에 영유아들의 언어습득에 중요한 역할을 한다.

2. 또래 평가

영유아는 또래와의 상호작용을 통해 다양한 경험을 하며, 이를 바탕으로 대인 관계 태도, 기술 등을 습득한다. 즉, 또래가 역할 모델을 하게 되어 다양한 상황에 대처하며 문제를 해결하고 소통하는 방식을 배우는 등 사회적 상호작용에 필요한 능력을 발달시킨다.

사회적 교류와 타인에 대한 관심 증가는 만 4, 5세부터 시작되며 만 2, 3세까지는 또래와 함께 상호작용하면서 놀기보다 주로 혼자놀이 형태를 보인다. 따라서 만 2, 3세 이하의 영유아기의 또래 관계, 사회성 등을 평가하기는 어렵다. 그러나 사회성 발달에서 중요한 요소인 눈 맞춤, 상호작용 욕구, 타인에 대한 반응의 적절성 등을 기준으로 생후 12~24개월 사이에 자폐 스펙트럼 장애(Autism Spectrum Disorder)[30], 생후 9개월~5세 사이에 반응성 애착장애(Reactive Attachment Disorder)[31]는 임상적 진단이 가능하다.

만 4, 5세 이후 시기에는 눈맞춤뿐만 아니라 또래와 놀이 방식(예: 어떤 놀이를 선호하는지, 놀이 지속시간은 어느 정도인지, 놀이 중 갈등상황에서 대처능력은 어떠한지 등)을 관찰함으로써 사회성 발달을 평가할 수 있다.

---

30) 자폐 스펙트럼 장애는 상호 간의 사회적 의사소통과 사회적 상호작용의 지속적인 손상, 제한적이고 반복적인 양식의 행동, 관심 분야 또는 활동이 진단의 필수적인 기준이다. 보통 생후 12~24개월에 인식되고 언어발달의 지연이 흔히 동반되며 사회적 관심의 결핍이나 특이한 사회적 상호작용(예: 사람들을 쳐다보려는 시도를 하지 않은 채 손으로 잡아당기는 것), 이상한 놀이 방식(예: 장난감을 가지고 다니지만 가지고 놀지는 않음), 특이한 의사소통 방식(예: 알파벳을 알고 있지만 자기 이름에 반응하지 않음)이 나타난다(권준수 역, 2015).

31) 아동은 보호자로 추정되는 사람과 애착이 없거나 명백하게 미발달되어 있다. 반응성 애착장애 아동은 선택적 애착을 형성할 수 있는 능력은 가지고 있는 것으로 보인다. 그러나 초기 발달상의 제한적 기회로 인하여 선택적 애착의 행동적 발현을 보여주는 데 실패한다. 즉, 정신적 고통이 있을 때 아동이 보호자로부터 안락, 지지, 돌봄 또는 보호를 얻기 위한 일관적인 노력을 하지 않는다(권준수 역, 2015).

1) 사회성 체크 리스트

사회성 영역은 영유아의 애착발달, 정서조절, 행동조절, 인지·언어발달 및 자아발달 등 발달의 많은 부분을 아우르는 종합영역이므로 전문기관에서 이루어지는 사회성 평가는 영유아와 평가자가 1:1로 놀이나 대화를 하는 개별 놀이 평가, 가족구성원과의 상호작용을 관찰하는 가족(놀이) 평가 방식 등 여러 영역의 평가를 종합적으로 진행할 수 있다.

영유아의 사회성에서 문제행동이 관찰될 경우 교사가 개입하여 지도할 수 있으나 지속적인 어려움이 있다면 부모와 심층적 논의가 필요한데 이때 부모와 대화할 수 있는 자료로 평소 영유아 행동을 기술한 체크리스트를 활용할 수 있다. 다만 연구 목적으로 제작된 무료검사들은 대부분 표준화된 검사도구가 아니기 때문에 문제행동 유무 자체를 진단하기에는 제한적이다. 본서에서는 사회성 평가를 위해 전문기관에서 실시하는 개별 놀이 평가를 소개하는 것과 더불어 연구목적으로 제작되었으나 교사들이 직접 점검할 수 있는 체크리스트를 아래와 같이 제시하고자 한다(〈표 11, 12〉 참고). 표준화된 체크리스트 검사도구로 한국판 유아 행동 평가척도(K-CBCL 1.5~5)와 유아 행동평가 척도 교사용(C-TRF)은 스트레스 평가 부분에서 소개한다.

〈표 11〉 유아의 사회적 행동 목록표-긍정적 사회적 행동

번호	내용(긍정적 사회적 행동)	평정란		
1	화가 나도 행동이 격해지지 않는다.	0	1	2
2	갈등상황을 친구와 함께 해결해 나간다.	0	1	2
3	재미있는 이야기로 분위기를 즐겁게 만든다.	0	1	2
4	자신의 순서를 기다린다.	0	1	2
5	친구의 놀림에 대해 언어적/행동적으로 보복하지 않는다.	0	1	2
6	친구를 쉽게 사귄다.	0	1	2
7	다른 친구에게 방해되지 않도록 적절한 목소리로 이야기한다.	0	1	2
8	자신의 몸을 다치지 않도록 조심한다.	0	1	2
9	상대방의 말이 끝날 때까지 기다렸다 말한다.	0	1	2
10	충고나 꾸지람을 들으면 고치려고 노력한다.	0	1	2

번호	내용(긍정적 사회적 행동)	평정란		
11	이야기 나누기 시간에 차분히 앉아서 경청한다.	0	1	2
12	친구에게 다가가서 대화를 시도한다.	0	1	2
13	자신의 잘못을 인정한다.	0	1	2
14	리더도 하지만 친구의 뜻을 따르는 역할도 함께한다.	0	1	2
15	친구가 놀이에 참여하도록 이끈다.	0	1	2
16	이유가 정당하면 타협을 받아들인다.	0	1	2
17	친구의 방해에도 적절히 대응한다.	0	1	2
18	고마운 행동에 대해 감사의 마음을 표현한다.	0	1	2
19	정해진 시간에 해야 할 활동을 그 시간 안에 마무리한다.	0	1	2
20	집단의 활동을 잘 인식하고 이에 맞는 말과 행동을 한다.	0	1	2
21	문제해결 상황에서 타인의 입장을 고려한다.	0	1	2
22	놀이 중에 같이 놀자는 친구의 제안을 받아들인다.	0	1	2
23	어른의 도움 없이도 독립적으로 활동을 수행한다.	0	1	2
24	친구의 슬픈 감정을 위로한다.	0	1	2
25	놀이 선정 시 중요한 영향을 미친다.	0	1	2
26	친구가 묻는 말에 자세하게 설명해 준다.	0	1	2
27	자신의 생각을 상대방에게 정확하게 전달한다.	0	1	2
28	친구에게 친절하게 대한다.	0	1	2
29	친구와 자신이 모두 좋아하는 놀이를 선택한다.	0	1	2
30	놀이 행동이 적극적이다.	0	1	2
31	친구의 잘한 행동을 칭찬한다.	0	1	2
32	친구들과 다툼 없이 공동과제를 수행한다.	0	1	2
33	친구와의 약속을 지킨다.	0	1	2
34	친구의 생각을 인정해 준다.	0	1	2
35	놀이가 끝난 후 함께 정리한다.	0	1	2
36	친구가 먼저 지나가도록 양보한다.	0	1	2
37	자신에게 주어진 분량은 집중하여 스스로 수행한다.	0	1	2
38	어려움에 처한 친구를 도와준다.	0	1	2
39	친구의 흥미에도 관심을 보인다.	0	1	2
40	놀이규칙을 알고 지킨다.	0	1	2
41	친구의 마음을 상하게 한 경우 미안함을 표현한다.	0	1	2
42	필요할 때 친구의 허락을 구한다.	0	1	2
43	놀잇감을 친구와 함께 나누어 갖는다.	0	1	2

출처: 강현경(2009)에서 인용

〈표 12〉 유아의 사회적 행동 목록표-부정적 사회적 행동

번호	내용(부정적 사회적 행동)	평정란		
1	친구와 어울리지 못하고 혼자놀이를 한다.	0	1	2
2	놀이 도중 책상, 의자, 교구장 등의 위로 올라간다.	0	1	2
3	약속을 지키는 것에 신경을 쓰지 않는다.	0	1	2
4	놀이집단 밖에서 오랫동안 목적 없이 배회한다.	0	1	2
5	놀잇감을 거칠게 다룬다.	0	1	2
6	온전히 집중하지 못하여 한 작품을 완성시키지 못한다.	0	1	2
7	놀잇감을 주머니나 가방 속에 몰래 넣는 등 훔쳐가려는 행동을 보인다.	0	1	2
8	교사에게 대들거나 말대꾸를 한다.	0	1	2
9	놀이에 자발적으로 참여하지 못한다.	0	1	2
10	기분이나 감정의 기복이 심하다.	0	1	2
11	교사가 하지 말라고 한 행동을 곧바로 해 본다.	0	1	2
12	갈등이 생겼을 경우, 말보다는 손이 먼저 나간다.	0	1	2
13	새로운 상황에 적응하기 힘들어한다.	0	1	2
14	어떤 특정 사람이나 사물에 위축되거나 공포를 느낀다.	0	1	2
15	친구의 질문이나 대화 시도에 잘 응하지 않는다.	0	1	2
16	"난 잘못해요."라고 말하며 시작하기도 전에 쉽게 포기해버린다.	0	1	2
17	친구를 위협하는 말이나 행동을 한다.	0	1	2
18	슬픔, 갈등의 내용이 놀이를 통해 자주 표현된다.	0	1	2
19	교사의 꾸지람에 지나치게 슬퍼한다.	0	1	2
20	놀이 상황에 집중하지 못한다.	0	1	2
21	돌아다니면서 자신의 몸을 친구들이나 놀잇감에 일부러 부딪힌다.	0	1	2
22	친구가 자신의 놀이를 조금이라도 방해하면 쉽게 화를 낸다.	0	1	2
23	친구들에게 거절당하고 따돌림받는다.	0	1	2
24	부정적인 표현을 자주 한다.	0	1	2
25	말다툼을 많이 한다.	0	1	2
26	자신에게 유리하도록 거짓말을 한다.	0	1	2
27	친구의 비난에 지나치게 민감하다.	0	1	2
28	불안하게 보이는 행동을 반복한다. (예: 손톱을 뜯거나, 잦은 화장실 출입 등)	0	1	2
29	원하는 영역에 자유롭게 들어가지 못하고 친구의 눈치를 본다.	0	1	2
30	자신이 친구들보다 부족하다고 생각한다.	0	1	2
31	말소리에 자신이 없다.	0	1	2

번호	내용(부정적 사회적 행동)	평정란		
32	친구를 발로 차거나 때린다.	0	1	2
33	쉽게 좌절한다.	0	1	2
34	친구가 가지고 놀던 것을 빼앗는다.	0	1	2
35	자유선택활동 시간에 영역 간 이동이 지나치게 잦다.	0	1	2
36	몸을 가만히 두지 못하고 끊임없이 움직인다.	0	1	2
37	칼과 총으로 싸우는 형태의 놀이를 주로 한다.	0	1	2
38	교사가 미리 설명해 준 놀이방법을 기억하지 못한다.	0	1	2
39	질문이 채 끝나기도 전에 불쑥 답을 한다.	0	1	2
40	친구가 완성한 작품을 일부러 망가뜨린다.	0	1	2
41	친구에게 놀이 제안하는 것을 힘들어한다.	0	1	2
42	갑자기 고함을 지른다.	0	1	2
43	판게임 등에서 자신의 순서를 잘 기다리지 못하고 상대편이 채 끝나기도 전에 미리 하려고 한다.	0	1	2
44	각 영역에 자신의 이름표를 붙이지 않고 바로 들어가 놀이한다.	0	1	2
45	교사의 눈치를 본다.	0	1	2
46	자신만의 방법을 친구에게 강요한다.	0	1	2
47	자신의 요구가 즉각 들어지길 원하고 안 되면 떼를 쓴다.	0	1	2
48	다툼이 일어나는 원인을 제공한다.	0	1	2
49	(다트 던지기 등에서) 집중시간을 갖지 않고 바로 해버린다.	0	1	2
50	자신의 잘못을 친구의 탓으로 돌린다.	0	1	2
51	주어진 과제가 어려우면 짜증을 내고 지속하지 못한다.	0	1	2
52	자신이 좋아하는 것에만 집중을 잘한다.	0	1	2
53	교사의 주의를 많이 받는다.	0	1	2
54	놀이 중 자주 운다.	0	1	2
55	실수할 것을 두려워한다.	0	1	2
56	친구에게 욕을 한다.	0	1	2
57	자신의 물건을 자주 잃어버린다.	0	1	2
58	친구의 잘못이나 실수를 들추어낸다.	0	1	2
59	친구와 자주 싸운다.	0	1	2
60	유아가 이제까지의 부정적 행동 문항들에 1, 2의 점수를 받았다면 그 이유가 대체로 이러한 문항들에 대해서 사회적으로 어떻게 적절하게 행동해야 할지에 대한 유아의 지식이 부족하기 때문인지 혹은 알기는 하지만 이를 수행할 수 있는 능력이 부족하기 때문인지 체크해 주세요.	사회적 지식 부족	사회적 수행능력 부족	

출처: 강현경(2009)에서 인용

유아의 사회적 행동 목록표는 3~5세 유아의 사회적 행동에 대해 교사가 평가하는 방식이다. 검사 대상은 교사가 적어도 3개월 이상 자유놀이 혹은 여러 가지 활동을 관찰하여 친밀감이 있는 유아여야 하며, 평가 장소는 어디서든 가능하다. 단, 유아가 평가자를 의식하여 불편해하지 않도록 주의한다. 본 검사지는 3점 척도로서 그렇지 않다(0점), 약간 혹은 때때로 그렇다(1점), 매우 혹은 종종 그렇다(2점)이다. 긍정적 사회 행동의 하위요인으로 조절력, 사교성, 협력이 포함되며, 부정적 사회행동은 주의산만/과다행동, 우울/위축, 공격성/비행행동이 포함된다(강현경, 2009). 각 문항마다 0~2점까지 점수를 얻게 되는데, 긍정적 사회적 행동은 역 채점을 한 후(0=2점, 1=1점, 2=0점), 모든 점수를 합한다. 단, 부정적 사회적 행동은 그대로의 점수를 합한다. 긍정적 사회적 행동과 부정적 사회적 행동의 값을 합하여 총합을 구하는데, 이때 높은 점수를 얻게 될수록 사회적 문제행동이 많음을 의미한다. 기준 점수와 백분위 점수에 따라 0~70점은 '일반군(특별한 문제가 없다)', 71~106점은 '위험 가능군(심하진 않지만 어느 정도는 문제가 있다)', 107~144점은 '위험군(전문적인 치료를 필요로 할 만큼 행동문제를 보인다)'으로 구분한다. 본 설문지 결과점수는 유아문제 유무를 확정하는 기준보다는 행동 수준을 파악하고 치료하는 데 참고하는 수단으로 활용한다(강현경, 2009).

2) 개별놀이평가

전문기관에서 영유아 사회성을 평가하기 위해 실시하는 개별놀이 평가는 평가자와 아동이 1:1로 만나 놀이와 면담을 하는 과정으로 이루어진다. 놀이는 영유아 시기의 다양한 특성을 종합적으로 반영하며 자연스럽고 편안한 소통방식에 해당하기 때문에 놀이를 통해 영유아의 특징들을 평가할 수 있다.

평가자는 영유아와의 놀이 상호작용 속에서 낯선 상황에서의 첫 반응, 사회적 관계에서의 반응 양상, 대인관계에서의 상호작용 욕구 정도, 자기조절 정도(예: 좌절이나 실패 상황에서 반응 특징, 유연성, 수용성, 좌절 인내력 등), 사회적 규칙 수용 정도(예: 보드게임에서의 순서 및 규칙 수용 정도, 놀잇감 정리 및 퇴실 수용), 감정 표현(예: 자연스러운 감정 표현, 억제·억압 또는 회피 기제의 사용 여부), 의사소통(예: 자발적 발화 유무, 목소리 크기, 총발화량), 자기표현(예: 적극적/소극적, 직접적/간접적, 자연스러운 정도), 그리고 상황 대처 능력(예: 협상 기술) 등 영유아의 사회성 발달 정도와 대인관계에서 나타날 수 있는 갈등을 예측하여 평가할 수 있다. 평가 시작 시, 평가자는 영유아에게 "선생님과 ㅇㅇ랑 ㅇㅇ분 동안 같이 이야기도 하고 놀이도 하는 시간을 가질 거야. 이제 같이 들어가 볼까?"라고 안내한다. 평가가 진행되는 동안 평가자는 영유아와 상호작용을 하며 아래의 사항 등을 관찰한다(〈표 13〉 참고).

〈표 13〉 사회성을 위한 개별 놀이 평가 관찰 항목

시기	관찰 항목
초기	• 영유아와 보호자의 분리는 잘 이루어지는가? • 입실 시 첫 반응(행동반응 및 주된 정서)은 어떠한가? • 영유아의 발화량(자기표현의 정도)은 적절한가? • 평가자와의 눈맞춤은 이루어지는가? • 소근육 협응은 잘 이루어지는가? • 주의력이나 집중력은 어느 정도인가? • 움직임과 활동량은 적정 수준인가? • 탐색활동은 적절하게 이루어지는가? • 전반적인 에너지의 수준이나 놀이를 이끌어 가는 힘이 있는가?
중기-퇴실	• 어떤 놀이나 게임을 선택하는가? • 주로 표현되는 정서 범주는 무엇인가? • 놀이 속에서 드러나는 욕구는 무엇인가? • 평가자의 반응에 어떤 태도를 취하는가? • 자기표현 및 의사소통 능력은 어떠한가? • 유아의 정서가 변화하는 때는 어떤 때인가? • 좌절이나 실패의 상황에서 어떻게 대처하고 반응하는가? • 주로 진행되는 놀이의 주제 및 상징은 무엇인가? (예: 돌보는 놀이, 먹는 놀이, 공격성 놀이 등) • 시간의 흐름 속에서 유아는 어떠한 변화가 있는가? (예: 자율성, 주도성, 감정표현, 행동/움직임 양상 등) • 놀잇감 정리 및 퇴실 반응은 어떠한가?

출처: 송영혜 외(2002)에서 본 내용에 맞게 수정·보완함

2.6 미디어

1. 미디어의 이해

대중매체가 우리들의 삶에 미치는 영향은 매우 크다. 심지어 미디어의 내용뿐만 아니라 미디어에 자주 접근하는 현대인의 뇌 구조가 물리적으로 변화된다(Nicolas, 2011). 특히, 영유아를 양육하는 부모는 미디어를 통해 자녀양육의 정보를 얻기도 하고 자녀의 놀이도구로서 미디어를 활용하기도 한다. 그래서 미디어를 시청한 영유아들은 시청한 내용으로 그들만의 또래 문화를 형성한다(황선희, 2015). 이는 미디어가 또래들 간의 대화 소재로 친밀감 형성에 주요한 역할을 하기 때문이다. 또한 양질의 교육 콘텐츠들은 영유아 발달에 도움을 주기도 한다. 예를 들면, 인지, 언어, 정서영역에서 긍정적인 역할을 한다. 특히, 콘텐츠가 제공하는 즐거움의 놀이 요소는 영유아의 스트레스 해소 창구가 될 수 있다.

그러나 미디어가 갖는 이와 같은 순기능 외에 부정적인 영향도 많아 전문가들은 지나친 사용을 엄격하게 규제한다. 과학기술정보통신부와 한국정보화진흥원의 〈2018년 스마트폰 과의존 실태조사〉에 따르면, 우리나라의 스마트폰 이용자 중 유아, 아동의 '과의존 위험군'이 19.1%로 전년 대비 0.5% 포인트가 증가되었고 최근 3년간 미취학 연령이 가장 크게 상승폭을 보여 위험수위에 속함을 보고했다. 특히, 부모가 위험군에 속한 경우 그 자녀들도 위험군에 속하는 경우가 많아 부모 영향이 영유아 자녀의 문제행동에 직접적인 원인임을 밝혔다(과학기술정보통신부, 2018). 또한 영유아의 콘텐츠들이 발달연령에 적합한 내용이라기보다는 무작위로 제공되는 경우가 많아 폭력, 비도덕적 행동 등 문제행동의 출발선이 될 수 있다. 오지선(2015)에 따르면, 장시간 미디어에 노출된 영유아는 과도한 눈 깜박임, 안구건조, 거북 목 등 생리학적 문제를 가져올 뿐만 아니라 콘텐츠에 몰입되어 용변 보는 것을 과도하게 참거나, 식사 시 시청함으로써 기본생활 습관 형성에 방해가 된다.

니콜라스 카(2011)는 우리가 의식하는 기억들은 작업기억에서 처리되는 것인데 미디어를 통해 너무나 많은 정보가 일제히 뇌에 입력되면 작업기억 용량의 과

부하(cognitive load) 현상으로 정보를 저장하거나 장기 기억에 저장되어 있는 선행지식과 연결할 수 있는 능력을 상실한다고 주장한다. 그러므로 주의력 결핍증(Attention Deficit Disorder: ADD)을 유발하기도 하고 작업기억에 많은 정보가 입력될수록 불필요한 정보와 필요한 정보 소음을 구분하는 것이 어려워져서 깊은 사고와 이해 및 행동문제를 유발할 수 있다고 주장한다.

또한 미디어는 쌍방향적 매체가 아니라 일방향이라는 점에서 영유아기 의사소통 발달에 부정적인 영향을 제공할 수 있다. 단순히 콘텐츠에서 제공되는 언어 가정어법 혹은 속어를 사용하는 비교육적 언어라는 점뿐만 아니라 언어가 갖는 고유한 특성 즉, 주고받음의 도식 속에서 상호작용되는 것이 아니라 일방향 자극으로 제공되기 때문이다. 보다 심각한 결과로, 장시간 미디어에 노출될 경우 언어발달지연이 될 수도 있다는 점에 주목해야 한다(http://www.kukinews.com/news/article.html?no=420100). 비록 언어재활 서비스에서 언어교육매체로 미디어를 활용하기도 하지만 이때의 활용은 언어재활사가 아이와 주 상호작용자 역할을 하며 보조자로서 미디어가 활용되는 정도이다. 그러므로 미디어 사용은 영유아기에 주의해야 할 도구임과 동시에 부모의 과도한 사용은 지양되어야 한다[32].

2. 미디어 (의존도) 평가

미디어(예: TV, 스마트폰, 태블릿 PC 등) 접근 및 활용 연령은 점차 어려지고 있어 2017년 한국정보화진흥원의 〈스마트폰 과의존 실태조사〉 연구에 따르면, 만 3세에서 9세에 이르는 아동들의 미디어 의존율이 다른 연령대와 비교할 때 최근 3년 안에 가장 큰 폭으로 급증하였음을 보고하였다. 특히, 영유아의 미디어 과몰입,

---

32) 데이빗 사르노프(David Sarnoff)는 "우리는 기기를 만들어 낸 자들의 죄를 기기 그 자체에 떠넘겨 희생양으로 삼으려는 경향이 있습니다. 현대과학의 산물은 그 자체로는 선하거나 악하지 않습니다. 기기의 가치는 그것들이 사용되는 방식에 따라 결정됩니다."라고 1955년 노트르담 대학교 연설문에서 말할 바 있다.

의존증 등과 관련하여 문제의식이 증가하면서 국내에서도 유아의 미디어에 대한 과몰입, 과다사용, 중독성, 중독경향성을 주제로 한 연구들이 진행되고 있다(박소영, 2015; 홍광표, 2015).

미디어 중독의 개념은 미디어를 과다사용해서 금단과 내성을 갖고 있는 상태로서 이로 인해 일상의 장애가 유발된다. 그러나 유아는 중독의 중요한 속성인 의존, 불안, 금단 등의 요소를 적용하기 어렵기 때문에 '중독'보다는 '과의존' 혹은 '과다사용'이라는 표현으로 사용된다(박소영, 2015).

한국정보화진흥원은 2008년 한국형 인터넷 과의존 척도(K–척도), 2011년 스마트폰 과의존 척도(S–척도) 개발을 시작으로 2016년 스마트폰 과의존 통합 척도를 개발하였다. 만 3세에서 9세에 해당하는 유·아동용 스마트폰 과의존 통합 척도는 한국정보화진흥원 산하에 있는 스마트 쉼 센터 홈페이지에 방문하여 온라인상에서 체크할 수 있으며 바로 결과 확인이 가능하다. 유아·아동의 경우 양육자 혹은 관찰자가 체크하는 방식으로 총 9문항이며 4점 리커르트 척도로 구성되어 있다(〈표 14〉 참고). 결과에 따라 고위험군, 잠재적 위험군, 일반 사용자군으로 분류된다.

〈표 14〉 스마트폰 과의존 척도–만 3세에서 9세 사용

1. 스마트폰 이용에 대한 부모의 지도를 잘 따른다.
☐ 전혀 그렇지 않다 ☐ 대체로 그렇지 않다 ☐ 보통이다 ☐ 대체로 그렇다 ☐ 매우 그렇다

2. 정해진 이용 시간에 맞춰 스마트폰 이용을 잘 마무리한다.
☐ 전혀 그렇지 않다 ☐ 대체로 그렇지 않다 ☐ 보통이다 ☐ 대체로 그렇다 ☐ 매우 그렇다

3. 이용 중인 스마트폰을 빼앗지 않아도 스스로 그만둔다.
☐ 전혀 그렇지 않다 ☐ 대체로 그렇지 않다 ☐ 보통이다 ☐ 대체로 그렇다 ☐ 매우 그렇다

4. 항상 스마트폰을 가지고 놀고 싶어 한다.
☐ 전혀 그렇지 않다 ☐ 대체로 그렇지 않다 ☐ 보통이다 ☐ 대체로 그렇다 ☐ 매우 그렇다

5. 다른 어떤 것보다 스마트폰을 갖고 노는 것을 좋아한다.
☐ 전혀 그렇지 않다 ☐ 대체로 그렇지 않다 ☐ 보통이다 ☐ 대체로 그렇다 ☐ 매우 그렇다

6. 하루에도 수시로 스마트폰을 이용하려 한다.
☐ 전혀 그렇지 않다 ☐ 대체로 그렇지 않다 ☐ 보통이다 ☐ 대체로 그렇다 ☐ 매우 그렇다

7. 스마트폰 이용 때문에 아이와 자주 싸운다.
☐ 전혀 그렇지 않다 ☐ 대체로 그렇지 않다 ☐ 보통이다 ☐ 대체로 그렇다 ☐ 매우 그렇다

8. 스마트폰을 하느라 다른 놀이나 학습에 지장이 있다.
☐ 전혀 그렇지 않다 ☐ 대체로 그렇지 않다 ☐ 보통이다 ☐ 대체로 그렇다 ☐ 매우 그렇다

9. 스마트폰 이용으로 인해 시력이나 자세가 안 좋아진다.
☐ 전혀 그렇지 않다 ☐ 대체로 그렇지 않다 ☐ 보통이다 ☐ 대체로 그렇다 ☐ 매우 그렇다

출처: 한국정보화진흥원 산하 스마트 쉼 센터 홈페이지(https://www.iapc.or.kr)에서 인용

2.7 스트레스

1. 스트레스의 이해

스트레스는 인간의 삶에서 외적 또는 내적 요구가 개인의 적응자원을 초과할 때 경험하게 되는 것으로 과도한 스트레스는 개인의 신체, 심리적 안녕 상태를 위태롭게 함과 동시에 개인의 정서, 행동, 생리체계에 변화를 가져온다(김동은, 2009). 이는 인간이 적응적인 상태를 유지하려는 항상성 속성에서 기인되는데, 평형상태를 유지하지 못할 때 이전의 평형상태로 돌아가려는 반응이 스트레스이다.

그러나 영유아의 경우 발달과 성장을 위해 자연스럽게 경험하는 스트레스가 있어(신윤희, 2010) 스트레스가 항상 피해야 할 요소, 부정적인 차원으로만 설명되는 것은 아니다. 즉, 영유아들은 처음으로 걷기 시작할 때, 대소변을 통제하기 시작할 때 그리고 교육기관에 부모와 떨어져서 적응하기 시작할 때 등 새로운 과제에 직

면하게 되면 긴장과 스트레스를 자연스럽게 경험하여 여러 반응을 보인다. 캘러맨(Kellerman, 1982)은 영유아기는 부모와의 분리, 무서운 상상 속의 존재물(예: 괴물, 유령 등), 동물, 어둠, 죽음이 스트레스를 일으키는 주요 원인인 반면 아동기에는 신체적 상해, 고통, 꿈, 성취, 외모 등 스트레스를 일으키는 원인이 다르다고 하였다. 이와 같은 보편적인 발달 스트레스로 인한 신체·정신적 반응은 발달단계에 적합한 자극이 주어지면 그 반응이 경감되어 다음 발달단계로의 이행이 쉽게 된다. 그러나 가족 사망, 이혼 및 별거, 가정 경제 문제 및 아동 학대 등의 생활사건 스트레스는 쉽게 경감되지 않는다. 따라서 전문가 개입을 요한다. 특히, 스트레스에 대한 반응은 영유아의 주관적 견해에 의존되어 그 양상이 상이하다. 이는 동일한 스트레스 상황에서 문제행동을 보이는 영유아와 그렇지 않은 경우가 있다는 것이다. 이와 같은 차이는 영유아들이 가진 기질, 성격, 애착 정도 및 주변 환경 등 여러 요소가 영향을 준다. 따라서 전문가들이 이들을 다룰 때 섬세한 이해가 요구된다.

스트레스는 자극 자체가 스트레스를 유발시키는 것이 아니라 이를 대하는 인간의 주관적인 태도 및 해석이 스트레스 정도를 가늠한다. 엘리스(Ellis)의 인지행동치료 중 ABC 이론에 따르면, 선행사건(activating events) 즉, 스트레스 원인(stressor)이 행복과 불행(consequence)의 직접적인 원인이 아니라 개인의 주관적 해석(belief)이 중간에 영향을 미친다는 것이다. 그래서 일상에서 자연스럽게 경험할 수 있는 스트레스 혹은 스트레스 강도가 큰 사건이 주어졌을 때 인간이 느끼는 고통의 정도는 사건 자체가 아니라 이를 대하는 인간의 태도에 달려 있다.

위와 같은 논리에 따라, 사건에 대한 해석 즉, 인지가 형성된 모든 발달단계에서 스트레스의 주관적 해석이 적용된다. 그러므로 기능적이고 왜곡되지 않은 인지 신념을 갖추는 것이 스트레스 처리 방식에서 매우 중요하다. 만약 비합리적인 신념으로 인해 왜곡된 사고를 갖고 있다면 스트레스를 유발하는 원인에 대해서 과장된 해석을 하여 화, 우울감 등의 감정에 노출될 가능성이 커진다. 무엇보다 주 양육자가 현실에 적응적이지 못한 비합리적이고 모순적 사고로 절대적, 극단적 사고 체계를 갖고 있다면 이들의 자녀는 고통스러운 일상을 경험하게 될 것이다. 김윤옥 외(2017)에 따르면, 비합리적인 신념을 가진 양육자의 성향은 다음과 같다.

① 좋지 못한 결과를 예측하면서도 타성 때문에 행동이나 사고를 바꾸기 어려운 성향
② 일단 학습한 것이면 무용한 습관인데도 쉽게 끊지 못하는 성향
③ 어렸을 때 배운 편견과 신화에 집착하려는 성향
④ 건전하게 주의할 수 있는 많은 경우에 지나치게 경계하고 조심하는 성향
⑤ 타인보다 탁월하고 전능해야 되겠다는 신념 때문에 몹시 시달리는 성향
⑥ 자기의 견해가 그릇되고 어리석음이 밝혀지면 극단적인 반대 관점으로 돌변하는 성향

위에서 제시한 부모의 역기능적 성향이 자녀들의 또래 문제, 교육기관에서의 문제행동 등 부적응을 유발한다. 마지막으로 영유아의 스트레스는 언어습득에도 양적·질적 문제를 일으킬 수 있다. 지나친 스트레스를 받은 영유아들은 어휘량이 부족하거나 단조로운 문장구조를 산출하기도 하는데, 이는 스트레스로 인해 장기간 말을 하지 않거나 주 양육자와의 애착 문제로 부모 언어를 모방하고자 하는 욕구가 낮은 것 등이 이유가 된다. 그리고 명확한 원인을 밝혀내지 못하고 있으나 비유창성 장애의 한 형태인 말더듬 또한 가족관계 내의 역동 즉, 스트레스가 유발원인으로 제시되고 있는바 스트레스와 언어습득의 밀접한 연관성을 주장할 수 있다. 또한, 이중 언어 환경에서 두 언어를 습득하는 정상지능의 영유아들도 스트레스로 인해 두 언어를 정상적으로 습득하지 못하는 '반언어 증후군(semi-lingual syndrome)'이 나타날 수 있다.

2. 스트레스 평가

영유아기는 가정환경, 주 양육자와의 관계 및 교육기관에서 일상적으로 경험하는 보편적인 스트레스도 발달에 부정적인 영향을 줄 수 있다는 점에서 개입이 필요하다. 특히, 언어 및 인지 발달이 아직 미숙하여 통합적 사고 및 자기 방어 표현이

어려운 영유아기는 스트레스를 기능적인 방식으로 해결하지 못하기 때문에 부모 혹은 교사 등 중요한 타자의 지속적인 관심과 도움이 요구된다. 연령이 어릴수록 스트레스가 개인에게 미칠 수 있는 영향은 그 결과가 치명적이다. 지속적인 스트레스는 질병에 걸릴 확률을 높이고 행동문제와 심리적 취약성을 증대시킨다. 특히 영유아는 주변 사람들의 스트레스 해결방식을 학습하여 평생에 자신의 대처방식으로 삼게 된다(Marjorie et al., 2009). 이와 같은 이유에서 영유아기 스트레스에 대한 관심은 계속해서 증가하고 있으며 평가도 강조되고 있다. 영유아기 스트레스는 정도에 따라 부모·가족의 사망, 부모의 실직, 부모의 별거 혹은 이혼, 본인의 장기간 입원, 부모로부터의 학대, 이사 등 '중대한 생애 사건'과 부모님께 꾸중 듣기, 병원 가기, 친구가 놀리는 것 등 '일상적 스트레스'로 나눌 수 있어(Band et al., 1988) 평가도구를 다르게 적용해야 한다.

과도한 스트레스를 받는 영유아는 심리뿐만 아니라 신체적으로도 문제가 나타난다. 두통 혹은 복통을 자주 호소하거나 소변을 참는 증세를 보이기도 하고 구토, 설사 혹은 얼굴이나 신체에 원인 불명의 발진이 생기기도 한다. 뿐만 아니라, 식욕이 급격히 늘어나거나 줄어드는 등 체중 변화를 보인다. 그리고 스트레스로 인해 집중력과 주의력이 떨어지기도 하고 짜증이 증가되면서 우울 및 불안을 경험한다. 그래서 타인과의 관계 및 놀이 활동에서 회피 혹은 충동적인 모습을 보인다.

영유아기 스트레스 평가는 현재의 스트레스를 점검하고 과거 생활 사건들을 조사하여 누적된 스트레스 원인을 파악하고 기질, 애착 등을 고려하여 평가한다[33]. 평가도구로 표준화된 검사도구인 한국판 유아행동 평가척도 부모용(K-CBCL 1.5-5)과 교사용(C-TRF)이 있다. 평가척도의 문항에는 신체화 증상 즉, 스트레스로 인해 이차적으로 발생하는 질병들이 제시되는데 단순히 불쾌, 좌절, 긴장을 넘어서

---

33) 유아의 사회성뿐만 아니라 스트레스 평가도 개별놀이평가, 맥아더 이야기 완성과제, 부모면담, 가족놀이평가 등을 통해 이루어질 수 있다. 이 평가방법들을 통해 영유아의 기질 및 양육태도, 양육환경, 가족의 상호작용 방식, 애착 유형, 부모 관계, 현재 영유아의 행동 및 반응 패턴 등을 알 수 있게 되기 때문이다.

불안, 우울, 집중력 저하, 공격성 증가 등 다양한 문제 양상이 제시되고 있다. 영유아의 스트레스 정도는 이들이 보이는 문제행동과 관련이 있으므로 검사를 통해 문제행동 특성과 스트레스 정도를 동시에 파악할 수 있다.

1) 한국판 유아행동 평가척도-부모용(Korean-Child Behavior Checklist: K-CBCL 1.5-5)

아헨바흐와 에델브록(Achenbach & Edelbrock, 1983)이 개발한 아동, 청소년 행동평가 척도(Child Behavior Checklist: CBCL)는 아동, 청소년기의 사회적 적응 및 정서, 행동문제를 부모가 체크하는 형태이다. 이는 여러 가지 정서, 행동 문제의 빈도를 조사하는 기초 역학조사 도구로서의 역할을 하는 것은 물론 심리장애 진단을 위해서 활용되는 유용한 임상 도구이다. 국내에서는 만 6세에서 18세까지를 평가대상으로 한 한국판 아동, 청소년 행동 평가척도(K-CBCL)가 있으며, 청소년이 스스로 자신을 평가하는 청소년 자기행동 평가척도(Youth Self Report: YSR)도 표준화되어 있다(이진 외, 2009).

CBCL 1.5-5는 아헨바흐와 레스콜라(Achenbach & Rescorla, 2000)에 의해 개발된 영유아용 문제행동 평가 도구로서 부모의 보고를 통해 영유아의 불안·우울, 위축 등의 내재화 문제와 주의집중 문제, 공격행동 등 외현화 문제 수준을 측정하는 객관적 평가 도구이다. 이는 영유아기부터 노년기에 이르는 전 연령대를 검사할 수 있는 ASEBA(Achenbach System of Empirically Based Assessment, Achenbach & Rescorla, 2000, 2001) 안에 연령에 따라 세분화된 검사 도구 중 하나이며 CBCL 2-3(Achenbach et al., 1987)의 개정판이다. 국내에서는 영유아 문제행동에 대한 효과적인 평가를 위해 전국의 영유아들을 표본으로 한 한국판 CBCL 1.5-5가 표준화되었다(이진 외, 2009).

18개월부터 만 5세까지의 유아를 대상으로 부모가 평가하는 유아용 행동평가척도(CBCL for Ages 1.5-5)는 99개의 문항과 1개의 개방형 질문으로 이루어져 있다. 7개의 문제 증후군 척도(정서적 반응성, 불안·우울, 신체증상, 위축, 주의집중

문제, 공격행동, 수면문제) 및 1개의 기타문제 척도와 5개의 DSM 진단척도(정서문제, 불안문제, 전반적 발달문제, ADHD, 반항행동문제)로 구성되어 있다.

2) 한국판 유아 문제행동 평가척도-교사용(Caregiver Teacher's Report Form: C-TRF)

C-TRF는 교사가 만 18개월부터 만 5세 사이 영유아의 행동을 평가하는 척도로, 전 연령대 행동평가 시스템인 ASEBA(Achenbach System of Empirically Based Assessment) 검사군 중 하나이다(Achenbach et al., 2000). 기본적으로 CBCL 1.5-5와 C-TRF가 포함된 ASEBA는 한 대상에 대한 여러 명의 평가 자료를 비교할 수 있도록 같은 연령대 검사들의 연계 사용을 고려하여 개발되었다. 따라서 C-TRF는 부모의 평가를 토대로 하는 CBCL 1.5-5와 유사한 구조와 문항으로 구성되어 있다(김영아 외, 2011). C-TRF는 영유아의 정서문제행동을 측정할 수 있는 총 99개 문항과 이외의 문제를 질적으로 기술할 수 있는 문항 1개를 포함하여 총 100개 문항으로 구성되어 있다. 각 문항은 지난 2개월 내에 담당교사가 유아의 행동을 판단하여 체크하는 것인데 0점(전혀 아니다), 1점(가끔 그렇다), 2점(자주 그렇다)의 총 3점으로 구성되어 있다. 따라서 점수의 범위는 0~200점이 된다. 문제증후군의 하위척도로 정서적 반응성, 우울·불안, 위축, 신체증상의 호소, 주의집중 문제, 수면 문제, 공격적 행동과 기타 문제가 있다. 이를 범주화하면 내재화와 외현화로 구성되는데 내재화 문제행동은 정서적 반응성, 우울·불안, 위축, 신체증상의 호소 등 총 36문항이며 외현화 문제행동은 주의집중문제, 공격적인 행동문제 척도 등 총 24문항이 포함된다(박명애 외, 2007).

문제행동 지도 방법

CHAPTER 3

3.1 심리정서 지도방법

1. 강화

강화(reinforcement)는 행동주의 심리학의 핵심개념으로 심리학자 손다이크(Thorndike)와 스키너(Skinner)의 동물 실험에서 시작되어 그 원리가 인간행동을 변화시키는 데 효과가 있음이 입증되었다. 강화의 원리는 행동의 결과가 유쾌하거나 유익한 것이면 그 행동을 다시 하거나, 더 열심히 하거나, 더 오래 할 가능성이 커진다는 논리에 바탕을 두고 있다. 강화에는 정적 강화와 부적 강화가 있는데 이 책에서는 정적 강화를 중심으로 소개할 예정이다[34]. 장유진(2014)은 "정적 강화(positive reinforcement)는 목표행동 이후에 긍정적인 자극을 제시하여 해당 행동이 증가하거나 보다 빈번하게 일어나도록 하는 강화전략의 일종으로, 원하는 행동이 보다 자주(빈도), 또는 강력하게(강도), 오래(지속시간) 나타나도록 하기 위하여 목표행동을 하고 난 후에 긍정적인 자극을 제시하는 것이다."라고 정의내린 바 있다

(http://www. koreanpsychology. or. kr).

밀러(Miller, 2006)는 강화자극의 효과적 사용을 위해 수반성의 원리, 즉시성의 원리, 크기의 원리, 박탈의 원리를 제시했다. 첫째, 수반성의 원리(principle of contingency)는 목표행동에 대해서만 강화자극이 제공되어야 하며 목표행동과 상반된 행동에 대해서는 강화자극을 제공하지 않아야 한다는 것이다. 둘째, 즉시성의 원리(principle of immediacy)는 목표행동이 일어난 직후 즉각적으로 제공되어야 한다는 것이다. 셋째, 크기의 원리(principle of size)는 목표행동을 하기 위한 신체적·정신적 노력과 에너지, 그리고 노력의 양에 상응하는 강화자극이 제공되어야 한다는 것이다. 넷째, 박탈의 원리(principle of deprivation)는 학습자가 필요로 하는 특정 강화자극이 없을 때(박탈되어 있을 때) 필요한 강화자극이 제공되어야 한다는 것이다. 즉, 영유아의 문제행동에 대해 강화 전략을 사용할 때 영유아가 필요로 하고 좋아하며 영유아의 노력에 상응하는 강화자극을 목표행동 이후에 즉각적으로 제공할 수 있어야 효과가 좋을 수 있음을 기억할 필요가 있다. 다음은 문제행동 지도방법으로 효과적인 대표적 강화자극을 소개한다.

1) 긍정적 피드백·칭찬

긍정적 피드백이나 칭찬은 사회적 강화물로서 정적 강화의 일종이다. 영유아의 적응적이고 바람직한 행동에 긍정적으로 피드백해 줌으로써 사회화 과정에서 필요하고 적절한 행동과 반응을 습득하도록 돕는 지도방법이다. 에바 에싸(Eva Essa, 2003)는 영유아를 다루는 최우선의 가장 중요한 기술은 긍정적 강화라고 기술했

---

34) 행동주의 관점에서는 행동의 증가 및 감소를 위해 강화와 처벌이 사용된다. 강화와 처벌은 각각 강화물을 제공하느냐 철회하느냐에 따라 '정적(positive)' 혹은 '부적(negative)'이라는 개념이 추가된다. 바람직한 행동의 증가를 위해 강화물을 제공한다면 정적 강화(예: 정리정돈을 했을 때 칭찬과 스티커를 제공)이고, 강화물을 철회한다면 부적 강화(예: 정리정돈을 했을 때 비난이나 잔소리를 철회)이다. 또한, 바람직하지 않은 행동의 감소를 위해 강화물을 제공한다면 정적 처벌(예: 친구를 때릴 때 잔소리나 꿀밤을 제공)이고 강화물을 철회한다면 부적 처벌(예: 친구를 때릴 때 간식을 철회)이다. 본서에서 정적 강화를 중심으로 소개하고자 하는 이유는 네 가지 방법 중에서 가장 긍정적 효과가 크고 부작용이 적기 때문이다.

다. 긍정적 강화에는 긍정적 피드백이나 칭찬과 같은 언어적 메시지뿐만 아니라 따뜻한 눈맞춤, 어깨를 토닥여주는 스킨십, 미소, 부드러운 음성과 표정, 공감과 수용을 나타내는 끄덕임 등의 비언어적인 메시지를 포함하는데 때로는 언어적 메시지보다 비언어적 메시지가 더 강력한 강화자극이 될 수 있다. 결과적으로 언어적 메시지와 비언어적 메시지가 일치되어 진정성 있게 전달될 때 긍정 강화의 효과가 극대화된다.

긍정적 피드백이나 칭찬을 전달할 때, 다음의 원칙들을 생각해 볼 수 있다.

첫째, 추상적이고 모호한 칭찬보다는 구체적 행동이나 반응에 대해 언급한다. 예를 들어, "잘했네/훌륭하네."보다 "친구에게 블록을 양보하며 기분 좋게 놀고 있구나/가위바위보의 결과를 잘 받아들였구나."라는 피드백이 보다 효과적인 강화가 된다. 간혹 추상적이고 모호한 칭찬 중에 유아의 자신감과 강화효과를 높이기 위해 "너는 못 하는 것이 없구나/넌 최고야."와 같은 칭찬을 하는 경우가 있는데 이는 유아에게 독이 될 수 있다. 이러한 표현을 많이 들으며 자란 유아는 좌절과 실패를 견딜 인내력이 부족해질 수 있다. 자신이 최고가 아닐 수 있고 못 하는 것이 있다는 것에 직면할 때 더 큰 좌절을 경험하게 되기 때문이다.

둘째, 결과보다는 과정, 의도, 노력을 언급한다. 예를 들어, 선생님을 돕겠다며 간식을 전달하다가 쏟았을 때 사실 교사 입장에서는 번거로운 일이지만 "괜찮아. 선생님을 돕고 싶었구나/선생님을 도우려다가 쏟았구나. 도와주려 했던 마음 고마워."라고 반응해 준다면 유아는 '나는 선생님에게 고마움을 느끼게 해 준 사람', '나는 돕고 싶은 마음이 있는 사람'이 된다. 만약 결과에 대해 반응했다면 '나는 실수하는 사람', '나는 선생님을 번거롭고 힘들게 만든 사람'이 될 수 있다.

셋째, 1:1의 상황이라면 직접적 칭찬·피드백보다 의문문을 이용한 간접적 칭찬·피드백이 더 효과적일 수 있다. 예를 들어, "발표를 큰 소리로 잘했네."라는 직접적 칭찬보다 "발표를 큰 소리로 잘하던데 어떻게 그럴 수 있었어?"라는 간접적 칭찬·피드백을 듣게 되면 바람직한 행동을 해낸 주체가 자기 자신이라는 사실과 '어떻게 그럴 수 있었지?'를 생각하는 과정 속에 뿌듯함, 자랑스러움, 자긍심을 더 깊이 경험할 수 있다.

넷째, 타인과의 비교를 통한 언급은 지양해야 하며 비교를 할 경우 유아 개인의 역사 속에서 해야 한다. 예를 들어, "선생님보다도 정리정돈을 잘하는구나/○○보다 글을 잘 읽는구나/우리 반에서 제일 잘 달리는구나."라는 표현은 유아의 잘하는 행동을 매우 강조해 주고 싶은 취지였다 할지라도 경쟁과 비교라는 이슈가 생길 수 있기 때문에 지양해야 한다. 대신 "또박또박 읽는 모습을 보니 지난주보다 읽기 실력이 늘었구나/올해 초에는 ○○가 색칠할 때 선 바깥으로 많이 나가기도 했는데 이제는 거의 삐져나가지 않고 칠하는구나."라는 개인 내 비교는 유아 개인의 긍정적 변화와 성장을 전달할 수 있어 바람직한 강화자극이 된다.

마지막으로, '너-전달법'보다는 '나-전달법'을 사용하는 것을 제안한다. '너-전달법'은 긍정적 피드백일지라도 유아를 향한 교사의 가치판단이나 평가가 의식/무의식중에 반영되기 쉽다. 이 경우 유아는 교사의 기준과 판단에 자신을 맞추기 위해 시선이 교사에게로 향하게 되는데 이는 유아의 자율성, 주도성 발달을 방해한다. 자아분화가 안정적으로 이루어지기 위해서는 욕구, 감정, 원함 등 유아 자신의 내면세계에 보다 집중할 수 있어야 하기 때문이다. 예를 들어, "정리를 잘했구나/친구에게 순서를 양보하다니 기특하구나."는 바람직한 행동을 위한 긍정 강화가 되지만 이러한 '너-전달법'에는 '잘했다/기특하다'라는 교사의 인정과 평가가 들어가므로 결과적으로 유아의 시선은 외부 세계(예: 교사, 부모)로 향하게 된다. 반면, '나-전달법'을 사용한 칭찬·긍정 피드백(예: "놀았던 것을 스스로 정리해줘서 선생님이 ○○ 덕분에 쉴 시간이 생겼네. 정말 고마워.", "친구에게 순서를 양보하는 모습을 보니 ○○가 많이 컸다는 생각이 드네.")은 유아 자신에게로 시선을 돌리게 한다. 사실 우리에게는 '너-전달법'이 훨씬 익숙하므로 '나-전달법'을 자연스럽게 사용하기까지는 의식적인 연습이 필요하다. 이와 관련된 추가 설명은 '효과적인 의사소통' 지도방법에서 기술하겠다.

2) 스티커 보상

스티커 보상은 물질적 강화물로서 이것 역시 긍정적 강화의 일종이다. 교사는 유아가 사회적 상황에 적절하고 바람직한 행동을 할 때마다 스티커를 주는데, 이 스티커는 '포인트 시장'에서 유아가 원하는 물건(예: 인형, 유행하는 장난감, 학용품, 간식, 헤어핀 등)을 구입하거나 교환하는 데 사용된다. 포인트 시장은 분기별마다 진행하거나 상반기와 하반기에 각각 한 번씩 진행할 수 있다. 하지만 위에서 언급한 즉시성의 원리를 생각할 때 강화의 효과를 높이려면 시간 간격을 좁힐 필요가 있으며 특히 유아의 나이가 어릴수록 적당한 시간 간격을 고민해 볼 필요가 있다. 스티커를 모으는 형식은 개인 스티커 북을 만들어 붙이거나 벽면에 나무 열매로 붙일 수도 있다. 또는 유아의 이름을 다 적고 그 위로 막대그래프처럼 붙여갈 수도 있다. 어떤 형식이든 기관의 상황에 맞게 적용할 수 있으나 가시적 효과를 생각해서 눈에 보일 수 있도록 세팅하는 것이 좋다. 스티커 보상은 강화물을 제공함으로써 적절하고 바람직한 행동을 증가시키기 위함이므로 문제행동이나 부적절한 행동에 대한 처벌로 스티커를 사용하는 것(예: 소리 지를 때마다 스티커 하나 제거하기)[35]은 강화의 효과를 감소시킬 수 있다. 특히 유아의 나이가 어릴수록, 좌절인내력과 욕구지연능력이 낮을수록 처벌로써 스티커를 사용하게 되면 바람직한 행동을 해서 스티커를 받아야겠다는 동기가 낮아질 수 있으므로 지양할 필요가 있다[36].

2. 무시

무시(ignoring)는 영유아의 문제행동이나 부적응적인 행동에 관심을 주지 않음으로 그 행동을 소거시키고자 하는 목적이 있다. 아동의 문제행동에 대해 모든 언

35) 이 예는 각주 33에서 설명한 바와 같이 처벌에 해당한다. 처벌을 반복적으로 경험한 영유아는 자아 존중감이 긍정적으로 형성될 수 없다. 결과적으로 처벌의 반복적 경험은 영유아의 좌절 인내력 및 자기조절능력의 취약성을 증가시킨다. 따라서 교사는 영유아의 적응적 행동의 증가 및 부 적응적 행동의 감소를 위해서 처벌의 사용을 지양해야 한다.

36) 스티커를 처벌의 강화물로 사용할 경우 스티커에 대한 이미지가 부정적인 경험과 연결되므로 정적 강화의 효과를 높이기위해서는 스티커를 정적 강화의 강화물로서만 사용하기를 제안한다.

어적, 비언어적 관심을 두지 않고 무시함으로써 부정적인 행동으로 인한 관심의 욕구충족의 실패를 경험하도록 하는 것이다. 무시는 일종의 소멸(extinction)과 통하는 개념으로 강화를 주지 않음으로 행동을 소멸시키고자 함이다. 단, 소멸 자체로는 적응적이고 바람직한 행동을 습득할 수 없기 때문에 보통 강화와 함께 사용한다. 즉, 바람직한 행동을 했을 때는 긍정적인 피드백과 함께 따뜻한 눈맞춤이나 스킨십과 같은 정적 강화를 주고, 소거시킬 행동에 대해서는 무시함으로써 영유아로 하여금 수용 가능한 행동과 수용 불가한 행동이 무엇인지 알게 한다. 이를 통해 영유아는 어떤 행동이 관심 욕구 충족에 도움이 되는지를 직접 경험함으로써 보다 적응적이고 적절한 행동을 습득하게 된다.

'무시하기' 지도방법을 사용하기 전 유념해야 할 사항은 다음과 같다.

첫째, '무시하기'는 관심 끌기가 목적일 때 사용하면 효과가 좋다. 문제행동의 원인이 관심 끌기가 아니라면 이 방법을 사용한다고 해서 문제행동은 소거되지 않는다. 예를 들어, 친구가 만들어 놓은 블록을 쓰러뜨릴 때 떨어지는 소리가 영유아의 흥미를 자극했거나 친구가 놀이에 반복적으로 끼워주지 않아 화가 나서 물건을 던졌다면 '무시하기' 방법 대신 다른 지도방법을 사용해야 한다.

둘째, 영유아 자신이나 타인이 다치거나 위험한 상황에 노출될 수 있다면 사용할 수 없다. 특히, 자신의 행동이 무시되는 초기에는 어떻게든 관심을 끌기 위해 문제행동의 강도를 높일 수 있기 때문에 영유아의 문제행동이 강하게 표출되거나 악화되어도 안전함에 지장이 없는지를 미리 생각해야 한다. 만약 위험하거나 다칠 수 있는 행동이라면 그 행동을 바로 중단하고 적절한 행동을 할 수 있도록 지도해야 한다.

셋째, 특정 문제행동에 이 방법을 사용하기로 했다면 일관성 있고 지속적으로 사용해야 한다. 일관성이 결여되거나 문제 행동의 강도가 심해졌을 때 다시 관심을 주면 결과적으로 더 악화된 상태로 강화될 수 있다. 또한 영유아 입장에서 다른 문제행동에 대해서도 더 강도 있게 표출하는 것이 관심 욕구충족이라는 목적달성에 도움이 된다는 것을 배우는 계기가 될 수도 있다.

마지막으로 '무시하기'를 사용하려 할 때 영유아의 비언어적인 메시지를 참고할 필요가 있다. 관심욕구 충족을 위해 문제행동을 하는 영유아는 문제행동을 하기 전 교사가 자신을 지켜보는지를 확인하는 경향이 있다. 따라서 이와 같은 비언어적 신호가 보일 때(영유아가 문제행동을 하기 전), 교사가 관심을 미리 표현해 줌으로써 사전에 문제행동을 예방할 수 있다. 특히, 수용 가능한 행동으로 어른의 관심을 끄는 것이 어렵거나 불가능하다고 느끼거나 어떻게 관심 받고 싶은 욕구를 충족시킬 수 있는지 몰랐던 영유아가 부정적 행동을 통해 관심을 받게 될 경우 문제행동은 강화될 수 있기 때문에 평소에 긍정적인 상호작용을 통해 영유아의 심리 정서적 욕구에 귀기울이는 노력은 중요하다.

3. 모델링

반두라(Bandura, 1977)는 실험[37]을 통하여 인간은 모델인 다른 사람을 관찰함으로써 친사회적 행동뿐만 아니라 반사회적 행동 등 다양한 행동을 학습하게 된다는 사회학습 이론을 주장했다. 영유아는 주위 사람들을 관찰하고 그들의 행동을 모방하면서 많은 것들을 배운다. 때로는 직접 경험을 통한 시행착오나 실수 없이 다른 사람들의 행동과 그 결과를 보며 상황에 적절한 행동이나 반응들을 습득하기도 한다. 예를 들어, 물건을 던져 혼나는 형을 관찰한 유아는 물건을 던지는 행동이 수용 불가한 행동임을 배우게 되며 자신도 물건을 던지고 싶은 충동이 올라올 때 절제를 습득해갈 수 있다. 또한 등원 후 선생님들께 인사를 잘해서 칭찬을 받는 또래를 관찰한 유아는 자신도 인사하는 행동을 모방하면서 사회적 관계에서의 인사의 중요성을 배울 수 있다. 단, 반두라의 실험에서도 알 수 있듯이 관찰을 통해 긍정

---

37) 아동을 두 집단으로 나누어 실험집단에게는 어른이 Bobo라는 이름의 큰 인형을 때리고 발로 차는 등 공격하는 모습이 담긴 비디오를 보여주고 통제집단 아동들에게는 이와 같은 비디오를 보여주지 않았다. 그리고 두 집단 아동에게 Bobo인형을 주고 놀도록 하자 실험집단 아동들은 자신들이 본 대로 인형을 때리는 공격적 모습을 보였던 반면 통제집단 아동은 인형에게 공격적 행동을 보이지 않은 채 놀았다.

적이고 바람직한 행동뿐만 아니라 부적응적인 행동도 배울 수 있기 때문에 교사를 비롯한 어른들은 일상생활 속에서 영유아에게 좋은 모델이 되어줄 수 있도록 노력할 필요가 있다. 특히, 연구결과들(Bandura, 1977)에 따르면, 모델의 행동이 긍정적 결과(보상)를 가져오는 것으로 생각될 때, 지위가 높고 호감이 가고 존경받는, 다시 말하여 긍정적으로 생각되는 모델일 때, 관찰자가 모델과 비슷한 점이 있을 때, 모델의 행동이 눈에 잘 띌 때 모델링 효과는 증진된다(이재창 외, 1997, 재인용). 그러므로 교사는 '모델링' 효과를 높이기 위해 평소 영유아와 친밀하고 긍정적인 관계를 형성하는 것이 필요하다. 또한 교사 자신의 의사소통 방식, 감정 표현방식, 갈등상황이나 스트레스 대처방식, 욕구 충족 및 조절방식 등이 어떠한지 인식하고 보다 나은 친사회적이고 적응적인 방식들을 사용함으로써 영유아들에게 긍정적 영향력을 가진 모델이 될 수 있다.

또한 애니메이션, 영화, 책, 인형극, 연극, 동영상 등과 같은 다양한 매체를 모델링에 이용할 수 있다. 특히, 영유아가 동일시하거나 좋아하는 애니메이션, 판타지 또는 동영상 속 인물(예: 번개 맨, 스파이더 맨, 캐리/지니 언니 등)이나 퍼펫이나 장난감(예: 뽀로로, 타요 버스, 변신로봇, 엠버, 터닝 메카드, 캐릭터 호비 등)을 통해 바람직한 행동을 제시하는 것도 좋은 방법이다. 예를 들어, 번개 맨이 친구를 때린 후 후회하다가 다시 화해하고 기뻐하는 내용의 인형극을 보여주거나 호비 캐릭터를 통해 배변연습 성공과정과 편식 극복과정을 보여줌으로써 문제행동을 극복해가도록 지도할 수 있다.

4. 바운더리 설정

1) 제한 설정

영유아들은 수용 가능한 행동과 수용 불가한 행동이 있음을 이해할 필요가 있다. 자유가 허락되지만 해서는 안 되는 행동이 있고 넘으면 안 되는 선이 있다는 것을 구체적이고 명확하게 전달받을 때 영유아는 오히려 안정감을 느낀다. 모호하거나 불분명한 제한은 아동이 책임을 받아들이고 책임지는 능력을 방해한다(염숙경, 2002). 예를 들어, "친구를 힘들게 하면 안 돼."라는 표현보다 "친구를 때리는 행동은 하면 안 되는 행동이야."라고 구체적으로 말해 주는 것이 필요하다. 또한 제한은 시간과 장소를 불문하고 일관성 있게 적용되어야 한다. 일관되고 구체적인 제한 설정을 통해 영유아는 수용 불가한 행동을 시도하려는 욕구가 감소하고 조절능력이 생길 수 있다. 물론 제한이 너무 많아 영유아에게 제공되는 바운더리가 너무 좁아도 문제가 생긴다. 특히 남자 유아들에게는 제한 설정이 너무 많을 경우 위축되거나 반항적, 공격적 성향을 보일 수 있다. 하지만 바운더리가 불분명하거나 없는 경우는 더욱 심각한 문제를 초래한다. 지나치게 허용적인 양육태도를 경험한 유아가 불안과 불안정성에 취약하고 충동성 및 자기조절력이 부족한 것은 이러한 이유에서다.

가장 기본적인 제한의 내용은 영유아 자신과 타인의 안전을 해칠 수 있는 위험한 행동, 물건을 망가뜨리거나 부수는 등의 파괴하는 행동, 타인의 바운더리와 권리를 함부로 침해하는 행동 등이다. 이 행동들은 어떤 이유에서든 수용 불가함을 배우는 것이 영유아들의 성장에 도움이 된다. 박정옥 외(2013)는 제한의 이유를 유아와 함께 이야기하거나 제한설정에 유아를 참여시킬 때 더욱 효과적이라고 기술한다. 특히, 6, 7세 유아들과는 3월 초에 '우리 반의 규칙'을 함께 정하고 그러한 규칙들이 필요한 이유들을 함께 토론함으로써 유아의 도덕성·사회성 발달에 도움을 줄 수 있다. 이는 제한에 대한 수용력과 참여 동기를 높일 수 있으며 문제 상황 시 불필요한 논쟁 및 에너지 소모를 줄일 수 있다. 제한설정의 예는 다음 '대안 제시'의 예에서 함께 기술하겠다.

2) 대안 제시

영유아에게 제한을 전달할 때 할 수 있는 대안적 행동을 함께 제시해 줄 필요가 있다. 사회적으로 수용 불가한 행동을 말해 준 후, 수용 가능한 행동을 언급함으로써 서로 구별하며 이해할 수 있도록 지도한다. 한편, 이미 알면서도 반복적으로 부적절한 행동을 하는 영유아의 경우라면 행동 이면의 욕구와 원함, 감정에 대한 인정이 필요하므로 대안제시가 중요한 지도방법일 수 있다.

자아의 욕구나 충동과 같은 본능적 측면과 사회적 요구 사이에서 후자만 강조된다고 지각하는 영유아의 경우, 외부 세계가 상대적으로 크게 느껴질 수 있다. 특히, 자신의 욕구와 원함을 충족시킬 대안은 없고 외부에서 주어지는 요구만을 따라야 한다고 지각될 경우, 영유아의 기질에 따라 사회적 상황과 관계에서 위축감, 불편감을 느끼며 엄마와 분리된 개별적 존재로 세상에 나아가는 것에 대한 두려움이 생길 수 있다. 따라서 다음과 같이 제한을 전달할 때 영유아의 욕구와 감정을 인정하며 대안을 제시해 줄 필요가 있다.

- "친구를 때리는 행동은 하면 안 되는 행동이야. (제한) 대신 쿠션은 때릴 수 있어. 쿠션 치면서 얼마나 화가 났는지 선생님에게 보여 줄래?" (대안제시)
- "물건을 던지는 행동은 누군가가 다칠 수도 있어서 허락할 수 없어. (제한) 대신 체육시간에 공은 던질 수 있어. 이번 주 체육시간에는 공 던지기를 해 보자." (대안제시)
- "친구의 물건을 빼앗을 수는 없어. (제한) 친구 장난감으로 놀고 싶으면 친구에게 '나도 한 번만 빌려줘'라고 부탁할 수 있어." (대안제시)
- "화났다고 해서 친구에게 '바보'라고 하면 서로 재밌게 놀 수가 없어. (제한) 대신 ㅇㅇ가 무엇 때문에 화가 났는지 친구에게 말해 줄 수 있어." (대안제시)
- "벽에 그림을 그릴 수는 없어. (제한) 대신 스케치북이나 종이에 그릴 수 있어." (대안제시)
- "친구 물건을 밟고 다니는 것은 하면 안 되는 행동이야. (제한) ㅇㅇ이가 많이 속상했대. 대신 물건 없는 바닥들은 얼마든지 밟을 수 있어." (대안제시)
- "음식을 바닥에 떨어뜨리는 행동은 하지 않았으면 좋겠어. (제한) 선생님이 청소하려면 힘들거든. 대신 음식을 ㅇㅇ 입안으로 떨어뜨리자. 어디 성공적으로 잘 떨어뜨리나 선생님이 볼까?" (대안제시)

3) 긍정적 언급

교사를 비롯한 어른들은 영유아의 사회화 과정에서 수용 가능한 행동이나 필요한 행동들에 대한 긍정적 언급을 하기보다 하면 안 되는 행동과 반응에 대해서 더 빈번하게 이야기하기 쉽다. 하지만 사회화 과정에서 적절한 행동을 습득하기 위해서는 영유아에게 기대하는 행동을 구체적으로, 간단하고 명확하게 전달해 주는 것이 필요하다. 영유아는 스스로 대안적 행동을 생각하지 못할 수 있다. 특히 영유아는 본능적 충동의 영향을 많이 받기 때문에 수용 가능한 행동을 모르는 상태에서 현재의 행동을 멈추는 것은 더욱 어려울 것이다.

긍정적 언급은 자신과 세상에 대해 보다 긍정적이고 적극적인 시선과 태도를 갖게 한다. 하면 안 된다는 부정적 언급은 영유아의 본능과 정서, 충동을 통제하고 억제·억압하는 방향이지만 긍정적 언급은 영유아가 주체적으로 행동할 수 있도록 돕는 방향이기 때문이다. 긍정적인 언급은 아동이 자신의 행동을 조절할 것이라는 성인의 신뢰감을 전달할 수 있다(박정옥 외, 2013). 피그말리온 효과(Pygmalion effect)[38]에서도 알 수 있듯이 교사의 긍정적인 신뢰는 영유아의 바람직한 행동의 습득 및 증가를 촉진시킨다. 부정적 언급과 긍정적 언급의 예는 다음과 같다.

- "친구 장난감을 뺏으면 안 돼." → "친구에게 장난감을 빌려달라고 말해 보자."
- "수업시간에 친구랑 장난치면 안 되지." → "수업시간에는 선생님 말씀을 잘 들어요."
- "화난다고 친구 때리면 안 되는 거야." → "무엇 때문에 화났는지 친구에게 말해 보자."
- "장난감 던지면 안 돼." → "장난감은 소중히 다루는 거야."
- "교실에서 뛰어다니면 안 돼." → "교실에서는 걸어 다니자."
- "수업시간에 돌아다니면 안 돼." → "수업시간에는 자리에 앉아 있자."
- "새치기하면 안 된다." → "줄을 잘 서자."

38) 피그말리온 효과(Pygmalion effect)는 그리스 신화 속 자신이 만든 조각상을 사랑한 조각가 피그말리온의 일화에서 유래되었다. 1968년 하버드의 교수 로젠탈(Robert Rosenthal)은 미국의 초등학생들을 대상으로 피그말리온 효과에 대한 실험을 했는데, 교사의 긍정적인 기대와 신뢰가 학생의 긍정적 성장에 결정적인 영향을 미친다는 결과를 얻었다.

5. 교사와의 특별한 시간

'교사와의 특별한 시간' 지도 방법은 기본적으로 교사와 영유아와의 친밀감과 애착을 강화시켜 준다. 물론 많은 영유아를 돌보고 교육해야 할 뿐만 아니라 처리해야 할 업무도 많은 보육 현장에서 쉽게 도전할 수 있는 방법은 아닐 수 있다. 하지만 이 방법을 잘 활용한다면 그 어떤 지도방법보다도 더 나은 효과를 경험할 수 있다. 교사는 적은 시간의 투자가 특정 유아의 문제행동을 감소시키고 또래 간 갈등이나 문제 상황 시 이를 해결하는 데 소요되는 시간과 에너지를 단축시켜 주는 것을 경험하게 될 것이다. 이 지도방법을 사용할 때는 다른 또래들로부터 방해받지 않을 수 있는 공간으로 이동하는 것을 추천한다.

1) 감정카드와 감정온도계[39]를 이용한 대화

교사는 유아에게 오늘이나 이번 주 느꼈던 감정과 감정의 강도를 감정카드, 또는 감정온도계를 활용해서 표현하게 한다. 단, 감정분화가 잘 이루어지지 못했거나 나이가 어린 유아의 경우, 기쁨, 화, 무서움, 슬픔, 속상함 등의 기본적 감정카드를 사용하고, 감정분화가 어느 정도 이루어지고 나이가 있는 친구들은 좀 더 다양한 감정카드를 활용할 수 있다. 처음에는 유아가 자신의 감정과 마음을 표현하는 것이 익숙하지 않더라도 주 1회마다 정기적으로 하다 보면 점차 익숙해지며 실제 교사와의 관계뿐 아니라 또래 관계에서의 자기표현 능력이 향상될 수 있다. 다음은 감정카드와 감정온도계를 활용해서 대화를 나누는 예이다. 때에 따라 감정카드나 감정온도계만 사용할 수 있고 필요시 둘 다 사용할 수도 있다.

---

39) '감정카드(감정을 표현하는 표정그림과 단어가 있는 카드)'는 인터넷이나 대형서점에서 구입 가능하다. 감정온도계는 A4에 온도계(0에서부터 10까지 숫자가 표현된 온도계) 그림을 그린 후, 복사해서 사용할 수 있다.

■ 처음 진행하는 상황

교사: ㅇㅇ야, 여기 카드들을 보면 기쁜, 즐거운, 슬픈, 화나는, 시무룩한, 섭섭한, 아쉬운, 무서운, 걱정되는, 긴장되는, 떨리는 마음들이 그림카드로 있지. 오늘이나 어제, 아니면 이번 주에 ㅇㅇ는 어떤 마음이었는지 카드 보면서 골라 볼래?

유아: 모르겠어요.

교사: 이런 카드 고르기 처음이라 어렵게 느껴졌나~ 그냥 말로 이야기해 줘도 되고, 그림카드 표정 보면서 고른 후 이야기해 줘도 되고 ㅇㅇ가 편할 대로 하면 돼. 선생님은 오늘 ㅇㅇ 기분이 어땠을까, 요즘 ㅇㅇ가 유치원 다니는 것이 재밌나, 재미없나 궁금해.

유아: (잠시 카드들을 들여다보다가 '기쁜' 표정 카드와 '슬픈' 표정 카드를 고름)

교사: ㅇㅇ가 오늘 기쁘기도 하고 슬프기도 했구나. 언제 무엇 때문에 기뻤고 슬펐는지 선생님에게 말해 줄래?

유아: 아침에 **랑 재밌게 놀아서 좋았는데 점심 먹고 **가 나랑 안 놀고 ㅿㅿ랑 놀았어요.

교사: 그랬구나. **가 ㅿㅿ랑 놀아서 속상했구나. 선생님도 점심 먹은 후에 ㅇㅇ가 기분이 안 좋아 보여서 무슨 일이 있었나 하고 궁금했었어. 혹시 **랑은 무슨 일이 있었던 거야?

유아: 레고 자동차 경주에서 이겼는데 **가 화내고 갔어요.

교사: 에고… 놀다가 화내고 가버려서 ㅇㅇ가 많이 속상했겠네. 얼마만큼 속상했는지 이 종이(감정온도계가 그려진 그림)에 색칠해 볼까? 0이 하나도 속상하지 않은 거라면 10은 (교사의 손으로 원을 크게 그리며) 하늘 땅만큼 완전히 많이 속상했던 거야. ㅇㅇ는 0에서 10 중에 어느 정도로 속상했어? 그냥 말해줘도 되고 여기 감정온도계에 화났던 만큼 색칠해줘도 좋아.

유아: 100만큼 속상했어요.

교사: 100이라면 정말 많이 속상했던 거네. 아침에 **랑 재밌게 놀아서 더 속상했겠다. 지금은 ㅇㅇ의 기분이 어때?

유아: 지금도 조금 속상해요.

교사: 그럼 지금 어느 정도 속상함이 남아 있는지 감정온도계 그림에 색칠해 보자. 여기 숫자만큼 색칠해 보는 거야.

유아: (10만큼 칠함)

교사: 100보다는 내려갔지만 온도계가 10만큼 올라갔네. 이 정도로 많이 속상하구나. 음, ㅇㅇ가 속상했던 마음이 한 칸이라도 내려가려면 뭐가 필요할까? (이때, 유아의 인지능력, 언어능력 수준에 따라 유아가 스스로 방법을 찾을 수 있도록 돕거나 교사가 제안할 수 있음. 여기서는 교사가 제안하는 상황으로 가정하겠음)

유아: 잘 모르겠어요.

교사: 그럼… ㅇㅇ가 속상했던 마음을 아주 높이 날려버리기 놀이해 볼까? 선생님이랑 ㅇㅇ랑 이 작은 볼풀 공을 완전 높이 던지면서 속상했던 마음을 날려 보내는 거야.

유아: 좋아요.

(교사와 유아가 함께 즐거운 던지기 놀이를 3번씩 진행함. 1:1의 특별한 시간이 5분 정도 남았을 때 선생님과의 시간이 곧 끝난다는 것을 미리 알려줌으로써 유아가 마음의 준비를 할 수 있도록 함)

교사: 이제 선생님과의 특별한 시간이 조금밖에 안 남아서 5번만 더 던질 수 있겠다. (4번 던진 후) 이제 한 번 남았네.

유아: 더하고 싶어요.

교사: 아쉽구나. 하지만 다음에 또 선생님과 특별한 시간을 가질 수 있어. 빨리 그 시간이 왔으면 하고 선생님도 기다릴게. 자, 아쉬운 마음을 담아서 한 번만 더 높이 던져 보자.

■ **대화 경험이 있는 상황**

교사: 오늘도 지난번처럼 요즘 ㅇㅇ 마음이 어땠는지 감정카드 골라서 얘기해 줄래?

유아: (기쁜 마음 카드를 고름)

교사: 기쁜 마음 카드를 골랐구나. 어떤 것이 ㅇㅇ를 기쁘고 기분 좋게 했을까?

유아: 오늘 **랑 병원놀이했는데 재밌었어요.

교사: 와, 어떤 부분이 제일 재밌었는데?

유아: 병원놀이하는데 다른 애들도 와서 환자를 했는데 재밌었어요.

교사: 여러 친구들과 함께 놀면서 재밌었나보다.

유아: 네. 내일도 또 하기로 했어요.

교사: ㅇㅇ가 재밌게 친구들과 놀았다니 선생님 마음도 참 좋네. 기쁨을 감정온도계에 색칠하면 0에서 10 중에서 어디까지 올라갈까? 오늘도 ㅇㅇ가 색깔 고르고 색칠해 보자.

유아: (8만큼 색칠함)

교사: 와, 오늘은 기쁜 마음이 거의 가득 찼던 날이네. 혹시 어떤 부분이 더 있으면 기쁜 마음이 10으로 가득 차는 거야?

유아: 오늘 집에 가서도 **랑 놀면 좋겠어요.

교사: 오늘 **랑 많이 놀고 싶구나. **랑 놀면 어떤 부분이 좋아?

유아: **는 'ㅇㅇ야, 이거 같이 하자.'라고 많이 말해줘요.

교사: **가 ㅇㅇ의 이름 불러주고 함께 하자고 해 주는 것이 좋구나.

유아: 네.

교사: ㅇㅇ는 친구들과 많이 놀고 싶은가 보다. 친구들이 ㅇㅇ의 이름도 많이 불러주고 함께 친하게 놀고 싶은 마음이 많네.

유아: 네. 그런데 할머니가 친구를 집에 부르지 말래요.

교사: 아, ㅇㅇ는 집에서도 친구들과 같이 놀고 싶을 텐데 많이 아쉽겠다.

유아: 할머니가 힘드시대요.

교사: 그 부분은 ㅇㅇ가 정말 아쉽겠다. 음… 그러면 집에 가기 전까지 친구들과 많이 놀아야겠는걸.

유아: 네!

교사: 선생님이 이번 주에 ㅇㅇ가 많이 놀 수 있도록 자유놀이 시간을 더 줄 수 있는지 고민해 봐야겠네. ㅇㅇ야, 오늘은 이제 선생님과 특별한 시간이 조금밖에 안 남았는데 혹시 더 하고 싶은 얘기 있어?
유아: 아니요.
교사: 그래, 그럼 우리 교실에 가 보자.
유아: 네!

2) 퍼펫이나 인형을 이용한 대화

퍼펫을 이용한 대화는 어른과의 대화가 익숙하지 않거나 수줍음이나 낯가림이 있고 자기표현이 소극적인 유아들에게 더욱 효과적인 방법이다. 이때 사람 퍼펫보다는 동물 퍼펫이 유아에게 접근하기 쉽고 맹수류[40)]보다는 반려동물 종류가 관계 형성 및 대화 촉진에 도움이 된다. 교사는 퍼펫 속 동물이 되어 인사, 자기소개로 관계 맺기를 시도하며 대화를 시작한다. 퍼펫 인형의 손을 이용해서 유아와 악수도 하고 유아의 관심과 흥미, 최근 있었던 일들 중심(예: "이번 주 지내면서 기분 좋았던 일과 기분 안 좋았던 일 2개씩 이야기 나누기 해 보자. 자, 누구부터 할까?")으로 대화하며 친밀감을 나눌 수 있다. 이때 기본적으로 지지적이며 공감적인 입장으로 대화에 참여한다. 그리고 필요시 문제 상황을 다루며 유아의 감정인식, 공감능력, 문제해결 능력 향상을 위한 방법들을 함께 논의하거나 제안할 수 있다. 다음은 퍼펫과 관계를 형성하고 퍼펫을 이용해서 문제 상황(예: 놀이욕구는 있지만 너무 소극적으로 다가가 좌절 경험이 있는 유아)과 관련된 대화를 나눈 예이다.

교사: (강아지 퍼펫으로 인사하며) 안녕? 나는 '아지'라고 해. 너 이름은 뭐니?
유아: ㅇㅇ.
교사: 만나서 반가워! (퍼펫으로 유아와 악수를 하며 반가움을 표현) 너는 어떤 음식 좋아해? 나는 짜장면도 좋아하고, 치킨이랑 감자튀김도 좋아해.

---

40) 악어, 육식 공룡, 맹수과 동물 퍼펫은 공격성이나 화, 좌절 등과 같은 부정적 감정과 정서를 놀이 속에서 표출할 때 도움이 된다.

유아: 감자튀김.

교사: 정말? 나랑 똑같네. 난 6살인데(유아와 같은 나이로 설정) 넌 몇 살이야?

유아: 나도 6살.

교사: 우와, 그럼 우리 친구할까?

유아: (고개 끄덕임)

교사: 와, 친구가 생겨서 너무 좋다. 음… 그럼 내 고민 좀 들어줄래? (유아의 문제 상황과 비슷한 고민을 말함으로써 객관적으로 상황을 보고 해결방법을 찾아갈 기회를 제공함. 유아의 인지 수준과 성향에 따라 문제 상황의 내용을 조금 변경시킬 수 있음)

유아: 그래.

교사: 내가 같이 놀고 싶은 친구들이 있는데 나랑 안 놀아줘. 어떻게 놀자고 할지도 모르겠어서 난 심심할 때가 많아. 지난번에는 용기내서 '나도 같이 하자'고 했는데 애들이 자기들끼리 놀아서 많이 속상했어(유아 입장에서 느낄 수 있는 감정을 말해 줌으로써 유아의 감정 인식을 도움). 나 많이 속상했겠지?

유아: 응.

교사: "너 많이 속상했겠다."라고 위로해줘. (공감적 반영을 습득 · 연습하도록 도움)

유아: 너 많이 속상했겠다.

교사: 아, 그렇게 말해 주니 너무 고마워. 위로받는 기분이야. (공감적 반영에 대한 긍정 강화) 그런데 내가 같이 놀자고 말했을 때 내 목소리가 너무 작았을까? 목소리가 작으면 시끄러운 교실에서 친구들이 내 목소리를 못 들었을 수도 있잖아. (객관적으로 유아 자신의 요인을 생각해 보도록 도움) 음… 생각해 보니까 내가 너무 작게 말했던 것 같기도 해. 다음에는 좀 더 크게, 지금 이 정도의 목소리 크기로 "ㅇㅇ아, 나도 같이 놀고 싶어."라고 말해 봐야겠다. (퍼펫을 통해 유아에게 해결 방법을 제안함) 너도 반에서 함께 놀고 싶은 친구들 있어? (아이의 구체적 원함을 파악하기 위한 질문)

유아: 응. **랑 △△랑 같이 놀고 싶어.

교사: **에게 "나 너랑 같이 놀고 싶어", "같이 놀자"고 말해 봤어? (문제 해결 방법을 유아로 하여금 보다 적극적으로 생각하도록 질문함)

유아: 아니. 그런데 △△한테는 같이 놀자고 했었어. 그런데 그냥 갔어.

교사: 정말 속상했겠다. 혹시 △△한테 말할 때 너도 나처럼 목소리가 작았니?

유아: 모르겠어.

교사: 음… 혹시 목소리가 작아서 △△가 못 들었다면 친구들은 ㅇㅇ가 같이 놀고 싶어한다는 것을 모를 수도 있어. 다시 용기내서 큰 소리로 말해 보자. 나도 이번 주 큰 목소리로 다시 말해 볼래. 그리고 우리 다음에 만나서 얘기해 볼까? (다시 적극적으로 시도하도록 격려함)

유아: 알았어.

교사: 좋았어! 우리 그럼 다음에 만나![41]

인사이드 아웃의 캐릭터 인형[42]을 이용하거나 걱정인형, 기쁨인형, 버럭이 인형, 슬픔이 인형, 까칠이 인형[43]을 직접 만들어 활용할 수도 있다. 이와 같은 감정 인형을 활용할 경우, 유아에게 '오늘은 어떤 인형을 선택할 것인지' 고르도록 한다. 유아의 발달 수준과 성향 및 컨디션에 따라 역할놀이 속에서 대화할 수도 있고 유아 대 교사로 이야기 나눌 수도 있다. 역할놀이 속에서 대화를 할 경우, 인형 역할을 누가 할지 유아로 하여금 선택하도록 한다. 유아가 인형 역할을 한다고 할 경우 교사가 뉴스기자가 되어 인터뷰 형식으로 인형 역할을 하는 유아와 대화를 나눌 수도 있고 그냥 교사로서 대화를 나눌 수도 있다. 교사가 인형 역할을 할 경우는 위에서 기술한 '퍼펫을 활용한 대화의 예'와 비슷하게 진행한다. 어떤 형식이든 기본적으로 공감적 경청의 자세를 유지하도록 한다.

유아가 역할놀이 속에서의 대화를 원하지 않을 경우, 직접 대화를 진행한다. 예를 들어, 버럭이 인형을 골랐다면 '왜 버럭이 인형을 골랐는지, 언제 버럭이 인형이 너의 마음에 찾아왔는지, 그래서 너는 어떻게 했는지, 혹시 유치원에 있을 때에도 버럭이 인형이 찾아온 적 있는지, 언제 찾아왔었는지, 다음에 또 찾아오면 버럭이 인형에게 뭐라고 말해 주고 싶은지, 버럭이 인형이 가장 싫어하는 말은 무엇인지, 버럭이 인형이 좋아하거나 버럭이 인형을 진정시켜 줄 수 있는 말은 무엇인지' 등을 질문함으로써 유아의 자기인식·이해 및 자기조절능력과 적응력 향상을 도울 수 있다.

---

41) 이후, 수업 활동에서 **나 ΔΔ와 짝을 할 수 있도록 해 주거나 **나 ΔΔ에게 유아의 마음에 대한 힌트를 준 후 함께 놀 수 있도록 지도해 줌으로써 유아의 용기 있는 도전이 성공 경험으로 이어질 수 있도록 돕는다. 이후, 다음 퍼펫과의 대화에서 성공 경험을 나누고 이를 확장해갈 수 있도록 지도한다.

42) 인사이드 아웃(Inside Out)은 2015년 픽사 디즈니에서 개봉한 애니메이션으로 '기쁨, 슬픔, 버럭, 까칠, 소심'이라는 이름을 가진 다섯 감정들이 의인화된 캐릭터로서 등장한다. 캐릭터 이미지 및 관련 내용은 인터넷에서 검색가능하다.

43) 감정인형은 감정관련 프로젝트 수업에서 유아들과 함께 만들 수 있다. 만들어진 인형이 있다면 그것을 사용하고, 없다면 기존에 있는 인형에 감정이름을 붙여 유아들에게 소개한 후 사용할 수 있다.

6. 효과적인 의사소통

1) 말문 열기

토마스 고든(Thomas Gordon, 1970)은 아이가 자기감정이나 문제를 이야기할 때 응대하는 가장 효과적이고 발전적인 방법 중 하나로 '말문 열기'를 제안한다. 이 방법은 영유아로 하여금 자신의 생각이나 아이디어, 마음이나 입장을 들여다보며 표현할 수 있도록 돕는다. 즉, "나는 너에게 관심이 있고, 너의 생각이나 마음에도 관심이 있어. 너를 알아가고 싶고 너의 이야기를 듣고 싶어. 하지만 말을 안 해 주면 나는 잘 모르니까 네가 너의 이야기를 해줘."라고 자기표현을 할 수 있는 장으로 초대하는 것이다. '말문 열기'는 영유아의 자기표현 능력을 끌어내어 이를 향상시키도록 돕고 관계 속에서 소통하는 즐거움을 경험하도록 함으로써 결과적으로 영유아의 친사회적인 기술을 증진시킨다. 영유아는 교사의 반응을 모델링하여 어떻게 또래에게 관심을 표현하고 상대방과의 소통을 이어갈 수 있는지를 습득하게 될 뿐만 아니라 관계에서의 열린 마음, 수용적이고 존중하는 태도까지도 배우게 되기 때문이다. 따라서 '말문 열기'를 적용할 때는 영유아의 이야기에 진정성을 가지고 경청하며 수용적이고 지지적인 자세를 유지할 필요가 있다. 때로 영유아의 말이 두서없고 엉뚱한 내용일지라도 서둘러 정정해 주거나 충고나 해결책을 제시하기보다 영유아가 자신의 이야기를 충분히 할 수 있도록 돕는다. 다음은 '영유아의 이야기를 끌어내기에는 부족한 표현의 예'와 '좀 더 적극적으로 이야기를 끌어내기 위한 표현들의 예'이다.

〈표 15〉 영유아의 이야기를 끌어내는 반응의 예

간단하고 별 뜻이 없는 표현들의 예	좀 더 적극적으로 이야기를 끌어내기 위한 표현들의 예
"그렇구나"	"그 얘기 좀 해 봐."
"어"	"듣고 싶은데."
"응"	"얘기 좀 더 해 봐."
"저런"	"그거 재미있는 생각이네."

간단하고 별 뜻이 없는 표현들의 예	좀 더 적극적으로 이야기를 끌어내기 위한 표현들의 예
"정말?"	"얘기 좀 해 보자"
"그렇군"	"네 생각을 듣고 싶어."
"진짜?"	"계속 해 봐."
"그랬구나"	"그것에 대해 할 말이 있지?"
"그래?"	"너한테 아주 중요한 문제라는 생각이 들어."

출처: 이훈구 역(2002)에서 인용

2) 반영적 경청

반영적 경청은 영유아의 표정이나 말, 음성, 목소리 크기, 말하는 속도, 행동 이면의 감정과 욕구, 원함을 경청해서 이를 반영해 주는 것이다. 이것은 영유아와의 관계 형성 및 친밀감 증진을 위해 가장 기본적이며 필수적인 소통 방법이자 지도 방법이다. 영유아의 문제행동의 긍정적 변화를 위한 기본전제는 교사와의 친밀하고 신뢰할 수 있는 관계 형성이다. 관계가 형성되어야 영유아가 교사의 말을 경청할 수 있는 마음이 확보되고 대화와 소통이 가능해지기 때문이다. 반영적 경청은 영유아의 관심받고 사랑받고 싶은 욕구, 수용받고 이해받고 싶은 욕구를 충족시켜 주며 서로 간의 소통감, 친밀감 향상을 돕는다. 또한 유아의 감정분화 및 감정인식을 가능하게 하므로 자아분화가 안정적으로 이루어질 수 있도록 돕고 공감능력의 향상을 통해 친사회적인 사회성 기술 습득을 돕는다.

반영적 경청은 일상생활 속에서도 사용할 수 있지만, 특히 영유아[44)]가 불편한 정서나 문제를 가지고 있을 때 도움을 주는 기술로써 적용한다. 토마스 고든(Thomas Gordon)은 반영적 경청의 과정을 다음의 3단계로 구분했다.

44) 토마스 고든은 부모와 자녀 간 관계에 대해 기술하였으나 본 책에서는 교사와 유아 간 관계에 적용하여 '자녀'대신 '영유아'로, '부모'대신 '교사'로 적용하여 표기한다.

1. 영유아는 말, 표정, 음성, 목소리 크기, 말하는 속도, 태도, 움직임 등의 언어적/비언어적 메시지를 통해 자신이 불편한 정서나 문제를 가지고 있다는 단서를 전달한다.
   예 "(화난 목소리로) 선생님! ㅇㅇ가 자꾸 블록을 안 빌려주고 욕심 부려요!"

2. 교사는 영유아가 보내준 위의 단서를 해독하고 영유아가 경험하고 있다고 추측되는 감정, 느낌, 생각, 원함 등을 피드백(feedback)한다.
   예 "너도 블록이 필요한데 부족해서 화가 났구나."

3. 영유아는 교사의 피드백을 긍정하며 자신의 이야기를 이어가거나 피드백을 부정하며 좀 더 확실한 신호를 보내고자 한다.
   예 (교사의 피드백을 부정하는 경우) "그게 아니고, ㅇㅇ가 자꾸 욕심부린다고요!"
   (교사의 피드백을 긍정하는 경우) "맞아요! 저도 노란색 블록이 필요하다구요!"

출처: 김인자 역(2014)에서 본 내용에 맞게 수정·보완함

반영적 경청을 활용한 대화는 위의 3단계가 반복적으로 순환하며 진행된다. 실질적 예는 본서 제2부 실제편[45]에서 보다 구체적으로 다루겠다.

3) 나-전달법

나-전달법(I-message)은 상대방에 대해 존중하는 마음이 들어 있다. 이 방법은 상대방의 영역을 침범하거나 관계를 손상시키지 않으며 자신의 입장을 전달하기에 매우 유용하다. 반면, 너-전달법(You-message)은 상대방의 생각이나 감정, 입장이 나와 다를 수 있음에 대한 인정을 전제로 하기보다 자신의 판단과 기준에 따른 입장을 일방적으로 전달하는 경우가 많다. 예를 들어, "이렇게 고집을 피우면 동생 반으로 가야 해", "한 번만 더 선생님 말씀 안 들으면 집에 일찍 안 보내 줄 거야",

45) '잘못을 인정하지 않고 고집을 부리는 아동'에서 '가정에서의 개입(가정통신문)' 내용을 참고할 수 있다.

"너는 참 욕심쟁이구나", "도대체 몇 번을 말해야 말을 들을 거니?" 등은 거의 다 '너'를 중심으로 한 메시지이다. 이러한 너–전달법은 상호관계와 유아의 자존감에 상처를 입힐 뿐만 아니라 유아의 행동 변화에 효과적이지 않다.

토마스 고든은 행동 수정의 자발적 동기를 높이기 위해 나–전달법의 세 가지 구성요소를 제안한다. 세 가지 구성요소는 다음과 같다.

첫째, 수용할 수 없는 행동에 대한 설명이다. 유아의 행동을 언급할 때 교사의 가치판단이나 평가, 또는 비난이 배제되어야 한다. 이를 위해서 빈도부사(예: 매번, 허구헌날, 또, 항상)가 포함되지 않아야 하며 눈에 보이는 현상 중심으로 기술할 필요가 있다. 예를 들어, '항상 너의 가방이 바닥에 널브러져 있는 것을 보면'이라는 표현에는 '항상'이라는 빈도부사와 '널브러져'라는 단어에 비난과 책망이 들어가 있다. 이보다는 '너의 가방이 바닥에 떨어져 있는 것을 보면'이라는 표현이 주관적 판단이 배제되어 있으므로 더 적절하다.

둘째, 수용할 수 없는 행동에 대한 교사의 감정이나 느낌이다. 나–전달법을 사용하기 위해서는 교사 자신의 감정과 욕구에 귀기울여주고 알아차리는 연습을 해야 한다. 이는 인간의 자기실현을 위해 지속적으로 필요한 과정이므로 이를 사용하는 교사에게 매우 유용할 수 있다. 또한 교사의 정직하고 솔직한 감정 표현은 유아와의 친밀감을 높여줄 뿐만 아니라 유아의 적절한 자기표현 능력 향상에도 도움을 준다.

셋째, 수용할 수 없는 행동이 교사에게 미치는 구체적인 영향이다. 수용할 수 없는 행동에 대한 교사의 감정이나 느낌 전달만으로는 유아가 자신의 행동을 고치려고 하지 않을 수 있다. 자신의 행동이 왜 문제가 되는지, 상대방에게 어떤 영향을 미치는지를 이해할 수 있을 때 행동변화를 위한 동기가 더 생길 수 있으므로 신체적, 정신적, 재정적 측면에서의 구체적인 영향을 언급할 필요가 있다(Thomas Gordon, 1970).

위의 세 가지 구성요소가 들어간 나–전달법의 예는 다음과 같다.

- “수업시간에 큰소리로 말을 하면, (행동) 선생님은 힘들고 화가 나. (감정) 선생님 목소리가 친구들에게 들리지 않을까 봐 더 큰 소리로 말하게 되니까 목이 아프게 되거든.” (영향)
- “친구를 밀치는 모습을 볼 때, (행동) 선생님은 깜짝 놀라고 걱정스러워. (감정) 친구가 혹시 크게 다쳐 병원에 가게 될까 봐. 그러면 너를 포함한 다른 친구들을 챙길 수가 없게 되거든.” (영향)
- “낮잠시간에 안 자고 노래를 부르면, (행동) 다른 친구들도 같이 잠들지 못할까 봐 마음이 힘들어져. (감정) 낮잠시간에 선생님이 해야 할 일을 못하게 되면 일찍 집에 못가게 되니까 내일 재미있는 수업준비를 할 시간이 없어지거든.” (영향)
- “수업시간에 밖에 나가려 하면, (행동) 선생님은 수업을 진행할 수가 없어. (영향) 네가 밖에서 돌아다니다가 다칠까 봐 걱정스럽거든.” (감정)
- “너의 옷과 가방이 바닥에 있는 모습을 보면, (행동) 선생님 마음이 무겁고 답답해져. (감정) 선생님이 수업 준비랑 친구들 인사하느라 바쁜데 할 일이 너무 많아진다는 생각에 갑자기 피곤해지거든.” (영향)

위의 세 가지 구성요소에 교사의 원함을 네 번째 요소로 추가할 수 있다. 위의 예들에 교사의 원함을 추가한 예는 다음과 같다.

- “그래서 수업시간에 작은 목소리로 말하거나 손들어서 말해 줘.”
- “친구를 밀치는 대신에 말로 이야기했으면 좋겠어.”
- “낮잠시간에는 잠을 자거나 누워서 조용히 있어줬으면 좋겠어.”
- “수업시간에는 교실 안에 있어줬으면 좋겠어.”
- “옷과 가방을 제자리에 넣어줬으면 좋겠어.”

효과적인 나-전달법의 사용을 위해서는 영유아에 대해 기본적으로 ‘You are OK’의 시선이 있어야 한다. 표현 양식 자체는 나-전달법의 형식을 취했다 하더라도 “그렇게 해서는 안 되지. 네가 틀린 거야.”라는 너-전달법에서의 태도와 시선이 있다면 문제행동 개선에 도움이 되지 않는다. 오히려 이것은 더 강렬한 너-전달법이 될 수 있다. 예를 들어, “선생님이 여러 번 부탁했음에도 수업시간에 친구와 장난치는 모습을 보니 선생님 말이 무시당하는 느낌이야. 그래서 정말 화가 나. 장난을 치면 선생님이 수업을 제대로 할 수가 없어.”라는 표현에는 유아를 향한 비난과 원망이 들어 있고 죄책감을 유발해 문제행동의 개선을 촉구하고 있다. 나-전달법

사용 시 이러한 실수를 범하지 않기 위해서 교사는 자신의 더 깊은 솔직한 감정에 귀기울이는 연습을 해야 한다. 특히 화나 분노, 짜증의 감정이 경험될 때는 자신의 일차 감정은 무엇인지, 자신의 욕구와 필요가 위협받고 있어 화가 나는 것[46]은 아닌지 살펴볼 필요가 있다. 이러한 통찰을 위한 노력 없이 화와 분노를 그대로 전달한다면 아무리 나-전달법의 형식을 취한다 하더라도 듣는 유아 입장에서는 너-전달법으로 받아들이기 쉽다. 따라서 화나 분노, 짜증의 감정이 경험될 때는 잠시 멈춰 자신의 마음을 들여다 본 후 일차 감정을 전달할 수 있도록, 부정적인 감정과 느낌만 전달하기보다 긍정적인 감정과 느낌도 함께 전달할 수 있도록, 그리고 과거의 상황보다 현재의 상황에 충실한 감정을 전달할 수 있도록 노력할 필요가 있다. 마지막으로, 영유아가 감정적으로 격해져 있거나 부정적 감정과 정서가 경험되는 순간에는 반영적 경청을 통해 경청할 수 있는 마음이 회복된 후 나-전달법을 사용하는 것이 필요하다.

7. 멈춰 생각하는 시간

'멈춰 생각하는 시간'은 하던 행동을 멈춘 후, 자신의 원함이 무엇이었고 그 원함을 이루기 위해 필요한 행동은 무엇인지 생각함으로써 자신에게 도움이 되는 행동을 할 수 있도록 돕는 지도방법이다. 이 방법은 모든 유아에게 적용할 수 있지만 자기통제와 자기조절 연습이 필요한 유아들, 그리고 또래 간 갈등상황에 있는 유

46) 예를 들어 신체적인 컨디션이 너무 안 좋아 유아들의 낮잠시간을 이용해 잠시라도 재충전을 하고 싶은 욕구가 있었던 교사 입장에서 낮잠을 안 자고 옆 친구와 장난을 치는 유아에게 화가 날 수 있다. 이차감정은 '화'라는 감정이지만 보다 근본적인 일차감정은 쉬고 싶은 욕구가 채워지지 못하기 때문에 이로 인한 실망감과 좌절감일 수 있다. 또 다른 예로, 불안 수준과 위험회피적인 기질이 높은 교사 입장에서는 말을 안 듣고 높은 곳에서 반복적으로 뛰어내리는 유아에게 화가 날 수 있다. 이 경우에도 '화'라는 이차감정 이면에 유아가 다치는 것에 대한 염려, 걱정스러움, 불안과 함께 불안을 통제하고 싶은 욕구, 안전하고 싶은 욕구의 좌절 등의 일차 감정이 있을 수 있다.

아들에게 특히 유용하다. 이 방법에 익숙해지기까지 어느 정도 시간이 걸릴 수는 있겠으나 익숙해지면 시간과 심적 에너지의 효율성을 높일 수 있다. '멈춰 생각하는 시간'은 다음의 3단계를 따르는데 각 단계별 설명과 예는 다음과 같다.

■ 1단계

질문/대화를 통해 유아의 원함이 무엇이었는지 생각/발견할 수 있도록 지도한다.

예

"ㅇㅇ야, 잠깐 멈춰 보자."

→ 유아가 잠시 진정할 수 있도록 기다려 준다. 만약 유아가 화가 나 씩씩거리거나 진정되지 않은 채 발을 구르거나 소리를 지른다면 감정에 휘말리지 않을 정도의 심리적 거리를 유지하고 유아가 진정할 때까지 기다린다. 유아가 진정이 되어 가거나 진정되었을 때 유아의 원함이 무엇인지 생각해 볼 수 있도록 질문한다.

"ㅇㅇ야, 너는 뭘 하고 싶었던 거야? 뭘 원했던 거야?"

→ 유아가 처음에 대답을 못 하더라도 공감해 주면서 더 생각해 보도록 격려한다. 공감적 반영은 언제나 대화가 수월하게 진행될 수 있도록 돕는 기능이 있다.

"한번 생각해 봐. 뭘 하고 싶었던 건데 뜻대로 안 되서 속상했던 건지…"

→ 그럼에도 원함 찾는 것을 힘들어한다면 교사가 유아의 마음을 알아차릴 수 있도록 가이드해 주거나 힌트를 줄 수도 있다.

"아까 선생님이 보니까 ㅇㅇ가 공룡싸움 얘기를 하면서 화가 난 것 같던데, 뭐가 원하는 대로 되지 않았어?"

→ 교사의 힌트나 대화 속에서 유아의 원함을 발견했다면 원함을 다시 한 번 반영해 준다.

"아, 너는 **랑 공룡싸움 놀이를 하며 같이 놀고 싶었던 거구나!"

■ 2단계

왜 원함을 이룰 수 없었는지 유아 자신의 요인을 생각해 볼 수 있도록 지도한다. 즉, 원함을 이루기 위한 유아의 행동이나 반응이 적절한지 여부를 생각하도록 돕는다. 이때 또래 간 갈등상황이라면 서로의 욕구와 원함이 달랐음을 인식할 수 있도록 지도한다(단, 시간적 여유 상황과 유아의 나이 및 자아분화 수준에 따라 2단계는 생략할 수 있다).

예

"너는 **랑 공룡싸움하며 놀기를 원했구나. 그런데 왜 원하는 대로 되지 않았어?"

→ 유아는 일반적으로 상대방의 요인을 먼저 이야기하기 쉽다. 이 경우 유아의 입장을 공감해 주며 경청하되, 그 상황에서 유아의 요인–자신의 행동과 반응–을 생각할 수 있도록 질문한다.

"**가 자동차 경주만 하겠다고 해서 너도 화가 났었구나. 그래서 너는 어떻게 했는데?/그래서 너는 **에게 뭐라고 했어?"

→ 유아가 자신의 요인도 있음을 얘기하도록 개입한 후 유아 자신의 행동과 반응이 적절했는지 여부를 생각해 볼 수 있는 질문을 한다.

"그래서 공룡을 던졌던 거구나. 공룡을 던진 이후에는 어떻게 되었어? 네가 원하는 대로 된 거야?"

→ 결국 자신의 행동과 반응이 원함을 이루는 데 도움이 되지 않은 것을 일부분 깨닫도록 지도한다.

"공룡을 던지니 그 친구도 차를 던졌구나. 에고. 둘 다 화가 나고 속상했겠다. 음… 화 난다고 물건을 던지면 역시 싸움이 되네."

→ 이후, 서로의 욕구와 원함이 일치한 부분과 일치하지 않은 부분을 정리해서 말해 줄 수 있다.

"너는 공룡 싸움놀이를 원했는데, **는 자동차 경주 놀이를 원했구나. 같이 놀고 싶은 마음은 둘 다 같았는데, 하고 싶은 놀이가 달랐네."

■ 3단계

원함을 이루기 위해 필요한 유아의 적절한 행동과 반응이 무엇인지 생각할 수 있도록 지도한다.

예

"음, 정리하면 너는 공룡싸움을, **는 자동차 경주놀이를 하고 싶었던 건데, 그러면 이 상황에서 네가 어떻게 **에게 말하면/어떻게 하면, 너의 원함대로 **랑 공룡싸움 놀이를 할 수 있을까?"

→ 유아가 바로 적절한 답을 찾는다면 긍정적 피드백을 통해 자긍심과 자신감을 경험할 수 있도록 돕고 유아의 아이디어를 실천해 볼 수 있도록 지도한다. 만약 적절한 답을 찾지 못한다면 교사가 힌트를 줄 수 있다.

"둘 다 함께 놀고 싶은 마음은 같으니까 네가 **에게 가위바위보로 순서를 정하자고 말해 보면 어떨까?"

8. 토론

토론(discussion)은 교사와 유아가 함께 특정 주제나 문제 행동 및 갈등 상황에 대한 의견을 주고받으며 만족스러운 해결책이나 합의점들을 찾아가는 방법이다. 이 지도 방법은 유아의 자기표현 및 의사소통 기술, 친사회적 기술, 갈등해결 기술

등을 향상시키며 사회성 발달과 도덕성 발달에 기여한다. 토론을 통해 자신의 의견이 결정에 반영되고 갈등이나 문제 상황을 해결한 경험을 반복적으로 한 유아들은 공동체의 일원으로서의 자긍심과 소속감을 느낄 뿐만 아니라 의사소통 및 문제해결에 보다 긍정적, 적극적인 자세를 갖게 된다. 예를 들면, '좋아하는 친구, 싫어하는 친구/친구와 친해져요'라는 주제토론을 통해 친사회적인 기술을 습득하도록 돕거나 '우리 반 규칙 함께 정해요'라는 주제로 함께 지킬 제한 및 바운더리를 정할 수 있다. 또한 '거짓말/남의 물건에 손대지 않아요/친구를 때리지 않아요/서로의 원함이 다를 때 어떻게 할까요?' 등과 같은 주제토론을 통해 적응적인 행동과 갈등해결 기술을 배워갈 수 있다. 토론의 구체적인 진행은 주제와 내용에 따라 다양하게 적용될 수 있겠으나 문제행동을 위한 지도방법을 위한 토론의 적용 예는 본서의 제2부에서 '거짓말하는 유아'와 '친구물건이나 어린이집 물건을 허락 없이 가져가는 유아'편을 참고할 수 있다.

9. 지양해야 할 지도방법

1) 타임아웃

'활동 중지', '고립', '타임아웃'은 모두 같은 내용의 지도방법이다. 타임아웃(Time-Out)은 유아가 특정 문제행동을 했을 경우 모든 행동을 멈추고 방의 한구석이나 분리된 특정 공간에 몇 분간 격리시키는 지도방법이다. 예를 들어, 화가 나서 발을 구르며 비명을 지르거나 다른 사람이나 자신에게 공격적 행동을 하는 경우 등 대화와 소통이 불가하거나 통제가 어려운 상태에서 모든 자극 대상으로부터 유아를 분리, 진정시키고 잘못된 행동을 고치기 위한 취지에서 비롯된 방법이다. 하지만 현실적으로 이 지도방법은 유아의 부적응 행동을 감소시키거나 소거시키기 어렵다. 타임아웃은 유아의 자존심을 상하게 하거나 수치심을 느끼게 할 수 있는 부정적인 지도방법이며 바람직하지 못한 행동을 잠시 중단시킬 수는 있으나 바른 행동까지는 가르칠 수 없다(조운주 외, 2016). 특히, 타임아웃이 실행되는 상황 자체는 유아가 '감정의 홍수상태'[47]에 있거나 부적절한 행동의 제한 상황임을 고려할 때 유아를 분리된 장소로 데려가는 과정에서 강압적인 힘이 사용될 가능성이 크다. 이때 유아는 수치심뿐만 아니라 불안, 두려움, 무력감, 좌절감에 노출되기 쉽다. 게다가 자아분화가 안정적으로 이루어지기 전의 유아에게 이러한 고립경험은 공포의 경험이나 심리적 외상(trauma)이 될 수 있다. 따라서 타임아웃을 어쩔 수 없이 사용해야 한다면 교사가 격리된 장소에 유아와 함께 머물러 주는 것이 필요하다.

2) 비교

유아에게 바람직한 행동을 하도록 지도하는 과정에서 은근히 비교를 통해 행동의 변화를 촉구하는 경우가 있다. 특히 인정욕구나 승부욕이 큰 유아들은 권위를 가진 교사의 칭찬이나 비교에 쉽게 자극을 받기 때문에 이 방법은 유아의 즉각적인 행동의 변화를 이끌어낼 수 있다. 하지만 이 지도방법은 유아로 하여금 비교와 경쟁에 더 예민하게 만드는 결과를 가져온다. 또한 안정적인 자아분화 과정을 방해하고 궁극적으로 건강한 자존감 형성 및 사회성 발달을 저해하는 요인으로 작용한다. 따라서 바람직한 행동을 하도록 지도할 때 비교와 경쟁이 들어간 표현은 지양해야 한다. 비교와 경쟁의 이슈가 들어 있는 표현의 예는 다음과 같다.

---

47) 토마스 고든의 효과적인 부모 역할 훈련에서 등장하는 개념으로 유아가 '감정의 홍수상태'에 들어가면 평상시에 갖고 있는 인지·사고능력이 40% 이상 감소한다. 이때 유아는 자신의 감정, 욕구, 입장만을 주장하며 정서에 압도된 반응을 보일 수 있으므로 경청과 대화는 불가능하다. 유아가 '감정의 홍수상태'에서 벗어나야 유아가 원래 갖고 있었던 인지·사고능력을 회복하고 경청 및 소통이 가능해진다.

- "**은 선생님 말씀을 듣고 바로 정리를 시작했는데, ㅇㅇ은 언제 정리하려나?" (X)
  → "ㅇㅇ도 선생님 말씀하셨으니 이제 정리를 시작하자." (O)
- "우리 반에서 누가 누가 제일 잘하는지 봐야지." (X)
  → "우리 반 친구들 모두들 최선을 다해서 열심히 해 보자." (O)
- "우리 반 친구들 모두 다 양치 잘하는 줄 알고 있었는데 ㅇㅇ는 아니었네." (X)
  → "ㅇㅇ야, 양치가 하기 싫을 때가 있지, 그래도 충치맨이 오지 않게 바로 시작하자." (O)
- "누가 발표를 잘하나? 잘한 사람만 특별히 상을 줘야겠다." (X)
  → "우리 반 친구들 한 사람씩 다 발표해 보자. 발표를 끝낸 후에는 모두에게 상이 기다리고 있어요." (O)
- "지금 장난칠 시간 아니에요. 다른 친구들은 지금 장난치지 않고 있는데, ㅇㅇ는 혼자 동생 반으로 가야겠어요." (X)
  → "지금은 조용히 선생님 말씀을 들어야 되는 시간이에요. 장난은 수업 끝나고 치고 지금은 조용히 선생님 말씀을 들을 준비합시다." (O)

3) 위협, 협박, 경고

위협이나 협박, 경고는 바람직하지 않은 방법임을 인지하면서도 순간적으로 영유아의 행동변화를 가져올 수 있기 때문에 습관적으로 사용하기 쉽다. 특히, 교사의 신체적·심리적 에너지 및 시간적 여유가 부족할 때, 다른 지도방법들이 통하지 않는다고 지각될 때 이 방법을 사용하고 싶은 유혹을 느낄 수 있다. 하지만 이 방법은 유아의 두려움과 공포심을 이용해 상황을 통제하는 방법이므로 지양해야 한다. 반복적으로 힘과 강압에 의해 통제받은 유아는 그 빈도와 강도에 따라 세상을 위협적으로 지각하며 권위자에 대한 불신감, 불편감, 원망, 반항 및 불안, 두려움, 위축감을 경험할 수 있다. 또한 무의식 수준에서 외부 세상을 통제하고 싶은 욕구가 커지는데 이는 결과적으로 유아의 적응적인 사회성 발달을 저해한다. 위협, 협박, 경고의 예는 다음과 같다.

- "지금 선생님 말씀 안 들으면 엄마에게 말해서 집에서 혼나게 해야겠다."
- "장난 계속 하면 도깨비를 불러서 ㅇㅇ 잡아가라 할 거야."
- "그렇게 하면 너한테 좋지 않아!"
- "ㅇㅇ는 선생님한테 혼나봐야겠다! 선생님 화나면 무서워."
- "선생님이 하지 말라고 계속 말했는데 한번만 더 하면 가만두지 않을 거야."

4) 비난, 조소, 라벨링

여러 방법을 사용했음에도 유아의 문제행동이 통제되지 않고 반복적으로 일어날 때, 교사는 화, 좌절감, 무력감, 우울감 등을 경험할 수 있다. 특히 과한 업무량이나 삶의 전반적 스트레스 수준이 높은 상태에서는 통제욕구가 증가하는데, 유아가 교사의 통제범위에 들어오지 않을 경우 이에 대한 불편감, 화, 무력감, 좌절감 등이 공격적 언어표현으로 드러날 수 있다. 비난이나 비판이 직접적 공격방식이라면 비아냥거리는 조소나 유아에게 꼬리표를 붙이는 라벨링(labeling)은 수동적 공격방식이다. 이와 같은 표현을 습관적으로 사용한다면 교사 자신의 스트레스 수준이 상당함을 인식하고 스트레스 관리 및 구체적 변화를 위한 노력이 필요하다. 공격적 언어표현은 유아로 하여금 화, 분노, 공격성, 수치심, 좌절감, 불안 등의 부정적 감정과 정서를 경험하게 하고 자존감, 자기 이미지 손상을 가져와 부적응적인 문제행동을 심화시킬 수 있으므로 반드시 지양해야 한다. 비난, 조소, 라벨링의 예는 다음과 같다.

- “어쩌면 너는 그렇게 말도 안 듣니?”
- “도대체 똑같은 말을 몇 번이나 하게 하니?”
- “너는 구제불능이구나!”
- “너는 왜 그렇게 굼뜨니!”
- “너는 선생님 말을 이해하지 못하는구나. 너 바보니?”
- “아휴, 또 시작되었구나. 지겹다, 지겨워.”
- “내가 너 때문에 못 살겠다. 에휴.”
- “아이고, 우리 반 깔끔이~ 너무 예민하셔.”
- “그래, 너 잘났다.”
- “말썽쟁이 오늘도 등장했네. 제발 그만 좀 하자.”
- “너 욕심쟁이구나!”

5) 분석, 진단

교사의 기준과 틀로 유아를 판단하고 진단을 내리거나 다 아는 것처럼 유아를 규정짓는 것은 상당히 위험한 일이다. 아무리 저명한 임상심리학자라 하더라도 한 인간을 쉽게 진단할 수 없다. 교사를 포함한 어른들은 언제나 아이가 갖고 있는 잠재적인 성장 가능성을 인식해야 한다. 물론 이미 많은 경험과 지식을 갖고 있는 교사의 판단이나 분석이 일부 맞을 수 있다. 하지만 분석이나 진단에는 유아의 눈높이에서 바라보는 따뜻한 이해와 공감적 시선, 그리고 유아에 대한 존중감이 빠져 있다. 대신 “내 판단이 맞아, 난 어른이니까 너보다 많이 알고 있어.”라는 전제 속에 아이를 어른보다 부족하고 열등한 존재로 볼 수 있다. 분석적, 진단적 언어표현은 유아로 하여금 거부감, 불편감, 혼란스러움, 저항, 반항을 불러일으킬 수 있어 결과적으로 교사와의 긍정적인 상호작용 및 관계 형성을 저해한다. 분석, 진단의 예는 다음과 같다.

- "욕구 불만이구나."
- "넌 지금 졸린 거야. 졸려서 예민하니 빨리 자야 해."
- "그러니까 선생님이 안 된다는 거야. 내가 너 그럴 줄 알았어."
- "결국은 네가 다 하고 싶다는 거잖아."
- "친구한테 샘이 났던 거네."
- "선생님 화나게 하려고 일부러 한 거잖아!"
- "선생님이 계속 말하는데 쳐다보지도 않다니 선생님을 무시한 거였어."
- "네가 1등 못했다고 심술 나서 때린 거잖아."
- "오늘 엄마에게 혼났다더니 그것 때문에 오전 내내 심통 부리는 거구나."
- "관심 끌려고 이 난리네."

6) 처벌

일부 교사들은 문제행동과 수용할 수 없는 행동을 영유아에게 확실하게 가르쳐 주기 위한 목적으로 처벌을 사용한다. 하지만 처벌은 영유아의 문제행동을 감소시키거나 소거시키는 데 전혀 도움이 되지 않는다. 오히려 타임아웃과 같이 이를 실행하는 과정에서 영유아로 하여금 불안, 두려움, 화, 억울함, 반항 등의 부정적 감정과 정서를 경험하게 할 수 있다. 이러한 부적 감정과 정서가 누적될 경우, 추후 더 복잡한 양상의 문제행동을 보일 가능성이 커진다. 예를 들면, 영유아들은 불안과 불안정성에 노출될 때 불안에 대한 무의식적인 처치로 움직임이 많아지며 산만해지는 양상을 보이게 되므로 교사 입장에서는 영유아들의 문제행동을 통제하기가 더욱 어려워질 수 있다. 또한 화, 좌절감, 반항 등의 감정과 정서가 미해결된 채 쌓일 경우 잦은 감정 폭발이나 공격성 표출과 같은 문제행동이 증가할 수 있다. 조운주 외(2016)는 "처벌은 결코 효과적인 지도 방법이 될 수 없고 기본적으로 바람직한 지도 방법이 아니다."라고 기술한다. 처벌은 위협이나 비난과 같이 교사와의 신뢰할 수 있는 관계 형성 및 유아의 건강한 자아 존중감 발달을 저해할 뿐만 아니라 또래 관계 속에서의 자신감을 감소시키므로 지양해야 하는 방법이다. 처벌의 예는 다음과 같다.

- 벽을 보고 서 있게 한다.
- 간식을 조금 주거나 문제행동을 한 당일은 주지 않는다.
- 무릎 꿇고 앉아 있게 한다.
- 손을 머리 위로 들고 생각하는 의자에 앉게 한다.
- 교실 밖 수업으로 이동할 때 혼자 교실에 남아 있게 한다.
- 손을 앞으로 내민 상태를 유지하게 한다.
- 식사를 다른 친구들보다 늦게 준다.
- 다른 반에 가서 5분 서 있다가 오게 한다.

3.2 언어 지도방법(김영태, 2015)

1. 언어 이전기(Prelinguistic stage) 지도법

언어 이전기는 의사소통 규칙을 내재화하고 기능을 중심으로 지도하는 것이 좋다. 특히, 언어가 늦은 영유아에게 언어를 '가르쳐야겠다'는 활동보다는 주 양육자와 소통이 가능할 수 있도록 제스처, 표정, 맥락에서 파악하기 등 소통의 즐거움을 갖고, 언어 부재로 인한, 욕구좌절 경험이 적어지게 하는 것이 중요하다. 또한 언어자료가 뇌에 충분히 저장되면(이해언어 역치) 말하기가 가능할 수 있다는 크라센(Krashen)의 주장을 고려한다면(Brown, 2002) 빨리 말하게 하려는 것보다 간단한 지시를 따를 수 있거나 주 양육자의 설명에 동의할 수 있는 등 이해언어에 초점을 두는 것이 바람직하다.

1) 공동주의하기 및 활동하기

의사소통이 가능하다는 것은 함께 동일한 사물을 바라보거나 같은 주제를 이야기할 수 있어야 한다. 그러므로 '공동주의 및 활동하기'란 것은 영유아와 성인이 동일한 사물 혹은 활동에 함께 참여되어 있어야 한다. 이를 위해 먼저, 영유아가 가지고 있는 사물 혹은 활동에 성인이 개입한다.

- 사물공유
  교사: (곰 인형을 갖고 있는 영아에게) 안녕? 곰아.

- 활동공유
  교사가 북을 치고 있는 영아에게 다가가서 함께 북을 침

영유아가 성인의 개입에 관심을 갖는다면 영유아가 좋아할 만한 물건 혹은 활동을 다소 과장되게 제시하여 관심을 이끌어 낸다.

- 사물공유 확장
  교사: (곰 인형을 갖고 있는 영아에게) 안녕? 곰아.
  영아: (교사를 쳐다본다.)
  교사: (토끼 인형을 보여 주며 다소 높은 톤으로) 안녕? 난 토끼야.

- 활동공유 확장
  영아: (북을 치고 있음)
  교사: (영아에게 다가가서 함께 북을 침) 안녕?
  영아: (교사에게 관심을 보임)
  교사: (북 옆에 있는 장난감 상자를 보다 세게 두드림) 우와~ 신난다.
  영아: (함께 두드림)

2) 행동 연계하기

영유아들은 자신의 소리가 성인 및 주변 환경에 영향을 줄 수 있음을 인식하는 것이 중요하다. 이는 자신의 행동이 성인과 어떤 관계가 있다는 것을 인식하게 되는 것으로 언어를 사용하고자 하는 동기 부여가 된다. 본 활동은 영유아가 의사소통 의도를 가지고 어떤 행동 혹은 소리를 낸다면 이에 반응해 주어 행동의 연계성을 느끼게 하는 것으로 즉시 반응하는 것이 중요하다.

영아: (교사를 바라봄)
교사: (영아를 바라봄)

영아: 끼끼
교사: 끼끼

3) 지칭하기

사물의 이름을 안다는 것은 어휘의 충분한 양이 문장을 형성하는 기본이 된다는 언어 산출 원리를 고려할 때 매우 중요한 활동이다. 또한 인간은 사물과 활동을 지칭하기 위해 언어를 사용하는 경우가 많다. 그러나 지칭이 가능하기 위해서는 영유아의 관심을 이끌어내야 하는데, 이를 위해 사물 혹은 활동을 과장되게 하여 관심을 유도한다.

교사: (손가락으로 젤리를 가리키며) 와~ 이게 뭐지?
영아: (젤리를 쳐다봄)
교사: 젤리구나.

교사: (종을 세게 흔든다.)
영아: (종을 쳐다봄)
교사: 종이네.

4) 상호작용 놀이

의사소통은 상호교류에 의한 활동이다. 혼자서만 말하는 것을 의사소통이라고 하지 않는다. 그런 의미에서 언어 이전기 영유아에게 상호작용 놀이 소위 말하는 '사회성 게임(social game)'을 실시한다. 사회성 게임은 까꿍, 곤지곤지 잼잼, 머리-어깨-무릎-발 등의 놀이이다. 본 놀이의 목적은 자연스러운 상호작용이 가능하도록 하는 것인데, 영유아가 처음부터 주도성을 갖기 어려우므로 처음에는 교사가 주도적으로 놀이를 이끌고 이후에 영유아와 성인이 번갈아 가면서 놀이를 한다.

교사: 자, 곤지곤지 잼잼 놀이하자.
(손동작을 같이 하며 곤지곤지 잼잼 놀이를 시작한다.)
영아: (곤지곤지 잼잼 놀이를 따라서 함)

5) 인지도식 비계설정

언어의 특징이 상징성[48]이라는 점에서 언어습득과 인지능력은 긴밀한 관련이 있다. 따라서 영유아의 인지 수준이 성장될 수 있도록 지도하는 것이 중요하다. 인지 수준의 성장이란, 도식의 성숙을 말하는데 '분별되지 못한 행동을 분별행동으로 이후에는 분별행동을 보다 다양하게 확대시키는 것'을 말한다. '분별되지 못한 행동'이란 사물의 목적대로 사용하지 않는 것을 말한다. 예를 들면, 인형을 입에 넣고 계속 빠는 행동은 인형의 본래 목적대로 사용하지 않는 것이다. 따라서 인형의 '분별된 행동'이란 안고 놀이를 하는 행동이다. 따라서 입으로 빨고 있는 인형을 가지고 노는 영유아에게 인형을 안고 있게 하는 놀이를 하도록 하거나 기차 바퀴를 만지고만 있는 영유아에게 기차 바퀴를 굴리는 모습을 보여 준다.

이와 같이 분별된 놀이형태가 자연스러워지면 기능놀이, 가상놀이 등 다양한 상징놀이를 실시한다(부록 참고). 기능놀이는 용도에 맞는 놀이를 하는 것으로 예를 들면, 자동차를 굴리는 놀이(기능놀이), 블록으로 떡 먹는 흉내를 내는 것(가상놀이) 등이 이에 속한다. 상징놀이는 영유아의 수준보다 약간 상회한 수준의 놀이를 성인이 시범 보여 인지도식을 상향시킨다.

영아: (기차 장난감을 굴리며 놀이하고 있음)
교사: 와~ 기차구나. 가족들을 태우자. 엄마, 아빠, 아기~
영아: (함께 가족인형들을 태우며 놀이함)

---

48) 모든 언어는 상징적이다. 물을 우리나라에서 '물'이라고 부르지만 영어로는 'water'라고 한다. 이는 물이 꼭 '물로만 불릴 이유가 없다'는 것을 의미한다. 즉, 언어는 언중들 사이에서 상징적으로 정한 약속체계이지 처음부터 정해진 이름은 없다. 따라서 모든 언어는 모두 인간이 부여한 상징적 체계가 되는 것이다.

6) 의사소통 비계설정

영유아의 현재 의사소통 수준에서 약간 상회하는 수준의 소통기능으로 지도한다. 의도가 약한 표현에 대해 의사소통 의도로 전환하거나(의사소통 의도 전환) 초보적인 의사소통 행동을 언어화(언어화 작업)해 준다. 혹은 관습적인 행동에 언어를 첨가하며(언어첨가) 한 단어로 말을 하기 시작하면 영유아의 선호, 일상생활에 직결되는 중요한 어휘들부터(중요어휘 지도: 먹는 것, 자는 것, 배설하는 것, 노는 것 등) 지도한다(〈표 16〉 참고).

- 의사소통 의도 전환
  영아: (자동차를 쳐다보고 있음)
  교사: (**손으로 자동차를 가리킨 후 영아에게 준다.**) 자동차

- 언어화 작업
  교사: (호랑이 인형을 보여줌)
  영아: (고개를 돌림)
  교사: 싫어요.

- 언어첨가
  영아: (강아지를 쳐다봄)
  교사: 강아지~ 멍멍! 이리와.

다음 〈표 16〉은 만 3세 유아에게 자주 산출되는 어휘로서 지도 시 목표어휘로 참고할 수 있다.

〈표 16〉 만 3세 유아의 고빈도 어휘

명사	엄마, 아빠, 형아, 아가, 언니, 할머니, 아저씨, 오빠, 가방, 멍멍이, 고기, 포도, 밥, 꼬리, 고양이, 호랑이, 문, 돌멩이, 배, 물, 못, 우유, 버스, 칼, 차, 총, 집, 비행기, 손, 발, 토끼, 택시, 비, 로봇, 그네
동사	가, 앉아, 닦아, 나가, 꺼내, 날아가, 넣어, 놀아, 내려와, 넘어져, 만들어, 버려, 고쳐, 울어, 뽀뽀해, 신어, 사, 들어, 타, 내려, 해, 물어, 다쳐, 죽어, 잡아, 떨어져, 먹어, 입어, 봐, -와, 줘, 가져
형용사	있다, 없다, 아니야, 크다, 쪼그맣다, 싫어, 예쁘다, 재미있다, 같다, 무겁다, 빠르다, 깜깜하다

출처: 김영태(2015)에서 인용

7) 모방하기

영유아가 우연히 낸 소리를 성인이 모방해 주면 영유아 입장에서는 자신의 소리가 주변에 영향을 미칠 수 있다는 긍정적인 경험을 하게 되면서 말하는 것에 자신감을 갖게 되고 이로 인해 더욱 많이 시도하고자 한다. 이와 같은 성인의 모방은 옹알이로부터 시작해서 문장에 이르기까지 효과적이다.

> 영아: 이~ 끼 꼬
> 교사: 이~ 끼 꼬
> 영아: 우바우바
> 교사: 우바우바

8) 주고받기 인식시키기

주고받기란 의사소통의 차례 지키기를 의미한다. 대화는 말하는 사람의 말이 끝난 후 이야기를 해야 한다. 이를 영유아에게 지도하는 방법으로 비언어적 단서(눈짓, 손가락으로 가리키기, 집게손가락으로 '쉿' 하기 등)를 제공하거나 공 굴리기와 같은 놀이를 통해 주고받기를 가르쳐야 한다. 일차 지도방식으로는 '아동-성인-아동-성인'으로 아동이 먼저 시작하도록 한다.

> 교사: ㅇㅇ야, 우리 공을 가진 사람이 말하는 놀이 하자.
> 자, 던진다.
> 영아: (공 받고) 이이 (공던짐)
> 교사: (공 받고) 안녕 (공을 ㅇㅇ에게 던져줌)
> 영아: (공 받고) 히히

9) 초기 의사소통 기능 가르치기

초기 의사소통 기능은 다음과 같다(〈표 17〉 참고).

〈표 17〉 초기 의사소통 기능

기능	설명	예시
도구적	자신의 필요와 욕구를 채우기 위한 의사소통 행위	주세요/원해요
조정적	타인을 조절 혹은 통제하기 위한 의사소통 행위	내가 하라는 대로 하세요
상호작용	타인을 공통적인 관심 혹은 활동에 참여시키면서 주고받는 의사소통 행위	주고받기/나와 너
개인	자신의 감정, 태도, 흥미 등을 표현하는 의사소통 행위	저 여기 있어요
발견	환경을 탐구하고 정리하려는 의사소통 행위(정보요청기능)	왜 그런 지 말해 주세요
가상	가상적 행위를 만드는 의사소통 행위	우리 – 척해요

출처: Halliday(1975)에서 인용

2. 언어기 지도법

언어기 지도는 영유아들의 현 수용언어, 표현언어 능력 수준에서 보다 높은 발달로의 이행을 목적으로 한다.

1) 강화[49)]

강화(reinforcement)란 힘을 넣어 준다는 의미로 무언가를 주어서 목표하는 행동을 증가시키는 '정적 강화(positive reinforcement)'와 무언가를 빼서 목표행동을 증가시키는 '부적 강화(negative reinforcement)'가 있다. 강화의 종류는 '물리적, 사회

49) 본서 심리, 정서 영역에서 강화에 대한 자세한 설명이 들어 있으므로 본 장에서는 언어지도에 관련된 강화를 설명한다.

적, 활동적 강화'가 있으며 언어지도에서는 '기능적 강화'가 효과적인 경우가 많다. '물리적 강화'는 음식물, 스티커, 토큰 등 눈에 보이는 물질적 강화를 의미하며 언어지도 초기에 강력한 강화로 활용될 수 있다. 그러나 과자와 같은 음식물은 언어재활 서비스에서 영아에게 강력한 효과를 낼 수는 있지만 언어재활이라는 것 자체가 입술을 움직여서 소통하도록 하는 교육이므로 입에 음식물이 있는 것은 바람직하지 않다. 또한 포만감에 의해 강화의 효과가 줄어들기 쉽다. 그래서 연령이 높은 유아들에게는 자신이 원하는 것으로 바꿀 수 있는 '상징적 강화제' 즉, 토큰 혹은 달란트 등을 활용하는 것이 좋다.

'사회적 강화'란 '사회'가 1인 이상의 집단이라는 점에서 관계에 기초한 강화방식이다. 예를 들면, 대표적으로 칭찬[50]을 들 수 있는데 영유아가 바람직한 언어를 사용한 후, 성인으로부터 "잘했어. 혹은 너와 이야기하는 것이 재미있구나." 등 긍정적 반응을 듣게 되면 말하고자 하는 동기가 보다 부여된다. 그러나 언어능력이 심각하게 지연되어 있어 이와 같은 언어적 강화가 이해되기 어려운 경우는 머리를 쓰다듬어 주거나 안아 주고 고개를 끄덕이는 등 '비언어, 준언어 관계 메시지'를 제공한다. '활동적 강화'는 영유아가 원하는 활동을 할 수 있도록 해 주는 것이다. 예를 들면, 적절한 발음이 산출되었을 때 놀이터에서의 놀이 시간을 보다 늘려 주기 등이다. 마지막으로 '기능적 강화'는 심리정서 영역보다 언어영역에서 적용될 수 있

50) '칭찬(praise)'은 고래를 춤추게 할 수 있을지 모르나 인간은 예민하게 할 수 있다. 이는 칭찬을 영유아에게 하지 말라는 것이 아니라 칭찬의 방법을 생각해 보아야 한다는 것이다. 이는 지나친 칭찬이 지속적으로 제공되면 이 정도 수준의 칭찬을 지속적으로 받아야 한다는 생각이 들어 칭찬의 역치가 높아진 상태가 되고 이로 인해 자신의 행동 기준을 지나치게 타인에게 의존하는 예민한 성격이 되는 것이다. 그러므로 칭찬은 방법상에 주의해야 한다. 첫째, 타인과 비교하는 개인 간 형태를 지양하고("수민이보다 네가 더 빨리 뛰었다면서", "네가 너희 반에서 제일 잘했다면서"), 개인내적 비교를 사용한다("어제는 단어를 3개 외웠는데 오늘은 5개나 외웠네"). 둘째, 외적 강화가 아니라 내적 강화 즉, 즐거움의 동기를 제공한다("엄마, 책 다섯 권 읽었어요", "우와~ 기분 좋겠다(○)", "스티커 5장 가져가라(×)"). 셋째, 아이에게 직접적이고 강력한 칭찬을 면대면으로 제공하기보다 타인에게 아이에 대해 자랑하는 것을 (아이가) 듣게 하는 형태를 취한다("○○아빠, ○○가 마트에서 무거운 짐을 들어주어서 내가 아주 편하게 왔네요. 이제 진짜 큰 형이 된 것 같네요"). 넷째, 잘했다는 평가적 칭찬이 아니라 구체적으로 기술하고 관심을 갖는 정도로 반응한다("○○야, 구름을 노란색으로 칠했구나(○)", "○○야, 잘 칠했어(×)").

는 강화에 속하는데, 영유아의 언어내용에 알맞은 반응을 하는 것이다. 예를 들면, "엄마, 우유주세요."라고 유아가 말했다면 적합한 본 표현에 대해 스티커(물리적 강화), "잘 말했네."(사회적 강화), "바르게 말했으니 놀이터에서 조금 더 놀게 해 줄게."(활동적 강화) 등이 아니라 유아가 원하는 것이 본 표현을 통해서 우유를 달라는 것이니 자연스럽게 우유를 주는 것이다. 이는 유아로 하여금 '내 말이 적절했구나' 하는 강화를 받게 되어 의사소통 도식 안에서 가장 자연스럽게 강화를 받는 형태이다.

다음은 강화제를 제공하는 방식이다. 제공방식은 강화제를 영유아가 언제 받는지 알고 있는 '고정형태'와 예측이 불가능한 '변동형태'가 있다. 강화제를 제공받는 형태가 이와 같이 나누어지는 이유는 일반화를 위한 것이다. '일반화(generalization)'란 강화제가 없어도 영유아가 목표언어를 사용하는 상태이다. 대부분 강화제에 익숙한 영유아는 강화제가 없으면 목표언어를 산출하지 않으려는 속성을 보인다. 그러므로 강화제가 없어도 목표언어를 사용하게 하기 위해서는 강화제 의존도를 점차 낮추는 패턴으로 지도해야 한다. 그래서 목표언어를 초기에 지도할 때, 고정형태 즉, 영유아가 자신에게 강화제가 언제 오는지를 알게 한다. 예를 들면, "ㅇㅇ야, 『사과』를 바르게 발음할 때마다 선생님이 스티커를 붙여 줄게."라고 하면 유아 입장에서는 '발음할 때마다'라는 단서에 따라 정확히 발음하고자 노력한다. 그리고 정(正) 조음마다 스티커를 받는 것을 알 수 있다. 그러나 유아의 입장에서는 언어지도를 받는 시간 외에 정조음을 할 때 주어지지 않는 스티커로 인해 지도시간 외에는 노력해서 정확한 발음을 하고자 하는 마음이 줄어들 수 있다. 또한 현실적으로 유아에게 항상 스티커가 지속적으로 제공될 수 없다.

따라서 교사의 목표는 스티커 유무에 관계없이 정확한 발음을 하도록 하는 것이다(일반화 상태). 이에 유아가 바른 발음을 할 때 스티커가 제공될 수 있지만 그렇지 않을 수도 있고 스티커가 제공되지 않는 상태에서도 여전히 바른 발음을 유지하려는 마음을 지속적으로 갖게 해야 한다. 이런 상태를 만들기 위해서 고정형태에 익숙해진 유아에게 변동형태를 제공한다. 즉, "ㅇㅇ야, '사과'를 바르게 발음하면 스티커를 줄게. 그런데 ㅇㅇ가 생각했을 때 줄 수도 있고 (생각하지 못했을 때) 깜짝 선물로 줄 수도 있어. 어때, 재밌겠지?" 이와 같이 예상하지 못하는 상황에서 강화를 받는 변동형태는 유아로 하여금 자신의 발음은 항상 정확하게 산출되어야 하되 강화제는 주어질 수도 있고 그렇지 않을 수도 있다는 일반화 전단계의 경험을 하게 하는 것이다. 이와 같은 두 가지 단계의 강화양식이 종료되면 강화제가 없어도 목표언어에 도달하는 일반화 상태가 되어 언어재활 서비스 혹은 언어지도를 받지 않는 일반유아와 동일한 상태로 언어생활을 하게 된다.

2) 어휘 지도[51]

목표 어휘는 다음과 같은 기준에 의해 제시한다.

(1) 높은 사용빈도 어휘

우리나라 영유아들이 주로 사용하는 어휘를 먼저 지도함으로써 또래 간의 의사소통이 원만할 수 있게 한다(〈표 16〉 참고).

(2) 감각적 사물 어휘

직접 만질 수 있고 조작 가능한 사물, 감각적으로 두드러진 사물을 먼저 지도한다.

(3) 상대어, 심리적 상태어

위, 아래, 여기, 저기 등의 상대어와 기쁜, 슬픈 등 심리적 상태어를 지도한다.

---

51) 어휘지도 시, 강압적으로 교정하지 않도록 한다. 어휘뿐만 아니라 언어지도에서 중요한 점이 교정방식과 교정하는 성인의 태도인데 부정적인 사건이 정서에 문제를 일으키듯이 언어교정의 부정적인 방법은 영유아의 '언어자아'에 상처를 줄 수 있어 '언어자존감'을 낮추게 된다. 자신감이 없는 영유아는 더 이상 말을 하기 싫어할 것이며 언어발달에 부정적인 영향을 주게 될 것이다. 교정하고자 하는 어휘가 어떠하고 영유아와 교정자의 관계가 어떤지에 따라 그리고 영유아의 기질 등 여러 가지 요소를 고려하여 교정에 주의를 기울여야 할 것이다. 본 저자의 주관적 의견에 의하면, 직접 교정보다는 옳은 어휘를 청각적 현저성(예: 교정할 부분의 억양, 소리, 장단을 달리하여 귀에 다르게 들리게 하는 방식) 원리를 이용하여 들려주는 간접 형식 교정을 권한다.

(4) 문법형태소 지도

조사는 문법적 표지로서 시제 및 내용 정확성을 제공하는 데 중요한 역할을 한다. 영아들은 조사 없는 전보식 문체(예: 엄마 우유)에서 개월 수가 높아지면서 조사가 포함된 정확한 내용을 전달하게 된다(예: 엄마'가' 우유'를' 마셔요). 영유아의 조사발달 순서는 다음과 같다(〈표 18〉 참고).

〈표 18〉 문법형태소 산출 순서

격조사	공존격	–랑, –하고, 도, 같이
	장소격	에, 한테, 으(에)로
	주격	가
	주격	는
	목적격	을, 를
	도구격	로
동사 형태소	문장어미	아, 라,
	과거형	었
	미래형	ㄹ
	수동형	이, 히
	진행형	ㄴ, ㄴ다

출처: 조명한(1982)에서 인용

아래 〈표 19〉와 같이 의문사를 사용해서 문법형태소(조사)를 지도할 수 있다.

〈표 19〉 목표조사를 지도하기 위한 의문사

의문사	조사
누구랑?	공존격 조사
누가?	주격 조사
어디?	처소격 조사
무엇으로?	도구격 조사
무얼?	목적격 조사
누구한테?	수여격 조사

(5) 시제 지도

시제지도는 시제어를 지도하기 전에 먼저 과거, 현재, 미래 등 시제에 대한 인지적 개념이 정립되어 있는지를 살펴보아야 한다. 인지적으로 문제가 없는 영유아는 시제가 자연스럽게 습득되겠지만 인지적 장애·지연을 보이는 영유아들은 실제 상황에 알맞은 지도가 이루어져야 일반화가 이루어진다. 만약 시제가 정확한 문장들을 단순히 암기하게만 한다면 일상생활에서 전이 및 일반화가 이루어지기 어렵다. 따라서 상황에서 직접 지도해야 한다.

- 과거시제

영아: (풀로 색종이를 칠한 ㅇㅇ에게)
교사: 풀로 무엇을 했어?

- 진행시제

영아, 교사: (기차에 동물을 함께 태우며) 동물들을 태우고 있어요.

- 미래시제

교사: (크레파스와 스케치북을 보여주며) 무엇을 할 거죠?
영아: 그릴 거예요.

3) 아동 주도적 의사소통

아동 주도적이라는 의미는 성인지도가 수동적이라는 뜻이 아니다. 아동에게 동기 부여를 시키고자 하는 부분을 부각시킨 표현으로서 지도 내용, 지도 시 사용할 도구, 대화 시도에 우선권을 아동에게 주는 것이다. 이는 지도된 내용을 영유아에게 일반화시키는 데 있어 수월하게 진행되도록 돕는다.

교사: (지도 목표에 해당하는 그림책, 소꿉놀이, 컴퓨터를 보여주며)
ㅇㅇ야, 선생님이랑 무얼 가지고 놀까?
유아: 그림책이요.

4) 맥락활용

언어는 상황을 고려해서 산출하고 이해된다. 어느 누구도 맥락 없는 문장에서 그 의미의 진의를 발견하기는 쉽지 않다. 예를 들어, "날씨가 좋네요."라는 문장만 갖고 있으면 단순히 문장이 좋다는 의미를 보여주지만 유치원에서 비가 오면 현장학습을 갈 수 없다는 공지를 받은 엄마들이 현장학습 당일 나눈 대화 맥락이라면 오늘 현장학습을 간다라는 의미가 포함되는 것이다. 그런 의미에서 구조적이고 반복적으로 문장만을 맥락 없이 훈련하는 것은 의사소통 지도에 큰 영향을 주지 못한다. 이런 의미에서 맥락을 활용한 의사소통 지도법을 사용하는 데 맥락에는 비구어적 맥락과 구어적 맥락으로 나뉜다.

〈표 20〉 구어적 맥락과 비구어적 맥락

맥락	하위요소		설명 및 예시
비구어적 맥락	주고-받기 및 물건 요구하기 기능		두 아동이 함께하는 활동에 필요한 물건을 하나만 두는 것으로 예를 들면, 거울 보며 머리를 묶는 놀이에서 머리끈을 한 개만 두는 것
	지시 따르기 및 지시하기		지시에 따라 결과물을 만드는 것으로 예를 들면 처음에는 아동 지시에 따라 색종이를 접고 이후에는 교사 지시에 따라 색종이 접기를 함
	정보 요청		특이한 물건 혹은 사진을 보여 주고 무엇인지 말해 주지 않는 경우
	정보 제공		영유아가 한 그림 작품, 활동 등을 보고 궁금하다는 듯이 물어 설명하게 하는 것
	도움 요청		영유아가 혼자서 하기 힘든 일을 제시하는 것으로 예를 들면, 투명 사탕 통에 사탕을 넣어 두고 뚜껑을 꽉 닫아 두어 도움을 요청하게 하는 것
	저항하기		불가능한 것을 영유아에게 요구하는 것으로 예를 들면, 플라스틱 가위로 두꺼운 종이를 자르게 하는 것
구어적 맥락	시범		성인이 자극을 주는 방식
	①	혼잣말기법	성인의 입장에서 말하는 것으로 예를 들면, 물을 마시면서 "물 마셔요."
	②	평행기법	아동의 입장에서 말하는 것으로 예를 들면, 주스를 마시고 싶어하는 영유아에게 "주스 주세요."라고 말하면서 주는 것
	직접 구어단서		목표언어를 유도하기 위해 제시하는 단서
	①	질문	단답형, 선택형, 개방형 질문
	②	대치 요청	바른 표현으로 대치될 수 있는 단서를 제공하는 것으로 예를 들면, "그걸 받았어요."라고 말하면 "그게 뭔데?"라고 대치될 수 있는 어휘를 유도한다.
	③	선반응 요구-후시범	영유아에게 반응할 기회를 먼저 주고 시범을 보이는 것으로 예를 들면, "거기 갔어요. (유아)", "거기가 어디야? (교사)" (멈춤) "마트 (교사)"

맥락	하위요소		설명 및 예시
구어적 맥락	간접 구어단서		목표언어를 유도하기 위한 간접 단서
		아동 반응 요구 有	
	①	수정모델 후 재시도 요청	유아: 삼촌이가 집에 교사: 삼촌이 집에 (수정모델) 다시 말해 볼까? (재시도 요청) 유아: 삼촌이 집에
	②	자기 교정 요청하기	유아: 별이가 반짝반짝 교사: 별이가 반짝반짝? (자기 교정 요청) 유아: 별이가 음… 별이 반짝반짝
	③	이해하지 못했음을 표현하기	유아: 기추치 교사: 응? 어? (이해하지 못했음을 표현한 것) 유아: 김치
	④	확장 요청하기[52]	유아: 큰 곰 고기 교사: 큰 곰이 고기를 먹었구나. 다시 말해 볼까? (확장 요청) 유아: 큰 곰이 고기를 먹었어요.
	⑤	주제 확대하기	유아: 친구랑 공원에 갔어요. 교사: 친구랑 공원에 갔구나. 가서 무엇을 하고 놀았니? 더 이야기해 줄 수 있을까? (주제 확대 요청) 유아: 비둘기에게 먹이를 주었고 치킨도 먹었어요.
		아동 반응 요구 無	
	①	아동의 요구 들어주기	유아: 인형 주세요. 교사: (인형을 준다.)(아동의 요구대로 행동함)
	②	이해했음을 표현하기	유아: 오다가 넘어졌어요. 교사: (고개를 끄덕이며) 그랬어? (이해했음을 표현하는 것. 예: 그래, 그렇지, 그랬어? 응)
	③	모방	유아: 친구가 스티커를 주었어요. 교사: (억양을 조금 달리하여) 친구가 스티커를 주었어요.
	④	문장의 재구성	유아: 철수가 라엘이를 때렸어요. 교사: 라엘이가 철수한테 맞았어?

52) 확장기법은 구문을 늘려주는 것으로 완성된 구 혹은 문장을 말하도록 요청하는 방법인(예: 삼촌 집 → 삼촌이 집에) 반면 확대기법은 의미를 늘려주는 것으로 내용의 부연설명으로 구 혹은 문장을 늘리는 것이다(예: 곰 → 큰 곰).

PART 2

실 제

1 등원 거부 (영)유아

사례 1

유아는 새 학기가 시작되고 3개월이 지났음에도 아침마다 엄마와의 분리를 힘들어한다. 울음을 멈추더라도 하루 종일 표정이 밝지 않고 활동이나 친구관계가 소극적이다. 갑자기 울음을 터뜨려서 이유를 물어보면 '엄마가 보고 싶다'며 집에 가고 싶다고 한다.

사례 2

유아는 새 학기가 시작되고 3개월이 지났음에도 아침에 엄마와의 분리를 힘들어한다. 하지만 반에 들어와 조금 지난 후에는 호기심 있는 눈으로 친구들을 쳐다보거나 흥미와 관심을 보이며 단체 활동도 잘 참여하는 편이다. 기관 생활을 싫어하는 것 같지는 않은데 주 3일 이상 아침마다 같은 상황이 반복되니 유아 어머니는 걱정과 염려가 크다.

원 인

기질적으로 예민한 경우

낯가림이 감소하는 시기[53]가 지났음에도 낯가림이 심하고 미세한 자극이나 외부 환경의 작은 변화에 상당히 민감한 유아들은 기질적으로 예민하다. 이들은 예기치 못한 위험요인이 존재하는 외부 세계를 안전하게 지각하지 못하기 때문에 불안과 불안정성에 취약하다. 히어슈펠트 외(Hirshfeld et al., 1992)는 '기질은 친숙하지 않은 것에 대한 행동적 억제'로서 낯선 상황에서 부끄러워하며 두려워하고 부자연스

53) 조운주 외(2016)는 1~2세 시기를 독립적 성향이 조금씩 보이며 격리불안 및 낯선 이에 대한 불안감이 감소되는 시기로 보았다. 찰스 웨너 외(Charles Wenar et al., 2000)는 유아의 걷는 능력에 수반되는 주도성의 급증이 양육자가 떠날 때 보이던 초기 무력감을 상쇄시켜 주고 흥미와 대인관계를 확장시켜 줌에 따라 양육자의 중요성이 점차 감소한다고 보았다.

러워지는 경향으로 표현된다고 보았다. 그리고 21개월, 4세, 5½세, 7½세마다 시행한 종단 연구에서 낯선 자극에 대한 불편감, 부자연스러움, 부끄러움 등을 일관되게 보여준 유아들은 그렇지 않은 유아들에 비해 불안이 더 높다는 것을 밝혔다(이춘재 외 역, 1998).

애착 형성이 안정적으로 이루어지지 못한 경우

유아는 생후 4, 5개월부터 분리-개별화 단계[54]를 시작한다. 처음에는 눈에 보이는 엄마를 안전기지로 삼고 세상으로 나아가지만 대상항상성이 성취된 후에는 엄마가 눈에 보이지 않아도 '내적인 어머니상'을 안전기지로 삼아 사회적 상황에서 적응적인 모습을 보인다. 일반적으로 36개월 이후부터는 엄마의 신체적 부재 속에서 '내적인 어머니상' 혹은 '내적 표상'을 내적 안전기지로 어느 정도 이용할 수 있어야 하는데 사례 1 유아의 경우 대상항상성이 안정적으로 자리 잡지 못했을 가능성이 크다. 대상항상성은 실제 양육자와의 안정적인 애착 관계에서 성취되는데 안정애착은 영유아의 욕구와 필요, 감정과 정서에 대한 양육자의 민감한 반응뿐만 아니라 따뜻한 눈맞춤, 스킨십, 긍정적인 정서적 상호작용을 통해 형성된다.

환경적 불안정성에 노출된 경우

안정애착이 어느 정도 형성된 경우라도 성장 과정 속에서 잦은 이사, 양육자의 재취업, 가정불화, 부모의 입원이나 병원 치료, 이혼이나 별거 등과 같은 환경변화에 노출되었거나 양육자와 떨어져야만 했던 반복적 경험이 있는 유아는 안정애착이 흔들릴 수밖에 없다. 이 경우 양육자와의 분리 상황 시 불안과 불안정성이 쉽게 활성화되며 분리 상황을 수용·인내할 수 없게 된다.

54) 분리 개별화 단계는 일종의 두 번째 탄생과정으로서 이를 '공생적 어머니-유아의 공통막으로부터의 부화'라고 표현하기도 한다. 이 단계는 분화, 연습, 재접근, 그리고 개별성의 공고화와 정서적 대상항상성의 단계로 이루어지며 분리불안은 이 분리 개별화 단계의 두드러진 공포이다(이재훈 역, 1997).

양육자의 양육태도가 아동의 분리 개별화 과정을 방해할 경우

바움린드(Baumrind, 1971)가 구분한 '허용적인(permissive)' 양육방식이 등원 거부의 원인이 될 수 있다. 가정에서 애정과 관심을 독차지하며 모든 것이 허용되는 양육태도를 경험한 아동은 제한설정과 바운더리 기준이 명확한 사회적 기관에서의 적응이 어렵다. 과잉보호 역시 등원 거부의 원인이 될 수 있다. 과잉보호는 근본적으로 유아의 자율성 획득 및 건강한 자기신뢰와 통제감의 경험을 방해하며 과잉 의존성을 강화시킨다. 염숙경(2002)은 부모가 자신의 감정을 잘 조절하지 못하여 일관성이 없거나 자녀에게 지나친 기대를 가질 때 분리불안이 생길 수 있다고 보았다.

양육자의 무의식적 불안 및 심리적 불안정성이 아동의 분리 개별화 과정을 방해할 경우

사례 2의 경우, 유아는 엄마와의 분리 순간은 힘들어하지만 막상 엄마와 분리된 이후에는 내적 안정감이 회복되며 또래와 세상으로 나아갈 준비가 된 것으로 보인다. 또래나 단체 활동에 관심을 보이고 즐겁게 참여할 수 있다는 것은 양육자와의 애착 형성을 통한 대상항상성이 어느 정도 획득된 것이다. 이 경우는 오히려 양육자의 무의식적 불안이 아이를 세상으로 나아가도록 놓아주지 않을 가능성을 생각해 봐야 한다. 양육자가 자신의 원 가족에서 불안정 애착이었던 경우, 특정 경험으로 인해 세상을 위협적으로 지각하는 경우, 그리고 양육자의 기질[55]과 성향상 불안에 취약한 경우, 유아는 내적 안정감을 제한적으로 경험할 수밖에 없다.

솔루션

(1) 기관에서의 개입

안전기지의 부재로 내적 안정감이 결여된 영유아는 친구나 교사가 갑자기 자신에게 다가오거나 관심이 자신에게 집중되면 불편하다. 따라서 따뜻한 관심은 보여

55) 양육자가 자극추구 기질이 매우 낮고 위험회피 기질이 유의미하게 높은 경우 불확실성에 대한 두려움과 예기불안이 높기 때문에 불안에 취약하다. 더 자세한 내용은 본서 2장 '기질' 부분을 참고할 수 있다.

주되 아이의 반응을 보며 서서히 다가가고 교사가 안전기지가 되어 주는 경험을 할 수 있도록 돕는다. 다음은 영유아에게 부드럽게 관심을 표현해 주는 예이다.

ⓐ 따뜻하게 말 걸어주기

예 "ㅇㅇ야, 오늘도 반가워", "오늘 머리띠가 잘 어울리는데~"

ⓑ 선생님의 관심을 부드럽고 구체적인 방식으로 표현해 주기

예 "김치도 먹을 줄 아는구나", "블록을 여러 개 올렸구나", "파란 색을 많이 사용했구나"

ⓒ 단체 활동과 수업에 관심을 보이고 참여했다면 긍정적으로 표현해 주기

예 "그림을 그렸구나", "선생님 말씀을 잘 듣고 있구나", "이것이 궁금하구나"

ⓓ 아이의 표정 속에 드러난 아이의 마음을 읽어 주며 따라가주기

예 "오늘 재밌었구나", "그림 그리는 것 좋아하나 보다", "이 장난감이 마음에 드나 보구나. 원하면 만져볼 수 있어"

ⓔ 선생님의 긍정적 감정과 마음을 표현해 주기

예 "ㅇㅇ가 선생님 말을 잘 들어주니까 기분 좋은데~", "선생님 부탁 들어줘서 고마워"

(2) 가정에서의 개입-부모상담 Tip

사례 1과 2 모두 적용할 수 있는 가정 통신문의 내용은 다음과 같다.

〈분리불안 극복 및 부모 자녀 애착 증진을 돕기 위한 가정통신문〉

분리불안 및 등원 거부는 아이가 부모에게 보내는 마음의 신호입니다. 아이에게만 집중해 줄 수 있는 '놀이시간(매일 30분)'을 통해 아이의 신호에 반응해 주시기를 권유드립니다. 특히, 이 '놀이시간'은 아이와 즐거움, 기쁨, 행복함, 감사 등의 긍정정서를 함께 나누는 시간입니다. 구체적인 놀이는 다음과 같습니다.

① 분리불안 극복을 돕는 놀이

ⓐ '아무 데나 못 간다' 놀이: 엄마는 아이를 안고 아이에게 엄마의 품에서 벗어나는 것이 미션임을 알려줍니다. 그리고 "아무 데나 못 간다~"라고 말하며 시작합니다. 엄마 품에서의 탈출을 성공하면 "성공~!"이라고 축하해 주고 아이가 원할 경우 다시 시작합니다.

→ 분리 개별화 단계를 지나는 아이는 엄마로부터 분리되어 독립된 인격체로 세상에 나아가고자 하는 욕구와 엄마와 밀착되어 세상으로 나아가고 싶지 않은 욕구가 충돌합니다. 이 놀이는 이러한 상반된 욕구를 동시에 충족시켜 주므로 분리불안을 경험하는 유아에게 상당히 유용한 놀이입니다.

ⓑ 잡기 놀이[56]: 유아는 제한된 공간 안에서 엄마가 잡을 때까지 도망을 갑니다. 유아를 잡기 위해 달려갈 때 너무 빨리 달려가기보다 아이의 속도와 표정을 보면서 천천히 다가갑니다. 이 놀이는 이 과정을 함께 즐기는 것이 핵심입니다. 유아를 잡으면 "잡았다~"라며 함께 눈을 맞추고 웃어주며 부드럽게 안아줍니다.

② 스킨십과 정서적 상호작용을 할 수 있는 놀이

ⓐ 김밥말기 놀이: 아이를 눕히고 당근, 시금치, 햄 등 아이가 좋아하는 김밥재료를 아이에게 얹는 시늉을 하고 얇은 이불로 말아줍니다. 본 과정을 노래로 불러주면 아이들이 더 좋아합니다.

ⓑ 이불 그네: 부모는 이불의 양 끝을 잡고 그 이불 위에 아이가 올라타도록 합니다. 아이가 원하는 노래를 불러주며 이불을 들어 천천히 흔들어 줍니다.

ⓒ 동대문 놀이: 부모가 두 손을 위로 맞잡아 터널처럼 만들고 "동 동 동대문을 열어라~ 남 남 남대문을 열어라~ 12시가 되면~ 문을 닫는다~" 노래를 부르는 동안 아이가 여러 차례 통과하게 합니다. 노래가 끝날 때 두 손을 내려 아이를 안아주며 "잡았다~"라고 말합니다.

ⓓ 스티커 놀이: '가위 바위 보'로 순서를 정해서 술래가 먼저 자신의 얼굴에 스티커를 붙입니다. 상대방은 눈을 감고 있거나 뒤돌아 있어 어느 곳에 스티커를 붙이는지 보지 않도록 합니다. 다 붙인 후, 얼굴 안에 있는, 혹은 귀 뒤나 턱 아래 숨겨진 스티커를 찾습니다. 이때 서로 눈을 맞추며 긍정적인 정서적 상호작용을 나누는 것이 핵심입니다. 특히, 부모가 자녀의 얼굴에 있는 스티커를 찾을 때는 "어디 있나~ 우리 ○○ 코에 있나~ 턱에 있나~", "여기 있네~! 찾았다~" 등 언어적인 표현과 함께 해 주면 좋습니다. (단, 이 놀이는 스티커를 얼굴에 붙이므로 자녀의 피부가 자극에 쉽게 붉어지는 민감성 피부거나 아토피 피부일 때는 지양합니다.)

ⓔ 서로 로션 발라주기 놀이: 유아가 태어났을 때 엄마가 느꼈던 긍정적인 느낌과 생각들, 유아의 초기 성장과정에서 있었던 행복하고 즐거웠던 기억들, 오늘 하루 동안 감사하거나 기분 좋았던 일들, 서로에게 고마웠던 마음들을 하나씩 이야기해 주며 발라 줍니다.

ⓕ 손가락 맞추기 놀이: 손가락 끝부분으로 상대방의 목 뒤쪽을 살포시 눌러 어느 손가락인지 맞추도록 합니다. 상대가 어느 손가락인지를 맞추면 순서를 바꿔 진행합니다. 이 과정에서 서로 눈 맞추며 즐거움 속에 진행합니다.

③ 대상항상성 증진을 위한 놀이[57]

ⓐ 숨바꼭질 놀이

ⓑ '무궁화 꽃이 피었습니다' 놀이

ⓒ 보물찾기 놀이: 자석, 블록 등을 보물로 정해서 숨기고 찾는 놀이를 번갈아 진행합니다.

사례 2의 경우, 위에서 언급된 부모-자녀 간 역동은 무의식적인 수준에서 일어나므로 양육자는 이를 알아차리지 못할 가능성이 크다. 따라서 이를 직접적으로 언급하기보다 양육자의 불안과 염려를 낮춰주는 방향으로 개입하는 것이 도움이 될 수 있다. 양육자는 아이가 기관에서 다칠까, 관계에서 상처 혹은 스트레스를 받을까, 수업에 참여 못하고 계속 울까 등 여러 염려를 놓지 못할 수 있다. "어머니랑 헤어질 때만 울고 이후에는 잘 지내요."의 보고 정도로 불안이 감소되지 않는 양육자도 있다. "그런데 왜 아침마다 가기 싫다고 하지?"라고 생각할 수 있기 때문이다. 따라서 기관에서의 아이의 표정, 자발적 발화량 정도, 수업 참여 태도, 자유 놀이 시 반응, 아침과 오후의 감정·정서표현 및 변화 등을 구체적으로 알려줌으로써 모의 불안 감소를 도울 수 있다. 또한 이를 통해 '선생님이 우리 아이에 대해 세심한 관심을 가지고 계시는구나.' 하는 신뢰도 얻을 수 있어 엄마와의 소통 및 협업이 보다 원활하게 이루어질 수 있다.

---

56) 유아의 까꿍 놀이가 욕구충족 대상과 애정 대상을 상실하고 되찾는 데 있어서 수동적인 자세가 아닌 적극적, 능동적 자세를 취할 수 있게 하는 수단인 것처럼, 유아가 어머니를 잡을 때까지 계속해서 도망가는 것 역시 어머니에 의해 다시 함입되는 것에 대한 두려움을 수동적이 아니라 능동적으로 대처하기 위한 수단이라고 생각할 수 있다. 유아는 이러한 행동을 통해서 어머니가 자신을 잡아주고 그 품으로 자신을 안아준다는 사실을 확인하고자 한다(이재훈 역, 1997).

57) 까꿍 놀이와 마찬가지로 눈에 보이지 않지만 존재한다는 것을 안전한 놀이 속에서 반복적으로 경험하는 것은 대상항상성 획득에 도움이 된다.

2 자주 징징대고 울음으로 표현하는 (영)유아

사 례

유아는 평상시에는 자기표현에 어려움이 없어 보이지만 억울하거나 힘든 일이 있을 때 또래보다 더 자주 울음으로 표현한다. 어떤 일이 있는지 물어보고 달래 주려고 해도 쉽게 감정이 사그라지지 않는다. 친구들과 놀다가도 자신의 마음에 안 들면 말보다 울먹울먹하는 모습을 보여 친구들도 유아의 마음을 알기가 어렵고 같이 놀이하기 힘들다고 이야기한다.

원 인

감정 조절[58]능력이 미숙한 경우

지능, 신체 및 인지 발달 수준이 또래와 비슷함에도 불구하고 교사나 또래 앞에서 자기표현에 어려움이 있는 유아인 경우, 감정 조절 능력 및 문제 해결 능력이 빈약하고 미숙하다. 영유아 시기 언어 발달 과정에서 사물 이름, 명칭, 지시뿐 아니라 자신의 감정에 대한 인식과 표현의 능력도 함께 증가하며 3, 4세 유아들은 슬프다, 기쁘다, 속상하다 등의 감정을 표현하게 된다. 따라서 영아들에게 자주 나타날 수 있는 울음, 짜증, 떼쓰기는 유아기를 통과하며 언어 능력 발달 및 문제 해결 능력의 성장으로 기능적 의사표현이 가능하게 된다. 그럼에도 또래들에 비해 울음으로 자신의 감정을 표현한다는 것은 정서, 감정 조절 및 관련된 언어 능력 발달에 어려움이 있음을 예상할 수 있다.

---

58) 정서/감정조절(emotional regulation)은 자신의 정서 상태를 조정하여 자신이 원하는 목표를 달성하기 위해 사용하는 전략이다. 정서조절은 주의력, 생각과 행동을 억제하는 능력, 스트레스 상황을 완화시키기 위한 계획이나 그것을 적극적으로 선택하는 과정과 같은 인지적 능력을 필요로 한다. 영아기에는 제한된 정서조절능력을 지니고 있지만 양육자의 도움으로 인해 영아의 정서조절 전략은 점차 향상된다(Berk, 2006).

억울함, 서러움 등 부정적인 감정이 누적되어 있을 경우

영유아가 생활 속에서 자신의 감정이나 생각을 이해받지 못한다고 느낄 경우 영유아의 내면에는 부정적인 감정 및 부정적인 자기 인식이 누적될 수 있다. 영유아의 내면에 부정적인 감정이 누적된 경우, 주변으로부터의 사소한 자극(예: 친구들의 새치기, 장난스러운 반응 등)을 부정적으로 해석하여 지나치게 과장된 반응이 나타난다. 이러한 반응은 영유아의 입장에서 '옳다고 느껴지는 반응'이므로 양육자와 교사는 함부로 도덕적 판단을 하지 않아야 한다. 일반적으로 영유아들이 성인에 비해 솔직하다고 생각하는 경우가 많지만 아직 자신의 감정을 능숙하고 세련되게 표현하기 어렵다. 특히 영유아의 기질에 따라 수줍음이 많고, 자발적인 자기표현이 어려운 경우에는 적극적으로 자기표현을 못 할 가능성이 높다. 따라서 양육자나 교사의 적극적인 듣기기술[59]이 요구된다.

울음이라는 소통 방식이 통한다고 인식하여 지속하는 경우

영유아들은 가정에서 이루어지는 의사소통 방식에 많은 영향을 받게 되며 학습되어 왔던 습관적인 방식대로 기관에서 교사와 또래를 대하게 된다. 가정에서 부모의 양육행동이 지나치게 경직되어 있을 경우[60] 영유아는 부모에게 자신의 감정이나 생각을 이해시키기 위해 더욱 강한 반응(예: 떼쓰기, 울기, 징징거리기 등)을 해야 한다고 인식하기 쉽다. 이러한 상황에서 양육자가 유아의 욕구를 만족시키려는 반응(예: 일단 이거 사 줄 테니 그만 울어/알았어, 원래 안 되는데 이번만 해 주는 거야)을 보일 수 있고, 유아는 자신의 원함을 만족시키기 위해 이후에도 울음이나 떼로 요구하는 방법을 쓸 수 있다. 또한, 양육자의 바쁜 일상이나 부부 갈등, 가정

59) 적극적 듣기기술이란 적극적 경청기술이라고 하는데 영유아의 적극적인 표현을 격려하기 위해 사용하는 공감적 경청 방식이다.

60) 경직된 양육은 허용적인 방식보다 권위적인 방식에 더 가까운 양육행동으로 볼 수 있다. 예를 들어, "내가 말한 대로 해, 엄마가 그렇게 말했으니까 그렇게 해."라는 엄격한 규칙을 강요하며 합리적인 설명과 논리적인 추론을 사용하지 않고 융통성 없는 강제적 방식을 사용한다. 권위적인 부모나 교사와 주로 상호작용을 하는 유아는 일반적으로 비우호적이고 의심이 많으며 화를 잘 낸다. 이들은 능력에 비해 성취 수준이 낮고 또래를 피하고 극단적인 행동 등 잘못된 행동을 더 많이 보인다(Kochanska et al., 2002).

내 다양한 위기상황 등으로 인해 스트레스가 높은 상황에 있다면 유아에게 적절한 관심과 시간을 할애하기 어려운 환경일 수 있다. 이때 관심에서 밀려난 유아가 자신에게 관심을 돌리기 위한 방식으로 울거나, 떼쓰고, 징징거리는 방식을 선택할 수 있다. 이러한 소통방식은 유아의 적절한 의사소통 능력을 성장시키지 못할 뿐만 아니라 사회성 발달에도 방해요인이 된다.

솔루션

(1) 기관에서의 개입

떼쓰기나 울음, 징징거리는 상황이 발생한 경우

유아의 감정이 매우 고조되어 있거나 흥분상태에 있을 경우 일단 그 상황을 유발시킨 또래들과는 잠시 분리하고 교사가 1:1 면담을 진행한다. 1:1 대화의 방식을 취할 때 교사는 적극적·공감적 듣기 기술을 활용하여서 일단 유아의 마음을 진정시키고 가라앉히는 것이 중요하다. 유아의 감정이 누그러지고 자신의 상황에 대한 대화가 조금은 가능할 때까지 참을성 있게 기다리는 것이 좋은데, 그 이유는 유아가 자신의 상황을 인내하고 이에 관하여 이야기할 수 있는 대상과의 경험도 중요하기 때문이다. 유아의 감정이 진정된 후에는 어떻게 하고 싶은지에 대한 원함과 그 원함을 이룰 수 있는 적절한 행동에 대해 유아와 이야기해 본다.

■ 감정을 가라앉히기 위한 개입의 예

- ㅇㅇ가 방금 많이 속상하고 힘들었구나. 원하는 게 있는데 잘 안 되서 그랬던 거야?
  (유아가 계속 울면 가만히 옆에 있어 주면서 가볍게 어깨를 만지며 진정하도록 돕는다.)
- 선생님이 너의 입장을 듣고 싶은데 ㅇㅇ가 말할 수 있을 때까지 기다려 줄게. 준비되면 선생님한테 말해줘.
- (유아가 진정이 되어 자신의 상황을 이야기하면) 그랬구나. 힘들고 속상했을 텐데 선생님에게 이렇게 이야기해줘서 너무 고마워.
- 잘 놀고 싶었는데 그게 힘들었구나.
- 그럼 ㅇㅇ는 어떻게 하면 좀 더 마음이 풀릴까? 다시 친구들에게 가서 놀고 싶을까?
- 친구들에게 가면 어떤 이야기를 하고 싶어?
- 선생님이 무엇을 도와주면 좋을까?
- 친구들이 어떻게 해 주면 기분이 좀 나아질 수 있을까?

떼쓰기나 울음, 징징거림이 보이지 않는 경우

평소에 자주 보이던 행동대신 보다 적응적 행동을 보이는 유아에게 구체적이고 긍정적인 지지 표현을 해 주는 것이 필요하다. 막연한 칭찬보다는 구체적인 표현(예: "와~ ○○가 이렇게 이야기하니까 친구들도 ○○의 마음을 더 잘 이해할 수 있는 것 같은데 어때?", "어떻게 ~하지 않고 ~같은 방법을 할 수 있었어? ○○의 어떤 마음이 더 커진 걸까?")을 한다. 다음은 기관에서 영유아들에게 예방적 차원에서 할 수 있는 자기표현을 돕는 활동들이다.

■ 영유아의 자기표현을 돕는 활동

- 얼굴 표정 카드 등을 활용해서 일주일 동안(혹은 지금까지 살아오는 동안)의 경험 중 가장 기억에 남는 감정을 선택해 보고, 당시 상황에 대해 이야기를 나눈다. 얼굴 표정 카드는 미리 만들어져 있는 것에서 선택해도 좋고 그림이나 만들기로 표현해 보는 방법도 유아의 창의성을 자극할 수 있다. 예를 들어, 화, 분노의 감정에 대해 공룡, 화산, 검은색 등을 상징적으로 표현할 수 있고 유아들의 창의성에 따라 독특한 상징물로 드러날 수 있다.
- 책 만들기 활동으로 다양한 '감정 사용 설명서'를 만들어 본다. 접는 책을 만들기 위해서는 4절지 크기의 도화지가 적당하며 책 접기가 어려운 유아에 대해서는 미리 교사가 접어놓을 수 있다. 감정에 대해 한 장씩 적으면서 '어떨 때 이런 감정이 드는지? 이럴 때 어떻게 했는지? 다른 사람은 어떻게 대해 주었는지? 나는 다른 사람에게 어떻게 해 주고 싶은지?'를 그림책으로 만들어 본다.
- 수줍음, 내성적인 성향 등으로 인해 자기감정 표현이 어려운 유아들에게 감정이나 생각 표현을 도울 수 있는 그림책은 아래와 같다. 함께 읽어 보고 자기 경험을 기반으로 토론 할 수 있고, 다양한 창작 활동으로도 확장시킬 수 있다.

[나도 해 볼래(로리 라이트, 갈락시아스, 2018)]
불안에 쉽게 위축되고 용기가 안 나는 상황에서 다르게 생각해 봄으로써 도전할 수 있음을 이야기하는 그림책

[난 할 수 있어(로리 라이트, 갈락시아스, 2018)]
다양한 감정에 대해 어떻게 대처하는지에 대해 함께 생각해 볼 수 있게 하는 그림책

[틀려도 괜찮아(마키타 신지, 토토북, 2006)]
틀리게 이야기하는 것도 얼마든지 괜찮을 수 있는 교실을 만들자는 선생님의 바램과 이로서 아이들의 자유로운 표현들을 격려하는 그림책

[작아도 괜찮아(다이애나 허츠, 통큰세상, 2014)]
또래 친구들보다 키가 작아 불편한 점이 많은 주인공이 자신보다 덩치도 크고 힘도 센 또래와 어떻게 어울릴 수 있는지를 담은 그림책

(2) 가정에서의 개입-부모상담 Tip

정서조절에 있어서는 감정을 조절하는 능력과 감정을 해소하는 두 가지 요소가 균형적인 발달을 이루는 것이 중요하다. 이를 돕기 위해서 유아가 성장하면서 부딪히는 다양한 감정에 대해 인식하도록 도우면서 부정적인 감정을 해소할 수 있는 직접적인 경험을 하는 것이 중요하다. 유아가 감정을 인식하고 다루는 방식을 습득하는 데 있어 유아 주위에 있는 또래나 교사들이 유아가 느끼는 감정에 대해 어떠한 방식으로 개입하고 반응, 대처했는가가 매우 중요한 요인이 된다.

부모의 양육행동 점검을 통해 가정과 기관에서 보이는 울음의 의미가 무엇인지 찾아보는 것이 중요하다. 울음의 의미가 '정서적인 불만족감'(예: 억울함, 질투, 화, 서운함 등)이라면 가정 내에서 형제·자매 관계 혹은 부모와의 관계에서 어떤 부분이 유아에게 그러한 감정을 경험하게 했는지를 탐색한다.

유아의 울음이나 징징거림이 '미숙한 감정표현'으로 비롯되었다면 부모-자녀 간의 의사소통을 구체적으로 점검해 보아야 한다. 유아가 울거나 징징거릴 때 유아가 어떤 내용을 표현하는지와 관계없이 울음을 그치는 것 자체만을 해결하려고 했는지 그래서 유아가 "내 부탁을 들어줘.", "난 이게 불편해요." 하는 언어적 표현대신 울음이나 징징거림으로 표현하는지를 점검해 본다. 일상에서 양육자가 유아의 울음을 말로 전달하는 연습·시연을 한다.

예

유아: (운다. 징징거린다.)
양육자: 알았어~ 이거 해 줄 테니까 그만 해.

⇩

유아: (운다. 징징거린다.)
양육자: 뭐가 속상했던 거야~ 엄마랑 지금 놀고 싶은데 안 된다고 해서 속상했던 거구나. 맞아?
유아: 으응…
양육자: ㅇㅇ의 부탁을 들어주고 싶은데 지금은 엄마가 저녁 준비 때문에 놀아줄 수가 없어. 저녁 먹고 같이 놀자. 그리고 다음부터는 속상하면 "엄마, 엄마랑 지금 바로 놀고 싶어요. 기다리는 것 싫어요."라고 말로 이야기해 줬으면 좋겠어.

위와 같은 대화방식에서 중요한 것은 양육자가 유아의 원함이나 바람을 모두 들어주고 해결하는 것이 아니라 진솔하고 일치성[61]이 수반된 대화방식을 통해 유아가 자신의 욕구를 언어적으로 표현하고 상대방과의 타협, 조정, 수용의 과정을 거쳐 욕구를 조절하면서 만족감을 느낄 수 있는 능력을 배울 수 있도록 돕는 것이다.

3 교사에게 반항적인 (영)유아

사 례

유아는 교사의 작은 개입에도 반항적인 태도를 보인다. 예를 들어, 교사가 그리기 활동에 참여하지 않고 장난치는 유아에게 그리기에 집중하자고 말하면 '지금 하려고 했거든요!' 라며 대든다. 평소에도 교사를 바라보는 눈빛이 편안하지 않고 방어적이며 경계하는 인상이다. 유아의 마음에 어떻게 다가갈 수 있을지, 유아가 무례하거나 반항적인 태도를 보일 때 어떻게 반응하고 지도해야 할지 고민이다.

원 인

어른들에 대한 신뢰감이 손상된 경우

부모의 양육태도가 상당히 비일관적이고 감정적이거나 어른의 힘과 권위를 내세우는 강압적 훈육방식을 반복적으로 취했을 경우, 따뜻한 관심과 애정보다 지적, 잔소리, 비난을 더 많이 받은 경우, 부모 갈등과 싸움에 지속적으로 노출된 경

61) 일치성이란 로저스가 상담자의 조건으로 언급한 중요한 특징으로 상담자가 자신의 감정을 잘 알고 필요하다고 판단되면 그 감정을 내담자에게 진솔하게 전달할 수 있는 태도이다. 부모자녀 간 의사소통 방식에서 일치성은 부모가 느끼는 내면의 감정과 표현하는 메시지 간의 일치성을 유지하여서 이중적/모순적 메시지가 되지 않도록 하는 것이다.

우, 양육자의 심적 어려움 속에 정서적으로 방치된 경우[62], 더 나아가 정서적, 언어적, 신체적 학대나 방임을 경험한 경우 등과 같은 상황에서 유아들은 성인에 대한 신뢰를 형성할 수 없다. 이러한 유아들은 어른들에게 불신감을 갖고 있기 때문에 경계, 방어적인 태도를 갖는다. 특히, 교사는 권위자라는 점에서 부모와 같은 상(image)을 갖는다. 따라서 교사가 갖고 있는 힘이나 권위를 조금이라도 자신에게 내세운다고 지각되면 부모에 대한 상을 투사해서 쉽게 반항적인 태도를 보일 수 있다. 이들은 어른들에 대해서 '어른들은 자기들 마음대로만 해', 또는 '어른들은 내 마음을 몰라' 하는 인식이 자리 잡고 있으며 마음 깊은 곳에는 좌절감, 슬픔, 억울함, 화 등의 감정과 정서가 내재되어 있을 수 있다.

수치심을 과도하게 많이 경험한 경우

에릭슨의 심리사회적 발달 단계 중 자율성 대 수치심 단계에서 자율성 획득에 실패하고 수치심을 과도하게 많이 경험한 경우[63]에도 반항적이고 무례한 태도를 가질 수 있다. 수치심은 결국 자신을 있는 모습 그대로 인정, 수용해 주지 못하는 것이다. 수치심을 많이 경험한 유아는 자신감, 자기신뢰감을 가지고 세상으로 나아갈 수 없다. 오히려 이 세상에서 자기존재를 불리하게 여기기 때문에 언제 들어올지 모를 외부 세계의 위협이나 상처로부터 자신을 방어하게 된다. 특히, 어른이 가진

62) 양육자가 가족 간 갈등(예: 부부갈등, 고부갈등, 원가족과의 갈등 등)이 있을 경우 자녀의 감정, 정서, 욕구, 필요에 민감할 수 없고 자녀가 보내는 크고 작은 마음의 신호에 적절히 반응해 줄 수 없다. 부모 자신이 불안이나 우울 등의 정서적 어려움을 갖고 있는 경우도 마찬가지다. 이 경우 부적응적인 행동으로 신호를 보내는 자녀에게 부모 자신의 미해결된 부적 감정과 정서를 터뜨릴 수 있다. 이러한 패턴이 반복될 경우 자녀는 부모, 더 나아가 어른에 대한 신뢰감을 상실하게 된다.

63) 수치심은 흔히 얼굴을 파묻거나 바로 그 자리에서 쥐구멍이라도 들어가고 싶은 충동으로 표현된다. 하지만 이것은 본질적으로 자아를 향한 분노다. 수치심을 느끼는 개인은 세상이 자신을 바라보지 못하게, 자신의 노출된 상태를 주목하지 못하게 만들고 싶은 충동을 느낀다. 세상의 시선을 파괴하고 싶은 것이다. 수치심은 아무도 없을 때 스스로 갖게 되는 잘못되었다는 느낌이다. 과도한 수치심은 올바른 태도를 갖도록 유도하기보다 오히려 수치심을 주는 대상을 제거하고자 하는 내밀한 충동으로 이어진다. 실제로 그것은 반항적이고 뻔뻔스러운 태도를 낳기도 한다(Erickson, 1950).

권위나 힘으로 자신의 바운더리(boundary)가 흔들리거나 침범당한다고 지각될 때 공격적 반응을 할 수 있다.

동성 부모의 권위자에 대한 표상 및 관계패턴을 닮게 되는 경우

세상과 권위자들에 대한 동성부모의 기본적인 태도가 반항적, 비판적, 공격적인 경우에도 자녀가 같은 태도를 취할 수 있다. 유아는 생애 초기 애착 대상인 어머니를 가장 주요한 관계로 경험하다가 4세가 되며 아버지나 형제자매에 대한 관심이 증가하고 관계 경험이 넓어지기 시작한다. 이 시기를 프로이트는 남근기[64]의 시작으로 보았다(이무석, 2004). 이 과정에서 유아는 동성의 부모와 자신을 동일시[65]하며 성장하기 때문에 동성 부모가 가진 가치관, 대인표상, 관계양상과 패턴, 갈등 및 스트레스 대처방식을 닮게 된다. 따라서 이 경우 세상과 권위자에 대한 불신감을 가진 주체가 유아 자신이 아닌 동성 부모인 것이다.

지나치게 허용적인 양육방식[66]을 경험한 경우

인간은 사회적 존재이므로 연령에 따라 사회·문화적으로 요구되는 적절하고 적

64) 4~6세의 남근기 시기의 유아는 이성의 부모에게는 애정을 느끼고 동성의 부모에게는 질투와 경쟁적인 증오심을 경험한다. 이렇게 아버지와 어머니 그리고 아이와의 사이에서 만들어지는 삼각관계를 프로이트는 오이디푸스 콤플렉스(Oedipus complex)라고 했다. 이 콤플렉스는 동성의 부모를 동일화(동일시, identification)함으로써 극복된다(이무석, 2004).

65) 동일화 혹은 동일시(identification)는 부모, 윗사람 등 중요한 인물들의 태도와 행동을 자기 것으로 만들면서 닮는 것을 말한다. 동일시는 자아와 초자아 형성에 큰 역할을 하며 성격발달에 중요한 방어기제이다. 동일시를 통해 부모가 자식의 성격 내부로 들어오게 된다(이무석, 2004).

66) Baumrind(1971)는 애정과 통제의 높고 낮음에 따라 네 가지 양육 유형–권위적(authoritative: 높은 애정과 높은 통제), 독재적(authoritarian: 낮은 애정과 높은 통제), 허용적(permissive: 높은 애정과 낮은 통제), 그리고 거부적/무시적(rejecting/neglecting: 낮은 애정과 낮은 통제)–으로 구분했다. 허용적인 양육 방식은 자녀와 친구처럼 지내고 싶다는 입장으로 자녀에게 부드럽고 수용적인 태도를 취하며 최소한의 통제를 한다. 이들은 자녀에게 적절한 행동기준을 세우고 한계를 설정하기보다 자녀 스스로 판단, 결정할 수 있도록 하며 가능하면 자녀와의 갈등상황을 피하려 한다. 이 유형에 속하는 부모는 자녀와 정서적으로 밀착되어 있거나 과잉보호할 가능성이 높다.

응적인 행동양식을 배워야 한다. 사회적 상황과 관계 속에서 적절한 행동과 반응은 무엇인지, 자신의 생각과 입장을 어떻게 표현하며 소통해야 하는지, 자신의 욕구와 사회적 요구가 충돌할 때 어떻게 반응해야 하는지에 대한 훈육과 한계 설정을 제공받지 못했다면 유아는 본능적 충동에 따르는 미숙한 반응을 하기 쉽다. 특히, 자신의 욕구가 좌절되거나 지연되는 상황에서 적절한 인내나 자기 통제력을 발휘하지 못하고 반항적이거나 무례한 반응을 보일 수 있다.

솔루션

(1) 기관에서의 개입

유아와의 신뢰감 있는 관계 형성 정도가 교사의 개입 효과를 결정한다. 교사가 유아의 반항적인 태도를 혼내거나 감정적으로 반응한다면 권위자에 대한 부정적 이미지를 더욱 굳히는 결과가 되고 유아는 실망감이나 수치심을 재경험하게 된다. 따라서 초기에는 훈육이나 적절한 행동에 대한 제한설정은 최소화하고 유아의 욕구나 감정에 반응해 주기 위한 노력을 해야 한다. 특히, 유아의 결정이나 선택뿐 아니라 유아를 독립된 인격체로 존중해 줄 필요가 있다. 유아의 반항적이고 무례한 반응에 대해서는 무시하거나 짧게 언급하고 평소보다 조금이라도 적절한 태도와 반응을 보였을 때는 긍정감정을 표현해 주는 정적 강화[67]를 줌으로써 긍정행동을 확대시킨다. 권위자에 대한 대인표상이 부정적인 유아의 경우, 교사에게 마음을 열어주고 경계·방어적 태도를 풀기까지 시간이 걸린다. 그러나 연령이 어린 유아일수록 보다 빠른 효과를 볼 수 있다는 점에서 보육기관에서의 교사 개입은 중요하다.

67) 정적 강화는 목표행동보다 자주(빈도), 또는 강력하게(강도), 그리고 오래(지속시간) 나타나도록 하기 위하여 목표행동 이후 긍정 자극을 제시하는 것이다(본서 제1부 3장을 참고).

① 신뢰감 형성을 위한 교사 반응의 예

지양해야 할 반응	지향해야 할 반응
교사: 점심시간 끝나가니까 얼른 먹어야겠다. 유아: (못 들음) 교사: (좀 더 큰소리로) ㅇㅇ야, 장난 그만 치고 이제 먹자. 유아: 장난친 거 아니에요!! 교사: 선생님에게 그렇게 소리지르면 안 되는 거야. 그리고 장난치는 것 선생님이 봤어. 유아: 아니라고요!! 거짓말쟁이!! 교사: 어허, 선생님에게 거짓말쟁이라고 하는 거 아니에요. 그리고 선생님이 무슨 거짓말을 했다고 그러니? 장난은 그만 치고 밥을 빨리 먹자고 그런 건데 이렇게 화를 내고, 선생님에게 이렇게 소리 지르면 안 되는 거예요. 유아: 몰라요!!! 안 먹을 거야!!	교사: 식사시간 끝나가니까 얼른 먹자. 유아: (못 들음) 교사: (유아에게 가까이 다가가서 눈을 보며) ㅇㅇ야, 친구랑 얘기하는 것이 재밌구나. 유아: (무표정으로 대답 없음) 교사: 점심시간 끝나면 먹고 싶어도 못 먹으니 먹고 친구와 놀자. 유아: (짜증 섞인 목소리로 언성을 높이며) 거짓말! 점심시간 끝나면 놀지도 못하잖아요! 교사: (짜증과 목소리 높인 것, '거짓말'이라는 표현에 대해서는 사실 여부, 가치판단, 훈육적 개입을 제공하지 않음) ㅇㅇ는 친구와 많이 놀고 싶구나. 유아: (침묵) 교사: ㅇㅇ는 친구랑 많이 놀고 싶었던 거네. 밥 빨리 먹으면 선생님이 특별히 5분이라도 놀 시간을 줘야겠다. 얼른 먹자.

마지막으로 언급된 원인(지나치게 허용적인 양육방식을 경험한 유아)의 경우, 유아는 적절한 행동과 적절하지 못한 행동이 무엇인지를 배우고 제한설정을 받아들이는 연습을 해야 한다. 이때 가장 중요한 것은 일관성이다. 유아의 좌절 인내력과 욕구지연 능력이 부족할수록 바운더리를 제공받는 것 자체에 대한 불편감과 반항적 태도가 상당히 클 수 있다. 특히, 남자 아이들은 자신이 어디까지 해도 되는지 끝까지 도전하려는 성향이 높기 때문에 교사의 제한설정을 쉽게 수용하지 않을 것이다. 이때 가장 중요한 것은 유아의 감정적 반응이나 무례한 태도에 흔들리지 않는 것이다. 유아의 반항적인 말이나 태도는 아이가 보내는 신호일 뿐이다. 신호 이면에는 '난 욕구가 좌절되는 연습을 제대로 한 적이 없어요. 내가 화내고 고집 피우면 결국은 엄마도 다 들어줬어요. 지금 내가 선생님 말을 들으면 이제 앞으로 나는 내 뜻대로 못하는 거 아니에요? 이런 경험은 내게 익숙하지 않아요. 나는 지금 불안하고 혼란스러워요. 그래서 물러날 수 없어요.'라는 뜻이 들어 있는 것이다. 그래서 교사는 유아와의 갈등 상황 시 유아의 반응 자체에 감정적으로 흔들리지 않기 위해 미리 준비해 놓은 생각들(예: '이 유아는 일관성 있는 제한설정을 경험해

보지 못했을 뿐이야. 지금 격렬하게 대들수록 혼란스럽고 불안한 것일 수 있어. 반응 자체에 감정적으로 휘말릴 필요 없어. 이 유아는 지금 감정의 홍수상태[68]에 빠져 있어' 등)을 떠올릴 수 있다. 과정이 힘겨울 수는 있지만 정당한 바운더리 제공이 일관성 있게 이루어진다면 유아는 결국 받아들이게 된다.

유아에게 바운더리를 제공할 때 유아와 힘겨루기 상황이 만들어지므로 유아에게는 시간이 필요하다. 교사는 유아의 욕구좌절로 인해 힘든 마음을 이해, 공감, 수용해 주는 태도를 유지하되, 상황에 적절하고 필요한 행동들을 지속적으로 알려줌으로써 바운더리를 점차적으로 받아들일 수 있도록 지도해야 한다.

② 제한설정과 바운더리를 제공하는 교사 반응의 예

지양해야 할 반응	지향해야 할 반응
교사: 얘들아, 이제 수업 마칠 시간이니까 하던 것 제자리에 넣자. 유아: (교구를 정리할 생각을 하지 않고 계속 만짐) 교사: ㅇㅇ야, 이제 정리하자. 유아: 잠깐만요!! 교사: (잠시 지켜보며 기다려줬으나 전혀 정리할 생각이 없음) ㅇㅇ야, 이제는 정리해야 돼요. 친구들도 다 정리하고 기다리고 있네. 유아: 아이씨! 조금만 더하면 된다고요!! 교사: '아이씨'라는 말은 나쁜 말이에요. 선생님에게 그렇게 소리 지르는 것도 안 되는 거예요! 선생님이 셋 셀 동안 안 하면…	교사: 얘들아, 이제 수업 마칠 시간이니까 하던 것 제자리에 넣자. 유아: (정리할 생각하지 않고 계속 교구를 만짐) 교사: (유아에게 가까이 가서 눈을 보며) ㅇㅇ야, 오늘 너무 재밌었구나. 그런데 이제 정리할 시간이야. 유아: 잠깐만 더하려는 건데 왜 못하게 하냐고요! 교사: 잠깐만 더하고 싶구나. 하지만 지금은 더할 수 없어. 수업이 마쳐서 정리할 시간이야. 다음 시간에는 또 할 수 있어. 유아: 싫다고요! 아이씨, 귀찮게! 엄마한테 이를 거예요! 교사: 잠깐만. (유아와 서로 눈맞춤한 상태에서) ㅇㅇ가 지금 더 하고 싶은 것 알겠어. 하지만 지금은 정리할 시간이에요. ㅇㅇ가 스스로 정리할래? 선생님이 정리할까? 유아: 선생님 미워!! 엄마한테 다 이를 거야!! 교사: 더 못해서 화가 많이 나는구나. 하지만 이제 정리할 시간이야. 아쉽지만 다음 수업시간에 다시 하자. (→ 감정적이지 않게 일관성 있는 바운더리를 계속 제공하는 것이 핵심!)

68) '감정의 홍수 상태'라는 표현은 토마스 고든의 『효과적인 부모역할 훈련(Parenting Effective Training: PET)』에서 사용된 표현이다. 유아가 '감정의 홍수 상태'에 들어가면 평소 유아가 갖고 있는 인지, 사고 능력이 40% 이상 저하되므로 상대방의 입장이나 말을 듣고 적절한 생각과 판단을 할 수 있는 능력이 사라진다. 따라서 이 순간은 잘잘못을 따지며 교육적 접근을 해야 할 때가 아니라 유아의 마음에 귀기울이고 반영해 주는 '듣는 기술'을 사용함으로써 유아가 '감정의 홍수상태'에서 벗어날 수 있도록 도움을 줘야 한다.

지양해야 할 반응	지향해야 할 반응
유아: (선생님의 말이 끝나기도 전에) 아!! 짜증나! 왜 하고 싶은 것 못하게 하냐고요!! 엄마한테 다 말할 거야!! 교사: ㅇㅇ는 생각하는 의자에 앉아야겠구나! (또는, ㅇㅇ는 도깨비 반에 가야겠구나!) 유아: (교구를 바닥에 던지며) 싫어!! 선생님 나빠!! 선생님 때릴 거야!! 교사: 지금 던진 것 주우세요! 유아: 싫어요!! 교사: (화난 목소리로) 던진 것 주우세요!! 유아: (소리 지르며 울음을 터뜨림)	유아: 치! 치사해! 교사: (치사하다는 표현에 반응하지 않은 상태로) 일단 오늘은 선생님이 정리를 도와줄게. 다음에는 ㅇㅇ가 하도록 하자. (→ 이때, 유아에게 정리를 요구한다면 힘겨루기 상황이 될 가능성이 크므로 교사가 정리하는 것도 방법임) (* 시간이 지나 유아가 '감정의 홍수상태'에서 벗어났을 때) 교사: 아까 교구 더 하고 싶었는데 못해서 많이 아쉬웠지. 다음에는 선생님이 시간을 더 주도록 해 봐야겠다. 유아: (침묵) 교사: 그런데 ㅇㅇ야, 항상 ㅇㅇ가 원하는 대로만 할 수는 없어. 아까 정리하고 체육수업 위해 강당으로 내려가야 했었잖아. 오늘 ㅇㅇ가 그 교구를 많이 재밌어하는 것 알았으니 선생님이 5분이라도 더 주도록 할게. 하지만 정리해야 할 때는 ㅇㅇ도 선생님 말을 잘 따라줬으면 좋겠어. 유아: (대답 없이 가만히 있음) 교사: ㅇㅇ가 선생님 말 들어주는 것이 느껴져서 선생님 기분이 좋은데. ㅇㅇ가 화내지 않고 선생님 말 들으니까 선생님이 고맙고 기분이 좋다.

(2) 가정에서의 개입–부모 상담 Tip

어떤 원인이든 반항적인 유아의 경우에는 부모와의 소통 및 협업이 상당히 중요하다. 부모와의 양육태도 속에서의 관계 경험이 유아에게 결정적 영향을 미치기 때문이다. 그러므로 교사는 부모 상담[69]을 통해 가정에서도 기관에서의 개입과 동일한 방향으로 일관된 훈육을 제공할 수 있도록 한다. 이때, 교사는 부모와 신뢰할 수 있는 관계를 형성해야 한다[70]. 특히 허용적인 양육태도를 갖고 있는 부모들

69) 부모와 신뢰할 수 있는 관계가 어느 정도 형성이 되면, 반항적인 태도 이면의 원인들을 말씀드리며 혹시 이 원인들 중 어느 쪽에 조금이라도 더 가까운 것 같은지, 혹 원인들을 들으며 생각나거나 떠오르는 것이 있는지 질문할 수 있다.

70) 답을 정해놓고 하는 대화는 결국 신뢰할 수 있는 관계 형성을 방해한다. 언제나 열린 마음의 대화가 필요하다. 당장 만족스러운 부모의 신뢰나 협조를 얻지 못한다 하더라도 부모와의 신뢰할 수 있는 관계 형성이 우선되어야 한다.

은 유아와 정서적으로 밀착되어 있어 교사의 조언에 수긍이 어려울 수 있다. 부모의 신뢰를 얻지 못한 채 유아에게 바운더리를 제공하고 바운더리를 따르는 연습을 하게 될 경우 서로 간 불필요한 오해나 불편감을 경험하게 된다[71]. 따라서 기관에서 보이는 유아의 반항적인 태도나 반응을 구체적으로 조심스럽게 말하되 기관에서 어떠한 방향성을 갖고 어떻게 지도하고 있는지를 소통함으로써 부모의 신뢰를 얻는 것이 필요하다.

4 친구들이나 교사의 치마를 들춰보려고 하거나 성적인 호기심이 많은 (영)유아

사 례

밝고 쾌활한 성격의 유아지만 가끔 당황스러운 장난을 칠 때가 있다. 교사들의 치마를 들춰보려고 하거나 "안에 뭐가 있어요?", "아기가 어떻게 생기는지 알아요?"라고 질문하며 다른 사람의 몸이나 성에 대한 호기심이 많다. 친구들에게 이런 행동을 하면 안 된다고 가르치지만 혹시라도 교사 혹은 부모가 보지 않는 사이에 어떤 문제가 일어날지 늘 불안하다.

원 인

성적 호기심을 충동적인 방법으로 충족하려고 하는 경우

1~2세에는 성기를 만지작거리고 2~3세에는 성에 대해 흥미를 갖고 3~4세에는 아기의 출생에 대해서 궁금해하는 것은 자연스러운 과정이다. 3세 이후의 유아들은 남자, 여자의 신체에 대해 인지하게 되어 성에 대한 호기심이나 궁금함이 생긴

71) 자녀 입장에서의 말만 듣고 불쾌감이나 화를 표현하는 부모들의 일부는 자녀와 심리적으로 밀착되어 있을 가능성이 높다. 심리적으로 자녀와 밀착된 부모들은 자녀의 부정적 경험을 자신의 경험으로 받아들이며 이에 대한 인내력과 유연성이 부족할 수 있다.

다. 하지만 이런 궁금함에 대해 언어로 표현하기 어렵고 부끄럽다고 생각해서 충동적으로 혹은 장난처럼 행동할 수 있다. 예를 들면, 교사의 치마를 들춰보는 행동, 돌발적인 질문을 하는 것 등이다. 이러한 충동적이고 돌발적인 행동은 영유아의 발달과정에서 자연스럽게 일어날 수 있으나 아직은 이러한 행동이 상대방(또래나 교사)의 기분에 어떤 영향을 미치는지 이해하지 못하여 미숙한 방식을 취한다. 성뿐만 아니라 기관에서 하는 전반적인 활동에 인내심이 적고, 충동성이 높아 자신의 호기심을 즉시 충족해야만 하는 미숙한 성향인지 관찰할 필요가 있다.

성적인 자극에 노출되었을 경우

산업화, 정보화 시대의 변화로 인해 미디어가 의학적 처치, 각종 정보 검색 및 육아에 도움을 주는 경우가 많다. 부모의 미디어 사용 증가로 인해 영유아 역시 미디어에 대한 접근이 용이하여 미디어(예: 사진, 영상)에 노출되는 연령이 점차 낮아지고 있다. 이에 따라 영유아가 의도치 않게 성적 자극에 노출될 수 있다. 유아의 놀이나 대화에서 성적인 주제(theme)가 빈번하게 등장한다면 성에 관련된 미디어에 자주 노출되었는지, 직/간접적인 학대나 추행의 경험이 있었는지 혹은 부모의 성관계 장면을 목격한 것은 아닌지 등을 살펴볼 필요가 있다.

성에 대한 적절한 교육이 부족했을 경우

18개월에서 3세 사이의 유아들은 '언니', '오빠', '아저씨', '아줌마'라는 단어를 사용할 수 있다. 이런 범주화된 개념이 자리 잡으면 유아들은 행동에서도 성에 따른 분류가 가능하며, 성 고정관념이 나타나고 빠르게 확대된다(Berk, 2006). 유아가 성에 대해 궁금해하며 질문을 하기 시작하면 신체에 대한 차이를 비롯해 성의 소중함과 자기결정권, 사회적 성역할 등 성에 대한 교육이 진행되어야 하는 시작점으로 생각할 수 있다. 이 시점에는 가정 혹은 기관에서 적절한 성교육이 이루어져서 유아들이 음성적인 호기심이나 놀림 등으로 성을 경험하지 않도록 도와줘야 한다.

솔루션

(1) 기관에서의 개입

성에 대한 다양한 궁금증을 갖는 것은 매우 자연스럽다는 것을 알려준다. 하지만 상대방이 놀라거나 당황스러울 수 있는 행동을 하면 안 된다는 것을 가르친다. 꾸짖거나 혼내는 형식보다는 상대방이 느낄 수 있는 기분에 대해 알려주면서 궁금증을 해결해 줄 수 있는 좋은 방법을 알려준다. 성 지식이 있는 유아가 없는 유아보다 성을 덜 부끄러워하여 성적 충동을 자연스러운 현상으로 생각하고 사춘기가 되어 2차 성징이 나타날 때 변화를 자연스럽게 받아들이며 타인에 대해서도 긍정적이고 존중하는 태도를 갖출 수 있다는 연구결과(노미정, 2003; 배성미, 2002)를 고려해 보았을 때 유아들의 성교육은 매우 중요하다고 할 수 있다.

■ 성적 호기심이 있는 유아의 충동적인 행동에 대한 교사 개입의 예

교사: ㅇㅇ가 궁금한 게 많았구나.
뭐가 궁금했는지 이야기해 줄 수 있니?
유아: 그냥 뭐가 있지? 궁금했어요…
교사: 그랬구나. 그럴 수 있지. 하지만 갑자기 치마를 들추면 선생님이나 친구들 기분은 당황스럽고 화가 날 수도 있어. 궁금한 건 선생님에게 물어봐 줄래?

연령에 맞는 성교육을 진행함으로써 유아들의 호기심을 자연스럽게 이야기하고 토론한다. 〈인체와 생명의 신비로움과 소중함〉, 〈나의 몸은 나의 것, 자기결정권〉이라는 주제를 포함하여 자기와 타인의 몸의 다름을 이해하도록 지도한다. 교육인적자원부가 2004년 개발한 유아를 위한 양성평등 교육활동 지도자료 및 2006년 성폭력 예방교육에 대한 소책자를 참고할 수 있으며, 보건복지부에서 2011년 배포한 유아 교사용 성교육 매뉴얼도 있다.

■ 신체에 대해 이해하기

- 큰 도화지에 누워서 실제 내 모습을 그린다.
  → 신체 부분에 대한 명칭을 알고 생명의 탄생(예: 자궁, 수정체, 태아의 성장 등)을 연결지어 활동해 본다.

■ 임신 및 출산과정 이해하기

- 소중한 나의 몸(정지영, 비룡소, 1999)
- 내 동생이 태어났어(정지영, 비룡소, 1997)
- 나는 여자, 내 동생은 남자(정지영, 비룡소, 1997)
  → 위의 그림책들을 참고하여 임신 과정, 출생의 과정, 태아 이해, 생명 존중에 관련된 후속활동을 할 수 있다.

■ 성역할에 대해 이해하기

- 기관 활동에서 이성 또래와 협력하는 활동을 격려함으로써 나와 다른 성을 이해하고 존중하며 협력하는 방법을 배운다.

■ 성폭력 예방 및 대처하기

- 그림책이나 배포자료 등을 활용하여 유아들에게 위험한 상황을 인식하고 내 몸을 보호하며 알리는 대처방법까지 숙지하도록 한다.

(2) 가정에서의 개입-부모상담 Tip

가정에서 부모가 하는 성교육 또한 효과적이다. 가정에서 유아와 함께 그림책이나 미디어를 통해 생명의 탄생과 성에 대한 궁금함을 함께 나누어 보도록 권해 본다. 동물이나 식물에 대한 이야기도 생명인식에 관한 주제가 될 수 있으므로 사용 가능한 소재이다. 성기의 정확한 명칭은 유아의 연령에 따라 구분한다(예: 만 6, 7세 이전에는 '소중한 곳'으로 알려주기도 함). 소중하고 중요한 부분임을 알게 해서 나의 몸은 내가 주인이며 다른 사람의 몸은 다른 사람의 것임을 알려 준다. 기관에서도 부모를 대상으로 성교육 강좌를 개설하여 부모가 유아의 성교육에 보다 많은 관심을 갖고 지도하게 한다(예: 성 가치관, 성 역할 등).

5 잘못을 인정하지 않고 고집을 부리는 (영)유아

사 례

유아는 친구들과 자주 부딪힌다. 그리고 화해 과정이 힘들다. 각자 잘못한 부분을 인정하고 서로 화해할 수 있도록 이야기를 나눌 때 잘못을 인정하려 하지 않는다. 싸웠던 상대방 친구는 자신의 잘못을 인정하고 사과를 먼저 해도 유아는 사과하지 않고 화를 내거나 침묵하며 고집을 부린다. 그래서 상대방 아이도 다시 화를 내거나 억울해하며 2차 싸움이 되기도 한다.

원 인

인지발달이 자기중심적 사고에 머물러 있는 경우

피아제는 만 2세에서 만 6세까지를 '전조작기'라고 지칭했다. 이 시기 특징 중 하나는 '자기중심적 사고'[72]이다. 자기중심적 사고는 자신이 보는 관점과 다른 타인의 관점이 존재한다는 것을 인지하지 못하고 모든 사람이 자신이 보는 관점대로 세상을 보고 있다고 생각하는 것이다. 이후 구체적 조작기부터 자신의 관점 이외에 다른 관점이 있을 수 있음을 인식하는데, 만 7세가 되어도 위와 같은 문제양상이 반복된다면 심리적인 원인을 고려해야 한다.

부모의 양육태도가 훈육 중심으로만 이루어졌을 경우

유아는 아직 자아가 견고하지 못하므로 화가 나거나 욕구 좌절 시 부정적인 감정과 정서에 압도당하기도 하고 본능적 충동을 조절하지 못해 문제 상황을 만들기

72) 자기중심적 사고는 피아제와 인헬더의 세 산 모형실험을 통해 알려졌는데 이 실험내용은 다음과 같다. 실험자는 유아에게 색깔과 크기가 다른 세 개의 산을 각기 다른 위치에 배열된 장면을 보여주고 그 산들의 모습을 그린 그림들 중에서 유아 자신이 보고 있는 것과 자신과 다른 위치에 있는 인형이나 실험자에게 보일 모습의 그림을 고르라고 요구했다. 많은 유아들은 타인이 보고 있는 그림으로 자기 관점에서의 그림을 선택했다(김제한, 2000).

도 한다. 사회화 과정에서 어떠한 행동이 보다 적절하고 바람직한 행동인지 배워가는 것은 필요하겠으나 아직 실수와 시행착오를 겪으며 성장하는 시기이므로 감정, 입장, 욕구를 공감해 주는 허용적 분위기가 필요하다. 옳고 그름의 윤리적 차원이 강조된 훈육만을 경험하며 공감과 수용받는 경험이 부족했던 유아는 생존전략상 자기방어의 일종으로 고집스러운 모습을 보일 수 있다.

비난과 지적을 많이 받은 유아의 경우

양육자가 불안과 우울 등 심리적 문제가 있거나 스트레스 상황에 있으면 자녀의 문제행동에 비난과 지적으로 통제할 가능성이 커진다. 양육자가 심리적인 여유가 없기 때문에 자녀의 입장과 타이밍을 이해하며 기다려주기보다 강압적인 양육태도를 취하는 것이다. 비난과 지적에는 'You are not OK[73]'의 메시지가 들어 있다. 이러한 메시지를 많이 받은 유아는 긍정적 자아 존중감을 획득할 수 없으며 공감능력이나 외부 세계에 대한 수용능력이 낮아 고집이 세다.

특히, 형제 자매 간 갈등을 심하게 겪는 유아는 자신이 이해받기보다 비난과 지적을 많이 받는다고 지각하기 쉽다. 그래서 억울함, 화, 슬픔, 좌절감, 위축감 등을 경험한다. 공감능력이 있는 양육자라 하더라도 자녀들이 반복적으로 싸우면 에너지 소진, 무력감, 화 등의 부정적 감정과 정서를 경험하며 자녀를 온전히 공감해 주기 어렵다. 특히 공평하게 개입해야 한다는 생각 속에 두 자녀 각각의 잘못을 말해 주며 재판관 역할[74]을 하기 쉽다. 이때 자녀가 반항적 태도를 보인다면 관계가 틀어

---

73) 자존감이 낮은 양육자는 자기 자신에 대해서 'I'm not OK' 메시지를 갖고 있다. 의식적으로는 자녀에게 낮은 자존감을 물려주지 않으려 다짐하지만 무의식중에 자신을 향한 메시지를 자녀에게도 동일하게 적용할 가능성이 상당히 높다.

74) 부모가 자녀의 잘못을 각각 말해 주며 재판관 역할을 할 때 자녀들의 입장에서는 '나도 혼났고 너도 혼났으니 공평하다.'고 생각하지 않는다. 오히려 '나는 너 때문에 혼났다.'고 생각하며 화, 미움, 억울함, 원망감 등을 경험한다. 따라서 각각의 잘못을 말해 주기보다 각자의 입장에서 느꼈을 감정을 읽어 주고 원함과 욕구를 체크해 주는 문제 해결적 개입이 보다 적절하다.

질 수 있고 이와 같은 상황에 자주 노출되었던 자녀[75]는 갈등 상황 시 타인의 입장이나 마음을 생각할 여유가 없어 고집을 피우기 쉽다.

솔루션

유아는 자신의 존재감이 안전하다는 경험을 해야 한다[76]. 즉, 유아 자신이 지각하는 세계 속에서 지지적이고 허용적인 분위기를 경험해야 한다. 부적인 감정과 정서가 촉발되었을 때 유아의 행동이나 자기표현이 공격적이고 감정적이라 하더라도 유아의 표면적 반응 자체에 반응하기보다 이면의 감정과 욕구를 반영해줘야 한다. 혼나거나 비난받지 않고 수용, 인정, 공감받는 경험이 많아질수록 자아분화가 안정적으로 이루어지고 자아강도가 견고해진다. 그 결과, 자신의 잘못을 인정하고 상대방(예: 부모, 교사, 또래 등)의 입장을 들을 여유와 공감능력이 생길 수 있다. 즉, 공감과 이해를 받았던 만큼 타인에 대한 공감과 이해능력이 발달된다.

(1) 기관에서의 개입

① 또래와의 갈등상황

- **1단계**: 상황을 파악하며 각 유아의 마음을 읽어 주며 달래주는 대화
  (교사의 마음과 에너지를 70% 이상 쓰는 단계)
- **2단계**: 원함과 욕구 중심으로 문제해결을 위한 대화
  (교사의 마음과 에너지를 10~20% 쓰는 단계)
- **3단계**: 문제행동에 대한 훈육적 개입
  (교사의 마음과 에너지를 10~20% 미만으로 쓰는 단계)

---

75) 부모와의 관계에서 갈등상황에 자주 노출되었던 자녀는 미해결된 감정과 정서가 내재되어 있을 가능성이 높으므로 관계에서 수용적 태도와 공감능력이 낮다. 따라서 상대방의 말에 경청하기보다 자신의 입장만을 주장하는 고집스러운 태도를 보인다.

76) 옳고 그름, 맞고 틀림의 훈육중심의 양육태도를 경험하거나 비난과 지적을 많이 경험한 아동들은 갈등상황 시 공격에 대한 방어체계가 자동적으로 작동할 수 있다. 이 경우, 잘못을 인정하는 것은 자신이 지는 것이며 자신의 존재감이 더 불리해진다고 인식하기 쉽다.

예

** 친구가 울고 있어 상황을 들어보니 한 개의 블록으로 서로 놀겠다고 싸우다가 ㅇㅇ유아가 **를 밀쳐 넘어진 상황

■ 1단계

친구: 너 때문에 넘어졌잖아!

유아: 너도 갑자기 소리 질렀잖아!

교사: 잠깐만, 둘 다 화가 많이 났구나. **는 ㅇㅇ때문에 넘어져서 화가 났고, ㅇㅇ는 **가 갑자기 소리 질러서 화가 났나 보네. 둘 다 같이 놀다가 뭔가 원하는 대로 되지 않았구나. 어떻게 된 거야?

친구: 내가 먼저 블록을 가졌는데 갑자기 ㅇㅇ가 자기가 한다고 빼앗아 갔어요!

유아: 아니에요! 지난번에 내가 양보했으니까 이번에는 제가 할 차례였다구요!

교사: ㅇㅇ는 네가 할 차례라고 생각했는데 **가 가져가서 화가 났었구나. **가 먼저 발견했는데 ㅇㅇ가 갑자기 가져간 것이 화가 났던 거고…

→ 잠시 유아들의 표정을 보면서 화난 마음에 머물러 준다. 여전히 화가 풀리지 않은 표정이면 공감적 반영을 더 해 주는 것이 필요하다. 왜냐하면 아이들이 화가 난 상태에서는 상대방의 이야기가 귀에 들어 오지 않기 때문에 훈육이나 문제해결을 위한 대화가 불가능하다. 그러므로 각자 마음을 읽어 줌으로써 화난 감정에서 벗어나올 수 있도록 해줘야 경청이 수반된 대화가 가능하다. 마음을 읽어 주는 1단계를 잘 진행해야 해결적 개입인 2단계가 원만하게 이루어질 수 있다. 특히, 자기 방어적 고집을 피우는 유아에게는 매우 중요한 단계이다.

■ 2단계

교사: 얘기 들어 보니 둘 다 이 블록을 갖고 싶었던 거구나. 그런데 블록이 하나밖에 없어서 모두 속상했겠네. 블록이 좀 충분히 있어서 하고 싶을 때마다 가져다가 놀 수 있으면 참 좋았을 텐데 아쉽다.

→ 유아들의 원함과 마음을 읽어 주며 잠시 머물러준다. 이후, 아이들의 원함과 욕구 중심으로 대화를 이어가며 문제해결을 도모한다.

교사: 블록이 하나라서 고민되는 상황인데… 그럼 어떻게 하면 좋을까? 좋은 아이디어 생각나는 사람?

→ 한 명이 의견을 낸다면, "참 괜찮은 아이디어인데, ㅇㅇ 말대로 해 보는 것 어때?"라고 상대방에게 묻고 서로 괜찮다고 하는 방향대로 놀 수 있게 한다. 유아들이 의견을 내지 못할 경우 교사가 의견을 낼 수 있다.

교사: 자, 그럼 우리 얘기한 대로 해 보자. 해 보고 뭔가 잘 안 되면 더 좋은 아이디어를 함께 얘기해도 좋으니까 잘 안 되거나 뭔가 불편한 점이 있으면 선생님에게 말해 줘.

■ 3단계

교사: 그리고 (ㅇㅇ의 눈을 보며) 다음에는 순서 정한 것을 친구가 기억하지 못할 수 있으니까 "이번에는 내 차례야."라고 먼저 말하고 가져가자. 그리고 화가 난다고 해서 친구를 밀치면 안 되는 거야. 친구가 넘어져서 크게 다칠 수도 있거든. 화가 난다고 해도 다음에는 말로 얘기하자.

유아: 네.
교사: (**에게) **도 소리 지르지 말고 네가 원하는 것을 말로 하는 거야. 소리 지르면 ㅇㅇ가 깜짝 놀랄 수도 있고 화가 날 수도 있어. 너도 친구가 소리 지르면 기분이 좋지 않겠지? 원하는 것을 말로 얘기해줘야 ㅇㅇ가 너의 마음을 알 수 있어.
친구: 네.

② 교사와의 갈등상황

- **1단계**: 아이의 입장, 감정, 욕구, 원함을 읽어 주는 대화
  (교사의 마음과 에너지를 90% 이상 쓰는 단계)
- **2단계**: 훈육적 내용을 제공
  (교사의 마음과 에너지를 10% 이내로 쓰는 단계)

예
교사가 유아에게 여러 차례 주의를 줬음에도 계속 장난치다가 식판을 쏟은 경우

■ 1단계

교사: ㅇㅇ야, 괜찮아?
유아: 네.
교사: ㅇㅇ가 실수로 엎질러서 놀랐구나.
→ 유아가 실수에 스스로 놀라기도 하고 혼날까 봐 위축되어 눈치보며 회피반응을 보인다면 말하는 템포를 천천히 하여 정서를 섬세하게 반응해 준다.
유아: … (침묵)
교사: ㅇㅇ가 장난치는 것이 재밌었나 보네. 선생님이 장난 그만 치자고 여러 번 얘기해도 멈추기 힘들었구나. ㅇㅇ도 이렇게 식판이 엎질러질 줄은 몰랐겠지. (한 템포 여유 있게) 놀라고 당황했겠네.
유아: 네.

■ 2단계

교사: ㅇㅇ야, 놀고 싶은 마음은 선생님도 이해해. 그런데 선생님이 "장난치는 시간 아니에요."라고 말할 때는 선생님 말을 들어주면 좋겠어. 장난치는 것이 너무 재밌을 때는 쉽지 않겠지만, 다음에는 ㅇㅇ가 노력해줘.
유아: 네.
→ '네'라는 대답을 하지 않더라도 1단계 작업이 잘 이루어졌다면 유아는 비언어적인 메시지 속에서 교사의 말을 듣고 있을 가능성이 높다.
교사: 선생님 말 귀담아 들어줘서 고마워.

(2) 가정에서의 개입–부모상담 Tip

이 같은 내용을 부모와 대화하며 가정에서도 같은 방향성의 개입을 할 수 있도록 지도한다. 특히 문제행동을 감소시킬 수 있는 가장 중요한 방법은 자녀가 부모로부터 충분한 공감과 이해, 그리고 수용받는 것임을 강조한다. 다음은 자녀 입장에서 공감, 이해, 수용받는다고 지각할 수 있는 반영적 경청의 방법과 대화의 예이다.

〈가정통신문 – "엄마랑 얘기하면 마음이 좋아져요"〉

감정의 홍수 상태에 빠져 부모의 말은 듣지 않고 고집을 피우거나 떼를 부리는 상황에서 유아를 도울 수 있는 방법 중 '반영적 경청법'을 소개해드립니다.

■ 반영적 경청의 3단계 진행 순서

① 1단계: 자녀가 보내는 언어적, 비언어적 메시지에 귀를 기울입니다. 이때 주의할 점은 표면적으로 드러나는 자녀의 신호 자체(예: 자녀의 표정, 말투, 행동)에 반응하지 않고 그 이면에 있는 자녀의 감정과 욕구, 원함이 무엇인지를 파악하기 위해 귀를 기울이는 것입니다.

② 2단계: 내가 파악한 자녀의 감정, 욕구, 원함을 자녀에게 반영 · 표현해줍니다.

③ 3단계: 자녀의 반응을 통해 나의 반영 · 표현이 적절했는지를 판단하며 반영적 경청을 계속합니다.

- (자녀가 부정하거나 짜증을 냈을 경우) 나의 반영 · 표현이 적절하지 않았음을 인정하고 자녀가 보낸 신호에 다시 귀를 기울입니다. 그리고 3단계를 다시 진행합니다.
- (자녀가 반영에 긍정을 표하거나 대화를 이어갈 경우) 3단계를 반복적으로 진행합니다.
- 가능하면 훈계식의 개입은 하지 않습니다. 판단, 분석적 표현도 지양하고 해결책이나 대안을 미리 제시하거나 조언하지 않습니다. 자녀의 감정과 욕구, 원함만을 귀기울이며 따라가고자 노력합니다. 반영적 경청을 잘하기 위해서는 자녀의 감정적 문제나 어려움을 어머님의 문제로 인식하지 않아야 합니다. 이는 어머님께서 유아의 반응에 어떤 식으로든 불편감(예: 염려, 조급함, 답답함, 짜증, 서운함, 불신감, 화 등)을 갖게 되면 반영적 경청의 효과는 급격히 감소하며 실질적으로 자녀와의 대화진행이 어려워지기 때문입니다.

■ 반영적 경청의 대화 예

(유치원에서 철수(가명)가 교구 가지고 유아와 싸우다가 '바보'라고 했고 유아가 철수를 밀쳐서 둘 다 울고 있다는 전화를 받은 상황)

유아: 엄마, 나 이제 유치원 안 갈 거야!

엄마: **ㅇㅇ가 오늘 유치원에서 뭔가 속상한 일이 있었나 보네~**

유아: 난 아무 잘못도 안했는데 철수가 나한테 바보래. 철수 나빠!

엄마: **철수한테 단단히 화가 났구나.**

유아: 그리고 영수(가명)도 내가 잘못했다잖아.

엄마: 저런, 영수는 왜 그렇게 말했을까?

유아: 몰라… 영수도 철수도 다 나빠. 난 이제 유치원 안 갈 거야!

엄마: **유치원 가기 싫을 정도로 단단히 화가 났구나.**

유아: 내가 빌려달라고 했는데 기다리라고만 하잖아.

엄마: **아, ㅇㅇ가 기다렸는데 안 줘서 화가 난 거구나.**

유아: 지난번에도 내가 같이 하자고 했는데 안 된다고 했어. 난 양보도 해줬는데…

엄마: **ㅇㅇ가 철수한테 서운한 것이 많았네~**

유아: 응. 철수는 맨날 자기 마음대로만 해. 난 철수가 하자는 대로 많이 했는데 내 말은 안 들어줘.

엄마: **그랬다면 당연히 속상했겠다. 화도 나고…**

유아: 오늘 그래서 내가 철수… 사실 밀쳤어. 바보라고 해서 화나서…

엄마: 저런… 그래서 어떻게 되었어?

유아: 선생님이 화나도 밀치면 안 된다고 했어. 그런데 철수보다 나한테 더 뭐라고 했어.

엄마: **선생님이 철수한테도 '바보라고 하면 안 돼요. ㅇㅇ가 화나고 속상해요~'라고 말해 주길 바랐겠네.**

유아: 응, 그런데 그렇게 말하지 않았어.

엄마: **선생님에게도 좀 서운했겠구나.**

유아: 그래서 유치원 가기 싫어.

엄마: **철수한테도 많이 서운했고 철수의 편을 든 것 같은 영수한테도 서운했고, ㅇㅇ 마음을 잘 몰라주고 철수보다 너에게만 뭐라고 더 말씀하신 것 같은 선생님한테도 서운했구나. 오늘 우리 ㅇㅇ가 유치원 가고 싶은 마음이 뚝 떨어졌긴 했겠다.**

유아: 응… 내일도 그러면 어떻게 하지?

엄마: **내일도 오늘같이 화나고 속상한 일이 있을까 봐 걱정되는구나.**

유아: 맞아. 난 나한테 모두가 잘해줬으면 좋겠어. 철수도 영수도 선생님도…

엄마: 어떻게 해 주는 것이 ㅇㅇ에게는 잘해 주는 것같이 느껴지는데?

유아: 내말도 잘 들어주고, 양보도 해 주고, 내편도 들어주고… 같이 놀고…

엄마: **선생님도 친구들도 ㅇㅇ 말도 잘 들어주고 재밌게 잘 놀았으면 좋겠구나. 그런데 그렇게 안 될까 봐 걱정되서 유치원 가기가 망설여졌나 보다.**

유아: 응. 엄마, 나 내일 유치원 안 가고 재밌게 친구랑 놀고 싶어.

엄마: 에고… 친구랑은 재밌게 놀고 싶은데 유치원은 가기 싫고 어쩌지? 유치원을 가야 친구를 만나긴 할 텐데 유치원은 가기 싫고… **ㅇㅇ가 고민되겠네.** 어떻게 하면 ㅇㅇ가 친구랑 재밌게 놀 수 있는 내일을 만들 수 있을까?

유아: 엄마, 그럼 나 내일 우리 집에 친구 초대해줘. 친구랑 집에서 재밌게 놀래.

엄마: 좋은 생각인데! 일단 엄마가 내일 친구 초대해 줄게. 우리 집에서 재밌게 친구랑 놀자. 그런데 엄마가 내일 회사가야 해서 ㅇㅇ가 유치원에는 갔으면 좋겠어.

유아: … 알았어. 그럼 대신에 꼭 친구 초대해줘야 해. 알았지?

엄마: 그래! ㅇㅇ가 원하는 대로 내일 친구와 재미 있게 노는 하루를 만들어보자~

유아: 응! 엄마~!

6 대변/소변을 참다가 지리는 (영)유아

사 례

유아는 자기표현이나 주장이 다소 소극적인 편이다. 하지만 수업도 잘 따라오고 인지발달 역시 정상적으로 보인다. 전반적으로 큰 문제없이 생활하고 있지만 유아에게 반복적으로 발생되는 문제는 유아에게서 항상 (대)소변 지린 냄새가 난다는 점이다. 대소변을 가릴 시기[77]가 지났음에도 나타나고 있고 일시적인 문제가 아니라 2학기가 시작된 지금까지도 지속되고 있어 부모님도 고민을 하시는 상황이다.

원 인

자율성 단계에 속한 경우

에릭슨의 심리사회적 발달 단계의 두 번째 과업인 자율성 단계에 속한 경우, 대소변의 신호가 왔을 때 이를 보유할 것인지, 배출할 것인지, 배출한다면 언제 배출할지를 본인이 스스로 결정하여 자율성 욕구를 충족시키고자 한다. 내 몸의 근육을 어디까지 통제할 수 있는지 무의식적 수준에서 자기 통제감을 확인하고 싶어하는 것이다[78]. 특히, 유아의 나이가 만 5세 이상이라면 자율성 획득에 성공하고 주도성을 획득할 연령[79]이 되므로 이 시기까지 배변문제가 반복된다면 자기 통제감의 상실과 외부의 과잉통제 가능성을 생각해 봐야 한다.

기질과 성향에 따른 경우

자신이 하고 있던 활동이나 놀이가 자신의 호기심이나 욕구를 충족시킬 경우 다

77) 정신질환의 진단 및 통계편람(제5판)에서 유뇨증과 유분증 진단은 유아의 나이가 실제연령과(발달지연이 있을 경우) 정신연령이 각각 5세, 4세 이상이 되어야 진단내릴 수 있다. 즉, 유뇨증은 5세 이전, 유분증은 4세 이전에는 진단내리지 않으므로 유아의 배변실수를 바라볼 때 유아의 생활연령뿐 아니라 발달 수준을 고려할 필요가 있다.

78) 불안이 높은 유아들 역시 자기 통제감의 이슈(issue)가 있으므로 자기 통제감의 지속적 확인과 경험을 위해 대/소변을 참을 수 있다.

79) 에릭슨은 심리사회적 발달 단계에서 자율성 대 수치심 단계의 나이는 1세 6개월에서 3세로, 주도성 대 죄책감 단계의 나이는 3, 4세에서 5세로 언급하고 있다.

른 것으로 전환이 쉽지 않은 기질[80]과 성향을 가진 유아들이 있다. 이러한 유아들은 놀이에 집중하고 있을 때 하던 활동과 놀이에 대한 몰입력이 강하기 때문에 대소변배출의 타이밍을 놓치기 쉽다. 아직 자신이 어디까지 대소변 배출을 지연시킬 수 있는지에 대한 자각이 부족하기 때문에 결국 실수하게 되는 것이다. 또한, 쉽게 긴장하고 예민한[81] 기질을 가진 유아, 청결과 위생에 있어 강박적 성향이 있는 유아도 집이 아닌 환경에서의 용변을 힘들어할 수 있다. 이외에도 배변 활동 시 사적인(private) 공간을 중요하게 생각하는 유아들(대부분 여아에 해당)은 기관 내 화장실의 구조적인 여건상 여러 명의 친구들이 함께 사용해야 하기 때문에 참기도 한다.

부정적 감정과 정서를 억제/억압할 경우

기질과 상관없이 반복적으로 참는다면, 부정적 감정과 정서를 억제할 가능성을 생각해 봐야 한다. 부모의 바쁜 직장생활, 동생의 존재, 부모 갈등 또는 타인의 시선과 예의범절을 중요시하는 엄격한 양육태도 등으로 정서적 욕구가 잘 채워지지 않고 화, 좌절, 불안, 슬픔 등의 부정적 감정과 정서를 억제하는 경우 대소변을 참는 것으로 마음의 신호를 보내는 경우가 상당히 많다.

솔루션

유아 연령을 고려하여 자율성 단계라면 일상에서 자기 통제감, 자율성 욕구가 충족될 수 있도록 도와야 한다. 실수와 시행착오 경험을 하더라도 스스로 결정하고 도전할 수 있는 기회를 제공할 필요가 있다. 심리적인 원인으로 대소변을 참는

---

80) 만 3세에서 6세까지의 유아용(Junior Temperament and Character Inventory: JTCI 3-6) 검사에서 자기초월 하위척도에는 성인과 달리 환상과 영성이 있다. 환상(fantasy) 척도 점수가 높은 유아는 어떤 놀이나 활동, 게임을 할 때 마치 다른 세계에 가 있는 것처럼 그것에 푹 빠지는 경향을 보인다. 이야기를 할 때도 공상과 상상 속에 자기 자신이 들어가 있는 것처럼, 혹은 말하는 내용이 눈 앞에 펼쳐져 있어 그것을 보면서 말하는 것처럼 몰입한다. 한편, 점수가 낮은 유아는 놀이나 게임을 할 때 아이디어나 상상력이 적고 몰입하기보다 자신의 개별성을 더 인식하는 경향을 보인다(민병배 외, 2007). 관련 내용은 본서 제1부 제2장 기질을 참고할 수 있다.

81) 기질 및 성격 검사(The Temperament and Character Inventory: TCI)에서 위험회피, 자극추구, 사회적 민감성 척도가 모두 높은 경우 전형적으로 예민한 기질이라고 할 수 있다.

아이들의 경우, 관계 속에서 자기표현도 소극적일 수 있어 기관과 가정에서 유아의 원함과 욕구, 감정이나 생각 등을 보다 편안하게 표현할 수 있도록 허용적인 분위기를 제공하는 것이 필요하다. 특히 세련되지 못한 부정적인 정서 표출 시 아이의 정서와 원함, 욕구를 교사나 부모가 거울로 비춰주듯 반영해 줌으로써 수용되는 경험을 반복적으로 해야 한다. 이외에도 기질적 원인이나 기관 내 구조적 원인일 경우에 다음의 개입을 적용한다.

(1) 기관에서의 개입

체육 활동과 과학 관련 신체 활동 수업으로 다음의 활동들을 진행한다.

■ **체육활동 수업**

• 자기표현을 돕는 놀이

① '사치기 사치기 사뽀뽀 놀이'

: '사치기 사치기 사뽀뽀~' 노래를 부르며 술래 한 명이 손이나 다리 들기, 껑충껑충 뛰기, 한 바퀴 돌기 등 각자 하고 행동을 하면 나머지 다른 친구들이 모두 따라 한다. 술래 순서를 정하고 한 동작씩 진행하고 순서를 따라 돌아간다.

② '가라사대 게임'

: 술래가 '가라사대~ 두 손 머리 위로 들어'라고 말하면 교사와 모든 친구들은 그 말을 따라야 한다. 각 유아 당 두 번씩 말할 수 있도록 하고 순서를 돌아간다.

• 감정 · 정서 표출을 돕는 놀이[82)]

① 신문지, 오뚝이 풍선인형 펀치놀이

: 아이들이 한 명씩 오뚝이 풍선 펀치를 하기 전에 이번 주 속상했던 일, 화났던 일을 이야기한 후 펀치를 한다. 모든 아이들이 동등하게 한 번씩 할 수 있도록 돕는다. 신문지를 이용할 경우, 담임 교사와 보조 교사가 양쪽에서 신문지 끝을 잡고 유아는 신문지 중앙으로 주먹이나 발차기를 한다. 이때 유아의 펀치를 통해 신문지가 찢어질 수 있도록 돕는다. 안 찢어졌을 경우 한 번 더 세게 해 보자고 격려한다. 모든 순서가 끝난 후, 바닥에 떨어진 신문지들은 모듬별로 모아서 테이프를 이용해 '신문지 공'을 만들도록 한 후, 공의 크기에 따라 축구게임이나

82) '또래를 공격하는 유아'에서의 솔루션을 참고한다.

공굴리기 게임, 또는 '신문지 눈사람 만들기' 놀이로 활용한다.

■ **과학 관련 신체활동 수업**

〈'배변 프로젝트' 수업〉

: 음식이 몸안에 들어와 소장과 대장을 거쳐 대변과 소변 주머니로 도착하는 인형극을 보여준다. 이 인형극은 '소변 주머니'를 주인공으로 하여 '소변 주머니'에 소변이 가득해졌음에도 배출이 안 될 때 '소변 주머니'가 얼마나 힘들어하는지, 신호가 왔을 때 소변배출이 잘 이루어지면 '소변 주머니'가 얼마나 행복해하는지, '소변 주머니'를 비워주는 것이 얼마나 우리에게 필요한 활동인지 등에 대한 내용을 포함한다.

: 인형극을 본 후, '소변 주머니'를 잘 비워주지 않았던 경험이 있는지, 언제 화장실 가는 것이 싫은지, 그럴 때 어떻게 하면 좋을지 등 대화를 나눌 수 있다.

: 배변 프로젝트 수업 진행기간 동안에는 "화장실 갔다오자."라는 말 대신 "소변 주머니를 도와주는 미션 수행하러 가자."로 표현함으로써 소변 배출이 재미있고 즐거운 활동이 되도록 한다. 화장실을 잘 다녀온 친구들에게는 '소변 주머니'를 도와준 미션 활동을 수행했으므로 미션 성공 스티커를 준다. 또한 동시에 여러 명이 갈 경우 불편해하는 친구들이 있다면 미션 팀을 나눠줌으로써 적당한 숫자의 친구들이 화장실에 갈 수 있도록 지도한다.

: 부모님과의 협업을 통해 가정에서도 화장실 가는 활동이 '소변 주머니'를 돕는 미션 수행으로 즐겁게 진행될 수 있게 지도한다. 유아들 연령에 따라 '오줌 주머니' 또는 '소변 주머니'로 명칭을 변경하여 사용할 수 있다.

(2) 가정에서의 개입-부모상담 Tip

교사는 부모가 무의식 혹은 의식 수준에서 자녀를 과잉보호[83]· 과잉통제를 하고 있는지 여부와 권위주의, 억압 방식의 훈육방법[84]을 사용하는지 여부를 대화를 통해 탐색한다. 평소 아이의 선택과 결정, 도전에 지지적·허용적인지, 아이의 실수나 잘못에 대해 어떤 훈육방법을 사용하는지, 사회적 규범이나 예의범절, 타인의 시선을 의식하는 측면이 많은 편인지 여부도 함께 알아볼 수 있다. 이때 공감적 경청태도를 기본으로 하되, 부모님들에 따라 직접적인 질문보다는 부드럽고 우회적인 표현을 사용하는 것이 필요하다.

■ **타인의 시선을 어느 정도 의식하는지 탐색하는 질문**

(직접 질문) "아이의 친구들뿐 아니라 그들의 엄마와도 함께 있을 때 아이가 실수하면 더 신경 쓰이시죠? 원래 타인의 시선을 많이 의식하세요?"

(우회 질문) "아이들은 자라면서 누구나 실수를 하는데 아이가 실수했을 때 마음은 어떠세요? 특히 다른 애들이나 엄마들이 있을 때는 마음이 더 쓰이실 수 있으실 것 같은데, 어머님은 어떠신가요? (경청 후) 아이 입장에서는 엄마 반응이 집과 밖에서 다르다고 느낄까요?"

■ **과잉보호 정도를 탐색하는 질문**

(직접 질문) "스스로 아이를 과잉보호하신다고 생각하세요? 어느 정도인가요?"

(우회 질문) "정상 발달 과정에서 아이가 실수할 것이 뻔히 보이는데 스스로 해 보겠다고 고집을 피우는 시기들이 있잖아요. 예를 들면, 음식을 흘리면서도 혼자 먹겠다고 하거나 바쁜 시간에 혼자 신발을 신겠다고 고집피우는 경우, 어떻게 반응하시는 편이셨어요?", "아이가 아랫집에 혼자 놀러가겠다고 하면 어머님은 허락해 주시는 편이세요?"

대화를 통해 양육자의 양육방식이나 태도가 유아의 대소변 참는 행동에 영향을 미치고 있다고 판단되면 아이의 문제행동에 숨겨진 욕구와 감정 및 유아의 기질과 성향을 이해할 수 있도록 돕는다. 그리고 양육 시 유아에게 필요한 구체적 반응들

---

83) 양육자가 기질 및 성격검사(The Temperament and Character Inventory: TCI)에서 위험회피적인 기질이 높은 경우, 혹시 발생할 수 있는 위험요인에 대해 미리 차단하고 통제하려는 모습이 나올 수 있기 때문에 자신도 모르게 과잉보호를 할 가능성이 높다. 불안수준이 높은 양육자도 같은 맥락에서 양육 시 과잉보호할 가능성이 높고 조부모가 양육자 역할을 할 경우에도 과잉보호적 양육태도가 나타나기 쉽다.

84) 효과적인 부모 역할 훈련(Parent Effectiveness Training: PET)에서는 갈등해결을 위해 부모가 가진 힘과 권위로 자녀를 밀어붙이는 방식을 방법 1이라고 한다. '방법 1'을 사용했을 때 있을 수 있는 결과는 아이가 자율성을 기를 수 없다는 점이다. 즉, 마음에서 우러나오는 자발적이고 책임감 있는 행동을 하지 못하게 된다. 자녀 교육에서 뿌리 깊은 잘못된 신념 중 하나는 어린 아이에게 어떤 일을 하라고 책임을 지우면 아이가 자율적이고 책임감 있는 사람으로 성장한다는 것이다. 물론 부모의 권위에 순응하여 복종적이고 순종적이고 말 잘 듣는 아이가 되는 경우도 있지만, 대부분의 경우에는 어떤 외부의 권위가 자신의 행동을 조정해 주기를 기대하는 의존적인 사람이 되고 만다. 청소년이나 어른으로 자라난 후에도 자신을 통제하지 못하고 삶의 문제에 대한 해답을 주거나 자기 행동을 지시해 줄 권위를 지닌 사람을 계속 찾아다니며 의존하게 되는 것이다. 이들은 결국 자율성, 자기 관리력, 책임감 등을 획득할 기회를 갖지 못했기 때문에 이런 것들을 갖추지 못한 사람으로 자라난다(이훈구 역, 2002).

(본서 '잘못을 인정하지 않고 고집을 부리는 유아'의 반영적 경청방법 참고)을 적용할 수 있도록 하며 원에서의 활동들을 소개해서 가정에서도 협업할 수 있도록 한다.

7 의사표현을 하지 않는 (영)유아

사 례

유아는 수줍고 내성적인데 기관 적응이 익숙해진 후에도 여전히 말을 잘 하지 않는다. 수업하는 과정이나 지시에 따르는 것은 크게 문제 되지 않지만 어떤 선택을 해야 하거나 자신의 의견을 이야기할 필요가 있는 상황에서는 위축되어 보이고 다수의 아이들이 결정하는 선택을 대부분 따라서 한다.

원 인

양육자의 양육태도[85] 가 엄격하거나 훈육 중심으로 맞춰져 있을 경우

부모의 양육태도 및 유아와의 놀이, 대화 방식이 어떠한지에 따라 유아는 자기

85) 부모의 양육태도에 대한 분류는 학자마다 조금씩 차이는 있지만 양육태도를 장기적으로 연구한 쉐퍼(Schaefer, 1965)의 MBRI(Maternal Behavior Research Instrument)의 이론모형에 따라 어머니의 양육태도 유형을 분류하면, 다음과 같다. 먼저 '애정적-자율적' 양육태도는 가장 바람직한 양육태도로 자녀에게 애정을 가지고 자녀의 행동에 자율성을 인정해 주는 양육태도다. 따라서 부모가 아동에게 애정적이고 자율적으로 양육할 경우 아동은 활동적, 능동적, 외향적이며, 동시에 독립적이고 능동적으로 적응하기 때문에 자신감 있고, 사교적이며 타인에 대한 적대감이 없다. 두 번째, '애정적-통제적' 양육태도는 애정을 주면서도 아동의 행동에 제약을 많이 하는 비교적 엄격한 양육태도를 말한다. 이 유형의 부모들은 아동에게 의존성 조장, 과보호, 소유적인 태도를 보인다. 부모는 아동을 소유물로 생각하여 자녀가 독립적인 행동을 할 때 좌절감을 느끼며 새로운 탐색을 제한함으로써 새로운 반응을 축소시킨다. 세 번째, '거부적-자율적' 양육태도는 자녀를 수용하고 받아들이지 못하는 동시에 자녀 마음대로 행동하게 하는 부모의 양육태도다. 이런 양육태도를 사용하는 부모에게서 성장한 아동은 흔히 반항적이거나 공격적인 행동을 나타내고 자신의 분노를 가정이 아닌 밖에서 표출하는 경우가 많다. 마지막으로 '거부적-통제적' 양육태도는 자녀를 애정적으로 수용하지도 않을 뿐 아니라 체벌 또는 심리적인 통제로 규제하고자 하는 독재형의 양육태도로 자녀의 감정표현을 허용하지 않아 부모에 대한 적대감을 유발시킬 수 있다.

표현 정도(자기표현이 양적으로 많은 편인지/적은 편인지)가 결정된다. 이는 자아의 건강한 분리개별화 및 자존감의 발달과도 관련성이 높다. 특히 부모는 유아의 행동을 거울처럼 비춰 반응해 주는 주체자로서 유아의 자기에 대한 이해 및 자아 존중감(예: 내가 괜찮은 사람인가? 내가 하는 행동이 좋은 것일까?)의 발달에 중요한 역할을 한다. 그런데 부모의 양육 태도가 훈육 중심(잘잘못을 가리는 것과 판단하는 태도), 성취 중심(어떤 것을 잘하고 못했을 때에만 반응하는 태도)으로 맞춰져 있을 경우, 유아는 자신의 표현을 자유롭게 제시할 수 있는 기회가 적어지면서 혼자만의 생각이나 공상에 자주 빠져 있고 상황에 따른 적절한 자기표현을 격려받지 못하게 된다.

자아 존중감[86]이 낮을 경우

유아의 기질과 성격적인 특성을 고려하더라도 또래보다 지나치게 자기표현을 하지 않거나 못하는 유아라면 교사들의 주의 깊은 관찰과 개입이 필요하다. 자기표현이나 발화의 양은 유아의 생각이나 감정 등 자기세계에 대한 표현이기에 유아가 스스로에게 느끼는 자신감, 자아 존중감과도 연관성이 높다. 따라서 자아 존중감이 낮은 유아의 경우 자기표현이 적을 수 있고 위축된 행동을 보인다. 유아의 자아 존중감 발달에 가장 많은 영향을 주는 부분은 유아를 둘러싸고 있는 환경에서 오는 자극과 이에 대한 반응이다. 타인이 유아와 어떻게 대화하고 행동 반응을 보이는지에 따라 유아는 자기라는 존재를 인식하면서 자신에 대해 긍정적/부정적 판단을 통해 스스로를 평가하게 된다.

---

86) 자아존중감은 가치, 능력, 통제의 세 가지 차원으로 구성된다(Marion, 2007). 자신을 가치 있게 여기고 좋아하는 정도, 그리고 다른 사람들이 자신을 가치 있게 여기고 좋아한다고 생각하는 정도가 가치의 차원이다. 능력은 과제를 완수하고 목표를 성취할 수 있다는 신념이다. 통제는 개인이 세상에서 일어나는 일들과 사건에 영향을 미칠 수 있다고 느끼는 정도를 일컫는다. 자신의 가치, 능력, 통제를 긍정적으로 판단하는 사람은 자아존중감이 높으며, 자신에 대한 평가가 대체로 부정적인 사람들은 자아존중감이 낮다.

자기표현 시 불안감이 높을 경우

유아는 3, 4세 무렵부터 다양한 감정을 느낄 수 있다. 행복, 즐거움, 흥분 등의 긍정적인 기분부터 짜증, 분노, 혼란 등의 부정적인 정서까지 다양한 범주의 정서를 경험하게 되는데 유아가 경험하는 정서 중 불안, 우울, 걱정, 위축됨이 많다면 자기표현도 자유롭게 하지 못한다. 유아가 평소 걱정이 많거나 위축되어 있는 상황이라면 자기표현 즉, 발화를 하는 것뿐 아니라 다른 행동에서도 편안하고 자연스럽지 않은 것이 관찰될 수 있다.

솔루션

(1) 기관에서의 개입

교사는 자기표현이 적은 영유아에게 말할 기회를 다른 또래들처럼 제공하되 발언권을 먼저 주거나 본인이 선택한 놀이에 다른 또래들이 참여하도록 격려할 수 있다. 뿐만 아니라 사소한 표현에도 또래들의 반응을 물어보아 격려, 지지, 응원을 받을 수 있도록 돕는다. 자기표현이 적은 것이 항상 단점만 되는 것은 아니므로 신중함 혹은 다른 장점을 발견해서 인정하고 부각시킨다. 단, 필요할 때 자기표현을 하는 것의 중요성은 유아가 인식할 수 있도록 돕는다.

■ 교사 제안의 예

- 이것에 대해서는 ㅇㅇ가 먼저 이야기해 보면 어떨까?
- ㅇㅇ는 친구들과 놀이할 때 싸우지 않고 잘 맞춰주는 배려심이 있는 것 같다. 너의 생각은 어떠니?
- ㅇㅇ는 인내심과 집중력이 좋아서 무엇이든 시작하면 끝까지 하는 것 같은데 너희들은 어떻게 생각하니?

유아가 다양한 정서와 감정을 경험하는 것은 건강한 정서 발달뿐 아니라 사회성 발달에도 도움이 된다. 이를 위해 다양한 상황 속에서 그에 대한 자신의 느낌과 생각을 말하도록 지도한다. 예를 들어, 키웠던 애완동물의 죽음에 대해, 친구가 어떤 행동을 했을 때의 서운함에 대해, 이 외에도 부러움이나 질투 등 유아들이 자신의 다양한 감정에 대해 자유롭게 이야기할 수 있는 기회를 갖게 한다. 감정의 분화가 다양화되는 연령인 만큼 이러한 감정이 이상한 것이 아님을 인정해야 이를 표현하며 성장할 수 있다. 이를 위해 아래와 같은 활동을 제안한다.

① '감정'에 대한 스토리텔링(storyeling) 혹은 그림책 읽고 이야기 나누기

- 소피가 화나면 정말 정말 화나면 (몰리 뱅, 케이유니버스, 2007)

  소피라는 주인공이 화가 났을 때 어떻게 변화(예: 얼굴 붉어지기, 울기, 소리 지르기 등)되는지 그 감정이 어떤 과정을 통해 해결되는지에 대한 이야기이다. 다양한 종류의 '감정'에 대해 자신들이 겪었던 경험과 연결 짓고 해결 방법을 토론하게 한다.

예

- 소피와 비슷한 감정을 느껴본 적이 있나요?
- 내가 소피라면 이럴 때 어떻게 했을까요?
- 최근에 가장 많이 느끼는 감정은 무엇인가요?
- 그러한 감정은 어떤 색이나 모양으로 표현할 수 있을까요?
- 주위에 있는 사람 중 내 마음을 가장 잘 알아주는 사람은 누구인가요?
- 이야기 결말을 내가 이어서 쓴다면 어떤 내용이 들어갈 수 있을까요?

② 한 주 동안 느꼈던 인상적인 경험과 감정을 연결시켜 '난화'(낙서처럼 자유롭게 그리는 그림)로 표현하거나 상징적인 매체(예: 점토, 작은 인형)로 감정을 연결시키는 활동하기

예

한 주 동안 매우 즐거웠던 일이 있었다면 그런 감정은 어떤 색으로 표현할 수 있을까요? 어떤 모양일까요? 동물이나 사물로 비유한다면 어떤 것과 닮았나요?

③ '얼굴표정'과 '감정'을 연결하도록 하여(예: 찡그린 얼굴 표정을 보면 어떤 감정이 떠오르나요? 등) 자신이 느꼈던 감정이 표정으로 어떻게 표현되는지 각자의 창의적인 상상력을 자극하는 활동으로 이어지도록 한다. 다양한 표정그림이 그려진 교구들을 참고해서 이야기하도록 해도 좋다.

예

- 이런 표정을 지어 볼까요?
- 내가 새롭게 만들 수 있는 표정은 어떤 표정이 있을까요?
- (표정차트 중 한 가지 표정을 지정해서) 이런 표정은 어떤 감정을 느끼고 있는 걸까요?
- 이것과 비슷한 감정을 느껴본 적이 있나요?
- 어떤 때였나요?

(2) 가정에서의 개입-부모상담 Tip

가정에서는 유아가 자발적인 선택으로 놀이할 수 있는 기회를 자주 주어 놀이를 통해 자기표현을 확장할 수 있도록 한다. 이때 필요한 기술은 놀이를 진행할 때 유아의 선택이나 과정에 대해 부모도 적절한 질문과 동의, 격려를 하는 것이다.

① 유아의 눈높이에 맞춘 언어표현을 사용하여 유아의 행동을 진술하는 반영법을 사용한다. 유아가 하고 있는 놀이가 재밌어 보인다는 억양으로 아동의 행동을 진술한다.

예

유아: (블록을 쌓고 있다.)
부모: 빨간 색 블록 위에 파란 색을 올려 놓았구나.

유아: (색연필이나 크레파스로 다양한 모양을 그리고 있다.)
부모: 초록색으로 동그라미를 그리고 있네.

유아: (레고로 만들기 놀이를 하고 있다.)
부모: 레고로 집을 만드는구나. 창문과 문도 만들고 있네.

② 유아의 말을 재진술한다. 유아가 한 말을 그대로 반복하는 것도 괜찮지만 부모가 유아가 하는 말에 관심이 있으며 듣고 있다는 것을 전달할 수 있는 재진술이 필요하다.

예

유아: 난 강아지를 그릴 거야.
부모: 강아지를 그리려고 하는구나~ 어떤 강아지를 그릴지 궁금한데.

유아: 내가 제일 좋아하는 색은 초록색이야.
부모: 초록색을 좋아하는구나.
초록색으로 어떤 것들을 표현할 수 있는지 궁금하네.

③ 긍정적 피드백과 인정을 제공한다. 유아의 적절한 행동에 긍정적 피드백을 주며 부모가 인정한다는 표현이 필요하다. 자기표현이 적은 유아는 놀이할 때 혼자 생각에 몰두하면서 말없이 행동으로만 놀거나 다른 사람과 상호작용이 서툴다. 그러므로 부모가 유아의 생각 혹은 놀이 행동을 관찰하면서 그 주제에 맞는 주고받음이 중요하다. 또한, 일상생활에서 유아의 작은 행동이나 말에도 인정과 격려(예: "ㅇㅇ가 이런 말하니까, 혹은 이런 행동 하니까 엄마가 뿌듯하다")를 해 주는 노력이 유아의 높은 자아 존중감으로 연결되어 자기표현의 양을 증가시킬 수 있다.

예

부모: ㅇㅇ가 의자에 잘 앉아 있으니까 엄마 기분이 너무 좋다.
정말 멋진 그림이다. 특히 강아지 귀가 귀여운데~

④ 부모가 유아의 활동에 참여하거나 유아의 활동을 모방한다. 예를 들어, 유아가 블록으로 탑을 쌓고 있으면 부모도 블록으로 무엇인가를 만드는 것이다.

예

유아: (블록으로 탑을 쌓고 있다.)

부모: (블록으로 비슷하게 생긴 탑을 쌓거나 도미노처럼 나열해 본다.)

⑤ 유아와의 놀이 상황에서는 가능한 한 지시적인 말을 피한다. 유아가 놀이를 이끌어 가는 주체로서 아동-중심적인 놀이 활동이 되기 위해 부모는 지시적인 말이나 비판적인 말을 피해야 한다. 따라서 다음과 같은 표현은 삼가는 것이 좋다.

예

부모: 왜 여기는 뾰족하게 그렸니? → '왜'를 사용한 질문

부모: 집을 그리지 그러니? → 지시

부모: 우리 집은 이렇게 생기지 않았는데? 잘못 그렸네. → 비판

대부분 유아와의 상호작용은 어른이 질문하고 유아가 대답하는 형식으로 이해되어 질문이 아닌 상호작용 방법은 쉽지 않다. 그러나 지나친 질문은 아동중심 대화로 이어지기 어려우므로 질문보다는 행동 모방이나 언어적 반영 혹은 개방형 질문(예: 어떻게 생각해? 무엇이 좋을까? 등)의 상호작용을 권한다.

출처: Gimpel et al.,(2003)에서 본 내용에 맞게 수정·보완함

유아들과 가족에 대해 이야기할 수 있는 기회를 갖는 것이 좋으며 그림책으로 자기표현을 자극·촉진할 수 있도록 돕는다.

■ 가족에 대한 주제를 담고 있는 그림책

- 내가 엄마이고 엄마가 나라면(이민경, 현암주니어, 2016)
  아이와 엄마가 역할과 장소를 바꿔 하루를 생활한다면 어떤 일이 일어날까에 대한 상상을 표현한 그림책이다. 서로가 좋은 점도 힘든 점도 있음을 알아가면서 더욱 깊이 공감한다는 내용이다.
- 우리는 언제나 다시 만나(윤여림, 위즈덤하우스, 2017)
  아이의 성장과정 특히 어른이 되어 엄마와 떨어져 있는 시간이 길어지더라도 마음으로는 서로 연결 되어 있는 존재가 가족이므로 언제든지 다시 만날 수 있다는 것을 표현한 그림책이다.
- 내 옆의 아빠(수쉬, 주니어김영사, 2018)
  아빠와 아이의 평범한 일상을 따뜻한 그림체로 표현했으며 시각적으로 대비되는 아빠와 딸의 몸 크기로 넉넉하고 풍성한 아빠(부모)의 사랑이 느껴진다.

■ **책을 읽고 부모 자녀가 함께 나누면 좋을 대화 주제 혹은 활동**

- 자녀로서 엄마의 사랑을 느낄 때는 언제일까?
- 서로에게 가장 듣기 좋은 말이나 행동은 무엇일까?
- 엄마, 아빠의 어린 시절에 대해 이야기 나누기
- 서로의 자화상 그려주기: 자녀는 엄마의 얼굴이나 몸을 그려 주고, 엄마는 자녀의 얼굴이나 몸을 관찰하면서 그려 준다. 그림으로 내 마음을 전달한다는 표현으로 서로의 얼굴이나 몸에 귀걸이나 목걸이, 야구모자, 드레스 등을 그려 꾸며줄 수 있다.

8 거짓말하는 (영)유아

사 례

유아는 거짓말을 습관처럼 한다. 주말마다 에버랜드를 가고 자신이 원하는 것이면 엄마 아빠가 뭐든지 다 사준다고 자랑하는데 부모상담 시 거짓임을 알게 되었다. 한번은 유아가 친구를 밀쳐서 병원에 갔었는데 집에서는 친구가 자신을 밀쳐서 넘어졌다고 거짓말하는 바람에 부모님께서 화를 쏟아내신 적도 있다. 매번 '거짓말 아니지?'라고 물어볼 수도 없고 어디까지 유아의 말을 믿어야 할지 모르겠다.

원 인

인지 발달 수준이 미숙한 경우

소유개념이 형성되지 않은 연령에게 도벽이라는 표현을 적용하기 어렵듯이 실제·객관적 세계와 심리적·주관적 세계를 구별할 수 있는 능력이 획득되기 전 유아에게는 '거짓말을 했다'고 할 수 없다. 자기중심적 사고[87]를 하는 유아는 현실을 객관적·전체적으로 보지 못하고 주관적·부분적으로 지각하므로 실제와 다르게 이야기

87) 자기중심적 사고 단계를 지난 유아일지라도 '감정의 홍수' 상태에 빠질 때 유아들의 인지능력과 상황판단 능력이 40% 이상 감소되므로 갈등이나 문제 상황에서 일시적으로 퇴행할 수 있다.

할 수 있으며 과거와 현재의 시간개념이 형성되지 않았거나 언어적 표현 능력이 부족한 유아의 경우도 마찬가지다. 예를 들어, 3세 유아가 자다 깨서 꿈속에서 봤던 벌레가 이불 위에 있다고 주장하거나 자신의 상상이나 소원, 혹은 한 달 전 있었던 일을 어제 일처럼 이야기한다고 해서 이를 일반적인 거짓말로 볼 수 없다.

부모와의 관계에서 심리적 욕구가 좌절된 경우

부모로부터 관심과 인정을 받고 싶은 욕구가 지속적으로 좌절된 경우 거짓말이나 부적절한 행동을 통해 심리적 욕구를 채우고자 할 수 있다. 부모의 과잉기대 수준[88)]이 높은 경우도 마찬가지다. 특히 거짓말이나 부적절한 행동을 통해 욕구 충족에 성공했던 유아는 설령 그것이 부모의 분노나 화를 수반하는 부정적인 관심이더라도 무관심이나 방치보다는 낫다고 느끼므로 강화될 수 있다.

혼나거나 벌 받는 것을 피하기 위한 경우

자신이 잘못한 것을 인지하거나 혼날 것 같은 분위기를 감지할 때 혼나거나 벌 받는 것에 대한 두려움을 피하기 위한 방어책으로 거짓말을 할 수 있다. 이는 의식으로 거짓말을 하는 경우와 방어기제의 일종으로 무의식중에 거짓말을 하는 경우 모두 해당된다. 특히, 부모님께 혼나는 것에 대한 극심한 공포와 두려움이 클수록 자신은 정말 잘못이 없다고 믿는 인지적 왜곡이 일어날 수 있어 무의식중에 거짓말을 할 가능성이 커진다.

사회적 관계에서 유력함을 경험하고 싶거나 인정받고 싶은 경우

또래나 교사와의 관계에서 영향력 있는 존재이고 싶지만 친사회적 기술 및 사회

---

88) 부모 양육태도 검사(Parenting Attitude Test: PAT)를 통해 자녀에 대한 과잉기대 수준이 어느 정도인지 측정 가능하다. 과잉기대 수준이 높을 경우 부모가 자녀에게 자신의 기대와 바람들을 직접적으로 요구하거나 표현하지 않을 수 있으나 굳은 표정, 한숨, 차가운 톤의 목소리 등의 비언어적인 메시지 속에서 자녀에 대한 불만감이나 불편감, 실망감 등이 전해질 수 있다.

적 센스가 부족하여 관계 속에서 존재감이 없거나 불리할 때 자신의 경험이나 소유를 과장되게 표현하거나 거짓말함으로써 자신을 유력한 위치에 놓고자 할 수 있다. 거짓말과 과장된 말을 통해 원하던 주목과 관심을 받으며 자신의 존재가 좀 더 유력해지는 경험을 했다면 습관적 행동이 될 수 있다.

소망 충족적 상상을 현실로 믿게 된 경우

나이와 인지발달상으로는 현실과 상상을 구분할 수 있지만 심리적인 이유로 구분할 수 없게 되기도 한다. 인간은 삶에서의 결함이나 결핍감을 채울 수 없고 이를 견디거나 극복할 수 있는 심적 자원이 없을 때 꿈이나 판타지, 상상, 공상을 통해 이를 보상[89]하고자 한다. 유아에 따라 처음부터 소망 충족적 상상이 현실임을 인지하지 못할 수 있고 처음에는 인지했더라도 어느 순간 본인이 믿고 싶은 내용대로 믿어버릴 수 있다. 예를 들어, 친구가 없는 7세 유아가 친하게 지내고 싶었던 ○○가 이사를 간 후, ○○와 즐겁게 놀았던 꿈을 꾸고 엄마에게 자신의 가장 친한 친구는 ○○라고 말하는 경우다.

솔루션

(1) 기관에서의 개입

나이와 인지발달로 인해 실제 세계와 심리적 세계를 구분하지 못하거나 시제를 인지하지 못하는 경우는 거짓말로 볼 수 없다. 따라서 다음과 같이 현실과 상상을 구분할 수 있도록 가볍게 언급해 주거나 유아의 원함이나 욕구 중심으로 반영해 준다.

---

89) 이무석(2004)은 보상(compensation)이란 실제적인 노력이든 상상으로 하는 노력이든 간에 자신의 성격, 지능, 외모 등과 같은 이미지의 결함을 메우려는 무의식적인 노력이라고 기술했다. 인간의 내외적인 결함, 결핍감을 보상하기 위한 무의식적인 처치는 꿈이나 백일몽, 상상, 공상을 통해 이루어진다. 프로이트는 꿈을 '소망충족의 수단'이라고 표현했다.

교사: 자, 이번 주말에는 뭐했는지 얘기 나눠볼까요?
3세 유아: 선생님, 저 에버랜드 다녀왔어요.
교사: (지난주 이야기임을 알고 있는 상황) 맞다! 지난주에 ㅇㅇ가 에버랜드 다녀왔다고 말해줬었지. 그것이 생각났구나. 그때 ㅇㅇ가 많이 재밌었나보다.
유아: 네.

심리적 욕구 결핍으로 인해 거짓말을 하는 경우는 평상시 또는 적절한 행동이나 말을 했을 때 유아에게 관심을 표현해 줌으로써 심적 욕구를 채울 수 있도록 돕는다. 관심을 표현할 때는 따뜻한 눈맞춤을 함께해 주는 것이 효과를 높일 수 있다. 거짓말에 대해서는 긍정적/부정적 표현 대신에 다음과 같이 사실이나 욕구, 감정, 원함 그리고 노력 중심으로 반영해 준다.

■ 평상시 유아에게 관심을 표현해 주는 방법의 예

- 날씨가 추운데 바지가 따뜻해 보여서 좋다.
- 선생님이 말하기도 전에 외투를 스스로 정리하고 있구나.
- 이제 ㅇㅇ가 형이 되더니 외투를 혼자 벗을 줄 아는구나.
- ㅇㅇ는 친구가 그림을 어떻게 그리는지 궁금했나 보다.
- 오늘은 식판에 남은 반찬이 별로 없네. 맛있게 잘 먹었니?
- ㅇㅇ가 파랑색으로 물고기를 그리고 있구나. 음, 이번에는 초록으로도 그리고. 바다 위에 배도 나타나네. 그물도 그렸네. 아, 물고기들이 그물에 잡혔나 본데.
- 오늘 기분이 좋아 보이는데. 무슨 기분 좋은 일 있었니?

■ 유아의 거짓말에 대한 반응의 예

- 교사: 이제 혼자서 외투도 벗을 줄 아는구나.
  유아: (실제로는 동생에 대한 질투가 큰 유아) 제가 동생 외투도 매일 벗겨줘요.
  교사: ㅇㅇ가 자기 외투도 혼자 벗을 줄 알고 스스로 할 수 있는 것이 더 많아졌네[90].

90) 부적응 행동은 무시하고 적응적 행동에 긍정적 피드백과 관심을 줌으로써 적응적 행동을 증가시키는 원칙을 적용한다. 즉, "동생의 외투를 매일 벗겨준다."는 거짓말일 수도 있는 유아의 말에 반응하기보다 유아가 기관에서 혼자 외투를 벗은 행동에 대해 관심을 표현함으로써 적응적 행동이 증가할 수 있도록 지도한다.

• 교사: 오늘은 반찬을 골고루 잘 먹었는걸. 거의 다 먹었네.
유아: (실제로는 편식이 있는 유아) 전 항상 남기지 않고 다 잘 먹어요.
교사: 어떤 날은 남길 때도 있지만 확실히 오늘은 ㅇㅇ가 골고루 먹으려 애쓴 것이 느껴지네.
ㅇㅇ가 반찬 남기지 말고 골고루 먹어야 한다는 것을 기억했구나[91].

인지발달의 제한점이나 감정의 홍수상태에서 거짓말하는 경우나 권위자에게 혼날까 봐 거짓말하는 경우도 기본적으로는 위의 개입과 비슷한 방향성을 갖는다. 단, 후자의 경우는 혼나는 것에 대한 두려움을 감소시켜 줄 필요가 있고 관계 속 신뢰감을 쌓는 것이 중요하다. 유아의 거짓말에 대한 적절한 반응의 예는 다음과 같다.

■ 동생에 대한 질투가 많은 유아의 예

유아: 엄마는 맨날 동생 장난감만 사줘요. 저는 장난감이 하나도 없어요.
교사: ㅇㅇ가 장난감을 많이 갖고 싶구나.
(혹은) 엄마가 ㅇㅇ에게 장난감을 많이 사줬으면 좋겠구나.

■ 싸운 것에 대해 거짓말하는 유아의 예

유아: 난 안 때렸는데 **가 저를 때렸어요.
교사: ㅇㅇ가 **랑 싸워서 기분이 안 좋았지~ (대화 초기에는 거짓말에 반응하지 않음)
유아: (교사의 눈치를 슬쩍 보며) 전 아무 잘못도 안했어요. **가 장난감 안 주고 때렸어요. 난 가만히 있었는데…
교사: ㅇㅇ가 지금 많이 속상하고 화도 나고 맞아서 아프기도 할 것 같아. 선생님은 지금 ㅇㅇ를 혼내려는 것은 아니고 도움을 주려는 거야. 어떤 일이 있었는지 솔직하게 얘기해 줄 수 있겠니? ㅇㅇ가 때린 것에 대해 혼낼 생각은 없어.
유아: … (침묵)
교사: 둘이 화 나서 한 번씩 때리는 것은 봤어. 둘 다 화가 많이 났었나 봐. 장난감 때문에 싸운 거야?
유아: 엄마한테 말하지 마세요.
교사: 엄마한테 혼날까 봐 걱정되는구나.
유아: 네…
교사: 선생님이 어떤 상황인지 일단 듣고 생각해 봐야겠지만 ㅇㅇ가 혼나지 않도록 할게.
유아: (잠시 생각) 사실은요….

---

91) "항상 남기지 않고 잘 먹어요."라는 유아의 거짓말을 수정해 주는 앞부분('어떤 날은 남길 때도 있지만')보다 반찬을 많이 남기지 않고 골고루 잘 먹어야 한다는 것을 기억하고 실천하려 애썼던 유아의 적응적 행동과 노력에 보다 관심을 기울이며 표현해 준다.

마지막으로, 이외의 원인들에 대해서는 위의 솔루션들과 함께 도덕성과 사회성 향상을 돕는 것이 필요하다. 도덕성 향상을 위해서는 결국 자기인식과 공감능력, 친사회적 기술이 함께 획득되어야 하므로 이를 도울 수 있는 활동을 소개한다.[92] (대상: 6~7세 유아).

* '함께 살아가요/우리는 좋은 친구' 프로젝트 수업으로 양치기 소년 동화와 다음의 미완성 창작 스토리를 순차적으로 소개하고 각각 토론 및 관련 놀이 활동을 진행한다.

■ 양치기 소년 동화

① 양치기 소년 동화(반복된 거짓말로 사람들의 신뢰를 잃어 도움을 못 받게 되는 이야기)를 읽어 준 후, 다음의 질문들을 하며 함께 이야기하는 시간을 갖는다.
- 마지막에 왜 마을 사람들이 양치기 소년을 도와주지 않았을까요?
- 여러 번 속았을 때 마을 사람들의 마음은 어땠을까요?
- 왜 양치기 소년은 자꾸 거짓말을 했나요?
- 여러분이 양치기 소년이었다면, 양을 치며 심심했을 때 어떻게 했을까요?
- 마지막에 아무도 도와주지 않았을 때 양치기 소년은 어떤 생각을 했을까요? 그때 어떤 느낌, 마음이었을까요?
- 양치기 소년은 이후에 거짓말을 또 했을까요?
- 안 했다면 이유는 무엇일까요?
- 우리가 서로에게 거짓말하지 않는 것이 왜 중요할까요?

② 그림 활동 및 발표 시간을 통해 거짓말해서 어려움에 처하게 된 양치기소년 이야기를 한 번 더 생각해 보는 시간을 갖는다.
- "우리가 오늘 이야기 속에서 가장 재밌었던 부분을 그리는 시간을 가져보려 해요. 그림을 다 그린 사람은 차례로 앞에 나와 자신의 그림이 어떤 장면인지 얘기해 주고 오늘 느낌 한마디씩 말하기로 해요."

■ 미완성 창작동화

① 다음의 미완성 창작 스토리를 들려주고, 다음에서 제시하는 후속 활동을 진행한다.

"옛날 옛날에 고양이가 살았어요. 고양이는 다람쥐와 어릴 때부터 친한 친구였어요. 고양이의 부모님이 직장일로 항상 바쁘실 때마다 고양이는 다람쥐네 집에서 놀았어요. 다람쥐의 엄마는 친절했어요. 항상 간식도 챙겨주시고 고양이 부모님이 늦게 오시는 날에는 저녁까지도 주셨어요. 고양이는 엄마가 항상 옆에 있는 다람쥐가 많이 부러웠어요. 그러던 어느 날 둘은

92) 사회성 향상을 돕기 위한 솔루션은 '집에서 물건을 가져오는 유아' 부분의 솔루션을 참고한다.

호숫가에서 놀다가 다람쥐의 실수로 고양이가 가장 아끼는 공이 호수에 빠지고 말았어요. 그 공은 작년 크리스마스 때 고양이 엄마가 사준 공이었어요. 다람쥐는 고양이에게 매우 미안해 했지만 고양이는 아끼던 공을 더 이상 갖고 놀 수 없다는 생각에 화가 많이 났어요. "찾아와! 찾아오란 말이야!"라고 소리쳤지만 고양이도 알고 있었죠. 그 호수는 깊어서 어떤 것이든 빠뜨리면 찾을 수 없다는 것을요. 결국 둘은 헤어지고, 집에 돌아와 화가 풀리지 않았던 고양이는 다음 날 유치원 친구들에게 "다람쥐가 내 공을 일부러 호수에 빠뜨렸어. 그리고 미안해하지도 않았어."라고 거짓말을 해버렸어요. 이후로 친구들은 다람쥐랑 놀지 않고 피했어요. 다람쥐는 하루 종일 슬퍼보였고 다음날 유치원에 오지 않았어요. 선생님은 다람쥐가 많이 아프다고 말씀하셨어요. 고양이는 화 나서 했던 거짓말이 다람쥐를 아프게 한 것 같아 미안했어요. 하지만 친구들에게 사실은 거짓말이었다고 말하거나 다람쥐에게 찾아가 사과할 용기는 없었어요. 마음이 힘들어서인지 그날 밤 고양이는 잠이 오지 않았어요. 계속 뒤척이다가 고양이는 결심했어요…"

② 그림책 만들기 활동이나 대화시간을 통해 고양이가 어떤 선택을 할 수 있는지 함께 이야기하는 시간을 갖는다.

(7세) "ㅇㅇ반 친구들~ 고양이는 어떤 결심을 했을까요? 다들 동화책 작가선생님이 되어 보는 거예요. 선생님이 들려준 이야기의 뒷부분을 우리가 그림책으로 만들어 볼 거예요. 선생님이 나눠주는 종이에 이후 이야기를 그리고, 나중에 한 사람씩 차례로 나와서 그림 설명을 해 주고 함께 나누는 시간을 가질 거예요"

(6세) "뒤의 이야기를 어떻게 만들어볼까요? 차례로 이야기 나눠보는 시간을 가질 거예요. 고양이가 어떤 결심을 했을지, 어떤 행동을 했을지 친구들이 말해 보는 거예요"

③ 모든 발표와 이야기들을 잘 경청하고 격려해 준 후, 다음의 질문 및 대화 시간을 가지며 거짓말을 왜 하면 안 되는지 생각해 보는 시간을 갖는다. 특히 고양이의 입장과 다람쥐의 입장을 각각 나눠서 충분히 생각해 보고 이야기하는 시간을 갖는다.

- 고양이가 거짓말을 고백하고 사과했다면 왜 그렇게 결정했을까요?
- 고양이가 거짓말임을 말하지도 않고 사과하지도 않았다면 왜 그랬을까요?
- 사과하러 갈 때 고양이는 어떤 마음이었을까요?
- 만약 고양이가 끝까지 사과하지 않았다면 고양이의 마음은 어땠을까요?
  다람쥐를 만날 때마다 어떤 마음이었을까요?
- 다람쥐는 고양이가 거짓말로 친구들에게 말했을 때 어떤 마음이었을까요?
  고양이에게는 어떤 말을 하고 싶었을까요?
- 다람쥐는 왜 하루 종일 슬픈 표정이었을까요?
- 다람쥐는 다음날 왜 많이 아팠을까요?

- 고양이의 사과를 들었다면 다람쥐는 어떤 마음이었을까요?
- 고양이의 사과를 끝까지 듣지 못했다면 다람쥐는 어떤 마음이었을까요?
- 다람쥐는 고양이에게 어떤 것을 원했을까요?
- 여러분이 고양이였다면 어떤 결정을 내렸을까요? 그렇게 결정한 이유는 무엇일까요?
- 거짓말하는 것은 어떤 때 도움이 될까요? 거짓말은 또 어떤 때 도움이 안 될까요?
- 거짓말은 관계에 도움이 될까요? 안 될까요?
  (혹은) 거짓말은 관계에 좋은 것일까요? 나쁜 것일까요?
- 거짓말은 왜 하면 안 될까요?
- 여러분은 어떤 때 거짓말을 하고 싶은 마음을 느끼나요?
- 거짓말하고 싶은 마음은 살면서 찾아올 수 있어요. 거짓말을 하지 않기 위해서는 무엇이 필요할까요?
- 거짓말을 실수로 했을 때 바로잡기 위해서는 무엇이 필요할까요?

④ 두 동화이야기를 통한 '함께 살아가요/우리는 좋은 친구' 프로젝트 수업을 하면서 느낀 점이나 배운 점, 재밌었던 점이나 기억하고 싶은 점들을 그림이나 글, 그림편지/편지(주인공이나 친구, 부모님, 교사 등 쓰고 싶은 사람에게 쓸 수 있음) 등으로 표현하도록 돕고 차례로 발표하며 나누는 시간을 갖는다. 거짓말은 다른 사람과 자기 자신에게 굉장한 어려움을 가져다줄 수 있고 독이 될 수 있다는 것, 잠시 상대방을 속일 수 있을지는 몰라도 결국은 관계를 해친다는 것을 언급하며 서로에게 좋은 친구가 되어 함께 살기 위해 정직함은 중요하다는 것을 배울 수 있도록 한다.

(2) 가정에서의 개입-부모상담 Tip

거짓말하는 유아의 부모상담 시 가장 중요한 부분은 가정에서의 심리적 결핍감 여부 및 훈육, 양육태도를 체크하는 것 그리고 사회성 향상을 위해 협업하는 것[93]이다. 이를 위해 다음의 질문 리스트를 참고할 수 있다. 상황과 시간에 따라 선택적으로 질문할 수 있지만 마지막 질문을 통해 양육자 스스로 자신의 양육태도나 아이의 마음에 대해 한 번 더 돌아볼 수 있는 시간이 되도록 돕는 것이 필요하다. 면담과정에서 유의할 부분은 양육자가 취조받는 기분이 들지 않도록 하는 것이다. 특히, 자녀의 거짓말하는 행동이 반복되어 면담을 진행하는 것을 인지한 상황이라면 양육자 입장에서는 방어적인 태도를 보이거나 반대로 위축, 자책하는 태도를 보일 수 있으므로 세심한 배려와 공감적 경청이 반드시 필요하다.

93) 본서의 '집에서 물건을 가져오는 (영)유아' 내용을 참고한다.

■ 질문 리스트의 예

- 아이는 부모님께 어떤 때 주로 혼나게 되나요? 아이와 반복적으로 부딪히는 일은 무엇인가요?
- 아이가 혼나는 빈도는 하루에 몇 번 정도일까요? 일주일에 몇 번 정도인가요?
- 어떤 방법으로 유아를 혼내시나요? 어떤 방법으로 아이를 훈육하시나요?
- 말씀하신 훈육방법은 유아의 문제행동 변화에 효과가 있었나요?
- 물을 엎지르거나 물건을 잃어버리는 것과 같은 아이의 실수에 대해 부모님의 반응은 어떤가요?
- 부모님은 자녀가 어떤 아이가 되기를 기대하시나요? 그 기대에 못 미치는 모습을 볼 때 어떤 마음이 드시나요? 그리고 아이에게는 어떻게 반응하시나요?
- 아이는 부모님께 어떤 일로 칭찬을 듣게 되나요?
- 아이는 부모님께서 어떻게 해줄 때 가장 좋아하나요?
- 부모님께서 평소에 농담과 장난으로 거짓말을 사용하기도 하시나요?
- 유아가 상상이나 재미삼아 하거나 관심을 끌기 위한 거짓말을 할 때 어떤 반응을 해 주셨나요?
- 어느 정도의 빈도로 아이가 좋아하는 칭찬이나 사랑표현을 해 주시나요? 하루에 몇 번 정도일까요? 혹은 일주일에 몇 번 정도일까요?
- 아이에게 따뜻한 눈맞춤, 함께 소리 내며 웃음, 기분 좋은 스킨십의 경험을 어느 정도 제공해 주고 계신지 0부터 10 중에서 표현해 주세요. 아이에게 질문한다면 아이는 0에서 10중 어떤 숫자로 표현할까요?
- 가족 간 소리 내서 웃으며 함께 놀거나 대화하는 시간이 이번 주에 몇 번 있었을까요?
- 지난 일주일 동안 아이와의 관계를 생각해 보세요. 아이 표정을 떠올리셔도 됩니다. (몇 초 후) 아이와 웃으며 보냈던 즐거운 상호작용 시간이 먼저 생각나셨나요? 아니면 아이가 울거나 짜증내는 반응, 혹은 육아에 힘겹고 지친 마음이 먼저 떠오르셨나요?
- 어머니에게 육아의 시간들은 어떤 시간인가요?
- 엄마 역할 속에서의 유능감과 만족감은 어느 정도이신가요? 0부터 10중에서 표현해 주세요.
- 아이의 요즘 제일 관심사는 무엇일까요? 아이에게 질문한다면 요즘 제일 관심 있고 재밌는 것이 무엇이냐는 질문에 어떻게 대답할까요?
- 아이에게 엄마에게 바라는 점이 뭐냐고 질문한다면 아이가 무엇이라고 대답할까요?
- 아이에게 세 가지 소원이 무엇이냐고 질문한다면 무엇이라고 대답할까요?

■ 마지막 질문 및 마무리

- "지금까지 얘기를 나누시면서 어떤 생각이 들었고, 어떤 마음이신가요?"
  → 양육자의 대답에 공감적 반영과 함께 관련 대화를 나눈다. 양육자가 이 대화의 과정을 통해 본인이 자녀와의 관계 속에서 달라져야 할 부분들을 스스로 깨달았다면 그 부분을 지지해드리며 마무리한다. 혹 양육자의 통찰을 돕기 위한 대화를 더 나눠야 한다면, 그날은 다음의 내용을 참고하여 마무리하고 추후 부모 면담이나 부모 교육을 통해 지속적인 노력을 기울일 필요가 있다.

• "거짓말을 반복하게 되는 경우, (위의 원인들을 간략하게 말씀드리며) 이러한 원인들이 있습니다. 말씀드린 원인 중 ㅇㅇ에게 좀 더 가까울 것 같은 것은 무엇이라 생각되시나요?
→ 원인이 어떤 것에 해당하든, 아니면 혹 다른 원인이든 아이의 감정과 욕구를 수용해 주고 채워주는 것은 거짓말의 소거를 위해 필수적입니다. 거짓말은 학교 들어가서는 더 큰 문제가 될 수 있는 부분이라 기관에서도 지속적인 노력을 할 테니 어머님께서도 함께 노력해 주시면 감사하겠습니다. 함께 계속 이야기를 나눠가도록 해요. 오늘 만나서 얘기 나눌 수 있어 좋았습니다. 다음에 또 뵙겠습니다."

9 화, 감정폭발을 많이 하는 (영)유아

사 례

유아는 씩씩하고 활동적인 성격이긴 하지만, 친구가 자신에게 조금만 싫은 행동(예: 놀림, 장난, 툭툭 건드리기)을 해도 금방 화를 내고, 울먹거리는 표현을 과장되듯 크게 한다. 처음에는 유아의 감정을 이해하려 노력했지만 감정이 평정심을 회복하는 데에도 오랜 시간이 걸려서 이런 일이 반복될수록 친구들은 유아와 함께 놀기를 은근히 거부하고, 당사자는 이런 상황에서 속상해한다.

원 인

언어로 자기 표현하는 것이 미숙할 경우

사소한 행동에도 쉽게 화를 내거나 감정폭발(예: 울음, 떼 등)로 자신의 마음을 표현하는 유아는 언어로 자신의 감정이나 입장을 표현하는 것에 미숙할 수 있다. 성인처럼 유창하지 않아도 자신의 감정을 설명할 수 있는 능력이 적절하게 발달되어야 하는데, 이 경우는 유아의 의사 전달 능력이 또래에 비해서 아직 미숙한 상태에 머물러 있음을 예상할 수 있다. 수용언어 능력은 또래와 비슷하지만 언어적 표현력만 부족한 것인지, 인지발달을 포함한 전반적 영역에서의 발달은 어떠한지, 혹은 언어표현을 어려워하는 특정상황이 있는지[94] 등을 관찰할 필요가 있다.

양육자의 양육태도가 허용적이거나 방임적일 경우[95]

유아의 환경 즉, 가정 내에서 양육자(예: 부모, 외·친조모 혹은 육아 도우미 등)와의 상호작용을 유심히 관찰해 볼 필요가 있다. 양육자가 지나치게 허용적이거나 방임적인 양육방식을 취하고 있는 경우에 유아는 자신의 요구와 감정을 나타내기 위해 보다 과장된 반응이나 고집스러운 반응을 해야 한다는 것을 습득한다. 즉, 양육자가 안정적으로 반응해 주지 못하므로 이로 인해 영유아의 떼쓰기, 화내기 등의 행동이 강화되고, 이로 인해 양육자가 쉽게 지치고 소진되어 유아의 감정이나 태도에 적절하게 반응해 주기 어려운 악순환에 빠질 수 있다.

회복탄력성(resilience)이 낮은 경우

유아가 화, 슬픔, 짜증 등의 부정적인 감정에 머물러 있다가도 이러한 감정에서 벗어나는 과정 즉, 자신의 안정적인 내면의 상태를 되찾는 것을 정서조절능력이라 하며 이는 유아의 회복탄력성과도 관계가 있다. 유아가 건강한 회복탄력성을 갖기 위해서는 양육자나 교사의 세심한 정서적 반영이나 개입이 필요하다[96]. 때로 양육자가 유아의 감정과 욕구에 민감하게 반응하기 어려워 상호작용에서 악순환을 반복하게 된다면 유아는 회복탄력성 발달 및 정서 조절의 어려움으로 인해 부정적인 감정에서 쉽게 벗어나지 못하게 된다.

---

94) 대상이나 상황에 따라 유아의 표현능력이 다르게 나타날 수 있다. 예를 들어, 교사나 낯선 어른 혹은 많은 사람 앞에서는 말하기 힘들어하지만 또래나 1:1 관계에서는 잘 표현할 수도 있다.

95) 가족은 인간의 삶이 시작되는 최초의 장이자 인간 형성의 가장 중요한 사회화의 장으로서 유아발달에 지대한 영향을 미치는 요인이다. 부모의 양육방법은 유아의 사회화 과정에서 중요한 환경요인이 된다(조운주 외, 2008). 부모가 지나치게 권위적이거나 혹은 허용적일 경우, 유아는 적절한 자기 통제를 발달시키지 못하고, 문제행동으로 나타날 수 있다.

96) 토마스 외(Thomas et al., 1977)는 기질의 유형을 다음의 3가지 유형–첫 번째 유형은 순한 아이(easy child), 두 번째 유형은 까다로운 아이(difficult child), 세 번째 유형은 느리게 반응하는 아이(slow to warm up child)–으로 구분하였다. 회복탄력성 향상을 위해서 기질적으로 까다로운 유아는 순한 기질의 유아보다 더 세심한 노력이 필요하다.

솔루션

(1) 기관에서의 개입

① 유아가 화, 감정폭발 행동을 하고 있는 중일 경우

다른 친구들에게 소리를 지르거나 때리는 행동을 하려 할 때 교사는 유아의 순간적인 행동을 제지하고 차단하여 신체적으로 다치는 상황이 발생하지 않도록 한다. 교사는 흥분하고 화가 난 유아를 다른 또래들과 물리적으로 떨어져 있도록 한 후, 1:1로 유아의 옆에 있어 준다. 유아가 감정적으로 흥분되어 있는 상태에서는 언어적으로 타이르거나 옳은 것을 알려주어도 잘 수용하지 못하기 때문에 일단 유아의 감정이 가라앉을 때까지 유아에게 말을 많이 건네지 않으면서 침착하게 기다려 준다.

유아의 감정이 진정되면, 유아에게 상황을 들어보고 유아의 감정에 구체적인 공감을 한 뒤 앞으로 어떻게 하면 좋을지에 대한 해결책을 함께 나눈다. 교사의 대응 후에도 유아가 진정되지 않는 경우에는 장소를 옮겨 다른 곳에서 좀 더 이야기를 하거나 기분을 푼 후에 또래와의 놀이에 참여하도록 한다.

■ 화가 난 유아와의 공감적 대화 방식의 예

- **1단계**: (명료하게 감정을 공감해 주면서 침착하게 기다려 준다.)
  ㅇㅇ가 화가 났나 보구나…
  ㅇㅇ가 많이 속상했구나…
- **2단계**: 선생님이 ㅇㅇ의 이야기를 좀 더 들어보고 싶은데 해 줄 수 있겠니?
- **3단계**: (이야기를 들은 후 조금 감정이 가라앉는다면)
  친구들은 즐겁게 놀 준비가 된 것 같은데 우리 ㅇㅇ는 어떤 것 같니?
  다음에도 속상하고 억울하고 화가 나는데 친구들과는 말이 잘 통하지 않으면 선생님한테 먼저 말해 주겠니?

② 유아의 화, 감정폭발 행동에 관한 예방적 개입

또래와 잘 어울리고 즐겁게 지내는 행동이 보일 때 이를 구체적으로 칭찬하고 유아의 행동을 반영해 준다. 또한, 부정적인 감정을 해소하고 표현할 수 있는 즐거운 놀이 활동[97]은 예방적인 개입이 될 수 있다. 특히 불안이 높은 유아는 타인에게 자주 화나 짜증을 표출할 수 있으므로 불안을 다스리고 이완할 수 있는 활동을 소개한다.

■ 자연스럽고 부드러운 촉감활동을 통해 긴장을 이완할 수 있는 활동의 예

① 핑거페인팅, 쉐이빙 폼을 활용한 활동

: 피부에 자극이 적은 제품(예: 유아용 핑거페인팅 전용 물감)을 선택한다. 처음에는 손가락 하나 정도만 묻혀서 색을 칠해 보고 점점 더 큰 범위에 물감을 묻혀 간다. 행동이 조심스럽지 못한 유아의 경우 충동적으로 다른 친구들의 옷이나 얼굴에 묻힐 수 있으므로 집단구성원들의 특성을 고려하여 선택한다. 대집단보다는 유아들을 2, 3명씩 묶어서 작은 모둠으로 활동하게 하는 것도 괜찮다. 활동 목적은 촉감을 통한 이완에 있으므로 자연스러운 스킨십을 하면서 색을 섞거나 작품을 만들 수 있으면 된다. 쉐이빙 폼은 생크림과 비슷한 촉감으로 부드럽고, 어느 색의 물감과도 잘 섞이는 특성이 있어 물감과 섞어 핑거페인팅 활동을 확장해 보아도 좋다.

② 서로 로션 발라 주기

: 야외활동이나 일상활동을 한 후에 손을 씻고 로션 발라 주기를 하면 또래 및 교사와의 친밀감 증진뿐만 아니라 긴장 이완의 효과를 가져 올 수 있다. 가정에서 부모와 함께 해 보는 것도 좋다.

③ 과일 꼬지 만들기

: 먹는 것과 관련된 활동도 긴장이완에 도움을 준다. 간단한 몇 가지 과일 등을 준비하여 꼬지에 끼워본다. 자르지 않아도 되는 딸기, 방울토마토, 포도 등이 끼우기에 적당한 재료들이다. 각자의 선호도에 따라 다른 과일이 끼워져 있기도 하고 같은 과일이 끼워져 있기도 한데 이를 통해서 서로의 비슷한 점과 차이점을 알아볼 수 있다.

97) 본서 '또래를 공격하는 (영)유아 솔루션'을 참고할 수 있다.

(2) 가정에서의 개입–부모상담 Tip

애착[98]증진을 위해 유아 중심적인 놀이(유아가 놀이의 주제를 선택하고, 부모는 반영적인 경청을 해 주며 따라가는 방식)[99]를 적어도 1주일에 한 번 정해진 시간(30분에서 1시간 사이)에 하는 것을 권한다. 유아에게 놀이란 자신의 언어와 감정을 상징적으로 전달하는 방식이 되므로 생각이나 감정을 확장하고 자아가 성장해 나가는 데 있어 매우 중요하다. 유아는 놀이를 통해 자신의 불안, 화 등의 불편하고 부정적인 감정을 편안하게 해소할 수 있으며 상상하기, 명명하기 등의 과정을 통해 언어·인지적 성장 및 성숙한 정서조절이 촉진될 수 있다. 특히, 부모가 유아의 놀이를 따라가며 반영적 경청[100]을 함으로써 유아에게 안전하고 신뢰할 수 있는 울타리 역할을 해 줄 때 놀이의 긍정 효과가 극대화될 수 있다. 그러므로 교사는 유아를 혼자 놀도록 방임하기보다 부모 자신이 유아와의 놀이에 적극적으로 참여할 수 있도록 권유할 필요가 있다.

10 차례를 지키거나 기다리는 것이 어려운 (영)유아

사 례

유아는 순서를 기다리고 질서를 지키는 데 필요한 인내심이 부족하고 순서대로 해야 하거나 다른 사람을 기다려줘야 하는 활동을 힘들어하여 불쑥 끼어드는 경우가 많다. 교사와 이야기할 때도 일방적으로 자신의 이야기만 하려고 하며 충동적으로 자신의 생각을 이야기하거나 행동하는 경향이 있다.

---

98) 애착이란 유아가 어머니와 맺는 정서적 유대관계로서 불안감이 느껴지는 상황에서 안정감을 얻기 위해 어머니에게 다가가서 접촉을 유지하려는 본능적인 행동이다. 프로이트의 정신분석 이론에서 애착은 영아가 빨고자 하는 구순욕구를 충족시켜 주는 대상과의 사이에서 형성하는 밀접한 관계라고 하였다. 그리고 에릭슨은 영아의 수유욕구를 만족시켜 주는 일은 영아기의 안정된 애착 관계 형성뿐만 아니라 성장한 후에 자신이 몸담고 있는 세계에 대해 느끼는 신뢰감의 기초가 된다고 주장했다.

99) 본서'친구물건이나 기관물건을 허락없이 가져가는 (영)유아'의 솔루션을 참고한다.

100) 본서 제2부'잘못을 인정하지 않고 고집을 부리는 (영)유아'의 가정통신문 내용을 참고한다.

원 인

충동조절이 어려운 경우

충동성이란 영유아 시기에 보다 왕성하게 발현될 수 있는 에너지이며 운동성으로 볼 수 있다. 통제나 조절에 어려움을 겪는 것 역시 유아의 연령에 따라서 시행착오를 겪는 과정이며 자연스러운 발달과 성장으로 볼 수 있다. 즉, 영유아기는 충동을 조절하는 감각을 발달시키고 숙련하는 시기이므로 교사나 부모는 여유 있는 기준을 가지고 유아의 (충동적) 행동을 바라보는 것이 필요하다. 하지만 기질에 따라 충동성 조절을 위한 훈육 및 연습이 보다 필요한 영유아도 있다. 예를 들면, 자극추구 기질이 높고 위험회피 기질이 낮으며 사회적 민감성 또한 낮은 영유아는 호기심이 왕성하여 도전하고 경험하는 것에 대한 욕구를 우선적으로 충족시키고자 하므로 타인의 바운더리(boundary)를 침범하는 충동적인 행동이 나타날 수 있다.

내면의 불안이 높은 경우

유아의 기질[101]에 따라 까다로운 기질인 경우 예민성과 민감성이 높고 새로운 환경에 적응하는 속도가 느리기 때문에 내면의 불안이 높을 수 있다. 이러한 기질의 영유아는 자신의 예민성과 불안을 조절하기 위해 정서적, 행동적 전략을 사용하려고 하지만 아직은 미성숙한 단계에 있기 때문에 불안을 낮추기 위한 행동이 충동적으로 표출될 수 있다. 이 외에도 주 양육자와의 애착과정에서 어려움을 겪은 경우, 즉 안정애착이 형성되지 못했을 경우에도 영유아는 내적 불안감이 높으며 불안으로 인해 충동성 조절을 어려워한다.

질서, 규칙 등 사회적 규범에 대한 개념화가 미숙할 경우

영유아들은 양육자의 신념이나 훈육 및 환경으로부터의 경험을 내면화하며 옳

101) 기질(temperament)이라는 용어는 성격의 개인차에 대한 유전적 기초를 의미하며, 반응성과 자기조절에 있어 조기 출현한 안정된 개인차를 보인다. '반응성'은 정서적 각성, 주의, 운동반응에 있어 민첩함과 강도에 있어서의 편차를 말한다. '자기조절'은 반응을 조정하는 전략을 말한다(Berk, 2006).

은 행동을 위한 사회적 기준을 선택하게 되는데 이러한 과정은 도덕성의 발달과도 밀접한 연관성을 가진다. 유아가 옳고 그름을 판단하는 능력인 도덕성 발달이 사회적 규범(예: 질서, 규칙 등)을 준수하게 되는 능력과 상관관계가 높기 때문이다. 일반적으로 4세경이 되어야 다른 사람의 입장이나 생각을 이해하는 능력이 발달하기 시작하여 기존의 자기중심적 사고로부터 친사회적·이타적인 행동을 위한 동기가 발달하게 된다. 차례를 지키기 어려운 유아의 경우 성숙함의 정도에 따라 아직은 사회적 개념의 내면화가 덜 이루어져 단체생활 속에서의 규칙, 규범의 준수가 어려울 수 있다.

솔루션

(1) 기관에서의 개입

충동성 조절과 통제를 위해 이완하는 방식을 배우는 것이 중요하다. 이완은 심리적인 것과 신체적인 것 모두를 포함하는 것인데, 신체활동을 통해 근육을 쓰는 방식과 힘을 조절하는 것을 배우는 것도 정서 조절의 영역에 포함된다.

■ 심리적으로 편안함을 갖도록 돕는 활동

① 신체활동 중 먼저 대근육을 쓰는 운동이나 활동을 통해 에너지를 표출하고 이완할 수 있도록 한다.

예

- 쉬운 요가동작 따라해 보기, 가벼운 체조나 댄스
- 공차기(예: 오른발, 왼발, 멀리, 가까이, 친구에게 패스하기 등)
- 점프하기
- 신문지 찢기

② 소근육 운동을 촉진시키는 활동도 정서적 이완에 도움을 준다.

예

- 전분가루 만지기(밀가루보다 손에 붙지 않고 흐르는 느낌이 들어 밀가루와는 다른 촉감을 경험할 수 있음)
- 밀가루 반죽하기
- 점토(플레이도우, 아이클레이) 주무르기

③ 되도록 큰 사이즈의 종이에 큰 붓으로 손이 가는 대로 그림을 그려본다. 개별 작업, 협동작업(2~4명) 모두 활용할 수 있다. 개별 작업 시에는 난화(낙서하듯 그리는 그림)로 그리도록 하고 협동 작업 시에는 주제를 정해서 그에 맞도록 그리게 하는 것이 좋다.

예

- 개별 작업 시 교사의 지시: "점점 큰 붓으로 바꿔가면서 손이 가는 대로 그려 보자. 어머, 이건 파도 같다. 여긴 어떤 동물 같기도 한데?"라며 연상되는 것들을 가볍게 이야기한다.
- 단체 작업 시 교사의 지시: "각 팀별로 우정, 여름, 가족, 겨울 중 골라서 협동 그림을 그려 볼게요. 이런 주제 외에도 팀별로 상의해서 새로운 주제를 발견해 봐도 괜찮아요."

질서, 규칙 및 옳고 그름 등의 도덕성, 사회성 향상을 위한 활동을 함으로써 유아의 정서조절 및 통제능력을 높인다. 또한 변화된 모습에 대해 긍정적인 강화를 해 줌으로써 타인과의 긍정적 관계 경험 및 자존감을 높이는 선순환이 될 수 있도록 돕는다.

■ **도덕성, 사회성 향상을 위한 활동**

① 기다리는 동안 지루해하지 않도록 간단한 미션(진행하고 있는 프로그램에 도움이 되는 방향으로 정하면 좋음)을 준다. 예를 들어, 다른 친구가 몇 개를 성공시켰는지 세어 달라고 하거나, 누가 가장 집중하고 있는지, 경청하고 있는지 지켜봐 달라고 하는 등으로 구체적인 역할을 부여해서 조금씩 잘 기다리는 것이 가능하도록 한다. 이러한 유아의 행동은 결국 다른 친구들에게도 도움이 되는 것이기에 서로에 대한 호감도 높아진다.

② 4절지 정도의 크기에 다양한 색의 스티커를 붙이고 주사위를 던져 해당 색깔에 오면 미션을 수행하는 보드게임을 함께 만들어 본다. 예를 들어, 빨간색에 도착하면 간식 1개 획득, 파란색에 오면 친구에게 칭찬해 주기, 노란색에 오면 우리 엄마의 좋은 점 이야기하기 등 유아들이 색깔에 따른 각각의 미션을 정해도 좋고 교사가 정해서 이야기해 주어도 된다. 유아들이 스스로 참여하고 만들었기 때문에 게임을 진행하면서도 순서 지키기, 기다리기, 경청하기 등의 활동에 좀 더 자발적인 동기를 가질 수 있다.

(2) 가정에서의 개입-부모 상담 Tip

불안을 낮추면서도 영유아의 자아 성장과 성숙을 돕는 것이 중요한데 먼저 영유아의 기질적인 특성을 양육자가 잘 파악하고 있는지를 탐색한다. 영유아의 기질이 까다롭고 예민하다고 해서 바뀌지 않는 것은 아니며 기질은 (양육) 환경과의 상호작용을 통해 변화될 수 있는 요소임을 이해시킨다.

영유아의 불안을 낮추기 위해서는 '불안을 직접 다루기'보다는 우회적이고 은유적인 방법으로 불안을 해소하고 이완하도록 돕는 것이 좋다. 이를 위해 평소 자녀와의 일상적인 의사소통에서 수용적인 태도를 보이면서 유아의 메시지를 존중하고 적극적으로 경청하는 것이 중요하다. 영유아의 말에 대해 "그렇구나", "응", "그래" 등의 단조로운 반응도 가능하지만 좀 더 적극적인 표현을 이끌어내기 위해서는"그 이야기 좀 더 해 줄 수 있어? 엄청 재밌다. 더 듣고 싶은데?" 등의 청자의 적극성이 요구되기도 한다. 이때 영유아의 표현보다 앞서가는 반응으로 주의주기나 충고하기(예: "그래서 그렇게 했다는 거니?", "그렇게 하면 안 되지~", "그래도 친구랑 사이좋게 놀아야지~")를 하지 않도록 하면서 대화를 이어 나간다. 이러한 태도 외에도 양육자와 유아가 촉감적인 놀이나 유동적인 매체를 활용한 놀이의 기회를 많이 가지는 것이 좋은데 부드러운 촉감을 갖고 있는 유동적인 매체(예: 물, 플레이 도우, 밀가루, 전분가루, 모래 등)는 영유아가 이완되고 편안한 상태를 경험할 수 있도록 돕는다.

영유아의 사회적 행동의 근간은 세상이 어떻게 작동하는지에 대한 사회적 이해에 있으며 이러한 이해는 영유아 자신에 대한 인식에서 시작된다. 즉, 영유아가 스스로를 어떤 사람으로 보는지가 다른 사람과의 상호작용을 하는 방식에 영향을 주게 되는 것이다. 따라서 자아의 건강한 성장은 친사회적인 행동을 배워 가는 데 있어 매우 중요한 요소가 된다. 영유아의 자아 분화와 독립을 돕고 자신감, 자존감의 확립과 성장에 있어서도 영유아-양육자와의 관계와 양육행동에 대한 고려가 필요하다. 예를 들어, 유아가 양육자에 대한 의존도가 높아 양육자 역시 유아의 욕구나 지시에 대해 즉시 충족해 주는 양육 행동을 취하고 있다면 유아가 교육 기관에서도 타인에 대한 양보, 배려 등의 사회적 규칙을 지키는 데 어려움을 겪을 수 있다. 따라서 양육자가 유아의 연령에 맞는 독립적인 태도와 사회적 조망능력[102)]을 길

102) 다른 사람과 효과적으로 상호작용하기 위해서 그리고 특정한 상황에서 어떤 행동이 옳고 그른지를 정확하게 판단하기 위해 유아는 다른 사람이 무엇을 생각하고 느끼고 알고 있는지를 이해해야 한다. 조망 수용능력은 유아기에는 완전하게 발달하지 않으므로 5세 이하의 유아는 다른 사람의 입장을 이해하기가 어렵다. 6~8세가 되어야 상황에 대한 다른 사람의 해석이 자신과 다를 수 있다는 것을 인식하기 시작한다(Marjiorie, 2009).

러주는 것이 중요하며 양육자 스스로가 일상에서 타인에게 친사회적이고 이타적인 태도를 실천함으로써 영유아에게 모델링을 보여주는 것도 필요하다. 이는 좋은 사회성 발달의 초석이 된다.

11 자위행동하는 (영)유아

사 례

유아는 말이 많지 않고 얌전한 편이지만 기관 적응에는 큰 문제가 없어 보인다. 어느 날 화장실에 다녀오더니 성기가 아프고 간지럽다고 하고 자유놀이 시간에 구석에 혼자 성기를 만지고 있는 모습이 눈에 띄었다. 혹시 자위행동을 하는 것인가 걱정되었는데 이후에도 성기를 만지는 행동이 자주 관찰되고 있어 이럴 때 어떻게 반응해 주어야 할지 고민이 된다.

원 인

자신의 불안을 다스리는 방법으로 선택했을 경우

부모의 잦은 다툼 혹은 엄격한 양육 태도 등으로 인해 가정환경으로부터 불안함(때로 공포처럼 느껴질 수 있는 분위기)을 자주 경험하였거나 유아가 정서적 돌봄으로부터 방치·방임되지는 않았는지 살펴볼 필요가 있다. 불안에 자주 노출되어 있었던 유아는 내적으로 불안하지만 외적으로는 경계심이 높을 수 있는데 자신의 불안을 스스로 다스리는 방식의 하나로 자위행동을 선택했을 수 있다.

장난처럼 성기를 만지다가 습관이 되었을 경우

남녀의 성별에 따른 몸의 차이를 조금씩 알아갈 수 있는 연령이라면 단순한 호기심이나 장난처럼 성기를 만지는 행동을 시도해 볼 수 있다. 성기를 만지다 보면 쾌감이나 즐거움이 느껴지고 이러한 즐거움을 습관처럼 찾게 될 수 있는데 특히 무료하거나 심심하다고 느껴질 때 이를 견디는 방식이 될 수도 있다.

양육자의 부적절한 양육행동으로 인한 정서적 결핍감이 있을 경우

유아의 자기 신체 탐색은 정상발달 과정에서 나타날 수 있는 행동이나 유아의 양육환경이 지나치게 방임적이거나 반대로 훈육 위주의 엄격한 방법이 주를 이룬다면 유아는 자신의 고유하고 자연스러운 감정이나 욕구를 해소하거나 수용받을 만한 환경이 없으므로 정서적 결핍감, 허기, 무료함 등의 정서를 억압하게 된다. 유아는 우연한 신체탐색으로 자신의 정서적 결핍감을 해소할 만한 방법을 찾았다고 생각할 수 있기에 환경적으로 받는 스트레스는 없는지 살펴보아야 한다.

솔루션

(1) 기관에서의 개입

① 자위행동을 하고 있는 중일 경우

유아의 이름을 직접 부르는 것보다는 전체를 향해 주위를 환기할 수 있는 지시를 함으로써 유아의 주의를 다른 활동으로 바꿀 수 있도록 해 준다. 자위행동에 대한 언급이나 금지의 표현보다는 다가가서 어깨나 손 등을 살며시 만지면서 몰입하는 것을 제한한다.

교사는 유아의 자위행동 전후 상황을 살펴서 유아가 정서적인 변화(예: 불안함, 화남, 슬픔 등)를 일으킬 만한 것이 있었는지 생각해 보고 이러한 변화가 유발되었던 상황이 있었다면 되짚어 주어 유아가 느꼈을 감정을 읽어 준다.

■ 교사 개입의 예

- 방금 ㅇㅇ가 ＊＊것을 빼앗아서 속상할 텐데, 기분 나쁘진 않았니?
- 친구들이 ㅇㅇ의 말을 좀 더 잘 들어줬으면 하고 바랐구나.
- 다시 한 번 친구들에게 이야기해 볼까?
- ㅇㅇ도 이거에 혹시 관심이 있을까? 함께 해 볼래?

② 자위행동을 하고 있지 않을 경우

연령에 맞는 성교육을 통해 남녀 몸의 차이, 생명과 탄생에 대해 배울 수 있는 기회를 주는 것이 필요하다. 성교육은 가정과 기관에서 모두 이루어져야 하며 유아의 눈높이에 맞는 성교육 관련 그림책 등의 교구를 이용하는 것도 좋은 방법이다. 또한 가정이나 기관에서 유아 혼자 방치되지 않도록 주의를 기울여서 관찰하는 것이 필요하다.

맨리(Manley, 2009)는 유아에게 성교육을 실시할 때 교사는 직접적이고 세부적이어야 하며 대답은 간결하고 단순해야 한다고 하였다. 또한 질문한 것 이상으로 이야기하는 것은 좋지 않으며 더 이상의 것은 유아가 원할 때 해 주는 것이 좋다고 하였다. 마지막으로 성교육을 담당하는 교사는 유아의 성장과 발달을 이해하고 성교육이 유별난 내용이 아니며 다른 교육과 같이 인간 성장에 관한 내용임을 수용하는 일이 선행되어야 한다고 하였다. 성교육 시 취할 수 있는 교사의 자세와 태도에 대해 요약해 보면 다음과 같다.

■ 성교육 시 교사의 자세와 태도

- 교사는 직접적이고 세부적이어야 하며 대답은 간결하고 단순해야 한다.
- 유아들의 발달단계를 고려하여 유아의 수준에 맞게 대답해 주어야 한다.
- 당황하지 말아야 한다.
- 질문에 솔직하게 답해야 한다. 이야기를 딴 데로 돌리거나 거짓말을 하면 아이들의 호기심은 더욱 커지고 자칫하면 상처를 받을 수 있다.
- 그 자리에서 해답을 찾아야 한다. 그러나 교사가 모르는 질문이 있을 수 있다. 그때에는 "선생님도 모르는데 알고 싶구나. 우리 같이 알아보고 나중에 다시 이야기해 보자."라고 말하고 다음에 반드시 이야기한다.
- 우리 몸에 대해서 소중하게 생각하는 태도를 심어주어야 한다. 아울러 자기 몸을 보호하는 방법도 알려 주어야 한다.

유아의 정서적 긴장감이나 불안을 해소하고 심리적 안정, 편안함을 줄 수 있는 놀이 및 미술활동도 도움이 되는데, 가정이나 기관에서 쉽게 해 볼 수 있는 활동은 다음과 같은 것들이 있다.

① 신문지 찢기 놀이 이후 공 만들어서 함께 놀기
: 적당량의 신문지를 찢거나 오려보고 신문지 더미에 숨어 보거나 덮어 주는 활동을 해 본다. 함께 뭉쳐 공이나 눈사람을 만들어서 마무리한다. 신문지를 덮어주는 활동을 할 때, "자고 있는 시간이니? 잘 자렴~ 이제 일어날 시간이다~ 기분이 어때?" 등의 대화를 하면서 번갈아가면서 덮어주고 토닥토닥 만져주는 스킨십을 한다.

② 핑거페인팅 놀이를 하며 종이에 다양한 물체나 신체를 찍어 보기
: 핑거페인팅, 큰 붓으로 그리기, 자신의 손이나 발 모양을 종이에 찍어 보기, 물감을 빨대로 불어서 효과 내기 등으로 확장 · 변화시켜 본다.

③ 쉐이빙 폼과 물감을 적당히 섞어서 다양한 색을 만들어 보기
: 쉐이빙 폼을 물감에 섞으면 좀 더 다양한 색을 만들 수 있다. 색을 섞어서 만들어지는 새로운 색으로 놀이에 활용할 수 있다. 예를 들어, 레스토랑 놀이, 아이스크림 가게 놀이 등의 역할놀이가 가능하다. 비누거품, 비누방울, 전분가루나 밀가루 등도 비슷한 효과를 낼 수 있어 대체 가능하다.

(2) 가정에서의 개입–부모상담 Tip

유아가 하원 이후의 일상을 어떻게 보내는가에 대해 확인할 필요가 있다. 유아가 부모와 떨어져 있는 시간이 많은지, 어떤 놀이를 주로 하고 있는지, 산만하지는 않은지, 전반적인 정서적 상태와 의사소통에 대해 부모의 반응은 어떤지를 확인하고 유아가 정서적으로 방치된다는 느낌을 받지 않도록 세심한 주의와 관찰이 필요함을 알려준다. 가장 중요한 것은 부모와의 상호작용에서 질적인 수준을 높이면서도 양적으로 일정한 양의 시간이 확보될 수 있도록 하는 것인데 상호작용은 유아가 좋아하는 다양한 방식으로 진행한다. 예를 들어 자유놀이, 역할놀이, 미술놀이, 운동, 산책 등을 하며 부모와의 상호작용하는 시간을 갖도록 한다.

12 손톱, 발톱을 뜯는 (영)유아

사 례

유아는 틈만 나면 손톱을 물어뜯는 모습이 관찰된다. 차례를 기다릴 때나 친구들과 함께 놀고 있을 때에도 자주 물어뜯어서 손톱이 매우 짧고 잘 자라지 않는 것 같다. 이런 습관은 위생적으로도 별로 좋지 않아서 바꾸어 주면 좋을 것 같은데 어떻게 줄일 수 있을지 고민된다.

원 인

양육환경으로부터 불안을 경험하고 있는 경우

기질은 영유아가 태어나면서부터 지니고 있는 고유한 것이나 양육환경에 따라 변화 가능하다. 이는 기질에 유전적인 영향이 있으나 환경적인 영향 또한 강력하다는 것을 뜻한다. 따라서 유전과 환경 모두 기질에 영향을 주는데 특히 까다로운 기질의 영유아(difficult child)는 환경의 변화에 부정적이며 강렬하게 반응하는 경향을 보인다(Thomas et al., 1977). 영유아가 양육환경에서 불안을 경험하는 요인은 부모의 잦은 갈등이나 이혼, 별거 등과 같은 가정 불화뿐만 아니라 부모의 방임적 양육태도 혹은 지나치게 경직되고 엄격한 양육태도 등과 관계있다.

구강기적 욕구가 잘 충족되지 않았을 경우

프로이트에 따르면 영유아는 구강기, 항문기 욕구를 충족하며 다음 단계로 이행하게 되는데 각 단계에서의 불만족, 불충족은 다음 단계에서의 어려움과 결핍을 야기한다고 보았다. 구강기적 욕구는 엄마의 젖이나 분유통의 젖꼭지를 빨면서 안정과 만족감을 느끼는 것인데 양육자와의 애착단계(보통 생후 18개월까지의 경험)에서 충분한 보살핌이나 만족감을 느끼는 것과도 연결되어 있다. 이 시기의 심리적 욕구의 좌절이나 결핍은 구강기적 욕구를 지속하려는 무의식적 반응(예: 손톱 뜯기, 손 빨기 등)과 연결된다.

지루하거나 무료한 상태에서 안정을 찾기 위한 행동이 습관화된 경우

영유아들은 기다림이나 지루함을 견딜 수 있는 심리적인 힘이 아직 강하지 않다. 영유아에게 무료함이나 지루함은 심리적 불안정 상태로 지각되므로 이를 상쇄하고자 하는 행동이 무의식적으로 나타나게 된다. 유아마다 다양한 형태로 나타날 수 있는데 울거나, 짜증을 내거나 산만하고 과도한 움직임을 보이기도 한다. 또는 멍한 모습을 보이거나 손을 빨기도 한다. 유아가 심리적인 평형상태를 맞추려는 무의식적인 반응으로 손·발톱 뜯기를 했을 때 이런 행동이 고착되면 습관이 될 수 있다.

솔루션

(1) 기관에서의 개입

냄새를 맡거나 눈으로 보고 손으로 만지는 등 오감체험이 포함된 활동을 계획한다. 불안이 높거나 지루함을 견디기 힘들어하는 유아는 이야기나 토론의 방식보다 에너지를 발산할 수 있는 직접적인 체험이나 활력과 흥미를 높일 수 있는 활동이 도움이 된다. 또한 구강기적 욕구가 자연스럽게 해소될 수 있도록 정서적, 심리적 만족감이나 안정감을 주는 학급 분위기를 만들고 손톱을 뜯을 때 자연스럽게 다른 행동으로 전환될 수 있도록 주의를 환기시킨다.

① 보물찾기 등 흥미를 끌고 직접적인 성취를 느낄 수 있는 활동
: 일정한 공간에 같은 색의 종이나 간식(예: 사탕, 초콜릿 등)을 숨겨 놓고 팀을 나누어 팀별로 정해진 색의 쪽지, 메모 혹은 간단한 물건을 찾아서 오도록 한다. 처음에는 즉시 보상이 주어지는 활동부터 시작하여 나중에는 미션의 단계를 세분화하여 만족지연[103]을 연습하게 한다.

② 동식물을 관찰하거나 직접 기르도록 해 보는 활동
: 자신이 좋아하고 흥미 있어 하는 사물들에 대한 관찰도감이나 백과사전을 만들어 본다. 또한 기관에서 유아들에게 직접 식물을 기르도록 하거나 체험 학습을 통해 직접적인 활동을 자주 경험하도록 한다.

---

103) 만족지연(delay of gratification)은 자기통제의 하위영역 중 하나이며 더 큰 결과를 위하여 즉각적인 즐거움, 보상, 욕구를 자발적으로 억제하고 통제하면서 욕구충족의 지연에 따른 좌절감을 인내하는 능력이다(김춘경 외, 2016).

③ 습관에 대한 이야기를 함께 읽고 토론하기

: 습관에 대한 그림책이나 이야기를 함께 나누고 자신에게 있는 좋은 습관과 좋지 않은 습관을 인식할 수 있도록 돕는다. 행동이 바로 변하지 않더라도 어떤 습관이 나에게 어떠한 영향을 줄 수 있는지를 아는 것에 목표를 둔다.

예

『쿵쿵이의 대단한 습관』(허은미/조원희, 풀빛, 2016)』 이야기를 함께 나누어 보고 습관에 대한 토론을 진행해 본다. '습관이 왜 중요한가? 습관은 내가 어떤 사람이라는 것을 알려주는가?'로 시작하여 바른 습관을 알고 바른 습관 기르기에 대해 이야기한다. 내가 기르고 싶은 좋은 습관 한 가지씩 정해서 게시판 등에 적어 놓는 것도 좋다.

자신에게 좋지 않은 습관이 있다고 해서 스스로를 나쁘다고 인식하여 자신에 대해 부정적인 자아상을 갖지 않도록 한다. 이를 위해 영유아가 갖고 있는 좋지 않은 습관을 소거·제거하는 것보다 좋은 습관을 형성하기 위해 노력하는 것에 초점을 둔다.

■ 자아상/나다움에 대해 토론 할 수 있는 그림책

- 마법연필(백명식, 모야, 2019)
  자신의 있는 그대로의 모습이 얼마나 중요하고 각자의 생김에 대한 이유와 쓸모가 있음을 즐겁게 묘사한 그림책이다.

- 동동도넛 둥둥도넛(이현지, 우리나비, 2018)
  헤엄치는 것이 친구들보다 조금 느린 오리너구리 동동이가 자신의 단점에 대해 많은 노력을 기울인 결과 좋은 장점이 되어 친구들과 즐겁게 지내는 내용을 표현한 그림책이다.

■ 위의 그림책에 관한 토론 활동

- 나다움이란 무엇일까요?
- 각자 생각하는 나다움을 하나씩 이야기해 볼까요?
- '내가 되고 싶은 나다움'은 무엇일까요?
- 되고 싶은 나다움을 다른 사람에게 발견한 적이 있나요?
- 동동이처럼 친구들과 지내면서 힘들고 어려운 점이 있었던 경험이 있다면 언제일까요?
- 어려움이 있었다면 그런 어려움을 어떻게 해결했나요?

(2) 가정에서의 개입–부모상담 Tip

손·발톱을 뜯는 습관의 원인 탐색을 위해서는 보다 구체적인 소통이 필요하다. 예를 들어, 가정에서도 손·발톱 뜯는 행동이 관찰되는지, 관찰된다면 횟수는 어느 정도이며 언제 나타나는지, 특별히 횟수가 증가하는 상황이 있다면 전후 상황에는 무슨 일이 있는지 등을 질문한다. 가정과 기관에서 손·발톱 뜯기가 관찰되는 빈도와 정도가 다르다면 어떤 요인에 의해 다르게 나타나는 것인지 확인한다. 특히 가정에서 습관의 빈도수가 더 자주 나타난다면 환경적으로 받는 불안의 요인이 많다는 것을 의미할 수 있으므로 양육행동의 점검과 변화가 필요함을 알린다. 부모 자녀 간에 다정하고 편안한 스킨십을 활용한 인사방법(예: 코 부비기, 머리 쓰다듬기, 서로 안마해 주기 등)이나 놀이 방법(예: 무궁화 꽃이 피었습니다, 동대문 놀이 등)을 권한다.

■ 유아의 불안이나 긴장을 자연스럽게 이완시켜줄 수 있는 일상적 활동의 예

① 가볍게라도 자주 안아주는 것, 토닥토닥 가만히 만져주는 것, 머리를 가볍게 쓰다듬어 주는 것 등 일상에서의 정서적 안정감을 주는 비언어적 행동을 늘린다.

② 도망치며 잡기 놀이: '무궁화 꽃이 피었습니다', '동대문 놀이'를 활용해서 신체적인 놀이와 잡기를 결합한다.

③ 손이나 발, 전신을 그려주기: 종이에 서로의 손이나 발을 윤곽선을 따라 그려주면서 다양한 색을 칠하거나 스티커를 붙여주며 꾸며 본다. 윤곽선을 따라 그리다 보면 부모–자녀 간 자연스러운 스킨십이 가능하고 꾸며주는 활동 자체가 타인으로부터 인정받고 이해받는 상징적 경험이 될 수 있다. 이를 통해 유아의 자존감, 자기가치감도 향상될 수 있다.

13 틱(Tic)[104]이 관찰되는 (영)유아

사 례

유아는 친구들이 놀이하고 있는 것을 쳐다보거나 교사와 이야기할 때 눈을 깜박거리거나 헛기침하듯이 킁킁 거리는 모습이 2, 3주 전부터 관찰되는 것 같더니 계속 이어지고 있다. 혹시나 친구들과 싸우거나 다른 문제가 있는 것은 아닌지 걱정되어 물어보면 그런 일은 특별히 없다고 한다. 유아의 행동이 틱 장애는 아닌지, 만약 그렇다면 교사로서 어디까지 유아에게 관심을 보여주며 어떻게 지도해야 할지 고민이 된다.

원 인

생물학적, 유전적 요인이 있는 경우

모든 질병에 생물학적 요인이 있듯 심리적 질병에도 생물학적 요인의 영향은 있다. DSM-5[105]에 의하면 틱은 전형적으로 4~6세 사이에 시작되고 증상은 10~12세 사이에서 가장 심하며 청소년기에 약해진다. 차분하며 활동에 집중할 때는 큰 문제가 없어 보이지만 불안, 흥분, 스트레스, 탈진에 의해 악화된다. 남아가 여아보다 발생 빈도는 높지만 틱 유형, 발병 시기에 따른 정도는 성별 차가 없다.

기질적으로 예민하고 정서적 긴장과 불안 및 스트레스에 취약한 경우

유아가 기질적으로 조심성이 높거나 까다롭고 예민한 경우 성장과정에서 수용하고 적응해 나가야 하는 다양한 상황을 마주할 때마다 다른 유아보다 많은 시간을

---

104) DSM-5에 의하면 틱 장애는 뚜렛 장애, 지속성(만성) 운동 또는 음성 틱 장애, 잠정적 틱 장애, 그리고 달리 명시된, 또는 명시되지 않은 틱 장애의 4가지 진단 범주로 구성된다. 18세 이전에 시작되어야 하며 최소 1년 이상 지속되는 것이 틱 장애로 진단되기 위해 필요한 기준이다.

105) 『정신질환 진단 및 통계 매뉴얼 제5판』을 줄인 표기이며 APA(American Psychiatric Association)에서 2013년 발간한 최신 개정판이다.

필요로 한다. 특히 틱 증상이 있는 유아들은 자신이 예측할 수 없거나 통제할 수 없는 상황에 대한 긴장과 불안감을 더 크게 경험하며 스트레스 상황에 취약한 편이다. 따라서 유아가 긴장과 불안을 반복적으로 경험할 때 이를 적절하게 안심시켜 주면서 심리적인 지지를 제공해 주는 양육자의 역할이 상당히 중요하다. 유아는 자신의 정서를 조절하고 통제하는 힘이 아직 부족하기 때문에 교사, 부모가 유아의 기질, 성격을 고려하여 감정과 정서를 민감하게 관찰하는 것이 필요하다.

양육자의 양육행동이 엄격한 훈육에 초점이 맞추어져 있을 경우

유아의 긴장과 불안은 기질적 요인도 있으나 유아를 둘러싼 환경적 요인에도 원인이 있을 수 있다. 양육자의 양육행동이 엄격하고 유아의 마음을 읽어 주는 것보다 훈육에 초점이 맞추어져 있을 경우, 유아는 자신의 정서적 힘듦을 공감, 지지, 위로, 격려받기보다 해결책을 제시받기 쉽다. 또한 눈에 보이는 성취가 있을 때만 칭찬을 받거나 반대로 잘못했을 때 지적과 교정만을 받는 경우도 있어 이러한 양육행동을 반복적으로 경험한 유아는 심리적인 어려움이나 고민, 힘듦을 편안하게 표현하지 못한다. 틱 증상은 일상 속에서 경험하는 다양한 부정적인 감정과 정서를 양육자로부터 공감·이해받지 못하는 상황이 반복될 때 나타나기도 한다.

스트레스로 인한 부정적 감정과 정서가 누적되고 있을 경우

틱 증상은 유아가 경험하고 있는 일상에서의 스트레스와도 밀접한 관련이 있다. 기관이나 가정에서의 환경적 변화(예: 또래 간 놀이에서 소외됨, 이사, 동생 출생, 양육자의 재취업, 부모 갈등, 형제경쟁 등)는 유아에게 적응을 요구하며 스트레스를 주기 때문에 불편한 정서를 유발한다. 이를 극복하고 새로운 환경변화에 적응하기 위해서는 평상시보다 더 많은 긍정적인 활력과 심적인 에너지를 필요로 한다. 하지만 심리적 욕구를 충분히 충족받지 못한 채 부정적인 감정과 정서가 표출, 해소될 통로가 없이 누적될 경우 틱 증상이 나타날 수 있다.

솔루션

(1) 기관에서의 개입

틱 증상의 주요한 요인이 유아의 스트레스라면 스트레스가 무엇인지 파악하고 스트레스를 줄이기 위해 기관에서의 개입이 가능한지, 가능하다면 어떤 범위까지 가능한지를 살펴본다. 예를 들어, 또래와의 다툼이나 갈등, 배척, 놀림 등이 유아의 스트레스 요인으로 파악된다면 교사는 적절하게 이를 다루고 기관 내에서 이에 대한 해결 방안 마련이 필요하다. 또한 가정 상황에서의 변화가 스트레스 원인이라면 부모와의 협력과 의논이 중요하다. 먼저, 기관에서는 다음의 활동들을 통해 유아의 긴장과 불안을 감소시키면서 기관에서의 적응 및 또래, 교사와의 긍정적인 의사소통을 도울 수 있다.

■ 대근육, 소근육을 이완하면서 부드러운 촉감을 촉진하는 활동

- 전신 그리기, 신체 그리기: 전지 위에 누워 자신의 신체 그림을 그리거나 신체 일부분, 예를 들어 손이나 발을 종이 위에 대고 그린 뒤 색칠하고 꾸민다. 이때 자신의 신체를 스스로 그릴 수 없으니 2, 3명씩 짝이나 팀을 만들어서 서로를 그려 주어 함께 완성해 보아도 좋다. 각자의 자화상이나 신체를 그린 뒤 서로에게 주고 싶은 선물, 필요한 것 등을 그림으로 그려 선물해 주는 방식을 덧붙여도 좋다.
- 아이클레이, 플레이도우, 지점토용 점토, 찰흙 등의 재료를 자유롭게 만져 보다가 화산 만들기, 좋아하는 음식 만들기 등의 주제를 제시하여 함께 만들기를 한다.

■ 협동을 통해 성취감, 성공경험을 느낄 수 있는 활동

- 신문지에 구멍을 뚫고, 둘 혹은 세 명씩 짝을 지어 구멍으로 들어가 구멍이 찢어지지 않게 걷거나 뛰어 결승점까지 무사히 오는 미션을 한다. 서로의 속도를 잘 맞춰야 하는 것이 중요한 포인트이며 결승점에는 둘이 함께할 수 있는 미션을 준비해 놓는다. 예를 들어, 결승점에서 서로 사탕이나 과자 먹여주고 돌아오기, 스티커 붙이고 오기 등을 통해 서로의 협동과 결속을 다진다.

■ 또래 및 교사와의 긍정적인 의사소통을 위한 활동

- 내가 상대방에게 받으면 기분이 좋아지는 말이나 행동이 무엇인지 함께 이야기 나누어 보는 시간을 갖는다. 나는 상대방의 기분을 좋아지게 하기 위해서 어떤 말이나 행동을 사용하는지 이야기하고 어떤 의사소통 방식이 좋은가에 대해 생각해 본다.

예

교사: 우리 친구들은 부모님이나 친구들에게 어떤 말을 들을 때 기분이 좋아지나요?
유아: '사랑해'라는 말이요.
교사: 아, 그렇구나. ㅇㅇ는 '사랑해' 라는 말을 들을 때 기분이 좋아지는구나.
유아: 네.
교사: 그럼 ㅇㅇ가 어떨 때 사랑한다는 말을 해 주실까?
유아: 내가 부모님 말씀을 잘 듣고 잘 웃을 때 같아요.
교사: 아, ㅇㅇ가 잘 웃고 기분이 좋으면 부모님도 따라서 기분이 좋아지고 사랑한다고 하시는구나.
유아: 네.
교사: 친구들 사이에서는 어떨까?

(2) 가정에서의 개입-부모상담 Tip

양육자가 제공하는 환경에 따라 유아의 불안이나 긴장의 수준은 민감하게 영향받을 수 있다. 유아가 하루 동안 어떤 생활을 했는지, 기분은 어떤지를 살피고 다정하게 물어보는 과정을 통해 양육자가 유아에게 관심이 있다는 표현을 자주 해 준다.

훈육이나 도덕적인 가르침을 전달할 때, 직접적이고 반복적으로 전달하는 방식(예: 인사 똑바로 해야지, 조용히 있어야지)과 일상에서 자연스러운 활동이나 모델링 등을 통한 간접적인 전달 방식이 있다. 어떤 것이든 유아가 스트레스를 덜 받는 형태로 제공하되, 엄격하고 높은 도덕적 기준을 강요하거나 주입하기보다는 유아에게 가장 편안하고 어떤 이야기든 할 수 있는 대상이 되어 주는 것에 초점을 맞춘다. 이로써 자녀와의 친밀한 관계 형성의 기초를 만들어 놓는 것이 일차적인 과제라 할 수 있다. 따라서 자녀의 하루 일정 중 30분에서 1시간 정도를 유아와 함께 특별한 놀이나 대화 등의 활동시간으로 정해서 역할놀이, 책 읽기, 미술활동 등 유아의 주도 아래 '특별한 시간'[106] 갖기를 추천한다. 이러한 '특별한 시간'은 각 가정의 상황에 따라 매일 가능하지 않더라도 일주일에 한두 번으로도 유아의 정서적 욕구를 충족시키고 소통과 친밀감을 높이는 데 효과가 있다.

106) 본서 '친구물건이나 기관물건을 허락없이 가져가는 (영)유아'의 솔루션을 참고한다.

14 착석 유지가 안 되고 움직임이 너무 많은 (영)유아

사 례

유아는 수업시간에 학습한 내용을 이해하고 자신의 생각을 표현하는 것에는 어려움이 없다. 단, 수업시간에 착석 유지가 안 되고 몸의 움직임이 많다. 간혹 조금 차분한 듯 보이는 날도 있지만 어떤 날은 자신의 몸에 대한 조절을 스스로 못하는 것 아닌가 하는 생각이 들 정도로 가만히 있는 것을 힘들어한다. 이럴 경우, 주의력결핍 과잉행동 장애(Attention Deficit Hyperactivity Disorder: ADHD) 가능성을 어느 정도 생각해야 되는지, 유아를 어떻게 지도하면 좋을지 궁금하다.

원 인

자아가 취약한 경우

착석 유지가 안 되고 몸의 움직임이 많은 경우 태생적인 주의력결핍 과잉행동 장애(ADHD)가 아니라면(혹은, 태생적인 주의력결핍 과잉행동 장애인 경우라도) 불안과 자아의 취약성을 염두에 둬야 한다[107]. 영유아기는 본능적 충동의 영향력이 크지만 자아가 분화되고 '나'라는 주체를 반영하는 입장이 되면 점차 본능적 충동을 조절해간다. 하지만 자아가 취약하면 본능적 충동과 활동성을 조절하기 힘들다. 결국 본능적 충동과 활동성을 조절하려면 자아분화가 안정적으로 이루어져야 한다.

불안과 우울 등의 내재화 증상을 갖고 있는 경우

불안과 불안정성이 높은 유아일수록 산만하고 몸의 움직임이 많다. 유아들은 불안에 노출될 때 불안을 통제하기 위한 본능적 처치로써 지나친 활동성이나 충동성

107) 자아의 취약성과 불안은 유의미한 상관관계가 있다. 자아분화가 제대로 이루어지지 못해서 자아가 취약한 유아의 경우, 세상(외부 세계)은 자신이 통제할 수 없는, 자신을 위협할 수도 있는 막강한 힘을 가진 대상으로 다가오기 때문에 불안과 두려움에 쉽게 노출될 수밖에 없다.

이 나타날 수 있다[108)109)]. 유아기 우울 역시 산만함과 과잉행동으로 나올 수 있다. 성인기 우울은 침체, 무기력함, 의욕 없음, 에너지 수준 저하 등으로 나오지만 유아기 우울은 짜증, 공격적·반항적 행동뿐 아니라 과잉행동과 산만함으로 나올 수 있어 주의 깊게 살펴볼 필요가 있다.

주의력결핍 과잉행동 장애인 경우

ADHD 유아들에게 나타나는 전형적인 핵심 특징은 부주의, 충동성, 그리고 과잉활동이다. ADHD 가능성 여부는 다음의 자료를 참고할 수 있다. 다음은 정신질환의 진단 및 통계 편람 제5판(DSM-5)에서 제시한 ADHD 진단 기준이다.

DSM-5의 주의력 결핍 과잉행동장애(Attention-Deficit/Hyperactivity Disorder: ADHD) 진단준거

■ 진단기준

A. 기능 또는 발달을 저해하는 지속적인 부주의 및 과잉행동-충동성이 (1) 그리고/또는 (2)의 특징을 갖는다.

1. 부주의: 다음 9개 증상 가운데 6개 이상이 적어도 6개월 동안 발달 수준에 적합하지 않고 사회적, 학업적/직업적 활동에 직접적으로 부정적인 영향을 미칠 정도로 지속됨.
   ※ 주의점: 이러한 증상은 단지 반항적 행동, 적대감 또는 과제나 지시 이해의 실패로 인한 양상이 아니어야 한다. 후기 청소년이나 성인(17세 이상)의 경우에는 적어도 5가지의 증상을 만족해야 한다.

   a. 종종 세부적인 면에 대해 면밀한 주의를 기울이지 못하거나 학업/작업 또는 다른 활동에서 부주의한 실수를 저지름(예, 세부적인 것을 못 보고 넘어가거나 놓침, 작업이 부정확함)
   b. 종종 과제를 하거나 놀이를 할 때 지속적으로 주의집중을 할 수 없음(예, 강의, 대화 또는 긴 글을 읽을 때 계속해서 집중하기가 어려움)
   c. 종종 다른 사람이 직접 말을 할 때 경청하지 않는 것처럼 보임(예, 명백하게 주의집중을 방해하는 것이 없는데도 마음이 다른 곳에 있는 것처럼 보임)
   d. 종종 지시를 완수하지 못하고, 학업/잡일 또는 작업장에서의 임무를 수행하지 못함(예, 과제를 시작하지만 빨리 주의를 잃고 쉽게 곁길로 샘)

---

108) 산만하고 가만히 있지 못한다는 이유로 임상현장에 내원하는 유아들 중에서 주의력결핍 과잉행동장애(ADHD)로 진단을 받는 유아들도 있지만 불안장애(Anxiety Disorder)로 진단받는 경우도 적지 않다. 즉, 불안한 유아들도 ADHD 유아와 같이 산만하고 가만히 있는 것을 힘들어하는 양상으로 드러날 수 있다는 뜻이다.

109) 심지어 성인들도 불안하고 긴장감이 높아질 때 차분함과 집중력을 유지하기 힘들다. 예를 들어, 불안할 때 자신이 하던 일이나 해야 하는 일에 집중하지 못하고 자신도 모르게 계속 주변을 서성이며 하던 일을 마무리 짓지 못할 수도 있고 손이나 손톱을 뜯거나 손을 계속 만지작거리는 등의 행동을 할 수 있다.

e. 종종 과제와 활동을 체계화하는 데 어려움이 있음(예, 순차적인 과제를 처리하는 데 어려움, 물건이나 소지품을 정리하는 데 어려움, 지저분하고 체계적이지 못한 작업, 시간 관리를 잘하지 못함, 마감 시간을 맞추지 못함)

f. 종종 지속적인 정신적 노력을 요구하는 과제에 참여하기를 기피하고 싫어하거나 저항함(예, 학업 또는 숙제, 후기 청소년이나 성인의 경우에는 보고서 준비하기, 서류 작성하기, 긴 서류 검토하기)

g. 과제나 활동에 꼭 필요한 물건들(예, 학습 과제, 연필, 책, 도구, 지갑, 열쇠, 서류 작업, 안경, 휴대폰)을 자주 잃어버림

h. 종종 외부자극(후기 청소년과 성인의 경우에는 관련이 없는 생각들이 포함될 수 있음)에 의해 쉽게 산만해짐

i. 종종 일상적인 활동을 잊어버림(예, 잡일하기, 심부름하기, 후기 청소년과 성인의 경우에는 전화 회답하기, 청구서 지불하기, 약속 지키기)

2. 과잉행동—충동성: 다음 9개 증상 가운데 6개 이상이 적어도 6개월 동안 발달 수준에 적합하지 않고 사회적, 학업적/직업적 활동에 직접적으로 부정적으로 영향을 미칠 정도로 지속됨.

※ 주의점: 이러한 증상은 단지 반항적 행동, 적대감 또는 과제나 지시 이해의 실패로 인한 양상이 아니어야 한다. 후기 청소년이나 성인(17세 이상)의 경우에는 적어도 5가지의 증상을 만족해야 한다.

a. 종종 손발을 만지작거리며 가만두지 못하거나 의자에 앉아서도 몸을 꿈틀거림

b. 종종 앉아 있도록 요구되는 교실이나 다른 상황에서 자리를 떠남(예, 교실이나 사무실 또는 다른 업무 현장, 또는 자리를 지키는 게 요구되는 상황에서 자리를 이탈)

c. 종종 부적절하게 지나치게 뛰어다니거나 기어오름(주의점: 청소년 또는 성인에서는 주관적으로 좌불안석을 경험하는 것에 국한될 수 있다)

d. 종종 조용히 여가 활동에 참여하거나 놀지 못함

e. 종종 '끊임없이 활동하거나' 마치 '태엽 풀린 자동차처럼' 행동함(예, 음식점이나 회의실에 장기간 동안 가만히 있을 수 없거나 불편해함. 다른 사람에게 가만히 있지 못하는 것처럼 보이거나 가만히 있기가 어려워 보일 수 있음)

f. 종종 지나치게 수다스럽게 말함

g. 종종 질문이 끝나기 전에 성급하게 대답함(예, 다른 사람의 말을 가로챔, 대화 시 자신의 차례를 기다리지 못함)

h. 종종 자신의 차례를 기다리지 못함(예, 줄 서 있는 동안)

i. 종종 다른 사람의 활동을 방해하거나 침해함(예, 대화나 게임, 활동에 참견함. 다른 사람에게 묻거나 허락을 받지 않고 다른 사람의 물건을 사용하기도 함. 청소년이나 성인의 경우 다른 사람이 하는 일을 침해하거나 꿰찰 수 있음)

B. 몇 가지의 부주의 또는 과잉행동—충동성 증상이 12세 이전에 나타난다.

C. 몇 가지의 부주의 또는 과잉행동—충동성 증상이 2가지 또는 그 이상의 환경에서 존재한다(예, 가정, 학교나 직장, 친구들 또는 친척들과의 관계, 다른 활동에서).

D. 증상이 사회적 · 학업적 또는 직업적 기능의 질을 방해하거나 감소시킨다는 명확한 증거가 있다.

E. 증상이 조현병 또는 기타 정신병적 장애의 경과 중에만 발생되지는 않으며, 다른 정신질환(예, 기분장애, 불안장애, 해리장애, 성격장애, 물질 중독 또는 금단)으로 더 잘 설명되지 않는다.

솔루션

유아가 주의 집중을 유지하는 시간이 짧고 산만하고 과잉행동을 보일 때, 혼내는 것은 근본적인 해결책이 되지 못한다. 오히려 유아의 불안을 더욱 활성화시키게 되어 과잉행동과 산만함이 심화될 수 있다. ADHD 유아[110)]의 경우도 마찬가지이다[111)]. 따라서 근본적으로는 자아분화가 안정적으로 이루어지고 자아강도가 견고해질 수 있도록 도와야 한다. 이를 위해 유아가 자기 자신을 경험할 수 있도록 질문과 반영적 경청을 활용한다. 즉, 신체적 감각, 감정, 욕구, 생각 등 유아 자신에게 집중할 수 있도록 질문하고(예: "너는 어땠니?"), 관계 속에서 유아가 자신을 표현할 때 반영적 경청을 통해 유아의 생각과 마음을 돌려준다(예: "너는 ~했구나", "너는 ~을 원하는구나", "너는 ~하고 싶구나", "너는 ~다는 얘기구나"). 유아의 말, 행동, 욕구, 감정, 입장이 부모나 교사의 지지적 반영을 통해 자기 자신에게로 돌아올 때 자아가 견고해지는 방향으로 갈 수 있다. 이 부분은 부모상담 시 중요하게 강조될 부분이며 가정과 기관의 협업이 필요하다.

(1) 기관에서의 개입

문제 행동에 주의를 주며 엄한 목소리로 지도할 수도 있으나 완전한 행동수정 효과를 기대할 수는 없다. 상대방의 힘에 의해 순간적으로 말을 들을 수는 있으나 이 과정 속에서 자아는 더 불리하고 취약하게 경험되므로 자아의 조절능력은 감소한다. 따라서 다음과 같이 존중해 주는 분위기 속에서 점진적으로 제한설정과 바운더리를 받아들일 수 있도록 지도할 필요가 있다.

---

110) ADHD 유아를 이해할 때 그들의 전두엽이 늦게 발달한다고 생각하는 것이 필요하다. ADHD 유아를 이해하는 가장 이상적인 방법은 이들이 곤란을 보이는 영역에 대해 또래 유아보다 발달이 다소 늦다는 점을 인정하는 것이다. ADHD 유아의 기본적인 문제는 집중하거나 조용히 앉아 있거나 상황에 대한 이해가 필요할 때 미숙함을 보이는 것이다(김유숙 외, 2014).

111) 일부 ADHD 유아들의 경우 약물상담이나 놀이치료, 자기조절훈련, 사회성 훈련과 같은 보다 전문적 개입의 병행이 필수적일 수 있다.

• **1단계**: 유아의 마음과 원함을 인정해 줌

예

(부드러운 스킨십과 함께) "ㅇㅇ야, 계속 앉아 있는 것이 힘들구나. 궁금한 것도 만져보고 싶은 것도 많지. 빨리 수업시간이 끝나고 자유놀이 시간과 쉬는 시간에는 마음껏 돌아다녔으면 좋겠네."

• **2단계**: 대안 제시 or 논의

예

① "그런데 지금 수업시간이니까 조금만 앉아 있는 연습을 해 보는 거야. 연습하고 쉬는 시간까지 못 기다리겠으면 의자 아래 잠시 앉았다가 너무 지루하면 다시 의자 위에 앉자."

② "그런데 지금 수업시간이니까 조금만 앉아 있는 연습을 해 보는 거야. (맨 뒷줄 맨 끝 쪽에 의자를 지정해 준 후) 의자에 앉아 있다가 너무 힘들면 조용히 일어나서 뒤에 서서 팔다리를 제자리 걷기 하듯이 움직이다가 다시 와서 앉으면 돼. 그래도 힘들면 앉았다가 일어나서 맨 뒤에서 조용히 옆으로 왔다 갔다 하다가 와서 앉아도 되고."

• **3단계**: 유아의 노력을 인정하고 고마움을 표현함

미미한 노력이라도 유아의 노력을 인정해 준다. 예를 들어, 유아가 교사의 제안대로 의자에 앉았다가 아래에 앉았다가를 반복하는 과정 속에 고개를 돌리고 손발이 산만하게 움직였다 하더라도 이에 대해 언급하지 않는다. 단번에 모든 몸의 움직임이 감소되고 차분해지기를 기대할 수는 없다. 점진적 확대가 목표다. 이 과정에서 스티커 제도를 활용하는 것도 좋다. 특히, ADHD 유아들에게 스티커를 줄 때는 행동에 대한 즉각적인 보상이 필요하다.

예

"ㅇㅇ가 선생님이랑 한 말을 기억했구나. 고마워. 노력한 것이 보이네. 다른 곳으로도 가고 싶을 텐데 의자 위랑 아래랑만 잘 왔다 갔다 했네. (혹은) 선생님이 말한 대로 뒤에서 혼자 조용히 잘 움직여줬네."

(2) 가정에서의 개입-부모상담 Tip

기본적으로 부모 상담 시 위에서 언급된 원인과 개입의 방향성을 함께 나누는 것이 필요하다. 기관에서의 지도방향을 말씀드리며 가정에서도 함께 진행될 수 있도록 돕고 도움이 되는 다음의 놀이를 소개하여 하루에 한 번씩 할 수 있도록 제안한다.

■ **활동성 높은 아이들을 진정시키는 데 도움이 되는 놀이 및 활동**

① 따뜻한 스킨십과 신체자극 놀이

: 가정에서 아침에 일어날 때 다리 쭉쭉이, 온 몸 마사지, 자기 전에 팔이나 배 쓰다듬어 주기, 노래 부르며 로션 발라주기, 목욕할 때 물감 붓으로 아이 손바닥에 간단한 그림 서로 그려주기, 물감 칠한 후 손바닥 · 발바닥 찍기 등

② 숨바꼭질, 텐트 안에 엄마와 같이 들어가서 안아주기, 이불을 엄마와 함께 덮어쓰고 속닥속닥 이야기 나누는 미션 수행하기

③ 비눗방울 게임

: 숨을 깊이 들이쉬고 천천히 비눗방울을 부는 연습을 함께한 후, 누가 가장 큰 비눗방울을 만드는지 시합한다. 비눗방울은 긴장을 완화시키고 스트레스를 줄이는 데 도움이 되므로 시합이 너무 경쟁적으로 진행되지 않도록 한다.

■ **집중력 향상을 돕는 놀이**

① 끝말잇기 게임

② 신문지나 책 제목 중에서 특정 글자 찾아오기 게임

: 1단계는 자신의 이름 세 글자를 찾아오기 미션, 2단계는 가족 이름, 3단계는 좋아하는 캐릭터 이름이나 애니메이션 제목, 4단계는 좋아하는 책 제목 등으로 점차 글자 수가 증가되도록 하고 신문에서 찾았을 경우, 오려서 빈 종이에 붙이도록 한다. 미션을 성공할 때마다 "1단계 미션 성공!"이라고 기뻐해 주고 "자, 2단계 도전하시겠습니까?"라는 말로 다음 단계에 도전할 수 있도록 돕는다. 이때 가능하면 유아에게 많은 성공경험을 갖게 한다.

③ 특정 이름이 나오면 박수치기 게임

: '토끼와 거북이' 그림책을 읽을 때, '토끼'가 나올 때마다 박수를 칠 수 있도록 한다. 박수치기 미션에 성공할 때 축하해 주고 새로운 미션에도 도전할 수 있도록 돕는다.

④ 할리 갈리 게임

: 유아의 인지 수준과 나이에 맞게 규칙을 단순화시켜 진행한다. (예: 딸기 과일이 나오면 바로 종을 친다 혹은 어떤 과일이든 5개가 나오면 종을 친다.)

⑤ 이야기 이어말하기 게임

: 한 명씩 돌아가며 이야기 이어 말하기를 한다. 시작은 서로 의논하여 정한다. 짧은 한두 문장으로 이어가되 3~5바퀴를 돌면 끝낸 후 어느 부분이 제일 재밌는지 서로 느낌 말하기를 하며 마무리한다. 유아 차례에 다소 엉뚱한 얘기를 하더라도 부모님께서 다음 스토리를 즐겁게 이어가도록 한다.

예 아빠: 옛날 옛날에 토끼 한 마리가 살았습니다.
→ 엄마: 그 토끼는 노는 것을 좋아했대요.
→ 유아: 그래서 그 토끼는 놀이터에 나갔습니다(한 바퀴).
→ 아빠: 하루 종일 신나게 놀다보니 배가 고파졌어요.
→ 엄마: 그때 갑자기 친구가 먹고 있던 당근이 눈에 들어왔지요.
→ 유아: 친구에게 가서 말했어요. "친구야, 나도 조금만 주면 안 될까(두 바퀴)?
→ 아빠: … → 엄마: … → 유아: … (세 바퀴)
…(이하 중략)

⑥ 숨은 그림 찾기 게임
: 유아가 집중을 잘할 수 있는 난이도부터 시작해서 서서히 난이도를 높인다. 단, 게임 시 집중력이 흩어지며 시선이 다른 곳을 향하면 이제까지 집중한 부분에 대한 긍정적 피드백을 한 후, 다시 게임할 준비가 될 때에 도전할 수 있도록 한다.

⑦ 미로 찾기 게임

15 친구 물건이나 기관 물건을 허락 없이 가져가는 (영)유아

사 례

유아는 유치원의 물건을 허락 없이 집에 가져간다. 유치원 물건은 친구들과 함께 쓰는 것이므로 집에 가져가지 않는다고 알려주고 몇 번 주의를 줬음에도 잘 고쳐지지 않는다. 지난 번에는 친구의 물건을 아무 말 없이 가져가서 문제가 커졌던 적이 있었다. 부모님께도 많이 혼났다고 들었는데 기관의 물건을 가져가는 행동은 잘 고쳐지지 않는다.

원 인

소유개념이 아직 형성되지 않은 경우

만 3~4세 미만의 유아는 아직 내 것과 남의 것이라는 소유에 대한 개념이 온전히 형성되지 못했으므로 물건을 빌리는 것과 훔치는 것을 구별하지 못할 수 있다. 남의 물건을 갖고자 하는 경향은 만 3세경에 최고가 되지만(Macfarlane et al., 1954) 아직 소유권의 개념이 없으므로 도벽으로 간주해서는 안 된다. 금지의 의미를 알고도 의도적으로 위배했을 때에만 '도둑질'이 된다(Wenar et al., 2000).

충동조절 능력이 부족한 경우

자극추구적인 기질이 높고 위험회피적인 기질이 낮은 경우[112] 잠재된 위험요인을 생각하기보다 새로운 자극이나 경험을 추구하고자 하는 욕구가 크기 때문에 충동적 성향을 갖기 쉽다. 특히, 주의력결핍 과잉행동장애(ADHD)적 소인까지 있다면 본능적 충동을 따르기 쉬우므로 문제행동이 나타날 수 있다. 하지만 이 행동이 반복적으로 일어난다면 부모의 요인과 깊은 관련이 있을 수 있으므로 적극적 개입을 생각해야 한다.

심리적 결핍감이 있는 경우

물건을 가져가는 행동을 반복적으로 보이는 유아는 정서적인 배고픔(affectional hunger)을 갖고 있을 가능성이 높다. 내적 배고픔과 공허감, 결핍감, 좌절감 등을 눈에 보이는 놀잇감이나 장난감, 물건 등으로 대체시켜 순간적으로 소유하고 싶은 욕구를 이겨내지 못하는 패턴이 반복되는 것이다. 이는 부모의 양육태도, 가치관, 기질 및 성격과 관련이 깊다. 특히, 부모가 자녀의 심리적 욕구를 채워주지 못할 경우, 자녀의 욕구나 충동에 대해 수용적이지 못할 경우, 자녀의 본성보다 사회적 기능과 역할을 강조할 경우, 부모의 도덕적 잣대가 엄격할 경우, 기질과 성격이 서로 달라 아이의 욕구를 인정해 주지 못할 경우[113], 강압적인 양육태도를 취할 경우 자녀의 욕구는 억압되는데 이러한 부정적 경험이 많을수록 욕구나 충동 조절이 힘들 수 있다.

---

112) 본서 제2장 기질 및 성격검사(The Temperament and Character Inventory: TCI) 부분을 참고할 수 있다.

113) 예를 들어, 아이는 자극추구적인 기질이 높아 새로운 것들을 경험하고 싶은 욕구가 높은 반면 부모님은 자극추구적인 기질이 낮고 위험회피적인 기질이 높으므로 삶의 전반에 걸쳐 절제하고 억제하는 경향성이 높다면 아이의 욕구를 존중해 주지 못할 가능성이 크다.

도덕성 발달이 제대로 이루어지지 못한 경우

만 3, 4세가 되면 자아인식과 정서인식이 발달하기 시작한다. 자신과 타인을 구별하고 언어능력이 잘 발달한 아이들은 자신과 타인의 정서(예: 기쁨, 슬픔, 놀람, 화남, 두려움 등)를 표현할 수 있다. 정서, 인지발달이 어느 정도 이루어지면 사회성 발달과 도덕성 발달도 함께 이루어진다. 자신이나 또래의 행동이 전체집단에 영향을 미칠 수 있음을 알고 사회적 규범과 친사회적인 행동을 익히게 된다. 도덕성 발달은 더 바람직한 행동을 위해 욕구를 지연시키거나 절제할 수 있는지의 여부와 관련되는데 도덕성 발달이 제대로 이루어지지 않았을 때는 본능적 충동이나 욕구를 따르게 될 가능성이 높다. 도덕성 발달은 심리적 결핍감을 야기할 수 있는 부모의 양육태도뿐만 아니라 지나친 방임이나 과잉보호를 할 경우에도 제대로 이루어지지 못할 수 있다.

솔루션

연령과 인지발달, 충동성 등 발달적 원인이 있는 경우는 기다려주며 기관에서뿐만 아니라 부모님과의 협업하에 반복적인 교육과 훈육을 제공할 필요가 있다. 한편, 부모의 양육태도와 관련된 심리·정서적인 원인의 경우에는 아이의 심리상태에 대한 별도의 부모 상담 및 그에 따른 지도가 필요하다.

(1) 기관에서의 개입

① '남의 물건을 소중하게 여겨요'라는 생활태도(인성) 관련 프로젝트 수업을 진행한다.

- 동물들을 주인공으로 한 미완성 이야기를 들려주고 토론식 수업을 진행한다.

"호기심이 많은 여우가 있었어요. 어느 날 여우가 학교를 가고 있었는데 학교 정문 앞에서 반짝이는 것을 발견했어요. 가까이 가서 보니 금색 팽이가 떨어져 있었어요. 자세히 보니 'P'라고 새겨져 있었지요. 자신의 것은 아니었지만 너무 해 보고 싶어서 팽이를 돌려보니 정말 잘 돌아가는 멋진 팽이였어요. 여우는 경찰 아저씨나 어른들에게 말해서 주인에게 돌려줘야 한다는 것은 알고 있었지만 너무 갖고 싶은 마음에 주머니에 넣고 말았지요. 학교에 도착하자 친구인 돼지가 울고 있었어요. 학교 오는 길에 어제 생일선물로 받은 금색 팽이를 잃어버렸다는 거예요. 그 팽이에는 'P'가 새겨져 있다는 말과 함께요. 여우는 자신의 주머니 속 팽이가 돼지 것임을 알게 되었지요. 여우는 마음이 불편했어요. 돌려줘야 될 것 같았으나 돌려주기가 너무 아깝고 싫었던 것이지요. '돼지가 잃어버린 거잖아. 그러니까 내가 가져도 되는 거 아닌가?'라고 생각했다가 울고 있는 돼지를 보면 되돌려줘야 할 것 같은 마음도 들었어요. 그날은 수업시간도 자유놀이시간도 다 재미가 없었어요. 빨리 집으로 가고 싶었던 여우는 학교 수업이 빨리 끝나기만을 기다렸어요. 마지막 시간이 끝나자 인사도 대충하고 집으로 달려오다시피 빠르게 왔답니다. 집에 도착하자 엄마는 밥을 하신다고 부엌에 계셨어요. 여우는 살며시 팽이를 꺼내서 돌려보았어요. 역시 멋진 팽이였지요. 몇 번 돌려보다가 울고 있던 돼지가 생각난 여우는 서랍 속에 팽이를 넣어버렸어요. 하루 종일 무엇을 해도 별로 재미가 없던 여우는 결심을 한 듯 벌떡 일어났어요.

친구들~ 여우는 어떤 결심을 했을까요? 선생님에게 여우가 어떻게 했는지 마지막 부분 이야기를 듣기 전에 친구들이 여우가 어떤 결심을 했고 어떻게 행동했는지 이야기를 지어보기로 해요. 동화 작가가 되어 보는 거예요."

- 각각 아이들이 지어낸 이야기들 속에서 여우의 선택과 그러한 선택을 한 이유에 대해 함께 이야기한다. 이후 여우의 선택 이전과 이후 등장인물들이 느꼈을 감정은 어땠을지 충분히 이야기한다. 7세 반이라면, 아이들과 함께 자기가 해 보고 싶은 동물인형 탈 만들기 시간을 가진 후, 역할놀이나 연극을 직접 해 보며 대화의 시간을 가질 수 있다.

- 프로젝트 마지막 시간에 실제 이 이야기의 끝은 여우가 팽이를 갖고 싶었지만 용기 있게 돼지에게 돌려줬다고 이야기해 준다. 그리고 갖고 싶었지만 돼지의 것이었기 때문에 갖고 싶은 마음을 내려놓고 용기 있는 행동을 한 여우에게 칭찬과 격려의 그림 편지나 한글 편지 쓰기 활동을 한다. 그리고 유아 한 명씩 나와서 발표하며 마음과 생각들을 나눈다.

② 마켓 역할 놀이를 통해 물건을 사거나 내 것이 아닌 물건을 가져올 때는 비용을 지불해야 한다는 것을 배울 수 있도록 돕고, 물건마다 이름표를 붙임으로써 자신의 것과 자신의 것이 아닌 것에 대한 소유개념을 형성할 수 있게 한다.

(2) 가정에서의 개입–부모상담 Tip

가정에서 아이의 욕구에 대해 수용적인 분위기인지, 정서적인 돌봄이 어느 정도 이루어지고 있는지 살펴본다. 예를 들어, 눈 맞추며 아이의 이야기를 경청하며 대화를 나누거나 함께 놀이하는 시간이 하루/일주일에 얼마나 되는지 질문한다. 그리고 (필요시) 아이가 자라면서 다양한 시행착오나 실수를 할 수 있음을 감안하더라도 문제행동이 소거되지 않는다면 아이가 정서적으로 배고프다는 신호를 지속적으로 보내고 있음을 전달한다. 이를 위해 가정과 원에서의 협업을 강조하며 다음의 몇 가지 제안을 드릴 수 있다. 이때 ①~③ 제안을 실천하지 않는다면 ④번 제안은 효과가 없다는 것을 강조해야 한다. 또한, ①~③ 제안의 실천 없이 ④번 제안만 적용할 경우, 오히려 문제행동이 강화될 수 있으므로 반드시 유아의 심리 정서적 욕구를 돌아보는 노력이 선행되어야 함을 강조한다.

① (하루에 최소 4번) 예를 들어, 아침에 깼을 때, 등원할 때, 하원 후 만났을 때, 자기 전에 꼭 눈 맞추며 안아주기를 실천한다.
② (주 1회 이상) 아이와 둘만의 '특별한 놀이시간'을 갖는다.
③ (주 1회 이상) 가족과의 특별한 놀이시간을 갖는다(예: 풍선 배구, 숨바꼭질, 보물찾기, 무궁화 꽃이 피었습니다, 캐치볼, 발로 하는 피구 등).
④ (주 1회 정도) 마켓이나 문구점에서 원하는 놀잇감이나 장난감, 간식을 직접 고를 수 있도록 한다. 1,000~2,000원 내에서 살 수 있도록 하되, 필요하다면 요일을 정할 수 있다. 혹 스티커 제도를 실시하는 가정이더라도 직접 물건을 고르는 활동은 별도로 진행한다.

위에서 제안한 두 번째 방법인 '특별한 놀이' 시간의 진행방법은 다음의 가정통신문 내용을 참고하여 적용할 수 있도록 한다.

■ 엄마(아빠)와의 '특별한 놀이시간'[114)]을 소개합니다

'특별한 놀이시간'은 자녀의 관심과 흥미를 따라가며 감정과 욕구를 자유롭게 표현할 수 있도록 합니다. 자녀가 요청하기 전에는 먼저 도움을 제공하지 않고 자녀가 보다 자유롭게 자신에게 필요한 놀이들을 이끌어갈 수 있도록 자녀의 행동이나 선택에 대해 지시하거나 재촉하지 않습니다. 제시, 충고, 설득, 훈계, 도덕적 설명은 하지 않으며 주도적으로 이끌지 않습니다. '특별한 놀이시간'은 다음의 네 가지 기술을 따릅니다.

1. 구조화

구조화 기술은 자녀에게 놀이 시간에 대한 전체적인 이해를 제공하고 놀이 시간이 그들의 일상생활과 다르다는 것을 이해하도록 돕습니다. 본질적으로 구조화 기술은 '특별할 놀이 시간'의 성격을 설정하는 것입니다. 다음과 같이 '특별한 놀이 시간'을 소개합니다. "ㅇㅇ야, 이제부터 ㅇㅇ와 특별한 놀이시간을 가질 거야. 이 시간에는 네가 원하는 놀이는 무엇이든 할 수 있어. 만약 하지 않아야 하는 행동을 하면 그때 가서 알려줄게~ 놀이시간은 30분인데 끝나기 5분 전에 말해 줄게~" 그리고 놀이시간이 끝나기 전에 두세 번 정도 알려주며(예: "놀이시간 5분 남았네.") 놀이를 마칠 준비를 할 수 있도록 합니다. 30분이 다 되면 부드럽지만 단호하게 시간이 다 되었음을 말해줍니다. 자녀가 더 놀고 싶어 하면 마음은 읽어 주되(예: "ㅇㅇ야, 놀이를 끝내는 것이 아쉽구나. 하지만 다음 시간에 또 놀 수 있어.") 놀이시간을 끝냅니다.

2. 공감적 경청

공감적 경청은 아동에 대한 부모의 관심을 표현하며 자녀에게 감정과 욕구가 수용되고 있음을 전달합니다. 부모는 이 기술을 통하여 부모 자신의 사고와 감정을 보류하고 자녀의 관점에서 세상을 보는 연습을 할 수 있습니다. 특별한 놀이에서의 공감적 경청기술은 다음의 두 가지로 나누어 생각해 볼 수 있습니다.

114) 1960년대 초에 루이스 거니(Louise Guerney) 박사와 버나드(Bernard) 박사에 의해 개발된 부모-자녀 놀이치료(Filial Therapy)는 광범위한 연구와 활용을 통해 아동을 돕고 가족을 강화시키는 데 매우 효과적인 방법으로 밝혀졌다. 부모는 전문가로부터 20주 동안 자녀와의 '특별한 놀이' 시간을 갖는 것을 배운다(Guerney et al., 2013). 이와 같이 '특별한 놀이' 시간의 치료 효과를 제대로 가져가기 위해서는 최소 10주 이상의 전문가의 지도가 필요하다. 하지만 일부 부모와 교사에게는 위의 설명만으로도 영유아의 회복과 성장에 도움을 줄 수 있을 것으로 생각되어 소개한다.

① 아이의 행동과 놀이를 따라가며 말로 읽어 줍니다(tracking).

아이의 행동, 놀이	부모님의 반영의 예
아이가 기찻길을 조립할 때	"기찻길을 만들고/연결하고 있구나.", "기찻길이 연결되고 있습니다."
기차가 가는 것을 지켜볼 때	"기차가 움직이네.", "기차가 움직이고 있습니다."
아이가 공룡을 선택해서 기찻길 쪽으로 가져왔을 때	"공룡이 등장했습니다/나타났습니다."
아동이 요리를 할 때	"요리하고 있구나."
선반에서 자동차를 선택했을 때	"자동차를 골랐구나/선택했구나.", "자동차가 등장했습니다~"
파란색으로 뭔가를 그리기 시작했을 때	"파란 색으로 무언가를 그리고 있구나."
색칠을 꼼꼼하게 하고 있을 때	"꼼꼼하게 칠하고 있구나.", "신경써서 색칠하고 있구나."

② 아동의 표정이나 몸짓 등의 비언어적인 메시지(nonverbal message)를 통해 나타난 아동의 감정과 정서, 욕구나 원함, 의도를 따라가며 읽어 줍니다(mirroring).

아이의 감정과 정서	부모님의 반영의 예
컵 쌓기를 하다가 쓰러뜨려 속상해할 때	"쓰러져서 속상하구나/안타깝구나/실망했구나."
컵 쌓기 중 무너져서 깔깔거리고 웃을 때	"(쓰러뜨리는 것) 신나는구나/재밌구나."
기찻길을 연결하려 하는데, 자신의 뜻대로 되지 않을 때	"뜻대로 되지 않는구나.", "아, 잘 안 되네~", "뜻대로 잘 되지 않아 속상하구나." (나이가 어린 아동의 경우, "엄마의 도움이 필요하면 언제든 말해~"라고 추가로 말해 줌)
공룡이 사자를 공격하는 놀이 시, 화의 감정이 느껴질 때	"공룡이 사자에게 화났었나 보다~", "공룡이 사자에게 그동안 쌓인 것이 많았나 봅니다~"
선반에서 무엇을 고를지 몰라 탐색만 하고 있을 때	"무엇을 고를까 생각하고 있구나/고민하고 있구나."
밖으로 나가지 않고 매우 공을 들여 색칠하고 있을 때	"예쁘게 칠하고 싶구나/밖으로 나가지 않게 색칠하고 싶구나."

3. 상상 놀이

부모는 아동이 정하고 지시한 다양한 역할을 수용하여 행합니다. 부모는 상상력, 목소리, 얼굴 표정 등을 이용하여 맡은 역할을 합니다. 역할들은 엄마와 아이, 교사와 학생, 마트 사장님과 손님, 경찰과 도둑, 생일 파티의 주인공과 초대받은 친구, 영웅과 악당, 좋은 사람과 나쁜 사람 등을 포함할 수 있습니다. 아동이 부모에게 주는 역할이 확실치 않을 때 처음에는 어떤 역할인지 단서를 찾기 위해 아동의 반응을 살피고 모를 경우 "엄마(아빠)가 어떤 역할을 했으면 좋겠니?"라고 물어봅니다. 역할놀이를 하다가 아동이 원하는 스토리를 모를 때 속삭이는 목소리로 다음과 같이 물어볼 수 있습니다.

예

"(자녀와의 싸움놀이에서 공격당한 후) 으악~ (자녀가 신호를 주지 않을 때, 작은 목소리로) 죽었다고 할까? 다시 일어나서 공격한다고 할까?"

4. 제한 설정

제한 설정기술은 놀이를 하는 아동과 부모에게 안전한 환경을 만들어 주기 위해 사용됩니다. 또한 자녀가 그들의 행동에 책임을 질 수 있게 돕고 필요할 때 부모의 권위를 확립합니다. 부모는 최소한의 제한을 유지하도록 하여 자유로운 표현을 허용하는 환경을 제공합니다. 부모가 제한 설정의 영역을 결정할 때 아동과 부모의 안전, 놀잇감이나 재산의 보호를 고려할 수 있습니다. 제한설정은 '제한을 이야기하기, 경고하기, 결과를 시행하기'의 3단계를 거칩니다.

	부모의 역할	상황의 예	제한설정 반응의 예
1단계	제한하기	총알이 날아가는 총(예: 너프 총)을 부모의 얼굴에 겨누었을 때	(손으로 총을 잡으며) "ㅇㅇ가 총싸움하고 싶구나. 엄마(아빠)가 처음에 하면 안 되는 행동을 하면 알려준다고 했지? 총알을 사람 얼굴에 쏠 수는 없어."
2단계	경고하기	(하면 안 되는 행동을 알려줬음에도 아이가 다시 같은 행동을 할 때) 총알을 다시 부모의 얼굴에 겨눌 때	(손으로 총을 잡으며) "엄마(아빠)가 총알을 사람 얼굴에 쏠 수 없다고 했지? 한 번 더 얼굴에 총을 쏘려 하면 오늘의 놀이시간은 끝나게 될 거야."
3단계	결과를 실행하기	(경고에도 불구하고 아이가 같은 행동을 했을 때) 총알을 다시 부모의 얼굴에 겨눌 때	(손으로 총을 잡으며) "얼굴에 총알을 한 번 더 쏘려 했으니 오늘 놀이시간은 끝났어. 다음에는 놀 수 있지만 오늘은 이만 나가야겠다."

출처: Guerney et al.,(2013)에서 본 내용에 맞게 수정·보완함

또한 부모상담 시 지나친 방임이나 과잉보호 속에서 도덕성 발달이 제대로 이루어지지 못했음을 알게 된다면, 욕구지연 능력이나 욕구조절 능력의 연습과 발달이 추후 유아의 미래에 있어 얼마나 결정적 영향을 미칠 수 있는지 말씀드리며 적절한 제한설정과 일관된 바운더리 제공을 할 수 있도록 격려한다. 마지막으로 부모상담 시 참고할 수 있도록 지양해야 할 부모의 반응과 본 문제행동 관련 Q & A를 제시한다.

■ **부모님께서 지양하셔야 할 반응들**

① 협박, 위협적인 표현(예: “너 한번만 더 친구물건 가져오면 너 물건 다 갖다버릴 거야. 너 물건 소중한지 알면 친구 물건 소중한 것도 알아야지!”, “너 물건 훔치면 감옥가야 하니 엄마아빠랑 이제 살 수 없어!”).

② 충격요법(예: “너 도둑질했으니까 감옥가야 해. 엄마랑 경찰서 가자!”라며 직접 데리고 가거나 가는 시늉을 함).

③ 유아의 자기 이미지를 손상시킬 수 있는 단정적인 표현(예: “너 정말 사고뭉치다”, “세 살 버릇 여든까지 간다는데 도대체 너 커서 뭐가 되려고 그러니?”, “너 도둑이야? 아니잖아! 자꾸 이런 행동하면 도둑인 거야. 도둑 되고 싶어?”, “엄마가 너 때문에 창피해서 못 살겠다!”)

④ 유아를 좌절시킬 수 있는 표현(예: “너 완전히 심각하구나!”, “이 정도면 정말 엄마도 모르겠다. 널 어쩌면 좋니!”, “도대체 왜 자꾸 이러는 거야! 엄마가 놀아준다고, 사준다고 바쁜데도 나름 노력했는데 이렇게 또 사고를 치다니! 에휴”)

⑤ 반어적인 표현(예: “으이구, 잘한다 잘해~”, “왜 더하지 그러니? 아예 그냥 다 가져와~!”)

■ **Q & A**

Q1 아이가 물건을 가져왔을 때 사과를 직접 시켜야 할까요? 허락 없이 가져오면 안 된다는 것만 주의를 주면 될까요?

A1 남의 물건이나 기관의 물건을 허락 없이 가져오는 것은 하면 안 되는 행동이라는 것을 명확하게 말해줍니다. 자기중심성이 강하고 소유개념이 명확하지 않은 만 3, 4세 아이라도 반복적으로 말해 주면 인지할 수 있습니다. 기관의 물건이라면 담임선생님과 통화를 통해서 아이가 직접 선생님께 이야기하고 사과할 부분들을 사과할 수 있도록 돕습니다. 혹 친구의 물건을 가져왔다면 부모님과 함께 가서 아이의 자존감이 다치지 않는 선에서 사과를 하고 물건을 돌려줍니다. 슈퍼에서 가져왔다면 사과하고 물건을 돌려주거나 값을 치른 후 가져오도록 합니다. 이때 교육상 부모님도 아이와 함께 사과하는 것이 좋습니다. 이후 잘못을 인정하는 것은 용기가 필요한데 용기 있게 사과하고 돌려준 부분에 대해 언급하며 격려해줍니다. 그리고 다음에 물건을 가져오고 싶은 마음이 들 때 어떻게 하면 좋을지 여러 대안들을 함께 논의하는 것도 도움이 됩니다.

Q2 충격요법을 사용하면 왜 안 되나요? 오히려 다시는 같은 잘못을 하지 않도록 쓸 수 있는 가장 강력한 충격요법을 써야 하는 것 아닌가요?

A2 아이의 성향이나 기질에 따라 충격요법이 평생의 트라우마(trauma)로 남을 수 있습니다. 수치심이나 죄책감이 평생 동안 따라다닐 수 있고 이에 대한 원망감이나 분노도 함께 경험될 수 있습니다. 또한 아이의 정신연령과 심리상태에 따라 남의 물건을 허락 없이 가져오면 안 된다는 핵심내용을 이해하고 습득하기보다 트라우마만 남을 가능성이 있습니다. 따라서 충격요법 사용은 금지합니다.

Q3 평소 도벽을 안 하도록 도울 수 있는 예방적인 접근이 없을까요?

A3 평소 정직함, 남의 물건을 소중히 여기는 것, 가진 것을 남과 나누고 함께 하는 것이 얼마나 중요한지를 말해줍니다. 그리고 부모님께서도 자녀의 물건을 허락 없이 사용하기보다 아이의 소유와 바운더리를 존중해 주는 자세도 필요합니다(예: "엄마가 네 것 좀 빌려도 될까? 엄마가 네 곰돌이 젤리 하나 먹어도 되니?"). 유아에게 소유개념을 형성할 수 있도록 빨래 갤 때, 아빠 옷(예: 속옷, 양말 등)은 아빠 옷 칸에, 엄마 옷은 엄마 옷 칸에, 유아 옷은 유아 옷 칸에 넣는 것을 놀이처럼 함께 하는 것도 좋은 방법입니다[115].

16 집에서 물건을 가져오는 (영)유아

사례 1

유아는 매일 집에서 물건을 가져온다. 기관에는 가져오면 안 된다고 여러 차례 알려줬음에도 행동수정이 안 된다. 그리고 꼭 가방에서 꺼내서 또래에게 보여준다. 그리고 문제 상황이 발생한다. 친구가 만지지도 못하게 하면서 친구에게 왜 보여주는지, 자랑하고 싶은 마음은 이해가 되지만 갈등상황이 반복적으로 벌어지니 교사는 난감하다.

사례 2

유아는 어릴 때부터 사용한 베개를 매일 들고 온다. 다른 친구들은 만지지도 못하게 하는데 하루는 낮잠시간에 다른 친구가 자기 베개에 누웠다고 그 친구를 때리고 울기 시작해서 낮잠시간이 엉망이 되었던 적이 있다. 이후 며칠 동안은 자신의 베개 근처에 오기만 해도 친구들을 경계하며 밀치는 상황이 반복되었다. 애착 베개인 것 같아 못 가져오게 하기도 애매하지만 유아로 인해 자기 베개를 가져오겠다고 떼를 부리는 아이들이 늘고 있어 난감하다.

---

115) 물건 자체에는 그것이 내 것인지 상대방의 것인지 구분해 주는 것이 아무 것도 없기 때문에 위치(내 침대 옆의 큰 상자 안에서 나오는 것들은 내 것)나 사용 빈도(큰 형이 언제나 가지고 노는 불 자동차는 내 것이 아니다) 등의 다른 단서들을 이용하기도 해야 한다(Wenar et al., 2000).

원 인

내적 안정감이 견고하지 못한 경우

애착 형성이 안정적으로 이루어지지 못한 경우, 양육자로부터 분리되어 독립된 개체로서 세상에 홀로 나가는 것이 불안하고 두려울 때 양육자를 대신할 무언가를 필요로 하는 유아들이 있다. 이들은 자신이 좋아하는 장난감이나 애착 물건을 통해 위안과 안정감을 얻는다. 기질적으로 예민해서 불안에 취약할수록, 양육자로부터 관심과 애정의 욕구가 부족할수록, 유아에 대한 양육자의 민감성이 부족할수록, 부모 모두 사회적 활동이나 일로 바쁠수록 유아가 외출 시 물건에 대한 애착 및 집착을 보일 가능성이 크다.

친사회적 기술이 부족한 경우

또래와 함께 놀고 싶지만 방법을 모를 경우 집에서 가져온 장난감이나 놀잇감을 매개로 또래와 소통하고 놀이를 즐겁게 했다면 계속 장난감을 가져가고 싶은 충동이 생길 수 있다. 근본적으로 또래에게 다가가고 놀이할 수 있는 방법을 터득해야겠지만 그렇지 않다면 관계에서 매개역할을 할 장난감이나 물건-사탕이나 젤리, 초콜릿과 같은 먹을 것이 되기도 함-을 필요로 하는 것이다.

관계 속에서 유력한 영향력을 갖고 싶은 경우

아이들과의 관계 속에서 관심과 주목을 받으며 영향력 있고 존재의 유력함을 경험하고 싶을 때 물건을 가져오기도 한다. 관계 내 리더십을 발휘하고 싶고 중심에서 영향력을 과시하고 싶은데 뜻대로 되지 않을 때 유행하는 장난감이나 간식 등을 이용해 영향력을 행사하는 것이다. 결국은 관계 내 친사회적 기술 및 자신감의 부족과 연관된다.

솔루션

(1) 기관에서의 개입

내적 안정감이 부족하거나 친사회적인 기술이 부족한 유아들 모두 일차적으로는 애정과 관심의 욕구가 채워질 필요가 있다. 또한 친구들과의 긍정적인 상호작용을 통해 또래 관계 속에서 안정감과 자신감이 향상되도록 도와야 한다. 이를 위해 사회성 향상 프로젝트[116]('친구와 재미있게 놀아요' 프로젝트-6, 7세 대상[117])를 진행한다.

Ⅰ. 친구와 친해져요.

[목표]

- 친구에게 다가가고 친해지기 위해 필요한 첫걸음을 배운다.
- 인사의 중요성 및 말과 표정의 중요성을 배운다.
  - 인사를 꼭 해요(예: 안녕, 미안해, 고마워, 반가워)
  - 친절하고 예쁘게 말해요.
  - 기분 좋은 말/기분 나쁜 말 & 기분 좋은 표정/기분 나쁜 표정

[구체적 활동의 예]

- 인사를 해야 되는 상황에 인사를 하지 않는 인형극/연극을 보여주고 무엇이 빠졌는지, 보면서 어떤 느낌이었는지 말하게 함으로써 관계 속에서 적절한 인사가 얼마나 중요한지 경험할 수 있도록 한다. 각자의 경험을 나눈다.
- 기분이 좋은 말과 표정, 기분이 나쁜 말과 표정의 예들을 각자의 경험에 기초하여 서로 이야기하고 표정 가면 만들기를 한다. 각자 만든 가면을 쓰고 표정과 어울리는 말들을 하는 역할놀이를 진행한 후 각자의 느낌을 이야기한다. 기분 나쁜 말과 표정을 했던 친구의 느낌과 그 말을 들은 친구의 느낌 모두 나눈 후, 어떤 친구와 더 놀고 싶은지 이야기하는 시간을 갖는다.

---

116) 토론과 놀이 활동을 이용한다. 토론에 대한 자세한 내용은 본서의 3장 '지도방법'을 참고할 수 있다.

117) 5세 이하 유아들은 인지발달에 따라 제시된 활동들을 일부 적용한다.

II. 친구와 나는 달라요. 그래서 서로 이야기 나누는 것은 중요해요.

[목표]

- 서로 다른 존재임을 인정하고 다양성을 존중하는 것이 중요함을 배운다.
- 다르기 때문에 소통(경청과 적절한 자기표현)이 중요함을 배운다.
  - 친구의 말을 잘 들어요.
  - 친구의 표정 신호를 알아차려요.
  - 내 마음을 말로 이야기해요.

[구체적 활동의 예]

- 같은 연령으로서 동일한 반에 속했지만 유아들 각자 개인만의 특성과 매력(예: 이름, 외모, 소원, 좋아하는 동물과 음식, 싫어하는 동물과 음식, 가족구성원의 수 등)이 있고 각자 생각이나 입장에 차이가 있을 수 있음을 알아가는 시간을 갖는다. 하나의 주제를 주고 그리기를 한 후, 같은 주제이지만 다 다르게 그렸음을 강조할 수도 있다. 우리는 각자 다르지만 이 세상에 하나밖에 없는 소중한 존재임을 이야기한다.
- 다르기 때문에 서로 재밌게 놀려면 각자의 생각과 마음을 나눠야 함을 이야기한다. 듣기와 말하기의 중요성을 인식하도록 관련 게임을 진행한다. 말하기 게임은 '친구와 싸우지 않아요'에서 보다 구체적으로 제시하겠다. 경청 관련 게임(예: 한 줄로 서서 귓속말로 단어 전달하기 게임, 토끼와 거북이 이야기에서 '토끼'라는 특정 단어가 나올 때만 박수치기 게임)을 통해 경청의 중요성을 깨닫도록 돕는다.
- 한 명씩 앞으로 나와서 감정이 쓰여진 카드의 표정을 지으면 다른 친구들이 감정을 알아맞히는 게임을 함으로써 상대방의 마음의 신호 중 하나가 표정임을 알 수 있게 한다. 표정을 보고 알게 된 감정을 파악한 후, 이때 어떤 말을 해 주면 좋을지에 대해서도 이야기 나눈다.

III. 친구와 함께 이야기하며 문제를 해결해요.

[목표]

- 의견 차이나 갈등상황 시 어떻게 해결할지 배운다.
  - 원함을 이야기해요.
  - 마음(감정)을 표현해요.
  - 함께 의논해서 정해요.

[구체적 활동의 예]

- 원함이 적힌 카드(예: '친절하게 말해 주면 좋겠어', '블록은 같이 사용했으면 좋겠어', '나도 지금 이거 쓰고 싶어', '나도 같이 하고 싶어', '재밌게 놀고 싶어' 등) 만들기 작업을 한 후, 일주일 동안 벽에 전시해 놓고 자유놀이나 수업시간에 원함을 표현하는 연습을 한다. 특히 실제 갈등상황에 교사가 서로의 원함을 표현하도록 돕고 각자의 원함을 어떻게 조율할 수 있을지 지도한다.

- 이 프로젝트를 하는 기간 동안 감정카드(표정그림이나 표정사진을 단어 옆에 함께 붙여 만든 카드)를 만들어 매번 프로젝트 시작 시간 또는 마무리 시간에 감정카드를 뽑아 얘기를 나누도록 한다. 이로써 감정표현 및 소통 연습을 할 수 있도록 한다.

※감정을 표현하는 어휘들(긍정적 감정)

기쁘다	반갑다	기분 좋다	행복하다	흐뭇하다	즐겁다
황홀하다	자랑스럽다	뿌듯하다	눈물겹다	울고 싶다	사랑스럽다
푸근하다	시원하다	후련하다	감격스럽다	만족하다	평안하다
위안되다	담담하다	든든하다	재미있다	아늑하다	상쾌하다
통쾌하다	근사하다	싱그럽다	평화롭다		

※감정을 표현하는 어휘들(부정적 감정)

답답하다	억울하다	서운하다	섭섭하다	불쾌하다	실망스럽다
울적하다	부끄럽다	불안하다	서글프다	슬프다	속상하다
외롭다	민망하다	당황스럽다	긴장된다	조심스럽다	후회스럽다
겁나다	절망적이다	가슴 아프다	자책 느끼다	두렵다	울고 싶다
쓸쓸하다	무섭다	놀라다	위축되다	조급하다	힘겹다
아리송하다	안쓰럽다	불만스럽다	지겹다	어이없다	짜증난다

- 서로의 원함이 다를 때 어떻게 하면 좋을지 자유롭게 이야기 나눈 후, 여러 대안들을 벽에 붙인다. 실제 자유놀이나 수업시간에 서로의 의견이나 원함이 다를 때 결정된 대안들을 실험적으로 적용해 보고 어떤 방법이 가장 좋았는지 하루를 마무리할 때마다 의견을 듣는다. 갈등이나 문제 상황은 함께 이야기하며 해결해가는 것을 경험 속에 배우도록 지도한다.

(2) 가정에서의 개입-부모상담 Tip

유아의 내적 안정감 확보를 위해서는 양육자와의 애착 형성이 안정적으로 이루어질 필요가 있다[118]. 유아의 사회성 향상을 위해서는 또래 놀이 경험이 필요하다. 이때, 일차적으로 체크할 사항은 친구와 놀고 싶은 원함이 있는지의 여부다. 또래와 함께 놀고 싶어 하는 경우에는 유아와 성향이 잘 맞는 친구와 1:1 놀이 경험을

118) 이를 위해 도움이 되는 놀이는 본서의 '등원 거부 (영)유아'를 참고한다.

할 수 있도록 한다. 이후 점차 다양한 성향의 친구들과의 1:1 놀이 경험을 쌓은 후 소그룹 경험을 제공한다. 소그룹 속에서 즐거운 상호작용이 가능해지면 점차 대그룹 경험으로 확장해간다. 이 모든 과정에서 유념할 것은 유아가 관계 속에서 긍정적인 상호작용을 할 수 있도록 도움으로써 또래 관계 속 긍정 경험과 자신감이 증가할 수 있도록 돕는 것이다. 자녀가 또래와 어떻게 놀아야 할지 몰라서 어색해한다면 초기에는 양육자가 개입하며 모델링 역할을 해 주거나 놀이 확장을 도와줄 수 있다.

■ 집으로 초대했을 경우의 예

- "우리집에 와서 반가워. 처음 와서 둘이 무엇을 하고 놀지 모르는구나. ㅇㅇ가 친구에게 우리 집에 무엇이 있는지 알려 줘. 집 구경도 시켜 주고~"
- "ㅇㅇ가 친구랑 많이 놀고 싶어했는데 와 줘서 기뻐. 둘이 무엇을 하고 놀면 재밌을까~ 이런 것도 있고 이런 것도 있고, ㅇㅇ랑 친구는 무엇을 하고 싶어?"
- "(병원놀이를 꺼냈는데 진행하지 못하고 있을 경우) 둘이 병원놀이하고 싶구나. 음~ 누가 의사선생님을 하고 누가 환자를 할까? (서로 같은 역할을 하겠다고 할 경우) 둘 다 의사선생님이 하고 싶구나. 그럼 한 명은 간호사 선생님을 하고 환자는 저기 인형들을 환자라고 할까." (혹은) "둘 다 의사선생님이 하고 싶어~ 치료해 주는 것 해 주고 싶구나~ 그럼 내가 1번 환자를 할게요. 이따가는 인형을 환자라고 하자. 의사선생님, 간호사 선생님! 에고 에고 배가 아파요~~"

■ 놀이터에서 모르는 친구를 만났을 경우의 예

- "친구야, 안녕! 우리 ㅇㅇ는 5살인데 너는 몇 살이야? 반가워! 심심하면 ㅇㅇ와 함께 놀아도 좋아. (긍정의 뜻을 표현하면) 자, 요리를 하려는데요~ 둘이 요리에 넣을 나뭇잎 좀 구해다주시겠어요? (혹은) 잡기 놀이를 해 볼까? 처음이니까 내가 술래를 할게. (몇 번 함께 놀아주다가 양육자는 서서히 뒤로 빠진다) 아줌마는/엄마는 조금 쉬어야겠는걸~ 너희들 정말 잘 뛴다. 이번에는 너희들끼리 해 보자."

친구와의 놀이시간이 끝나고 엄마와 둘이 남게 되면 친구와 놀이한 내용을 나눈다. 유아가 즐거운 시간을 가졌다면 다음과 같이 유아에게 관계 속에서의 자신감을 북돋아줄 수 있다.

■ 자신감을 북돋아줄 수 있는 표현의 예

- "오늘 친구랑 즐겁게 노는 모습을 보니까 엄마가 참 기분이 좋았어/고마웠어/뿌듯했어. 우리 ㅇㅇ가 확실히 더 언니/형/오빠/누나가 되었구나 하는 생각도 들더라."
- "아까 ㅇㅇ가 친구에게 웃으면서 다가가서 인사하는 모습이 보기에 참 좋더라. 엄마는 ㅇㅇ가 자랑스러웠어."
- "아까 ㅇㅇ가 친구랑 서로 타요 버스를 하고 싶었잖아. 그런데 타요 버스가 하나밖에 없어서 서로 하고 싶었을 텐데 어떻게 싸우지 않고 잘 놀 수 있었어?"
- "아까 ㅇㅇ가 서로 선생님하고 싶었는데 가위 바위 보로 결정하더라. 어떻게 그런 좋은 아이디어를 생각했어?"

또한, 오늘 어떤 것이 제일 재밌었는지, 혹시 아쉬웠던 부분이 있었는지 대화를 나눔으로써 관계 속 긍정적인 상호작용 경험을 증가시킬 수 있는 대안들을 생각해 보는 계기가 될 수 있다. 함께 대안을 모색할 때 가능하면 양육자가 먼저 답을 제시하기보다 유아가 다양한 대안들을 이야기할 수 있도록 한다. 유아가 말한 것 중에 가장 나은 답이 있다면 다음 친구와의 놀이에 적용해 보고 다시 얘기를 나눠보도록 한다. 단, 적절한 답이 나오지 않는다면 엄마가 힌트처럼 얘기해 주되 유아의 뜻을 존중하며 대화를 나눈다.

■ 놀이 경험을 돌아보도록 돕는 대화

- "오늘 ㅇㅇ는 뭐가 제일 재밌었어? (경청 후) 그 부분이 제일 재밌었구나. 엄마도 ㅇㅇ의 웃음소리가 들려서 우리 ㅇㅇ가 재밌구나~생각했었지. 혹시 오늘 아쉬웠거나 조금 마음이 불편했던 것 있었어? (경청 후) 그 부분이 싫었구나. 우리 ㅇㅇ가 가장 아끼는 장난감이라 정말 빌려주기 싫었겠다. 다음에도 ㅇㅇ가 빌려주기 싫은 장난감을 친구가 하고 싶어하면 어떻게 하면 좋을까?"

17 편식이 심한 (영)유아

사 례

유아는 편식이 심하다. 감자와 버섯을 제외한 야채는 먹지 않고 해산물도 먹지 않는다. 처음 보는 음식은 시도조차 하지 않으려 하고 딱딱한 음식도 싫어한다. 편식이 심하다 보니 기관에서 먹을 수 있는 음식이 제한적이다. 점심시간이 지나 아이가 기운이 없어 보이거나 기분이 안 좋아 보이면 배고픔 때문은 아닌지 마음이 쓰인다. 강압적으로 먹일 수도 없고 고민이다.

원 인

기질적으로 매우 예민하고 위험회피적인 기질이 유의미하게 높은 유아의 경우

기질적으로 매우 예민해서 신생아 때부터 작은 환경의 변화에도 상당히 민감하게 반응했을 뿐만 아니라 위험 회피적인 기질이 유의미하게 높은[119] 유아라면 새로운 자극이나 새로운 경험에 노출되는 것을 피하고 익숙한 자극이나 경험만을 선호할 가능성이 크다. 특히 음식은 자신의 입안으로 들어와서 몸속에 있는 자극물이 되기 때문에 시각적 자극뿐만 아니라 입안에서의 식감도 굉장히 민감할 수밖에 없다.

생애 초기 다양한 음식 경험이 부족한 경우

태내 환경이나 이유식 과정 및 초기 성장과정에서 음식 재료에 따른 다양한 식감과 맛을 제한적으로 경험했을 경우에도 편식하는 습관이 생길 수 있다. 예를 들

119) 기질 및 성격검사(The Temperament and Character Inventory: TCI)의 위험회피(Harm Avoidance) 기질이 높은 사람은 '조심성 많은, 미리 염려하고 걱정하는, 쉽게 지치는, 억제된, 비관적인, 두려움이 많은, 수줍어하는' 특징을 가진다. 특히 '위험회피' 기질의 하위척도 중 예기불안과 불확실성의 두려움이 높게 나올수록 익숙하지 않은 자극에 대한 불편감과 회피 반응이 많을 수 있다. 더 자세한 내용은 본서의 제1부 제2장 문제영향 요인 중 '기질' 부분을 참고할 수 있다.

어, 양육자가 다른 자녀들을 함께 돌봐야 하는 직장 맘이거나 심리적 어려움으로 이유식을 다양하게 만들어줄 여유와 여력이 없었다면 영아는 다양한 식감과 맛에 노출되지 못했을 가능성이 크다.

심리적 안정감이 부족한 경우

심리학자 에리히 노이만(Erich Neumann)[120]은 "삶은 우리가 소화해야 할 음식이다."라고 말했다. 심리적 안정감이 부족할 경우 삶을 받아들이는 자세가 달라질 수밖에 없다. 자신에게 익숙하고 안전하다고 생각되는 경험들은 수용하지만 자신이 통제할 수 없다고 여기는 미지의 세계 속 경험들에 대해서는 거부하거나 방어적이 되기 쉽다. 삶의 다양한 경험에는 음식도 포함된다. 실제로 애착 형성이 안정적으로 이루어지지 못했거나 불안이 유의미하게 높은 유아들의 경우 편식과 까다로운 식습관을 가지는 경우가 많다.

양육자가 섭식에 엄격한 틀과 기준이 있는 경우

캐너(Kanner, 1977)는 그의 임상관찰을 통해 심한 편식문제를 포함한 섭식 관련 문제는 대부분 유아에게 '올바른 식사(correct diet)'를 엄격하게 요구하고 강박적, 강제적, 과보호하는 부모에 의해 발생한다고 믿었다. 실제로 자녀의 섭식문제에 통제적이고 엄격한 기준을 제시하는 부모는 자녀의 삶의 전반에 대해서도 통제적인 경우가 많다. 양육자에게 자녀의 섭식은 매우 중요한 문제이므로 유아는 무의식적으로 섭식문제를 통해 부모의 관심을 얻고자 하거나 양육자의 엄격한 기준과 틀에 대해 반항할 수 있다.

---

120) 에리히 노이만(Erich Neumann, 1905~1960)은 분석심리학자로 분석심리학에 대한 이론적 철학적 탐구를 심화시키는 한편 여성성의 원형과 발달을 지속적이고 일관되게 탐구했다. 『의식의 기원과 역사』, 『위대한 어머니 여신』, 『아모르와 프시케』 등의 저서와 다수의 논문집을 남겼다.

솔루션

특정 음식들을 거부하지 않고 어느 정도 다양한 음식들을 섭취하기까지는 시간이 소요된다. 특히 기질적 예민함과 심리적 안정감 부족으로 편식을 심하게 하는 유아의 경우, 어느 정도 자아가 견고해져서 세상을 경험하고 받아들일 수 있는 마음의 힘이 생겨야 한다. 따라서 부모와 교사 모두 조급한 마음을 버리고 장기적인 관점을 갖는 것이 필요하다. 유아가 특정 음식을 거부할 때 처음에는 아이의 원함과 마음을 읽어 주며 유아가 신뢰할 수 있는 관계를 확립한다. 언제나 신뢰감 있는 관계 형성이 문제해결을 위한 가장 중요한 첫걸음이기 때문이다.

그리고 양육자가 유아의 섭식과 관련된 엄격한 틀과 기준을 갖고 있고 이를 유아에게 강요하는 과정에서 섭식문제가 발생했다면 양육자와 유아 간에 자율성과 통제 및 힘과 관련된 미묘한 갈등이 있을 가능성이 크기 때문에 부모 상담을 통해 이와 관련된 구체적인 탐색[121] 및 개입[122]이 필요하다.

(1) 기관에서의 개입

일반적인 수준에서 편식이 있는 유아들의 경우, 스티커 제도나 편식 관련 동영상, 또는 그림책과 노래 등을 이용해 음식 프로젝트 수업을 진행할 수 있다. 프로젝트 수업의 마지막은 다양한 식재료를 직접 만지고 요리한 후 함께 먹는 '즐거운 요리 수업'으로 진행한다. 편식하는 유아들을 위해서는 요리수업을 정기적으로 활용한다.

---

121) 자녀의 섭식과 관련된 부모의 염려, 고민, 바람뿐만 아니라 이제까지 유아의 편식에 대한 양육자의 대처방식 등을 질문함으로써 양육자와 유아 간 관계 역동을 살펴볼 필요가 있다. 양육자가 양육자의 생각과 방식만을 유아에게 요구한 측면이 있다면 이에 대해 대화를 나눠야 한다. 단, 섭식과 관련된 측면은 양육자에게 매우 민감한 사안이고 양육자로서의 책임감과 그에 따른 헌신 및 노력이 맞물려 있기 때문에 양육자의 마음을 공감하며 접근해야 한다.

122) 유아가 특정 음식을 거부하거나 음식 투정을 부리더라도 양육자가 기본적으로 이를 인정해 주고 존중해 주는 태도가 필요하다. 그리고 '특별한 놀이시간'과 같은 장을 통해 유아가 자율성과 통제감을 경험할 수 있도록 도울 수 있다.

편식이 심한 유아들의 경우, 계속 권유한다고 쉽게 먹지 않는다. 오히려 그 과정에서 교사만 지칠 수 있다. 억지로 먹게 하는 것도 답이 아니다. 억지로 하나라도 먹게 할 경우 어떤 유아들은 토하기도 하고 화장실에 가서 몰래 뱉을 수도 있다. 따라서 먹기 싫은 마음을 인정해 주고 최대한 공감해 주면서 식 가위로 음식을 매우 작게 자른 후 먹도록 권유한다. 그럼에도 안 먹으면 할 수 없지만 극소량이라도 먹은 유아들에게는 새로운 도전에 대한 긍정적 피드백을 준다(예: "와~ 우리 ㅇㅇ가 별로 좋아하지 않는 깍두기를 먹었네. 정말 용감한걸! 엄마께도 선생님이 칭찬을 많이 해 주시라고 말씀드려야겠다", 또는 "정말 먹기 싫었을 텐데 이렇게 도전해서 먹다니 너무 자랑스럽다. 선생님이 오늘 ㅇㅇ가 감자 먹은 것 꼭 기억해야겠다. 엄마에게도 말씀드려야지"). 유아가 1/3 조각을 먹었다면 다음날도 그 정도 크기를 먹도록 제안한다. 일주일 동안은 1/3 정도 크기, 그 다음 일주일은 1/2 정도 크기, 그 다음 일주일은 2/3 정도 크기로 점차 늘려간다. 하지만 한 달 동안은 처음 성공했던 양과 거의 같은 정도의 소량을 제안하여 유아로 하여금 '나도 감자를 먹었다.'는 성공 경험을 가지도록 한다. 그래야 유아가 안심하고 다른 음식들에 대해서도 도전할 수 있는 용기가 생긴다. 거부하던 음식을 먹는 것은 정말 큰 도전이고 쉽지 않은 일임을 인정해 주고 극소량을 먹었더라도 그에 대한 인정과 긍정 강화를 충분히 주도록 한다.

(2) 가정에서의 개입–부모상담 Tip

편식이 매우 심하고 기관에서의 식사 때문에 등원 거부까지 얘기될 정도의 예민한 유아라면 유아가 싫어하는 반찬만 있는 날에는 부모님께서 반찬을 보내주시는 것도 방법이다. 이러한 유아들은 기질적 예민함과 자아의 취약성, 불안을 갖고 있을 가능성이 크므로 부모와 교사 모두 장기적인 관점으로 편식문제를 바라봐야 한다. 따라서 부모님과의 소통이 매우 중요하다.

〈편식하는 유아를 돕기 위한 가정 통신문〉

편식의 정도에 따라 다르겠지만, 편식이 심한 유아의 경우에는 모든 음식을 골고루 먹는 것에 목표를 두기보다 성장에 필요한 5대 영양소 섭취에 목표를 두고 어느 정도 편식을 인정해 주는 것도 괜찮습니다. 예를 들어, 달걀흰자나 콩, 생선을 안 먹는다면 단백질 섭취를 위해 고기나 두부와 같은 다른 음식을 먹을 수 있도록 하거나, 빵과 떡, 국수를 안 먹는다면 탄수화물 섭취를 위해 밥, 감자, 옥수수, 고구마 등을 먹도록 돕는 것입니다. 또한 초록 채소나 나물들을 안 먹는다면 버섯이나 과일 등으로 비타민과 무기질을 섭취하도록 돕고 멸치와 우유를 안 먹는다면 치즈나 요구르트와 같은 유제품으로 칼슘섭취를 돕습니다.

일반적인 편식 유아의 경우, 조금씩 음식에 노출될 수 있도록 합니다. 예를 들어 유아가 좋아하는 음식에 안 먹는 재료를 소량 갈아 넣어 서서히 점차적으로 양을 늘려갈 수 있도록 합니다. 야채를 싫어하는 유아가 고기는 좋아한다면 떡갈비나 햄버거 스테이크에 야채를 소량 갈아 넣거나 짜장면이나 카레에 고기는 보통 크기로 썰되, 야채를 갈아 넣는 식입니다. 미각에 예민한 유아들은 소량을 넣어도 알아차릴 수 있어 처음에는 극소량으로부터 시작합니다.

또한, 부모와 유아가 서로 한 입씩 먹여주기 미션 게임을 하거나 아래에 소개해 드릴 신호등 놀이나 레스토랑 역할놀이를 하며 새로운 음식들에 대한 도전을 놀이처럼 즐겁고 재밌는 시간으로 만드는 것도 좋은 방법입니다. 놀이는 통제감과 즐거움을 경험할 수 있는 장이므로 새로운 음식에 대한 불편감을 희석시켜줄 수 있습니다.

다음 소개해드리는 놀이들은 어머니와 유아의 컨디션에 따라 그대로 적용하실 수도 있고 다르게 활용하실 수 있습니다. 어떤 적용이든 다음의 놀이가 편식을 극복하는 데 효과가 있으려면 유아 입장에서 모든 과정이 즐겁고 재밌는 경험으로 지각되어야 합니다. 즉, 부모와의 긍정적인 상호작용이 이루어지는 것이 핵심입니다. 혹 놀이 속에서 유아가 여전히 특정 음식을 거부하더라도 인정해 주시고 장기적인 관점으로 다음을 기약하는 마음이 필요합니다.

① 신호등 놀이
신호등 놀이는 유아에게 밥을 먹여 주게 되므로 식사 내내 하기보다 유아가 스스로 먹는 중간중간에 한 번씩 사용할 수 있습니다. 처음에는 유아가 좋아하는 반찬부터 시작하고 이후 좋아하지 않는 반찬을 적용합니다. 단, 처음에는 소량부터 시작합니다.

모가 숟가락에 밥과 반찬을 얹은 후, “자~ 기차가 출발했습니다~”라고 말하며 유아의 입을 향해 움직입니다. “칙칙폭폭~ 칙칙폭폭~” 소리를 내며 유아의 입을 향해 가다가 멈춘 후, “어! 신호등이 있네요. 빨간 불입니까? 초록 불입니까? 빨간 불이면 잠시 기다리고 초록불이면 입안으로 들어갑니다~”라고 말합니다. 유아가 “빨간 불”이라고 대답하면, “아, 기다려야겠군요~”라고 말하고 기다린 후, 다시 “빨간 불입니까? 초록불입니까?”라고 질문합니다. 유아가 초록불이라고 대답하면, “네~ 드디어 다시 출발입니다~ 칙칙 폭폭~”이라고 말하며 유아의 입안에 음식을 넣어준 후, “도착했습니다~”라고 말합니다.

② 레스토랑 역할 놀이

주 1회 '엄마 레스토랑'이 열리는 날을 정해서 그날은 특별히 귀여운 캐릭터나 동물들, 또는 자연 풍경으로 데코가 이루어지는 식사를 제공합니다(네이버나 구글에서 '캐릭터 밥', '귀여운 도시락'으로 검색하면 많은 이미지들이 나옵니다). 예를 들어, 당근은 단풍잎으로 만들고 소시지는 아래쪽을 자르고 검은 깨를 눈으로 붙여 문어로 만듭니다. 토끼 얼굴은 밥을 넓게 펴서 만든 후, 눈은 김으로, 귀의 중심부는 맛살로, 코는 감자로 표현합니다. 유아가 좋아하는 식재료 · 반찬과 좋아하지 않는 식재료 · 반찬을 골고루 이용합니다. 이후 다음의 방법들을 참고합니다.

ⓐ 방법: "자, 금요일마다 열리는 '엄마 레스토랑'에 오신 것을 환영합니다. 엄마 레스토랑에는 특별 배달 서비스가 있습니다. 특별 배달 서비스는 손님의 입까지 음식을 배달해드립니다. 몇 번의 특별 배달을 원하시나요?"
→ 유아의 대답에 따라 배달해 줄 때, 다양한 반찬이 배달될 수 있도록 합니다.

ⓑ 방법: "자, 금요일마다 열리는 엄마 레스토랑에서는 한 번은 스스로 먹지만 한 번은 입안까지 배달을 해줍니다. 손님~ 먼저 스스로 드시겠어요? 입까지 배달해드릴까요? (유아가 후자를 선택한다면) 네~ 배달을 먼저 선택하셨군요. 어떤 음식을 배달해드릴까요? 문어 소시지 배달을 원하시나요? 아니면 주황 단풍잎 배달을 원하시나요?"
→ 유아가 좋아하는 반찬을 주문하면 기쁘게 배달을 해 준 후, 다음에는 스스로 먹을 수 있도록 제안합니다. 혹 한 번 더 배달을 원하면 "특별한 손님의 부탁이므로 특별히 들어드리겠습니다~"라며 유아와 즐거운 상호작용을 할 수 있도록 합니다. 어머니 배달 차례일 때, '특별 셰프 추천 음식'으로 유아에게 새로운 반찬이나 좋아하지 않는 반찬을 소량 배달할 수 있습니다. 단, 셰프 특별 추천음식은 유아가 좋아하는 반찬과 좋아하지 않는 반찬을 번갈아 제공합니다.

ⓒ 방법: "자, '엄마 레스토랑'에 오신 것을 환영합니다. 맛있는 식사가 되시길 바랍니다."라고 말하고 식사를 시작합니다. 식사를 서로 하다가 "오늘 특별히 셰프 추천 음식이 두 개 있습니다. 이 추천 음식은 아무에게나 주지 않는 특별한 음식이므로 셰프인 엄마가 특별 손님에게만 드립니다. 오늘의 추천 음식은 토끼 코로 표현한 이것입니다~"라며 유아의 입으로 배달합니다.
→ 추천 음식을 활용할 때도 유아가 좋아하는 반찬을 먼저 배달한 후, 두 번째는 좋아하지 않는 반찬이나 새로운 음식을 배달합니다.

식사를 마친 후에, "오늘 손님께서 맛있게 잘 드셨기 때문에 다음 주 특별히 제가 만드는 요리에 보조 셰프로 초대하는 특별 쿠폰을 드립니다" 또는 "오늘 손님께서 특별 셰프 추천 음식에 도전을 잘해 주셨기 때문에 '새로운 음식 도전상'을 드립니다. 축하드립니다!"라며 미리 만들어놓은 쿠폰이나 상장을 줍니다. 스티커 보상 제도를 활용하고 있는 가정이라면 추가 상품으로 스티커를 주는 것도 방법입니다.

③ 셰프 놀이 또는 요리 활동
어머니께서는 메인 셰프를, 유아는 보조 셰프를 맡아 함께 요리합니다. 처음에는 유아가 좋아하는 식재료로만 요리를 하고 다음에는 유아가 좋아하는 요리 속에 좋아하지 않는 식재료를 하나 정도 포함시킬 수 있습니다. 함께 요리를 한 후, 역할 놀이 속에 "보조 셰프님~ 오늘 도와주셔서 정말 감사합니다. 오늘 만든 요리 시식을 해 주시기 바랍니다."라며 하나씩 맛보고 느낌을 표현할 수 있게 합니다. 이로써 다양한 식재료를 직접 만져서 요리하고 맛볼 수 있도록 합니다.

18 또래를 공격[123]하는 (영)유아

사례 1

유아는 친구들을 이유 없이 물거나 밀친다. 친구가 유아에게 아무 행동을 하지 않아도 깨물거나 밀칠 때가 많다. 특히 자유놀이나 반 활동을 할 때 자기에게 조금만 가까이 다가와도 때리거나 밀치는 바람에 교사로서 곤란할 때가 많다. 친구를 물거나 때리는 행동, 밀치는 행동은 안 된다고 타이르고 엄하게도 말해봤으나 행동수정이 되지 않는다.

사례 2

유아는 자신이 원하는 대로 되지 않을 때 친구를 바로 공격한다. 놀이 시 갈등이나 의견 차이가 있을 때뿐만 아니라 자신의 말을 잘 들어주지 않았다고 때리기도 한다. 게다가 유아는 키와 체격이 큰 편이라 유아의 공격행동이 혹 사고로 이어질까 염려스럽고 시간이 지날수록 친구들과 부모님들도 유아를 불편해하는 눈치라 여러 측면에서 조심스럽다.

123) 때리는 행동, 밀치는 행동, 물건을 던지는 행동, 깨무는 행동, 침 뱉기 행동 등의 모든 공격적 행동을 포함한다.

원 인

외부 세계를 위협적으로 지각할 경우

사례 1 유아의 경우, 외부 세계를 안전하게 지각하지 못하고 위협적으로 지각할 가능성이 높다. 아이들은 세상에 태어나 양육자와의 안정적인 애착 형성을 통해 사람과 세상에 대한 신뢰감을 형성한다. '이 세상은 나에게 안전하구나.' 하는 신뢰감이 형성된 아이들은 자연스럽게 '긍정적이고 상호호혜적인 대인표상'을 갖게 된다. '사람들과 나는 서로 좋은 것을 주고받는, 서로에게 도움이 되는 존재구나.' 하는 긍정적인 대인표상을 가진 아이들은 가족 이외의 대상들에게 열린 마음으로 다가가고 다가오는 이들을 맞이한다. 하지만 이 경우는 긍정적 대인표상이 형성되지 않았으므로 친구가 다가올 때 자기 방어적 공격 행동을 하는 것이다.

부적절한 부모 자녀 상호작용이 있는 경우

유아는 생후 5, 6개월까지는 양육자와 자신을 하나로 인식[124)]한다. 이후 서서히 분화가 이루어지며 양육자와 자신의 욕구·원함 간의 불일치 및 갈등을 경험한다. 이 과정에서 유아들은 아직 적절한 정서 조절 능력 및 자기 통제 능력을 갖추지 못했기 때문에 세련되지 못한 방식으로 불안, 혼란스러움, 화, 좌절감, 슬픔, 공격성, 충동성 등을 표출한다. 특히, 기질적으로 예민하고 까다로운 경우, 동생의 존재로 스트레스를 받는 경우, 가족 간 갈등이 빈번한 경우, 양육자의 신체적·심리적 컨디

124) 인간은 생후 첫 몇주 동안 배고픔이나 레비(Levy, 1937)가 '정서-허기(affect-hunger)'라고 개념화한 욕구긴장으로 인해 울음과 함께 깨어나고 잉여 긴장이 해소되면 다시 잠드는 생리적 과정이 강력한 '정상적 자폐단계'를 지난다. 이후, 생후 2개월부터 6개월까지 자신과 양육자가 하나의 전능체계('하나의 공통된 경계 내의 이중적 단일체'-둘이지만 전능적 힘에 의해 하나의 단일체처럼 연결되어 있는 체계)인 것처럼 행동하고 기능하는 정상적 공생단계를 거친다(이재훈 역, 1997).

션[125)]으로 유아의 욕구가 계속 좌절[126)]되는 경우, 부모의 감정폭발이나 공격적 반응에 자주 노출되는 경우 공격적인 행동표출(acting out)이 나타날 수 있다.

이 과정에서 부모가 유아의 욕구나 감정·정서에 둔감한 채 행동표출 자체에 대해 강압적으로 반응한다면 유아의 부정적인 감정과 정서가 억압된다. 억제·억압된 부적 감정과 정서가 많을수록 일상 속 작은 자극에도 공격적으로 반응할 가능성이 커지며 부모로부터 다시 혼나는 악순환이 반복된다[127)].

사회화 과정에서 공격 행동은 지양해야 함을 배우지 못한 경우

화나거나 자신의 뜻대로 되지 않는 상황에서 사람을 때리거나, 밀치거나, 깨물거나, 물건을 던졌을 때, 어리다는 이유 혹은 훈육하기 귀찮거나 아픈 정도가 참아줄 만하다는 이유로 그냥 봐주거나 웃어넘기는 경우가 있다. 패터슨(Patterson, 1986)의 연구에 의하면, 학령전기 유아의 부모들은 자녀의 공격적인 행동을 보면서 재밌다는 반응을 보이는데 이는 유아의 공격행동을 강화한다. 공격적 행동에 대한 부

---

125) 이글랜드 외(Egeland et al., 1990)의 학령전기 유아들을 대상으로 실시한 종단적 연구에서 문제행동의 증감은 엄마의 우울 정도의 증감과 정적 상관이 있었다. 양육자의 우울에 영향을 미칠 수 있는 요인은 부부불화, 원가족 문제, 예민하고 까다로운 기질, 신체 건강상의 취약함, 직장 스트레스 등이다. 공격성과 과잉행동을 보이며 엄마와 갈등적인 관계에 있는 학령전기 유아들은 계속 공격적일 가능성이 있다.

126) '천일 야화'에 호리병 속에서 자신을 구해 준 어부를 죽이려는 '지니' 이야기가 나온다. '지니'는 처음 천 년 동안은 자신을 구해 준 이를 최고의 부자로 만들어 주려 한다. 하지만 계속 기다려도 구해 주는 이가 없자 꺼내준 이를 죽이기로 결심한다. 이 이야기는 좌절감이 어떻게 분노와 적개심으로 바뀌는지를 보여준다. 유아도 관계 속 좌절감이 계속되면 슬픔과 좌절에서 화와 분노로 바뀔 수 있다.

127) 공격적 반응의 지속 여부는 가정 내 스트레스 수준과 모와 자녀의 갈등 여부와 관계된다. 이때 엄마와 자녀 사이의 양 방향적인 역동이 발생한다. 충동적이고 비순종적인 자녀를 다루느라 스트레스를 받은 모는 점점 엄해지고 부정적이 되는데 그럴수록 자녀들은 더 다루기 힘든 아이들이 된다(Campbell, 1991).

모의 무관심과 제한설정[128]의 부재는 유아의 적절한 행동 기준과 자기-통제능력 습득을 방해한다[129].

또래 관계에서 공격 행동이 학습되거나 증가되는 경우

유아들은 친구들과 함께 어울리기 위해 자아 중심성을 억제하고 자기 통제를 배운다. 그러나 또래 관계 속에서 공격성을 학습할 수도 있다(Perry et al., 1990). 특히, 유아가 공격을 하면 처음에는 공격적으로 반응하지 않던 또래들도 어느 순간 공격적으로 반응하게 되는데 이후로는 혐오행동이나 공격행동을 하지 않으려고 해도 또래들이 그 유아에게 부정적·공격적으로 반응하는 것을 멈추지 않는다(Olson, 1992). 또한 처음에는 방어를 위한 행동이었으나 공격으로 관계 속에서 보다 유력해지는 경험을 했거나 자신의 힘의 욕구를 충족시킨 유아는 공격행동이 반복될 수 있다.

솔루션

가장 기본적으로 세상이 안전하고 신뢰할 만한 곳임을 관계 속에서 반복적으로 경험해야 한다. 이를 위해서 교사나 부모는 유아에게 허용적, 지지적인 태도로 유아의 욕구나 원함, 감정에 귀기울여 줄 필요가 있다. 특히 유아의 공격행동 이면의 욕구와 감정을 읽어 주고 안전하게 부정적인 감정과 정서를 표출할 수 있는 공간과 통로를 마련해 주되, 공격적 행동은 안 된다는 것을 점진적으로 습득할 수 있게 도와야 한다.

---

128) 유아에게 제공되는 바운더리가 너무 좁을 경우 유아의 불안, 충동성, 좌절 등이 증가되며 부모-자녀 관계 문제가 증폭될 수 있다. 반대로 유아에게 제공되는 바운더리가 전혀 없거나 혹은 바운더리 크기가 느슨하다가 좁아지는 것을 반복할 경우 유아의 혼란스러움, 불안감이 증폭되며 결과적으로 공격적 행동 및 반항적 태도가 증가할 수 있다.

129) 걸음마기 유아들과 학령전기 유아들은 자신들의 공격적 충동, 성적인 충동, 세상을 탐험하고자 하는 욕구들이 즉시로 충족되기를 원하며 자아중심적이고 이기적이며 욕심을 부리는 경향이 있다. 그렇기 때문에 정직과 진실함, 타인의 재산과 권리존중, 부모, 교사, 법에 대한 순종을 절대적으로 배워야 할 필요가 있다(Wenar et al., 2000).

(1) 기관에서의 개입

① 문제 상황에서의 개입

• 친구가 가까이 왔다는 이유만으로도 공격적 행동을 보인 상황

먼저 유아의 감정과 마음을 읽어 주고 **친구의 의도나 상황에 대해 긍정적으로 말해 준다. 유아의 발달 수준상 다음의 추가대화가 가능하다면 서로의 원함을 탐색하며 모두에게 만족스러울 수 있는 대안을 함께 찾는다.

〈교사와 갈등상황의 두 친구가 함께 있는 경우〉

교사: (ㅇㅇ에게) **가 다가와서 놀랐구나. ㅇㅇ랑 같이 놀고 싶었나보다. 친해지고 싶었나봐. ㅇㅇ도 **에게 '미안해~'라고 말해 보자. 친구도 놀라고 아팠대.
유아: …
교사: (**에게) 아팠지. ㅇㅇ가 갑자기 옆에 와서 놀랐었나봐. 다음에 ㅇㅇ랑 놀고 싶을 때는 옆에 가기 전에 'ㅇㅇ야, 같이 놀자.'라고 미리 말해 주면 좋겠어.
친구: 네.
교사: (ㅇㅇ에게) 친구를 때리는 행동은 안 되는 거야. 다음부터는 놀라면 '놀랐잖아'라고 하거나 '하지마'라고 말해 주자. 그리고 친구를 아프게 했을 때는 '미안해'라고 하는 거야.

→ ㅇㅇ 유아에게 시간과 기회를 주는 것으로 마무리한다.
혹, 유아들의 발달단계상 원함 탐색이 가능하다면 추가대화를 진행한다.

교사: (**에게) **는 아까 뭘 하고 싶었던 거야?
친구: ㅇㅇ랑 같이 놀고 싶었어요.
교사: 그럼 ㅇㅇ에게 지금 말해 볼까?
친구: ㅇㅇ야, 우리 같이 놀자.
유아: …
친구: 블록 갖고 놀자.
교사: (ㅇㅇ에게) **는 ㅇㅇ랑 블록 가지고 놀고 싶은가 보다. ㅇㅇ도 같이 블록 갖고 노는 것 좋아?
유아: (고개 끄덕임)
교사: 그러면 **에게 알았다고 말해 주자. 직접 말해 볼까?
유아: (**를 보며) 알았어.

•자신이 원하는 대로 되지 않아 공격적 행동을 보인 상황

먼저 유아의 입장과 마음을 읽어 주되 안 되는 행동은 분명히 말해 준다. 단, 공감과 반영적 경청을 먼저 하고 유아가 감정의 홍수상태에서 벗어났을 때 적절한 행동과 적절하지 못한 행동에 대해 지도한다[130). 이후 시간과 상황이 허락한다면 유아의 부적감정을 해소할 수 있는 대안을 모색·제안한다.

〈블록 때문에 친구를 공격하고 싸움으로 이어진 상황. 싸우는 둘을 떼어놓고 교사가 각각의 유아를 데리고 다른 공간으로 이동해 교사와 해당 유아만 있는 상황〉

유아: (화난 목소리로) 블록을 자기만 계속 해요!
교사: ㅇㅇ도 블록을 같이 하고 싶었구나.
유아: 네! 그런데도 자기만 하잖아요. 내가 빌려달라고도 말했는데 대답도 안 하고.
교사: 빌려달라고까지 말했는데 대답도 안 해서 더 기분이 나빴구나.
유아: 완전히 기분 나빴어요! **는 나빠요!
교사: **에게 단단히 화가 났구나. 어떻게 하면 ㅇㅇ 기분이 좀 풀릴까?
유아: 나도 **를 더 많이 때릴래요.
교사: ㅇㅇ가 더 많이 때리고 싶을 정도로 화가 아주 많이 났네. 에고… 어쩌나…
유아: (목소리가 처음보다는 차분해짐. 화의 감정보다는 속상함이 더 묻어남) **가 지난번에도 안 빌려줬다구요.
교사: 아, 지난번에도 그런 일이 있어서 더 화가 났구나.
유아: 그러니까 더 때리고 싶은 거예요.
교사: 그런데 아까 **가 때려서 ㅇㅇ가 많이 아팠지. 아까 보니 서로 때려서 둘 다 아팠겠더라. 아직 더 때리고 싶은 마음이 드는 걸 보니 ㅇㅇ가 화가 단단히 났네.
유아: 맞아요. 자기가 잘못했으면서 나 때리고…
교사: 화가 나면 때리고 싶은 마음이 들 수 있지. 그런데 **가 때려서 ㅇㅇ가 많이 아픈 것처럼 **도 아까 ㅇㅇ에게 맞아서 아팠대. 아무리 화가 나도 친구를 때리는 것은 좋지 않아. 그럼 맞은 사람은 ㅇㅇ가 지금 아픈 것처럼 아프거든. 기분도 안 좋고. **도 아프고 화난다고 또 와서 ㅇㅇ 때리면, ㅇㅇ가 또 ** 때리고… 그러면 오늘은 놀지도 못하고 서로 때리다가 집에 가게 될 수도 있어. ㅇㅇ도 때리는 대신 너도 계속 **에게 맞아도 괜찮아?
유아: …
교사: 서로 계속 때리면 ㅇㅇ의 오늘 하루가 완전히 기분 안 좋은 날이 되어버리겠지. 차라리 ㅇㅇ가 얼마나 화가 났는지 공 멀리 던지기 놀이하며 스트레스 풀어볼까? 화가 난 만큼 공을 멀리 던져서 선생님에게 화난 마음 보여 줘. 선생님도 어제 화난 일 있었는데 멀리 던져봐야겠다.

---

130) '잘못을 인정하지 않고 고집을 부리는 (영)유아'에서 교사와 유아 간 대화법을 참고한다.

→ 교사가 먼저 시범을 보이고 유아에게 하도록 권유한다. 함께 신나게 공 던지기 놀이를 하며 푼다.
교사 : ㅇㅇ야, 어땠어? 기분이 풀리는 데 도움이 되었니?
유아 : 네. 아까보다 나아요.
교사 : 선생님도 ㅇㅇ랑 즐거웠어. 다음에 또 속상하고 화 나서 친구를 때리고 싶을 때 속으로 10까지 세고 크게 심호흡 3번 해 보자. 그래도 화가 안 풀리면 선생님에게 와. 알았지? 친구를 때린다고 기분이 완전히 풀리는 것은 아니거든. 선생님이 시간이 안 될 때도 있겠지만 시간이 되면 ㅇㅇ랑 다음에 또 공 던지기 놀이하자.
유아 : 네!

② 문제 상황이 아닌 일상에서의 놀이적 개입

반 친구들과 함께 안전하고 즐거운 상호작용을 할 수 있는 놀이 경험을 제공한다. 특히, 체육시간이나 특별 이벤트 날에 내재된 공격성 및 부정적 감정과 정서를 표출할 수 있는 놀이 활동을 진행한다. 다음의 놀이 활동을 하기 전에 속상하고 화났던 일들을 차례로 말하고 서로 이해해 주고 공감해 주는 시간을 갖는다. 이후 다음의 활동들을 신나게 하며 부적 감정들을 해소할 수 있도록 한다. 예를 들어, 화나거나 속상했던 자신의 마음이나 그 당시 하고 싶었던 말을 크게 외치게 한 후 다음의 활동을 하도록 지도할 수 있다.

■ 놀이 활동의 예

- 'angry 풍선' 터뜨리기 게임: 풍선을 불어 바로 터뜨릴 수도 있고 속상했던 그때의 표정을 그린 후 터뜨리도록 할 수도 있다. 또는 물 풍선을 정해진 곳을 향해 던져 터뜨리게 할 수 있다.

- 신문지 펀치 게임: 교사와 도우미가 양쪽에서 펼쳐진 신문지를 잡아주면 유아가 신문지 중앙을 향해 주먹펀치나 발차기를 해서 찢어지도록 한다. 3단계로 진행할 수 있는데 1단계는 신문지 한 장에 도전하도록 하고 2단계는 2장, 3단계는 3장을 겹쳐 점차 어려운 것에 도전하도록 한다. 2단계부터는 도전하고 싶은 친구들만 도전할 수 있도록 하되 소심, 위축, 자기표현, 자기주장이 부족한 아이들에게는 한번 더 도전해 볼 수 있도록 격려한다. 모든 단계마다 조금이라도 신문지가 찢어지면 '성공'이라고 크게 외쳐주며 축하해 준다.

- 볼링 핀 쓰러뜨리기: 이 활동도 그냥 할 수 있으나 아이들이 속상했던 일을 쓰거나 그리게 해서 그것들을 볼링 핀에 붙이게 한 후 쓰러뜨리게 할 수도 있다. 볼링 핀을 대신해서 색깔 종이컵을 산 모양으로 쌓고 공을 던져 쓰러뜨릴 수도 있다.

- 자석다트 게임: 유아들 수준에 따라 다양하게 준비할 수 있는데 가능하면 넓은 다트 판으로 준비해서 성공감을 갖도록 한다.

- 'angry 비행기' 날리기 게임: 종이에 화나고 속상한 일을 적고 그 종이로 비행기를 접는다. 컬러 테이프를 바닥에 붙여 커다란 공간을 만들고 아이들에게 '이곳은 화나고 속상했던 마음을 위로해 주는 곳'이라고 말해 준다. 비행기를 그 안에 성공적으로 골인시키도록 돕는다. 성공한 유아에게 성공을 기뻐해 주며 하이파이브를 해 준다. 또는 한 쪽 벽면에 화나거나 우는 표정을 테이프로 붙여 표현한 후 그곳을 골인지역으로 세게 던질 수 있도록 지도할 수도 있다.

- 야구나 축구 같은 신체놀이: 팀을 나누어 진행하되 가능하면 모두가 이기는 경험을 할 수 있도록 한다.

사례 1과 관련하여 세상을 위협적으로 지각하는 소극적인 유아들을 위해서는 또래 관계 속으로 서서히 들어올 수 있도록 초대한다. 단, 처음에는 작은 움직임만으로도 참여 가능한 단계의 활동부터 점진적으로 진행한다.

■ 놀이 활동의 예

- 클래식 음악 들으며 천천히 춤추기
- 탱탱 볼을 천천히 서로에게 굴리기: 처음에는 천천히 굴리는 것이 규칙
- 하늘에서 내리는 눈의 여행: 보들보들한 솜뭉치를 천천히 옆 친구에게 직접 전달해서 결국 솜뭉치가 한 바퀴 돌아오도록 한다.

(2) 가정에서의 개입-부모상담 Tip

정상적인 자기-통제능력의 발달은 유아와 부모와의 관계가 가장 중요한 역할을 한다. 따라서 부모로부터 애정과 관심의 욕구를 충분히 충족받고 일관성 있는 바운더리를 제공받을 수 있도록 도울 필요가 있다. 특히, 지나치게 허용적이거나 일관성이 결여된 훈육태도를 가진 부모에게는 적절한 제한설정과 일관성 있는 훈육을 강조한다. 또한 다음과 같이 부모-자녀 간 친밀감이 증진되고 유아의 억제·억압된 부정적 정서와 감정을 해소할 수 있도록 돕는 것이 필요하다.

■ 놀이 활동의 예

- 색깔 두더지 잡기 게임: 5~6개 냄비들을 준비하여 뒤집어 놓는다. 각 냄비에는 마음에 드는 색깔의 색종이를 붙인 뒤 아이에게 막대 혹은 국자를 쥐어 준다. 엄마는 게임을 진행하는 아나운서로 냄비에 붙은 색종이의 색깔을 외친다. 아이는 곧바로 그 색깔이 있는 냄비를 친다. 이 놀이는 분노나 부정적인 감정을 마음껏 표출할 수 있게 허용해 줄 뿐만 아니라 순간 집중력도 함께 길러줄 수 있다(김유숙 외, 2014).

- 체스: 체스의 원래 규칙으로 하지 않고 자기 차례가 오면 3칸씩 이동하되 점프가 가능한 것으로 알려준다. 유아가 부모의 말을 공격할 때 "윽!", "아니, 내 중대장을 공격하다니! 나도 가만히 있지 않겠다~" 등의 놀이적인 반영을 통해 공격놀이를 진행하도록 한다. 단, 유아가 충분히 공격하고 이기는 경험을 할 수 있도록 한다.

- 알까기: 체스와 마찬가지로 즐거운 놀이로 진행하되 유아가 이기는 경험을 많이 할 수 있도록 한다.

19 모든 놀이에서 주인공이 되려고 하는 (영)유아

사 례

유아는 적극적이고 씩씩한 모습으로 다른 친구들과 어울려 노는 것을 좋아한다. 하지만 자유놀이 할 때 관찰해 보면, 모든 놀이에서 주인공(예: 힘이 세고, 무엇이든 해결하는 역할)이 되고 싶어 하고 자신이 주인공이 되지 못하면 아예 그 놀이를 하지 않는다. 심지어 이탈하면서 친구들과 갈등이 일어나는 것을 자주 보게 된다.

원 인

주인공으로서의 관심과 우월감을 충족하고자 하는 경우

타인에게 주목받는 상황에서의 감정(예: 우월감, 뿌듯함, 기쁨 등)이 유아에게 중요한 욕구일 경우이다. 3세 이후 유아는 말하기 및 표현하기 등의 언어적 능력이 증가하면서 타인과의 상호작용을 원활하게 할 수 있게 된다. 또한, 자신과 세상(타인)을 지각할 때 자신이 중심이 되어 관심을 받았을 때의 기분에 대해서 보다 잘 인식할 수 있게 된다. 예를 들어, 뿌듯함, 기쁨, 우쭐함 등을 느끼게 되고 놀이 속에서 이러한 기분들을 계속 경험하고 싶어 자신이 주인공인 놀이를 고집하게 될 수 있다.

사회성 발달이 늦는 경우

혼자 놀이에서 주인공을 하는 것은 자연스럽고 아무런 문제가 되지 않는다. 하지만 친구와 놀이하면서 놀이가 확장되면 주인공만을 고집할 수 없다. 유아는 자신의 원함과 달리 또래에게 주인공 역할을 양보하기도 하고 배려해야 하는 상황도 생긴다. 유아가 또래와 평화롭게 놀이를 진행할 수 있는 능력도 사회성의 한 영역이라고 볼 수 있는데 유아의 연령이 어려 자기중심적인 사고가 많을 경우, 혹은 연령에 비해 사회성의 발달이 더딜 경우 의견과 입장 차이에 대한 적절한 협상이나 조율을 하기보다 자기 원함과 입장만을 고집할 수 있다. 또한 이 과정에서 화, 짜증 등의 미숙한 방식으로 자기표현을 할 수 있어 또래 간에 갈등이 야기되기도 한다.

양육환경에서의 보상과 지지적인 경험이 충분하지 못한 경우

누군가와 함께 잘 놀 수 있는 '사회성'이 건강하게 발달하기 위해서는 부모, 형제들과의 관계인 첫 단추를 잘 끼워야 한다. 즉, 부모와의 친밀감과 애착 형성이 '좋은 사회성'을 만들 수 있는 것이다. 물론 유아가 느끼고자 하는 우쭐하고 우월한 느낌은 유아의 자존감이나 자기가치감에 있어서 필요한 욕구이고 감정이기에 건강하게 충족될 필요가 있다. 그러나 양육자의 과도한 칭찬(예: '넌 최고야', '네가 제일 멋지다', '너보다 잘하는 친구는 없겠다' 등)으로 우월감이나 주인공이 되는 것을 당연하게 생각하거나 반대로 엄격한 양육자로부터 이러한 욕구충족이 제한을 받을 경우 우쭐하고 우월한 욕구충족의 보상으로 또래들에게 '주인공 심리'를 드러내고 싶어할 수 있다.

솔루션

(1) 기관에서의 개입

유아들의 자유놀이에 때로는 교사가 개입하여 중재 역할을 할 수 있다. 유아들의 원함을 듣고 모두가 하고 싶은 역할이 있다면 공평하게 기회를 주어서 경험해 보게 하는 것도 좋다. 그러나 유아의 연령을 고려해서 교사는 전체적인 지시를 하고 유아들이 구체적인 사항들을 토론, 타협, 의논해서 결정해 보도록 하는 것도 민주적인 의사소통을 연습하는 기회로서 좋은 방법이 될 수 있다.

■ 교사 개입의 예

① 교사는 주인공이 되려는 성향의 유아가 포함되어 있는 무리의 자유놀이에서 초기에 중재 및 사회자가 되어 공평한 규칙을 전달하는 역할을 한다.

교사: 이 놀이에서 주인공은 엄청 중요하고 무적의 존재네? 그래서 주인공이 되어 부하들도 많이 생기고 충성스럽게 지켜 준다면 든든하겠는데~ (혹은) 이 주인공은 모두를 무찌를 수 있을 만큼 어마어마하게 세구나. 이럴 때 기분이 어떨까?
유아: 엄청 좋죠.
교사: 그렇겠구나. 이런 신나고 재미있는 기분을 다른 친구들도 모두 느끼도록 해 보면 어떨까?

② '경쟁의 의미'에 대해서 생각해 볼 수 있는 그림책을 읽고 함께 토론한다.

- 1등이 아니어도 괜찮아 (수사나 이세른, 정글짐북스, 2015)
  너구리와 여우의 경쟁을 통해 진정한 1등의 의미가 무엇인지 생각하게 해 보는 그림책이다.
- 정정당당 (하워드 빈코우, 걸음동무, 2013)
  지는 것을 싫어하고 모든 것에서 최고가 되어야 한다고 생각하는 주인공 하워드가 우승보다 값진 것이 무엇인지를 깨달아가는 과정을 담은 그림책이다.

위의 그림책을 읽고, 어떤 생각이 들었는지 같이 나눠봅시다.

- 친구와 경쟁하게 되었을 때 어떤 생각이 먼저 드나요? 그럴 때 내 마음은 어떤가요?
- 이기는 것이 중요하다면 왜 그럴까요? 이겼을 때 내 마음은 어떤가요?
- 져도 괜찮다고 생각한다면 왜 그럴까요? 그럴 때 내 마음은 어떤가요?
- 이기고 싶다고 생각하면서 목표를 위해 열심히 무엇인가를 할 때, 우리가 잊지 말고 꼭 생각해 보아야 할 점은 무엇일까요?

어떤 역할이라도 소중하고 중요한 것임을 알게 해 주는 것이 좋다. 설령 주인공이 중요할지라도 다른 등장인물이 없다면 그 주인공은 의미가 없게 됨을 이해하도록 하여 유아들이 서로 민주적으로 의사소통하며 사이좋고 즐겁게 놀이할 수 있도록 지도한다.

■ **사회성 발달, 또래와의 관계에 대해 생각하고 토론할 수 있는 그림책**

- 초코가루를 사러 가는 길에 (박지연, JED재능교육, 2018)
  초코가루를 좋아하는 곰이 동네의 모든 친구들에게 도움을 주었다가 결국 자신이 원하던 초코가루는 못 사게 되었지만 이러한 도움이 친구와 함께 즐기는 시간을 만들어 주는 보답으로 돌아왔음을 이야기한 그림책이다.

- 무지개 물고기 (마르쿠스 피스터, 시공 주니어, 1994)
  다른 물고기에 비해 특별하고 아름다운 비늘을 갖고 있는 무지개 물고기가 친구들과 어울리게 되는 과정을 통해 자신의 행복을 찾게 되는 이야기가 담겨 있는 그림책이다.

① 위의 그림책을 읽고 아래의 주제로 토론, 이야기 나눔을 해본다.
- 곰은 어떤 성격을 가진 것 같나요?
- 내가 곰처럼 누군가에게 도움을 준 경험, 혹은 받은 경험은 언제 있었나요?
- 그때의 기분은 어땠나요?
- '함께', '같이' 라는 것이 가장 좋을 때는 언제인가요?
- 친구들 사이에서 속상할 때는 언제였나요?
- 무지개 물고기처럼 나 스스로 특별하다고 생각하는 것은 무엇인가요?
- 무엇인가를 나누었을 때 기쁘고 기분이 좋았던 경험은 언제인가요?
- 내가 곰이었다면, 내가 무지개 물고기였다면 어떻게 했을까요?
- 나의 성격으로 바꾸어서 이야기를 새롭게 만들어 본다면 어떻게 달라질까요?

② 곰, 물고기, 토끼 등 다양한 주인공을 골라 자신의 성격을 대입한다면 어떤 이야기가 될지 그림책을 만들어 보면서 그림과 간단한 글로 표현해 보는 활동을 한다.

(2) 가정에서의 개입–부모상담 Tip

교사는 부모에게 기관에서 보이는 유아의 특징을 설명하되 가정이나 다른 곳에서도 이러한 특징이 나타나는지 질문한다. 또한 유아의 행동에 대해 부모가 어떻게 반응하거나 개입하는지 묻고 그에 대한 유아의 반응도 함께 파악해 둔다.

■ 교사가 부모에게 제시하는 질문 예

- 유아가 기관에서 주인공을 하려는 마음이 큰 편인데 혹시 가정에서 형제자매와 놀 때나 다른 친구들과 놀 때는 어떤가요?
- 가정에서 부모님은 어떻게 개입하시나요? 그럴 때 유아의 반응은 어떤가요?
- 가정과 기관에서 행동이 다르다면 이러한 유아의 행동은 어떤 의미를 갖고 있는 것이라고 생각하시나요?

(부모의 대답에 대해 교사는 존중의 뜻을 표하면서) "그렇게 생각하시는군요. 잘 알겠습니다. 저도 유아를 좀 더 관찰해 보면서 살피겠습니다."라고 한 뒤 실제 기관에서 교사의 개입에 대해 유아가 잘 반응하고 이해하면서 행동 교정이 이루어지는지 혹은 계속 같은 행동을 반복하는지 양상을 관찰한다.

기관에서 교사의 개입방법과 계획에 대해 부모와 함께 이야기 나누고 가정에서도 비슷한 반응을 보일 때, 부모님도 교사와 유사한 방식으로 반응하여 일관된 훈육이 될 수 있도록 한다. 또한 유아에게 적절하게 반응하는 방법을 안내한다. 예를 들어, 부모가 처음부터 "사이좋게 놀아야지."라고 타이르거나 "져도 괜찮아."라고만 하면 유아는 자신의 기분을 이해받지 못했다고 느껴서 저항하거나 속상해할 수 있다. 따라서 부모는 먼저 유아가 느낄 수 있는 속상함, 아쉬움, 분함, 억울함 등의 감정을 인정하고 수용해 주는 것이 중요함을 설명한다. 또한, 가정에서 부모와의 특별한 놀이시간을 통해 유아가 주인공으로서 놀이를 주도하는 경험을 충분히 하게 한다.

유아: 엄마! 오늘 내가 하고 싶은 걸 ㅇㅇ가 하겠다고 해서 못 했어요! 걔는 맨날 자기가 먼저 한다고 하고…

엄마: 아유, 그랬어~ 우리 ㅇㅇ가 하고 싶은 거 못했구나! 속상했겠다~

유아: 응!

엄마: 진짜 그랬겠다. 그래도 ㅇㅇ가 양보해 줘서 안 싸우고 놀이를 할 수도 있었던 거네. 하지만 다음에는 양보해 주어서 서로 번갈아 가면서 하고 싶은 것을 공평하게 하면 더 좋겠다.

유아: 응!

엄마: 대신 집에 가면 엄마와 특별한 놀이시간에 ㅇㅇ가 주인공이 돼서 놀까?

유아: 응, 그러자!

20 다른 사람들이 싫어하는 행동을 일부러 하는 (영)유아

사 례

유아는 수업시간이나 친구들과의 놀이에서 일부러 눈에 띄는 행동을 해서 한 번 이상은 교사에게 이름을 불린다. 장난감을 빼앗거나 순서를 지키지 않고 갑자기 소리를 지르는 등 돌발적인 행동을 하는데 친구들이 싫다고 해도 별다른 뉘우침이 없이 넘어가 버린다. 또래들이 싫어하는 걸 알지만 이런 것 자체가 재미있다는 듯 반응하는 유아를 보면 난감한데, 어떻게 도와주어야 할지 고민된다.

원 인

양육자와의 긍정적인 관계 경험이 적은 경우

영유아는 성장 과정에서 양육자를 통해 외부의 세계와 상호 호혜적인 의사소통을 경험하며 긍정적인 기분을 공유하게 된다. 이를 애착[131]경험이라고 부르는데, 이때 양육자의 반응이나 태도가 유아의 외적인 세계를 구성하는 것에 영향을 주고 외부 세계를 대하는 유아의 느낌, 생각, 태도(예: '세상은 나에게 호의적이다, 적대적이다, 무관심하다'라고 생각하는 것)의 틀을 형성하게 된다. 이러한 외적인 세계의 구성은 유아의 의사소통 방식에도 영향을 주는데, 세상이나 외부 세계를 적대적이거나 무관심하다고 인식했다면 유아는 자신의 소통 방식을 필요 이상으로 과장하거나 부정적으로 가져갈 수 있다.

관심에 대한 욕구를 부적절하게 충족한 경우

의사소통 발달 과정에서 영유아는 타인의 반응과 자신의 행동을 연결지을 수 있는 사회적 맥락을 익히게 된다. 즉, 타인이 자신의 행동을 보고 활짝 웃는다면 유

131) 애착(attachment)은 우리 삶에서 특별한 사람들과 상호작용할 때 기쁨을 느끼게 해 주고, 스트레스를 느끼는 순간 편안해지도록 해 주는 특별한 사람들에게 갖는 강한 정서적 유대이다(Berk, 2006).

아는 자신의 행동을 더 반복하고자 할 것이며 자신의 행동을 긍정적인 것으로 개념화한다. 하지만 5세 이전에는 자기중심적 사고의 특징이 강하기 때문에 타인에 대한 관심 욕구는 있지만 이 욕구를 어떻게 충족해야 하는지에 대한 적절하고 세련된 의사소통의 방식을 잘 인식하지 못할 수 있다. 그래서 다른 사람들이 '싫다'라고 하는 반응을 '재밌다'라고 해석하면서 상대방에게 제공하는 반응이나 영향을 주고 있는 과정에 대해 부적절한 강화를 받을 수 있다.

양육자와의 의사소통에서 긍정적 경험과 모델링 부족으로 사회성 발달이 더딘 경우

이 원인은 첫 번째 원인인 양육자와의 긍정적 관계 경험이 적은 영유아 중 양육자와의 의사소통에서 장난, 놀림, 비난, 꾸중 등 부정적인 의사소통을 많이 한 영유아에게 해당된다. 언어적/비언어적 반응을 포함하여 양육자와의 관계에서 전반적인 의사소통이 부정적이었을 경우, 영유아는 타인의 반응에 대해 왜곡된 인식을 가질 수 있고 친사회적인 사회성 발달도 더디게 이루어진다. 유아는 자신의 의도를 잘 전달할 수 있는 적절한 의사소통 방식(언어, 행동)을 배워나가는 과정에 있기 때문에 양육자와의 대화 및 행동방식을 모델링, 내재화하기 쉬우며 생애 초기부터 현재까지 양육자와의 관계에서 반응했던 방식대로 대응한다.

솔루션

(1) 기관에서의 개입

교사는 유아의 의사소통 의미를 파악하여 유아가 진심으로 전달하고자 했던 의도와 목적이 무엇인지를 알고 이해받는 느낌을 경험하게 해 주는 것이 중요하다. 교사는 유아가 보인 반응을 되물으면서 이렇게 반응한 의도가 무엇인지, 유아가 진심으로 전달하고자 하는 바가 어떤 것인지 묻는다. 그리고 이후에 이러한 의사소통이 어떤 결과를 가져올 수 있는지 나누어 보는데 또래들과 같이 해 볼 수도 있고 유아와 교사가 1:1 상황에서 다룰 수도 있다.

■ 교사 개입의 예

- ㅇㅇ가 뭐가 마음에 들지 않나 보구나. 어떤 마음인지 선생님에게 이야기해 줄래?
- 아, 이렇게 해 보고 싶었는데 잘 안 돼서 그렇게 말을 했다는 거구나. 그런데 ㅇㅇ가 **라고 말하니까 친구가 **라고 이해를 했나 보다.
- 친구는 이렇게 생각했는데 ㅇㅇ의 생각은 달랐나 보네. 원래 이야기하려고 했던 것을 생각해 보면서 다시 이야기해 볼까?

협동을 통해 무엇인가를 이루는 활동을 시도해 보면 자신의 의사소통이 어떤 결과를 가져오는지, 어떻게 이야기했을 때 서로에게 더 좋은지를 경험적으로 배울 수 있다. 이러한 과정에서 유아의 새로운 장점이 보인다면 친구들이 보는 앞에서 구체적으로 격려·지지해 준다. 교사로부터 장점을 인정받고, 친구들도 인정해 주는 긍정적인 경험을 하면 할수록 자신의 말이나 행동을 다듬어 갈 수 있는 좋은 토대가 된다.

■ 협동의 활동에서 긍정적인 점을 발견하는 교사 개입의 예

- 와, 어떻게 해서 이 팀은 이렇게 할 수 있었나요?
- 누가 무엇을 어떻게 도왔나요? 서로 팀에 도움이 되었던 것을 하나씩 이야기해 줄래요?
- ㅇㅇ에게는 좋은 아이디어를 내는 능력이 있는 것 같은데 혹시 다른 친구들도 ㅇㅇ가 이런 점이 있는 걸 알고 있었어요?

"고마워, 미안해, ~해 줄래? 넌 어때? ~같이 할래?" 등 상황에 맞는 의사소통을 할 수 있도록 다양한 활동을 시도해 보는 것도 좋으며 서로의 기분을 좋게 만드는 친사회적 의사소통 방식을 역할극처럼 연습해 볼 수 있다. 교사가 상대의 역할을 맡고 유아가 친구의 역할을 맡아 다른 사람들 앞에서 상황극을 해 볼 수도 있다. 우정 및 사회적 관계에 관련된 그림책을 함께 읽고 소감을 나누어 보는 것도 좋다.

- 다투고 화해하고 우리는 친구 (로버트 랜다, 2010 세상 모든 책)
  가장 친한 친구였던 토끼와 곰이 반짝반짝 빛나는 물건을 발견하게 되는데 물건을 가지려는 욕심을 통해 갈등과 우정 회복 과정을 담은 그림책이다.

- 네가 있어 좋아 (브레멘 창작연구소, 2018 브레멘플러스)
  아토피로 친구들의 놀림에 힘들어하는 주인공과 이를 스스럼없이 대해 주는 친구를 통해 힘들었던 주인공 마음이 회복되는 과정을 담은 그림책이다.

위의 그림책을 읽고 토론과 이야기 나눔을 해 봅시다.

- 친해지고 싶을 때 친구에게 할 수 있는 말에는 무엇이 있을까요 ?
- 잘못하거나 실수했을 때 할 수 있는 말에는 어떤 것이 있을까요?
- 친구로부터 '괜찮아', '아프지는 않니?'라는 말을 들었을 때 어떤 기분이 드나요?
- 친구로부터 '내놔', '저리 가'라는 말을 들었을 때 어떤 기분이 드나요?
- 서로 기분이 나쁘지 않으면서 내 의도를 잘 전달하려면 어떻게 하는 것이 가장 좋을까요?

(2) 가정에서의 개입-부모상담 Tip

부모-자녀 사이의 언어습관 및 의사소통 방식을 이해하기 위해 일상에서 유아와 부모 간의 의사소통의 특징과 어려움이 무엇인지 함께 대화한다. 모든 의사소통에는 장점과 단점이 있기 때문에 교사는 부모가 기존에 사용했던 의사소통 방식도 이해하고 존중하는 태도를 보이되 유아가 기관에서 배울 수 있는 바른 언어습관과 반응양식에 대해 언급하고 유아가 타인들과 좋은 관계를 경험하기 위해 도움이 되는 방식이 있다면 이를 추천한다. 양육자가 영유아의 감정이나 행동을 존중하고 이해하려는 태도를 기반으로 의사소통하고 놀이를 통해 유아의 정서, 생각 등을 무비판적으로 수용해 주는 것이 필요함을 전달한다.

유아가 가정 및 기관에서 비슷한 방식의 의사소통을 한다면 부모는 유아의 행동이 나타났을 때 이를 단호하게 타이르면서도 유아의 메시지 이면의 의도와 감정을 이해하려고 노력하는 방식을 취하고 바른 표현으로 교정한다. 부모의 바쁜 일상으로 유아가 부모로부터 일정 시간 이상 관심을 받기 어려운 상황인지도 탐색한다. 특히, 부모가 유아에게 지속적인 무관심을 보이다가 부적절한 행동에 대해서만 관심을 보이며 지적하는 것은 아닌지 확인한다[132]. 그리고 이 같은 행동은 사회성 발달을 늦추며 유아의 충동적이고 부적절한 행동이 나타날 수 있는 원인이 될 수 있음을 알린다.

21 친구를 자주 이르는 (영)유아

사 례

유아는 교사를 잘 따르며 기관에서 적극적으로 활동한다. 하지만 친구들 중에 장난치거나 선생님의 말을 안 듣는 친구들에 대해서는 교사에게 반복해서 이야기하고 친구들의 말이나 행동을 일러서 교사의 입장이 난처해질 때가 있다. 그렇다고 매번 꾸중을 할 수도 없고 유아의 행동을 다른 친구들이 이해해 주지 못하면 또래로부터 따돌려 질까 봐 걱정이 되기도 한다.

원 인

부모의 도덕적 판단 기준이 엄격할 경우

유아는 부모의 가치관과 훈육을 내재화하면서 외부 세계를 구성하는 사회적 규준을 일차적으로 학습한다. 옳고 그름이나 도덕적인 기준에 대해서도 부모를 보면서 학습하게 되는 것이다. 부모가 지나치게 도덕적 판단 기준이 높아서 유아의 행동에 대해 엄격한 경우 부모의 기준을 내면화하여 학습하게 되고 이러한 기준으로 타인을 바라보고 판단하게 되어 친구들의 장난이나 무질서함을 유연하게 받아들이기보다는 엄격한 잣대로 판단한다. 또한 권위자를 더 신뢰하여 또래의 행동이나 말에 대해 교사나 부모와 같은 관점에서 판단을 한다.

132) 관심의 욕구가 결핍된 유아는 문제행동이나 부적절한 행동에 대한 지적이나 혼남을 통해서라도 부모의 집중과 관심을 받고자 할 수 있다.

충분하게 수용받았던 경험이 부족할 경우

타인을 바라보는 행동의 범위가 유연하고 융통성이 있는 유아일 경우에는 부모가 유아를 판단하는 기준 역시 너그럽고 적절한 수준에서 허용적·수용적일 수 있다. 하지만 실제 내면이 아직 어리고 미숙함에도 타인에게 충분히 수용받지 못한 유아의 경우에는 자존감이 낮고 다른 또래들의 미숙한 행동이 주는 불편함을 잘 수용하지 못한다. 오히려 또래들의 잘못을 지적하는 행동을 통해 스스로가 바르고 좋은 사람임을 인정받고자 하는 행동을 보이기도 한다.

정서적으로 불안이 높을 경우

기질적으로 까다롭고 예민한 유아는 주변 상황의 변화나 예측을 벗어나는 것에 대해 수용하기 어렵다. 이러한 특성의 유아는 늘 긴장되어 있고 불안의 수준이 높아 자신의 불안을 해소하거나 표출하는 방법 중의 하나로 불편한 행동을 하는 또래들의 행동을 교사에게 이를 수 있다. 이는 자신의 불안을 낮추는 것이 친구들과의 관계보다 더 중요하다고 무의식적으로 판단하는 것이다.

권위자로부터의 인정 욕구가 높을 경우

타인으로부터 인정, 칭찬, 이해받으려는 욕구는 영유아의 자존감 발달에 있어 중요한 욕구이다. 권위자로부터의 인정은 영유아의 긍정적 행동을 강화하기도 하고 친사회적 태도의 동기 부여 및 도덕성 발달에 있어서 중요한 영향요인이 된다. 연령이 어릴수록 자아개념이 미숙하여 자신의 행동에 대해 인정받고자 하는 욕구와 더불어 힘의 욕구가 크므로 또래보다 우위에서 힘을 행사하고 싶어 한다. 부모나 교사가 자신보다 우위에 있다고 느끼기 때문에 또래의 잘못을 지적하고 가르치는 행동을 통해 스스로가 힘이 있는 것으로 인식할 수 있다. 이 경우, 타인을 이르려는 의도보다는 스스로가 잘했음을 인정받고자 하는 욕구가 더 크다고 볼 수 있다. 5, 6세 이상이 되면서 이러한 행동은 조금씩 줄어들 수 있으나 교사, 부모 등의 권위자를 통해 인정받고자 하는 욕구가 매우 높을 경우 이런 행동을 지속할 수 있다.

솔루션

(1) 기관에서의 개입

친구의 행동을 일렀을 때, 교사는 먼저 유아의 불편한 마음을 인정해 주고 수용해 주되 유아의 말만 듣고 다른 친구들을 나무라는 일이 생기지 않도록 양쪽 입장을 이해하는 것이 중요하다.

■ 영유아의 마음을 읽어 줄 수 있는 교사 반응의 예

- ㅇㅇ가 속상했구나.
- 친구가 그런 행동해서 불편했구나.
- 그래, 친구가 너무 그렇게 하면 방해가 됐을 수도 있겠다.
- ㅇㅇ가 종이를 너무 낭비하는 것 같았구나. 그런데 친구는 필요한 것이라고 말하던데 서로 생각이 달랐나 보다.

교사가 이와 같은 개입을 함으로써 유아가 자신의 생각을 이해받았다고 느끼면 이르는 행동은 자연스럽게 소거될 수 있다. 하지만 유아가 고집스럽게 같은 행동을 반복하거나 이르는 행동으로 인해 또래로부터 갈등, 배척의 상황에 놓이게 된다면 교사는 아래와 같은 개입을 할 수 있다. 아래와 같은 개입을 할 때 교사는 유아와 1:1의 대화가 보다 유용할 수 있다.

■ 교사 반응의 예

교사: ㅇㅇ가 아까 친구의 행동 때문에 많이 방해되고 힘들었니?
유아: 네, **는 매일 그래요.
교사: 그랬구나. ㅇㅇ가 그 동안 많이 참았다가 이야기한 거였구나.
유아: 네.
교사: 그래, ㅇㅇ가 이야기해 준 덕분에 선생님이 알게 되었으니 고마워. 선생님이 그 친구에게 따로 이야기해 볼게.
유아: 네.
교사: 그런데 앞으로 친구들로 인해 힘든 점이 있어서 선생님한테 할 이야기가 있으면 수업이 끝난 뒤에 이야기해 줄래? 앞으로 친구가 수업에 방해가 되는 행동을 하면 선생님이 더 잘 보고 있다가 방해되지 않도록 할게.
유아: 네.

예방적인 차원에서는 유아가 스스로 생각해 보고 이야기할 수 있도록 교사가 기다려 주면서 유아 자신의 행동을 조망할 수 있도록 한다. 또한, 유아가 교사에게만 의존하려고 하거나 확인하려고 할 때 교사가 유아의 마음을 읽어 주면서 또래와 직접 소통하면서 해결할 수 있도록 한다. 교사나 부모가 유아의 정서에 관해 반응해 주면 유아의 정서 인식과 조절능력은 보다 향상된다. 또한, 정서에 초점을 맞춘 대화를 하려면 교사는 유아가 표현하고 있는 정서를 명명해 주는 것이 좋다(Laible et al., 2000).

■ 교사 반응의 예–자신의 감정을 돌아보면서 조망하기

• 친구가 어떻게 생각하는지 한번 물어볼래?
• ㅇㅇ가 친구에게 어떻게 이야기하면 좋을까?

■ 교사 반응의 예–질문 돌려주기

• ㅇㅇ와 같이 있을 때 이야기해 볼까?
• ㅇㅇ에게 직접 이야기해 볼래?

■ 교사 반응의 예–정서적 반영하기

ⓐ 유아가 높이 올라간 자신을 가르키며 얼굴에 미소를 띠고 있을 때
• ㅇㅇ가 높이 올라가서 자랑스러운가 보구나.
• 맨 꼭대기에 있으니 기분이 좋은가 보구나.

ⓑ 충분히 놀지 못했는데, 정리할 시간이 되어서 투덜거리고 있을 때
• ㅇㅇ가 더 놀고 싶었는데 못 놀아서 속상한가 보구나.
• ㅇㅇ가 더 놀고 싶구나.
• ㅇㅇ가 충분히 신나게 못 놀았구나.

평소 또래들과 유대감을 높일 수 있는 활동이 도움이 된다. 자신에게는 단점만 있는 것이 아니라 또래와 다른 장점을 갖고 있을 수 있다는 것을 협동 활동을 통해 배우게 된다. 또한 이런 학습과 경험을 통해 또래의 행동을 쉽게 판단하여서 이르거나 가르치려고 하는 행동이 감소하게 된다.

■ 협동 활동의 예

- 나만의 섬 그려서 서로 연결하기 (개인작업 → 협동화)
  각자의 섬을 만든 후, 전지에 붙여서 서로 연결되도록 협동 작업으로 함께 마무리하는 것. 크레파스나 색연필 등 한 가지 색을 골라 협동화 완성하기

- 색 구슬 굴려서 자유롭게 난화 만들어 보기
  사각형 쟁반이나 종이 상자를 이용하여 아랫면에 종이(8~4절지)를 깔고 접시나 종이컵에 색 물감을 덜어 구슬에 물감을 묻힌다. 숟가락으로 꺼낸 뒤 쟁반이나 상자를 왔다 갔다 하면서 구슬의 움직임으로 무엇인가 그려지는 것을 본다. 이때, 양쪽에서 쟁반이나 상자를 잡고 서로 밀고 당기면서 우연한 움직임으로 인한 과정을 즐기면 좋다.

- '고마워' 게시판 운영하기
  평소 친구들에게 고마웠던 것을 포스트잇, 쪽지에 적어서 붙일 수 있는 게시판을 운영한다. 등하원 시에 붙이고 서로 볼 수 있게 한다. 정기적으로 한 달 동안 진행하고 총정리하여 누구에게 고마운 일이 많았는지 살펴보면서 특별한 보상을 한다.

(2) 가정에서의 개입-부모상담 Tip

유아에 대한 부모의 반응이 판단이나 지시적인 태도가 필요 이상으로 많았는지 함께 생각해 보고 필요시에는 지시적 태도나 판단의 방법을 지양하도록 권한다. 하지만 언제나 부모의 감정이나 상황을 배제하면서 유아에게 여유 있고 공감적으로 대할 수는 없다. 따라서 기본적으로는 "하지 마~ 그건 아니지~" 등의 반응보다 "엄마가 지금은 전화 통화 중이어서 잘 듣기가 힘들어. 전화 끊고 네 말 들어줄게.", "우린 지금 늦었고 빨리 나가야 하니까 더 이상 책을 읽을 수는 없어. 외투를 입을 시간이야.", "또 다시 동생과 다투면 엄마가 화가 날 것 같아." 등 엄마의 솔직한 마음과 상황을 표현하는 것이 필요하다. 다만, 부모가 급한 상황이 아닐 경우에는 유아에게 충분한 관심을 주며 유아의 감정을 읽는 '공감적 경청' 방식을 권유한다.

부모의 엄격한 잣대나 옳고 그름을 판단하는 것을 배워야만 유아가 올바르게 자란다기보다는 부모의 일상적인 생활에서 드러나는 결정방식 및 다른 사람들을 대하는 태도 등에서 영유아는 많은 영향을 받고 이러한 과정을 통해 보다 자연스럽게 도덕적 판단을 익힐 수 있음을 알게 한다. 기관에서는 단체 생활이므로 교사가

공감적 방식을 취하는 것에 한계가 있을 수 있지만 부모도 교사와 동일한 방식으로 유아를 대하는 것의 중요성을 알리고 기관에서도 최선을 다할 것을 이야기한다.

22 또래와 놀지 않고 교사와만 대화하려는 (영)유아

사 례

유아는 기관에 잘 적응하고 있고 활동에도 적극적이고 활발하다. 하지만 자유놀이 시간이 주어질 때면 또래보다는 교사들과 대화하고 싶어 하며 질문을 계속 반복한다. 또래들과 놀기를 권해도 금방 흥미를 잃으며 또래들도 유아를 가깝게 생각하지 않는 것 같아 고민이 된다.

원 인

양육자와 불안정 애착 관계[133])를 형성했을 경우

애착이란 유아와 양육자 사이에 형성되는 정서적 유대관계를 뜻하는데 애착은 유아의 사회성 및 성격 발달에도 많은 영향을 주게 된다. 안정적 애착 관계를 형성한 유아는 정서적으로 안정적이며 적극적이고 능동적인 호기심을 가진다. 반면, 불안정한 애착 범주 내의 저항애착 유형[134]) 유아는 무의식적으로 애착욕구를 충족하기 위한 행동을 하는데 어린 영아의 경우 매달리거나 떼쓰기로 나타날 수 있다. 또

133) 불안정한 애착관계를 형성한 유아는 자신 및 타인에 대한 신뢰감이 부족하여 타인에 대한 관심을 쉽게 철회하거나 위축된다. 유아기 후반까지도 부모로부터 잘 떨어지지 않으려고 하고 신체적인 접촉을 요구하기도 한다. 전반적으로 타인에게 비협조적이며 순응적이지 못하고 때로는 자기방어를 위한 공격, 충동적인 행동을 하기도 한다.

134) 영유아 애착유형은 안정애착, 불안정 회피애착, 불안정 저항애착, 불안정 혼란애착으로 나누어 볼 수 있다. 이 중 불안정 저항애착은 부모에 대한 불안감이나 불신이 높고 접촉하기를 원하지만 자신을 버렸다는 강한 공격성도 포함하고 있어 불안정 양가애착으로도 불린다. 양육자의 일관성, 민감성이 낮을 경우 형성될 수 있으며 아동기에 다양한 분리불안 경험으로 발현된다(김수정, 2010). 더 자세한 내용은 본서 제1부 제2장을 참고할 수 있다.

한 유아는 또래보다 권위자나 어른에게 확인받거나 인정받고자 하는 행동이 나타날 수 있다.

사회적 의사소통 기술이 부족할 경우

또래와 즐겁게 놀고 싶은 욕구는 있으나 놀이나 대화를 시작하거나 유지하는 행동 즉, 사회적 기술(social skill)이 부족하거나 소통, 타협, 제안 등의 의사소통 기술이 덜 발달된 유아일 경우 또래와 놀거나 대화하는 것을 어려워하여 위축될 수 있다. 이에 자신의 표현을 잘 이해해 주고 수용해 주는 교사와의 소통이 편안하기 때문에 교사와의 대화를 선호할 수 있다.

또래들보다 성숙한 사고와 감정의 발달을 보이는 경우[135)]

또래와 언어, 인지, 사고 및 습득의 기능에 있어 현저한 차이가 날 경우, 특히 비교적 빠른 언어, 인지, 정서, 도덕성 영역에서의 발달을 보이는 영유아는 자신과 놀이나 생각의 수준을 맞춰줄 다른 대상을 찾을 수 있다. 이러한 영유아는 또래보다 성숙하거나 어른스러운 사고나 생각을 많이 하므로 자신의 생각을 교감할 대상을 찾기 위해 또래보다는 교사와 의사소통하고자 하는 반응을 보일 수 있다.

솔루션

(1) 기관에서의 개입

기본적으로 애착은 유아가 양육자와의 관계에서 이루어지는 과정이지만 또래 및 타인과의 접촉, 관계 경험을 어려워하거나 자연스럽게 하지 못하는 유아들은 기관에서도 애착 증진에 도움이 되는 다양한 활동을 제안해 볼 수 있다.

135) 영재아동은 또래와 잘 지낼 수 있으나 자신에 비해 또래가 사회적 상황을 이해하는 수준이 낮은 것에 좌절하여 또래와의 관계 형성에 어려움을 지닐 수 있다. 언어를 빨리 습득하여 또래보다 높은 수준의 어휘를 사용하며 재미있는 놀이 아이디어가 많고 놀이 상대로 또래에게 매력적일 수 있다. 하지만 사고의 수준이 높아 다른 아동이 놀이의 의도를 이해하지 못할 경우 놀이가 잘 이루어지지 않을 수 있다(Thompson, 2006).

■ 애착 증진에 도움이 되는 활동의 예

① 얼굴을 제외한 팔, 몸 등에 칭찬, 장점 스티커 붙여주기: 또래들끼리 활동을 한 후 서로의 장점이나 칭찬에 대해 이야기하면서 붙여주고 싶은 스티커를 붙여준다. 자연스럽게 또래들끼리의 스킨십을 할 수 있고 즐거운 분위기를 주어 긴장도 줄어든다.

② 물감, 점토, 전분가루 등의 촉감적 매체를 사용하는 놀이에서 서로 짝을 이루거나 그룹을 이루어 활동하도록 하여 서로의 손 모양, 손가락 등을 자유롭게 찍어 보거나 난화(자유롭게 낙서하듯 그리는 그림) 활동을 해 본다.

③ 사람 고리 풀기: 3명 이상의 유아들이 원 모양으로 모여 오른팔을 내밀어 상대방의 오른팔을 잡는다. 이때 바로 옆에 있는 사람의 손은 잡지 않는다. 다음에는 왼팔을 내밀고 또 다른 사람의 왼팔을 잡는다. 마찬가지로 바로 옆 사람의 손은 잡지 않는다. 이렇게 하면 서로의 손과 손이 엉키게 되는데 두 손을 놓지 않은 채로 엉킨 손을 풀어본다.

또래 사이에서 대화가 편안하고 즐거울 수 있음을 경험하도록 하는 것이 중요한 목표가 되기에 먼저 유아가 또래들 사이에서 긴장을 이완하면서 즐겁게 워밍업할 수 있는 활동이 도움된다. 유아 한 사람에게 집중이 모아지는 활동보다는 협동이나 자연스러운 스킨십을 유도하는 활동이 좋다.

■ 협동을 증진하는 활동의 예

① 신문지 섬에서 살아남기: 2, 3명의 유아가 한 팀이 되어서 신문지 한 장의 크기로 시작해서 점점 작아지는 신문지 위에서 일정 시간 버틴다. 어떻게 협력해야 점점 면적이 작아지는 신문지 위에서 버틸 수 있을지 의논하면서 협동할 수 있는 방법을 찾는다.

② 배려의 공 주고받기: 5, 6명 정도의 집단에서 원으로 둘러서서 공을 주고받는 순서를 정한다. 순서를 잘 기억하게 한 뒤 자리를 바꾸면서 공을 번호 순서대로 패스하여 끝까지 떨어뜨리지 않는 팀이 성공하는 게임이다. 이때, 공의 크기를 작은 것부터 시작해서 큰 것까지 다양하게 준비하면 좋고 어떻게 해야 상대가 더 잘 받을 수 있는지를 생각하는 것이 중요한 점임을 이야기한다.

③ 또래 사이에서 위축되어 있는 유아의 생각을 묻거나 표현하도록 해서 자신의 생각이나 감정을 조금씩이라도 또래 사이에서 표현할 수 있는 기회를 준다.

④ 한 팀이 협력해서 결과물을 만들어 내는 활동에 참여하도록 하여 좀 더 세심한 의사소통이 이루어질 수 있도록 돕는다. 5세 이상의 유아라면 서툴더라도 어떤 결과물을 만들어 내는 것이 가능하기 때문에 팀별 협동화 그리기, 우리들의 집 만들기 등의 협동 과제를 통해 서로의 의견을 조율, 타협, 중재, 제안하는 방법들을 익히도록 돕는다.

(2) 가정에서의 개입–부모상담 Tip

양육자는 유아의 행동원인을 고찰하는 과정을 통해 유아의 행동을 강화 혹은 소거하는 데 도움이 되는 기질적인 조건이나 환경적 요인을 살펴야 한다. 유아가 불안이 높은 기질이라 쉽게 수줍어하고 내성적이며 사회적 의사소통 기술의 습득이 더디다면 평소의 긴장을 이완할 수 있도록 돕는 활동을 많이 하며 부모의 양육태도 역시 유아의 기질이나 특성에 따라 조율되어야 한다. 무엇보다 유아가 양육자와도 편안하고 즐거운 상호작용을 경험할 수 있도록 하는 것이 가장 중요한 핵심임을 알린다.

영유아와의 대화나 상호작용 속에서 충분한 공감적 반응과 수용적 태도를 제공하는 것은 심리적 안정감을 준다. 또한 영유아와 양육자가 편안하고 즐거운 놀이나 활동을 할 수 있는 시간을 확보하여 영유아가 좋아하는 활동(예: 책 읽어 주기, 노래 부르기, 음식 만들기, 그림 그리기 등)에 함께 참여한다. 하루에 30~40분의 집중적인 놀이나 활동만으로도 유아는 심리적 충족감, 만족감을 느낀다. 또한, 유아가 자신의 욕구와 기분(예: 기쁘다, 즐겁다, 배고프다, 화난다, 짜증 난다, 신난다, 설렌다 등)을 다양하게 표현하면서 감정분화를 촉진할 수 있도록 한다. 언어적 상호작용으로의 확장과 성장을 위해 영유아가 표현하는 감정이나 생각들을 주의 깊게 듣고 부모가 반영해 주는 과정을 통해 영유아는 자신의 생각이나 감정이 무엇이었는지를 다시금 이해할 수 있으며 이러한 반복적인 과정을 거듭하여 표현력, 감정분화 등이 자극될 수 있다. 이를 반영적 경청[136]이라고 부르기도 하는데 방법은 다음과 같다.

136) 본서 제1부 제3장 문제행동 지도방법에서 효과적인 의사소통 부분을 참고한다.

예

유아: 엄마~ 오늘 ㅇㅇ가 내 머리띠가 예쁘다고 했어요!
엄마: 아~ 그랬구나~ 머리띠가 잘 어울리고, 예쁘다는 이야기를 들었구나~
유아: 네, 기분 엄청 좋았어요.
엄마: 정말 그랬겠다. 친구가 예쁘다고 해 줘서 우리 ㅇㅇ가 기분이 정말 좋았겠다.

예

유아: 엄마! 오늘 ㅇㅇ가 나한테 이상하게 생겼다고 놀렸어요!
엄마: 아고 그런 일이 있었어? 이상하다고 생겼다고 놀렸단 말이지? ㅇㅇ가 어떻게 했어?
유아: 놀리니까 화나서 울었어요.
엄마: 아고… 친구가 놀려서 화나고 엄청 속상했구나.
유아: 네, 근데 걔는 다른 애들한테도 놀려요.
엄마: 그래? 그렇구나. 그 친구가 다른 애들을 놀린다니…
우리 ㅇㅇ처럼 화나고 속상하고 그랬겠다.
유아: 네, 저번에는 **도 울었어요.
엄마: 아구 저런… 다음에 또 그런 일이 있으면 속상하니까 어떻게 하면 좋을지 생각해 봐야겠다. 그치?
유아: 네.

반영적 경청은 위와 같이 적극적인 듣기 활동이라고 할 수 있는데 이 방법 외에도 '침묵', '동의', '인정하는 반응' 등 소극적 듣기 활동들이 있다. 소극적 듣기는 이야기 주제의 중요도와 부모 상황에 따라 반영적 경청을 할 수 없는 상황에 적용할 수 있다. 더불어 부모의 표정, 눈맞춤 등 비언어적 메시지 역시 상호작용에서 중요한 의미를 갖고 있기에 부모가 충분하게 비언어적 관심을 기울여 준다면 반영은 간단하게 하더라도(예: 음, 응, 어, 그래, 그렇구나 등) 유아들에게는 '내 이야기를 듣고 있다', '집중하고 있다'는 인상을 줄 수 있다.

23 단체 활동에 참여를 못 하는 (영)유아

사례 1

유아는 쾌활하고 밝은 성격이지만 기관에서 함께하는 활동에는 좀처럼 적응을 잘하지 못한다. 주변 친구들과 장난을 치느라 지시를 한 번에 따르지 못하고 다른 친구들 까지 방해하게 되는 경우가 있어서 늘 교사들의 손이 몇 번 더 필요하다.

사례 2

유아는 유순하고 크게 튀는 행동이 없어 의젓하다고 평가되기도 한다. 하지만, 자주 멍 때리고 딴 생각에 빠진 것 같은 모습이 자주 관찰돼 교사의 지시 사항이나 단체 활동에 잘 따라오지 못한다. 그래서인지 활동에 대한 흥미나 재미가 떨어져 보이고 수동적으로 참여하는 모습이다.

원 인

단체 활동 경험이 부족할 경우

3, 4세 이후에는 사회성에 관련된 인지기능이 발달함에 따라 지시 따르기, 구조화된 학습 익히기, 규칙 이해하기가 가능해지며 상황과 맥락을 좀 더 복합적인 사고를 통해 인식하게 된다. 이에 따라 활동에 집중할 수 있는 시간도 점차 길어지고 학습, 인지, 언어 등 다양한 부분에서의 발달과 성장이 이루어진다. 유아의 연령이 어릴 경우(3, 4세 미만) 연합·협동 놀이보다는 평행·일방적인 놀이 패턴이 많기에 아직은 단체 활동의 상황을 이해하고 인지하는 경험이 부족할 수 있다. 또한, 같은 연령의 유아라 하더라도 형제 여부, 기관생활 시작 연령에 따라 단체 활동을 이해하는 능력에도 차이가 있을 수 있다.

욕구지연에 어려움이 있는 경우

유아가 자신의 욕구 만족에 있어 행동을 지연하거나 통제하는 데 어려움이 있는 경우이다. 단체 활동 시 협동을 바탕으로 상황에 따라 자신의 개인적인 욕구를 지연해야 하는데 충동성 조절이 아직 미숙한 단계의 유아는 협동이나 협력의 개념에 대한 이해와 이에 따른 적절한 태도가 부족하므로 욕구만족을 위한 행동을 즉각적으로 하기 쉽다. 이 과정에서 단체 활동에서 요구하는 행동을 따르지 못할 수 있다. 욕구지연의 어려움은 유아의 기질적 특성과도 연관될 수 있는데 주의집중 시간이 적으면서도 활동성이 높은 유아는 통제에 저항하기 쉬워 단체 활동과 같은 구조화된 활동을 힘들어할 수 있다.

양육자의 과보호 혹은 허용적인 양육[137]을 경험했을 경우

환경적으로 자신의 욕구를 늘 즉각적으로 만족시킬 수 있었던 과보호 혹은 지나치게 허용적인 양육 환경도 유아의 충동성 조절 및 성숙 정도에 영향을 줄 수 있다. 유아는 자신의 욕구를 충분히 만족시키도록 도와주는 대상과 함께 있기 때문에 자율적, 주체적 행동이 줄어들고 자신의 욕구를 스스로 만족시킬 기회와 경험을 가질 기회가 적다. 이 시기의 과보호는 유아의 분리개별화[138] 과정에 손상을 입게 되어 주도성과 자기조절 능력의 발달을 더디게 할 수 있다.

타인과의 상호작용 경험이 적은 환경에 노출된 유아인 경우

주위 환경에서 일어나는 일과는 상관없이 자신의 생각, 공상, 상상에 자주 빠지는 유아일 경우 교사가 볼 때 자주 멍하게 있다고 여길 수 있다. 이러한 유아는 혼자 책을 읽거나 혼자 놀이를 하는 모습도 관찰할 수 있는데, 가정환경에서 양육자와의 소통이나 정서적 교감 및 상호작용이 양적, 질적으로 적을 경우 유아는 자신

137) 과잉보호를 받은 유아는 또래 관계에서 무엇이든 원하는 대로 할 수 없게 되면 공격적인 행동을 통해 자신의 욕구를 충족하려고 할 수 있다. 부모가 유아의 과잉 혹은 공격 행동을 웃어넘기거나 어리광으로 받아주거나 묵인하면 유아는 자신의 행동에 대해 분별할 수 있는 기회를 잃고 행동을 지속할 수 있다.

138) 한 개인의 심리적 탄생을 분리-개별화 과정이라고 부른다. 분리와 개별화는 두 개의 상호 보완적인 발달경로로 간주된다. 분리는 아동이 어머니와의 공생적 융합으로부터 벗어나는 것이고 개별화는 아동이 자신의 개인적 특성들을 갖추어 가는 것이다(이재훈 역, 1997).

이 익숙한 환경에서 해 왔던 행동을 다른 환경에서도 반복하기 쉽다. 양육자의 맞벌이로 인해 시간적 여유가 부족할 경우 혹은 부부갈등, 병환 등 가족 내 스트레스 요인으로 인한 경우, 양육자의 부적절한 양육방식으로 인해 유아의 욕구가 무시 혹은 방임되었을 경우, 가정에서 의사소통이나 상호작용이 부족할 수 있다.

솔루션

(1) 기관에서의 개입

상황을 이해하고 인지하는 경험이 적었던 유아에게는 좀 더 아이의 눈높이에 맞는 설명과 이해를 돕는 교사의 노력이 필요하며 유아가 단체 활동 상황을 잘 견디었을 경우 적절한 보상을 해 주는 것도 도움이 될 수 있다.

정서적으로 불안정해 보이는 정도가 또래에 비해 높아 보이며 산만하고, 활동성이 많아 타인에게 방해가 되는 경우에는 구체적인 규칙을 주는 등 구조화하여서 유아가 어느 정도 선을 지켜야 하는지에 대한 감각을 발달시키도록 돕는다. 이때, 금지 언어나 비난, 지적이 많아질 경우 유아는 정서적으로 위축되거나 스스로에게 실망하여 자존감이 낮아질 수 있으며 오히려 자신의 잘못된 행동을 인정하지 않을 수 있다. 따라서 '역할놀이', '토론' 등 중립적이면서도 안전한 방식을 통해 타인과 의견을 조율하고 배려하는 활동을 학습해서 영유아가 친사회적인 행동을 더욱 잘 수용할 수 있도록 한다.

■ 유아에게 제공할 수 있는 보상의 예

• 구체적인 칭찬
- ㅇㅇ가 협동과 협력하는 모습을 보니까 선생님이 매우 뿌듯하다.
- ㅇㅇ가 양보와 배려하는 행동을 하니까 다른 친구들이 고마워하네.

• 물질적인 방식
: 모둠별 칭찬 스티커를 모아 보상 제도를 하면서 유아의 기여도를 인정해 준다.
- ㅇㅇ가 노력했으니 이 모둠에 스티커를 줘야겠다.
- ㅇㅇ가 친구들에게 준 도움을 준 만큼 스티커를 받는다면 몇 개가 될까?

- 놀이 방법

ⓐ '좋은 친구 되기'를 주제로 동물이나 사람으로 역할 놀이를 해 본다.
친구의 행동으로 인해 기뻤던 경험을 나누어 보고 어떤 행동을 받았을 때 혹은 내가 어떤 행동을 했을 때 기분이 좋고 친구도 기뻤는지 토론해 본다.

ⓑ '아낌없이 주는 나무' 이야기를 들려주고 함께 토론해 본다. 관계 속에서 타인이 기대하고 바라는 긍정적인 모습을 조금씩 이해시키도록 한다.
"책을 읽고 난 다음에 어떤 마음이나 생각이 들었는지 각자 이야기해 보자."
– 주기만 했던 나무의 마음은 어떤 것이었을까?
– 나무에게 받기만 했던 주인공의 마음은 어땠을까?
– 내가 누군가에게 무엇을 바라지 않고 주었을 때가 있다면 언제였고 어떤 기분이었을까?
– 내가 누군가에게 많은 도움을 받았다면 언제였고 어떤 기분이었을까?
– 내가 나무라면? 혹은 내가 주인공이었다면 어떻게 다르게 행동했을까?

ⓒ 장점가게
색종이에 각자의 장점이라고 생각하는 것들을 3~5개 정도 적어 낸다. 장점을 살 수 있는 개수의 범위를 알려 준다(예: 만약 5개까지 살 수 있다고 정했다면 5개를 구입할 수 있는 쿠폰을 미리 준다). 내가 쓴 장점을 내가 살 수는 없으나, 나의 장점을 더 잘 키워주고 싶다면 사도 괜찮음을 알려준다. 장점을 쓴 종이를 걷어서 섞은 후에 교사가 하나씩 뽑아서 읽어 준다.
"이번 장점은 '부모님의 심부름을 잘해요'네요. 누구 것일까요? ㅇㅇ의 것이군요. '부모님 심부름을 잘해요'라고 적었는데, 최근에 어떤 일을 잘했는지 좀 더 이야기해 줄 수 있을까요? (이야기를 들은 후) 그렇다면 이 장점을 사고 싶다고 생각하는 사람은 손을 들어 줄래요?"
이런 식으로 장점을 구입한 후 각자 어떤 장점들을 샀고 누구의 것이었는지 정리해 본다. 교사는 모든 유아들의 장점이 골고루 팔릴 수 있도록 균형을 갖고 진행할 필요가 있다. 자신의 장점을 판 유아는 뿌듯함을 느낄 수 있으며 장점을 구입한 유아도 타인의 긍정적인 행동에 대한 동기 부여를 갖게 된다.

(2) 가정에서의 개입–부모상담 Tip

영유아의 집중력 증진, 협동에 대한 개념화 갖기, 조직화하기 등 능력을 위해 연령별 시기에 따라 필요한 자극을 부가적으로 제공할 필요성이 있음을 부모와 의논한다. 신체감각의 통제와 발달을 위해서는 신체 놀이나 운동으로 에너지를 발산함과 동시에 필요한 기술(예: 균형 잡기, 공 던지고 잡기, 달렸다가 멈추기 등)을 배우면서 신체에 대한 통제감을 익힐 수 있다.

영유아에게 지나치게 허용적인 양육환경이라면 이러한 환경이 영유아 발달의 어떤 부분에 도움이 되지 않는지 설명하되 이러한 설명이 부모가 영유아의 욕구를 무시하고 엄격하게 행동하는 양육방법으로 바뀌어야 하는 것이 아님을 알게 한다. 일상적인 가정생활에서도 유아가 기다림이 필요한 순간에 잘 기다려주고 적절하게 참고 타인을 이해해 주려는 노력을 하는 행동이 있다면 구체적으로 표현해 주도록 한다.

■ 부모가 할 수 있는 구체적 표현의 예

- ㅇㅇ가 방금 엄마가 운전 중이라 조금 기다려 달라고 했는데, 기다려줘서 너무 고마워.
- ㅇㅇ가 동생과 나누어서 하려고 했던 거야? 엄마가 부탁하지도 않았는데 이렇게 행동해줘서 엄마 기분도 좋네.

24 또래보다 어휘 수가 적은 (영)유아

사 례

유아는 또래보다 어휘 수가 적어 소통에 어려움이 많다. 간단한 어휘로만 자신의 의사를 전달하거나 문장도 구체적인 용어가 아닌 '이것, 저것, 여기, 저기' 등의 대용어(pro-form) 형태로 문장을 구성한다. 이로 인해 자신의 의사가 타인에게 잘 전달되지 않으면 화를 내거나 짜증을 내는 등 부정적인 감정도 쉽게 표출된다.

유아: 저거 갖고 싶어요.
교사: 저거? 저게 뭔데?
유아: 저거요, 저거 말이에요!

원 인

결핍된 언어 환경의 경우

언어 민감기(sensitivity)인 미취학 시기에 언어자극은 충분히 제공되어야 한다. 그러나 영유아의 부모 특성 특히, 자녀와 가장 오랜 시간을 보내는 주 양육자의 언어수준(외국국적의 양육자, 낮은 인지능력, 정상범주에서 벗어난 언어능력, 어휘량이 지나치게 적거나 지나치게 많은 경우 등) 및 정서상태(우울, 조현병, 인격장애 등) 그리고 가정에 다양한 문제들(한 부모 가정, 잦은 불화, 저소득층 가정, 별거, 이혼 등)이 자녀에게 충분한 언어자극을 제공하지 못하는 경우 영아의 어휘 수는 적어진다. 오늘날과 같이 맞벌이 부부가 증가되어 일부 조부모, 조선족 도우미 등 언어자극을 충분히 제공해 주지 못하는 경우가 있다면 이 또한 영아의 어휘는 부족한 상태가 된다.

어휘 사용 기회를 주지 않는 환경의 경우

영유아가 비록 어휘를 습득했을지라도 이를 사용할 기회를 주지 않는다면 어휘 사용 결핍을 보일 수 있다. 표현의 기회를 주지 않는 양육방법으로는 「과잉보호 및 권위주의적 양육형태」가 있는데 과잉보호의 경우 지나치게 영유아를 보호하는 형태로 연령에 비해 아기처럼 대하기 때문에 영유아가 말로 표현하기도 전에 요구를 만족시켜 주는 형태이다. 또한 권위주의 양육은 통제와 억압이 많은 양육방식으로 표현하려는 영유아의 말을 억제하여 어휘연습의 기회 자체를 차단하는 것이다. 이와 같은 불안정 애착유형의 부모양육 방식은 자녀로 하여금 부모의 언어를 따라 하고자 하는 동기도 낮추기 때문에 어휘습득이 보다 어렵게 된다.

까다로운/느린 기질일 경우

기질은 네 가지(순한 기질, 까다로운 기질, 느린 기질, 규정이 어려운 기질)로 분류된다. 이 중 까다로운 기질, 느린 기질 영유아는 새로운 환경의 변화를 불편해하고 익숙한 것을 선호하는 형태를 보이기 때문에 새로운 어휘가 입력되었을 때 수용하기 어려워 어휘습득이 느리거나 제한적일 수 있다.

낮은 지적 능력을 가진 경우

지적 능력은 어휘습득뿐만 아니라 의사소통 능력과도 관련된다. 이는 어휘습득과 지적 능력이 상관(correlation) 있다는 것으로 지적 능력에 해당하는 주의집중력, 기억력 및 기억 처리 등의 결핍은 어휘습득 과정에 문제를 일으킨다. 그러므로 지능지수가 70~75 이하인 지적 장애(Mental Retardation: MR) 영유아는 인지능력의 제한으로 어휘습득이 어렵다.

솔루션

(1) 풍부한 어휘 환경 제공하기

제한된 어휘자극을 받아 어휘습득에 문제가 있는 영유아에게는 풍성한 어휘자극이 제공되어야 한다. 이는 그림책을 읽어 주거나 일상에서 어휘를 알려 주는 방식들이 될 수 있는데 특히, 영유아가 선호하는 것(예: 장난감, 과자 이름 등)부터 제공해 주어 동기를 촉진하는 것이 중요하다. 어휘 사용 목적이 의사소통에 있으며 자신의 요구를 타인에게 전달하여 정서적 만족을 이룰 수 있다는 점에서 영유아가 일상에서 자주 사용하고 선호하는 어휘부터 목표언어로 가르친다. 간혹, 영유아와 어휘습득을 위한 상호작용을 어떻게 해야 할지 모르는 성인(부모, 교사)도 있는데 이럴 경우는 영유아의 행동을 말로 표현해 주거나 대동어(pro-form)를 사용한 영유아의 말에 구체적 어휘로 대체하기, 음계를 붙여서 즐겁게 어휘량을 늘리기, 역할놀이 및 새로 습득한 어휘를 녹음해서 들어보기 등 다양한 방법을 사용할 수 있다.

1-1) 영유아 행동 말로 표현하기

(자동차 가지고 놀고 있는 유아에게)
부모: 자동차 가지고 놀고 있네.
(물을 마시고 있는 영아에게)
교사: 물 마셔요.

1-2) 구체적 명칭으로 대체하기

유아: (기린 그림을 보여주며)
이렇게 했어요.
교사: 기린을 그렸구나.

1-3) 음계를 붙인 말놀이

교사: 동물원에 가면 호랑이도 있고
유아: 동물원에 가면 호랑이도 있고 사자도 있고
교사: 동물원에 가면 호랑이도 있고 사자도 있고 원숭이도 있고…

1-4) 기타

① 역할놀이

유아: 안녕, 난 엄마야.
교사: 안녕하세요. 엄마. 지금 뭐하고 있어요?
유아: 요… 하고 있어요.
교사: 아… 요리요?
유아: 네, 요리하고 있어요.

② 녹음해서 함께 듣기

교사: 오늘 배운 단어 '사과, 사다리'를 녹음해서 함께 들어 볼까?
유아: 네, 좋아요.
교사: 자, 선생님이 '시작' 하면 녹음이 시작될 거야. 선생님이 물어보면 대답해 봐.
유아: 네.
교사: 자, 시작한다. 빨갛고 동그란 과일은?
유아: 사과!
교사: 소방차 아저씨가 불을 끌 때 사용하는 것은?
유아: 사다리!
교사: 잘했어. 우리 함께 들어보자.

(듣기)

유아: 잘 들려요. 내 목소리가 예뻐요. 재밌어요.

(2) 어휘사용 기회 제공하기

영유아가 어휘를 말하고자 할 때 주저하거나 생각나지 않아 불편한 표정 혹은 태도를 보인다 하더라도 영유아가 도움을 요청하기 전이면 대신 말해 주지 않고 충분히 생각할 기회를 준다. 또한 바른 어휘를 인출할 수 있도록 단서(예: 단어의 첫 음절 제공하기, 제스추어 사용하기 등)들을 활용하여 어휘인출의 성공감을 갖게 한다. 이를 '자기효능감'이라고도 하는데 자기효능감은 자신이 어떤 영역에서 스스로 잘할 수 있다고 생각하는 것이다. 그러나 어휘를 산출하려고 하는 데 부모가 잘 못한다고 인식하여 대신 말해 주면 영유아는 어휘에 대해 낮은 자기효능감을 갖게 된다. 결국 기본적인 어휘를 넘어서서 전반적인 언어능력에 대한 자신감 결여로 유능한 의사소통가가 되기 어렵다.

(젤리를 투명 유리병에 넣고 뚜껑을 꽉 닫아 영유아가 보이는 곳에 둔다.)

영아: (투명 유리병을 교사에게 내민다.)
교사: 젤리 줄까?
영아: …
교사: '젤리 주세요' 해 보자.
영아: 젤리 주세요.
교사: (젤리를 준다.)
교사: 무얼 먹고 싶어?
영아: …
교사: 과일?
영아: (고개 끄덕이기)
교사: 사사사자로 시작하는 것.
영아: 아, 사과요.
교사: 그래, 맞아. 사과.

(3) 기질 맞추기

기질·성향은 타고난 특성으로 좋고 나쁨이 아니라 다름이며 주 양육자·교사와 영유아의 기질이 얼마나 조화를 이루는지가 기질 자체의 특성보다 중요하다. 비록 까다로운 기질의 영유아라 할지라도 주 양육자가 기질을 맞추어서 언어지도를 한다면 까다롭다는 특성 자체가 언어지연에 핵심적인 문제가 아닐 수 있게 된다.

① 까다로운 기질

유아: (친구가 다가와서 안아주자 소리를 지른다.)
교사: 친구가 갑자기 안아 주는 게 불편 하구나[139].
유아: (울기)
교사: 친구가 안아 주는 게 싫으니?
유아: (울기)
교사: 그럼, 친구에게 "싫어"라고 말하자.
유아: 싫어.

② 느린 기질

유아: (울기)
교사: 왜 울어? 친구가 놀아 주지 않니?
유아: (고개 끄덕)
교사: 친구에게 "나랑 놀자"고 말해 보자.
유아: (고개 젖기)
교사: "나랑 놀자" 해 보자.
유아: …
교사: 선생님과 같이 할까?[140]
유아: (고개 끄덕)
교사: (유아 옆에서) 나랑 놀자.
유아: 나랑 놀자.

139) 까다로운 기질 영유아는 피부접촉에 예민한 경우가 많아 안아주는 것을 불편해하기도 한다. 이때 억지로 안게 하는 것이 아니라 마음의 어려움을 대변해 주어 정서적 풀어짐(release)을 경험하게 한다.

140) 느린 기질 영유아는 냉동고와 같이 처음에 얼었다가 시간이 지나고 탐색을 하면서 본인에게 안정적인 상황임을 감지하면 그때 자연스러운 반응을 보인다. 이에 적응할 때까지, 교사, 부모 등의 도움 및 모델링이 필요하다.

(4) 전문적인 도움 받기

지적 능력이 또래 아동과 비교할 때 2년 이상 차이가 나서 현저하게 어휘력이 떨어지는 영유아의 경우 소아정신과, 전문 상담 및 치료기관 등 기관에 내원하여 언어검사를 포함한 발달검사를 받아 전문적인 개입을 받도록 한다.

25 자신만의 독특한 아기 말(신조어)로 소통하는 (영)유아

사 례

유아는 자신만의 독특한 어휘인 신조어로 의사소통한다. 예를 들면, 아찌(아저씨), 커비(컵), 할비(할아버지), 아끼(아이스크림) 등과 같은 어휘인데 이는 연령에 비해 아기같이 보이는 어휘들일 뿐만 아니라 또래친구들에게 놀림거리가 되거나 소통문제를 유발할 수 있어 고민이다.

영아: 커비 물
교사: 응?
영아: (컵을 가리키며) 커비 물
교사: 아, 물을 컵에 담아 달라고?
영아: 응.

원 인

아기 말이 귀여워서 그냥 두는 경우

아기 말이 귀여워서 성인들이 그대로 두는 경우이다. 이는 영유아들이 자신의 말에 대해 성인들의 반응이 긍정적이기 때문에 아기 말인 신조어가 보다 강화되고 결국 고착될 수 있다.

아기처럼 행동하고 싶은 경우

유아들 중에 아기처럼 행동해서 관심과 사랑을 받고자 하는 경우가 있다. 이는 아기처럼 행동하면 성인들에게 보다 보호를 받고 섬세하게 모든 자신들의 요구를 받아줄 것이라는 기대 때문이다. 대체로 주 양육자로부터 충분하고 안정적인 사랑을 받지 못했다고 생각하는 경우 혹은 동생 출생, 이사 등 불안정한 정서 상태를 형성하는 일상의 사건들이 많이 있었던 영유아에게 관찰된다. 또한 부모님의 심한 싸움 과정에서 자신의 아기 같은 행동이 싸움을 멈추는 데 역할을 했다고 생각하게 되면 아기처럼 행동해서 가정에 불화를 없애고자 하는 경우도 있다.

솔루션

(1) 연령에 맞는 어휘로 바꾸어 줄 것

아기 말에 대한 주 양육자의 관이 중요하다. 아기 말은 귀여울 수 있으나 연령에 적합하지 않다는 것은 영유아의 성장을 막는 행동이다. 자녀를 사랑한다는 것은 자녀를 성장하게 하는 것이지 퇴행하게 하는 것이 아님을 기억해야 한다. 이에 연령에 적합한 어휘로 대체해 주며 적합한 어휘를 산출하면 긍정적인 강화를 준다. 간혹, 아기 말을 하는 영유아에게 적합한 어휘를 직접적으로 바꾸어 주는 직접 수정 방식(예: "이제 그런 말은 아기 같은 말이어서 더 이상 사용하면 안 돼.")을 사용해서 어휘지도를 하는 경우가 있는데 이럴 경우 상처를 받아 아기처럼 더 말하고 행동하면서 자신의 요구를 관철시키려는 경우가 있다. 그러므로 연령에 적합한 어휘를 바꿀 때, 영유아의 정서상태를 고려하되 가능하면 청각적 현저성(예: 억양, 소리 크기, 장단을 구별하게 하는 방식)을 사용한 간접 수정 방법을 권한다.

① 간접 수정

영아: 선생님, '커비' 주세요.
교사: 그래, '(약간 길게) 커~업(컵)' 달라고 말했구나. 자, 컵.

② 직접 수정

영아: 선생님, '커비' 주세요.
교사: 그래, '컵'이라고 해야지!
따라 해 봐, 컵!

(2) 연령에 맞은 행동을 강화할 것

언어사용은 영유아의 정신, 사고와 연결되어 있다. 즉, 아기 말을 사용한다는 것은 영유아의 사고가 아기처럼 행동하고 싶음을 반영한 것이다. 그러나 심리적인 문제가 크지 않고 일시적으로 나타나는 36개월 미만의 영아들에게는 이와 같은 퇴행현상에 크게 예민하지 않아도 되나 만 3세가 지나서 특별히 퇴행하고자 하는 욕구를 불러일으키는 사건이 없는 경우에도 지속적으로 아기 같은 행동을 한다면 연령에 적합한 행동을 하도록 지도하거나 적절한 행동에 강화를 주어 궁극적으로 언어표현에도 영향을 줄 수 있도록 한다.

('떤땐님'이라고 교사를 부르며 누워서 우유를 먹던 유아가 '선생님'이라고 말하며 앉아서 우유를 요구할 때)

교사: 우와 ~ㅇㅇ는 진짜 언니가 다 되었네. 이렇게 앉아서 달라고 하고 선생님이라고 부르니까 기분이 좋은데.

26 말의 흐름이 자꾸 끊기는(말더듬) (영)유아

사 례

유아는 말을 시작할 때 음소(자음, 모음) 차원에서 막힘을 보이거나(예: 김! 밥), 단어 혹은 문장에서 반복된 표현(예: ㅆ 쓰레기통, 엄마가 엄마가 엄마가 밥을) 혹은 길게 말을 끌어서 시작한다(예: 나~는 밥을). 또한 말 시작 전이나 중간에 '어/아/음, 그런데 말이야' 등의 간투사(interjection)를 넣어 말이 매끄럽지 않게 들려 고민이다.

위의 사례와 같은 경우를 비유창성 장애 즉, 말더듬이라고 하는데 영유아의 더듬는 양상이 아래와 같다면 전문기관 방문을 권한다(신문자, 1999).

① 막힘현상: 100 낱말 중 5 낱말 혹은 그 이상

② 반복현상: 매번 3번 이상 되풀이

③ 연장현상: 말소리를 0.5초 이상 길게 끌거나 말 시작 시 0.5초 이상 걸릴 때

④ 이차행동현상: 말하는 상황에서 두려움이나 빠져나오고자 얼굴 찡그림, 어깨 들썩이기, 틱 등의 '부수행동'이나 말하는 상황, 사람을 피하는 '회피행동'

영아: 이 이 이 이거 주세요.
교사: 이거? 인형 줄까?
영아: 어… 음… 그 그 그거 아니에요.
교사: 아, 블록 달라는 거였구나.
영아: 네.

원 인

표현언어가 이해언어보다 지연된 경우

이해언어는 실제 연령에 적절하게 습득되었는데 표현언어는 크게 지연되어 수용언어와 표현언어의 차이가 크다면 생각은 많이 있는데 이를 담을 수 있는 그릇이 좁은 형태로 폭포수처럼 물이 터져 나오는 것과 같다. 즉, 말이 매끄럽게 생성되지 않는 것으로 말을 더듬는 형태가 산출된다. 또한 생각은 많은데 이를 담아낼 수 있는 문장구조가 연령에 비해 지연되어 있다면 그 생각들을 문장에 담기 위해 스스로 멈추어 생각해 보는 주저함의 시간(예: 음…, 그러니까…, 뭐였더라? 등)이 관찰된다. 그러므로 균형 잡히지 못한 이해언어와 표현언어의 차이는 말더듬의 원인이 된다.

스트레스

말더듬은 가정환경 등 영유아의 주변 환경에 영향을 많이 받는다. 특히, 무서운 아버지, 신경질적인 엄마 그리고 영유아의 발달에 적합하지 않은 환경은 영유아에게 스트레스를 주어 긴장과 불안, 두려움 등이 말을 더듬게 할 확률을 높인다. 여

기서 확률로 표현하는 것은 모든 영유아가 스트레스 상황에서 말을 더듬는 것은 아니기 때문이다. 다만, 스트레스는 말을 더듬게 될 가능성이 높은 환경이라는 의미이며 무엇보다 언어 발달기에 부모의 높은 기대치로 완벽한 언어가 산출되어야 하는 압박을 많이 받는 영유아라면 말을 쉽게 더듬을 수 있다. 뿐만 아니라, 언어 발달기에 말을 더듬는 것은 일시적으로는 자연스러운 현상인데 부모가 이를 예민하게 받아들여서 "다시 말해 봐, 더듬지 말고 말해," 등 말더듬을 부각시키는 양육을 한다면 영유아의 말더듬은 보다 심해질 수 있다.

〈표 21〉 영유아가 스트레스를 느끼는 말과 언어 환경

스트레스를 느끼게 하는 어른 말	스트레스를 느끼게 하는 언어 환경	생활사건 스트레스
빠른 말 속도	경쟁적으로 말을 할 때	가까운 사람의 죽음
다음 절 낱말	다른 사람의 잦은 방해가 있을 때	부모의 별거 혹은 이혼
복잡한 문장구조	말을 잘해야 한다는 것을 자랑해야 할 때	어린이 자신이 병이 났을 때
	급히 말을 해야 할 때	엄마의 임신, 동생 출생
	말 중간에 자주 질문을 받을 때	부모 실직
	흥분해서 말을 할 때	엄마, 아빠 모두 자주 혹은 장기간 집을 비울 때
	말을 해야 할 내용이 많을 때	

출처: 이승환(2003)에서 본 내용에 맞게 수정·보완함

참고하세요!

말더듬은 유전으로 설명되기도 한다. 즉, 영유아의 가족 중 말을 더듬는 사람이 있었는지 확인함으로써 가족력을 살펴볼 필요가 있다. 유전문제로 뇌기능 분화 장애를 제시하기도 하는데, 이는 심리적 압박이 심하면 본 기전의 문제가 부각되어 말을 더듬게 되지만 스트레스가 적은 환경이라면 말을 더듬지 않을 수도 있다. 그러나 유전력이 없을지라도 극심한 스트레스를 경험하는 영유아라면 말을 더듬을 수 있다(이승환, 2003). 이와 같이 유전 틀 안에서 말더듬는 확률로 설명하기 때문에 많은 전문가들의 말더듬 원인에 대한 공통된 의견을 제시할 수 없다. 뿐만 아니라, 만 2~5세 언어 폭발기에 많은 수의 영유아가 말을 더듬지만 자연스럽게 없어진다. 그리고 자녀가 친구의 말더듬는 모습을 모방하다가 더듬게 되었다고 하는 경우가 있으나 여러 연구 자료들을 종합할 때, 흉내를 통해 말더듬이 시작된 경우는 매우 드물다(신문자, 1999).

솔루션

(1) 표현언어 습득에 집중할 것

1-1) 적극적 경청을 통해 표현언어 기회를 제공할 것

유아: 재밌게 놀았는데…
교사: 그랬구나, 어디서?
유아: 놀이터
교사: 놀이터에서 재밌게 놀았구나. 뭐하고 놀았어?
유아: 그네 타고
교사: 그렇구나. 그네타고 놀이터에서 재밌게 놀았구나.

1-2) 표현어휘 향상 놀이하기

교사: 자, 우리 노래로 말놀이해 볼까?
병원에 가면 의사 선생님이 있고
유아: 병원에 가면 의사 선생님이 있고 간호사 선생님이 있고
교사: 병원에 가면 의사 선생님이 있고 간호사 선생님이 있고 주사기도 있고
유아: 병원에 가면 의사 선생님이 있고 간호사 선생님이 있고 주사기도 있고 청진기도 있고.
교사: 병원에 가면 의사 선생님이 있고 간호사 선생님이 있고 주사기도 있고 청진기도 있고 체온계도 있고.

(2) 스트레스를 제거할 것

가정 및 교육기관 내 스트레스를 낮추어 정서적 안정을 취할 수 있도록 한다. 아래의 내용은 영유아 주변의 언어 스트레스를 낮추는 방법이다.

2-1) 요구를 줄이는 언어사용

① 성인의 말 속도를 천천히 하기
② 성인이 짧고 단순한 문장을 사용하기
③ 성인이 부드럽고 조용한 말소리로 이야기하기

유아: 가 가 가지가 있었어요.
교사: (부드럽고 조용한 말투로) 그렇구나. 텃밭에 가지가 있었구나.
유아: 어 어 어제 친구랑 놀았어요.
교사: (고개를 끄덕이며) 그랬구나.
(눈맞춤) 재미있었니? (o)
교사: (인상을 찌푸리며) 또 더듬었네. 다시 말해 보자.
선생님을 따라 말해 봐.
연습을 열심히 해야지. (x)

2-2) 적절한 칭찬

유아: 선생님, 비행기 만들었어요.
교사: 그래?
유아: 빠르게 날아가는 비행기예요.
교사: ㅇㅇ와 이야기하니까 선생님이 즐겁다(칭찬).

참고하세요!

말더듬을 의식하는 영유아들은 자신의 말에 대한 어떤 반응도 예민할 수 있다. 예를 들어, 대신 말해 주거나, 미간을 찌푸리거나, 답변을 기다리기 힘들다는 미세한 반응에도 상처를 받는다. 특히, "너 말 잘하잖아", "말 진짜 잘한다", "누가 너보고 말 더듬는데?" 등의 반응은 영유아에게 보다 많은 부담을 준다. 즉, 타인의 칭찬으로 말더듬에 대한 심리적 안정을 갖는 방법이 아니라 본인이 말을 더듬지 않는다는 것을 스스로 자각하는 것이 더 필요하다. 따라서 영유아가 더듬지 않을 수 있는 언어 긴장도가 낮은 질문을 주로 제시하거나 아이와 함께 대화하는 것이 즐겁다는 거시적인 차원에서의 편안함을 주도록 한다.

2-3) 유창한 경험(말을 더듬지 않은 경험) 많이 하기

누구나 상황에 따라 말을 더듬을 수 있다. 말더듬으로 진단받지 않은 영유아들도 언제든지 말을 더듬을 수 있다. 따라서 말을 더듬게 되었을 때 일반 영유아들처럼 나는 말에 특별히 문제가 없는 사람이라는 생각을 갖는 것이 필요하다. 이는 대화 속에서 더듬지 않는 유창한 경험을 비유창한 경험보다 상대적으로 많이 해야 가능한데 이를 위해서는 더듬지 않고 쉽게 답변할 수 있는 종류의 질문들 즉, '왜, 어떻게' 의문사 등으로 시작되는 질문, 인지적 역량이 많이 요구되는 추론, 사고형 질문 형태의 난이도가 높은 질문이 아니라 '단답형 대답, 질문 안에 대답할 답이 있는 선택형 질문, 예 혹은 아니오' 등으로 답할 수 있는 난이도가 낮은 질문들을 제공하거나 노래를 부르며 말하게 하는 등 평소에 영유아가 말을 더듬지 않는 일상생활이 되도록 한다.

① 낮은 난이도 질문 제공하기

유아: 여 여 여 행 다녀왔어요.
교사: 언제? 왜? (X)
교사: 엄마랑? 아빠랑? (O)
유아: 엄마, 아빠요.
교사: 그렇구나. 좋았어? (O)
유아: 네.

② 노래 부르기/리듬 타며 말하기

교사: ㅇㅇ야, 우리 노래로 이야기하기 할까?
안~녕~
유아: 안~녕~
교사: 뭐 먹어?
유아: 우~유~요.

2-4) 누구나 말을 더듬을 수 있음을 알게 하기

말더듬은 심리적인 영향을 많이 받기 때문에 영유아 자신이 말더듬는 것에 대해 예민하지 않게 반응하는 것이 중요하다. 이에 교사·부모가 영유아 앞에서 일부러 더듬어서 누구나 말을 더듬을 수 있음을 알게 하거나 가정에서 가족들이 일부러 더듬는 특정한 시간을 정해서 말을 더듬는 영유아가 말더듬는 것이 이상한 것이 아님을 느끼게 한다.

교사: 선생님이 어 어 어 어제 블록을 구입했어.
유아: 어? 선생님도 더듬으시네요.
교사: 그러네. 선생님도 더듬었네.
유아: 히히 신기하다.

엄마: 자, ㅇㅇ야. 특별한 말하기 시간이네.
아빠도 어서 오세요. 오빠도 어서 와.
특별한 말하기 시간이야.
아빠: 그래.
오빠: 나도.
엄마: 어서들 와요. 우리 재밌는 말 놀이하자!
유아: 나나나도 하고 싶어.
엄마: 그럼, 우리 ㅇㅇ부터 얘기해 볼까?
유아: 우유 먹 먹고 싶어.
오빠: 우유.
아빠: 나나나도.
유아: (웃음) 어? 아빠도 더듬었다.
엄마: 그렇지?
유아: 누구나 더듬을 수 있구나.
오빠: 맞아. 누구나 더듬을 수 있어.

27 울음 혹은 몸짓으로 의사 표현하는 (영)유아

사 례

유아는 말로 소통하는 것이 아니라 울음 혹은 몸짓으로 자신의 의사를 전달한다. 따라서 또래 친구 혹은 교사·부모가 무슨 뜻인지 잘 이해하지 못하면 당황하고 좌절감을 느낀다.

영아: (울기)
교사: 왜 울어?
영아: (울기)
또래 영아: 장난감을 친구가 빼앗아서 그래요.

교사: 맞니?
영아: (울기)
교사: 어떤 장난감이었는데?
영아: (손으로 가리키기)
교사: 이거?
영아: (고개를 끄덕이며 울기)

원 인

인지 및 언어능력이 부족한 경우

언어 이전 단계에서 아이들은 울음, 옹알이 등으로 의사소통을 한다. 그러나 돌즈음 되면 엄마, 아빠 등 한 단어로 자신의 의사를 표현하면서 여러 가지 표현과 메시지(message)를 전달한다. 그러나 말로 표현할 수 있는 언어단계에 속하는 연령이 되었음에도 불구하고 언어가 아닌 울음을 사용해서 지속적인 의사소통을 하는 것은 인지, 언어 능력의 결핍인 경우가 많다. 이는 울음, 옹알이 등이 상징성을 갖는 언어로 전환되어야 하는데 이 전환을 이루지 못하는 것이다.

과잉보호 환경인 경우

언어는 정서와 직결되어 있어 울음으로 지속적인 의사소통을 한다는 것은 아기 같은 마음을 갖고 싶어 함을 뜻한다. 특히, 과잉보호 양육을 받은 유아는 아기처럼 울음으로 소통하면서 연령과 비교할 때 지나친 보호를 받고자 하는 마음을 지속적으로 갖고 있다.

울음 소통이 허용된 경우

울음 혹은 제스처(gesture)와 같은 언어 이전 단계 소통 방식을 사용하는 유아에게 아직은 어리다는 이유로 이를 받아주는 환경은 유아로 하여금 울음에서 언어로 전환할 동기를 갖지 못해 계속 아기 말과 같은 형태를 취한다.

솔루션

(1) 상징놀이 제공하기

교사: (블록을 보여주며) 노란 블록을 침대라고 할까?
영아: (고개 끄덕거림)
교사: 빨강 블록은 뭐라고 할까?
영아: (울먹울먹)
교사: 베개라고 할까?
영아: 응.

(2) 허용과 통제의 균형 잡힌 환경 제공하기

양육의 기본 두 축은 친절하고 상냥한 '허용'과 엄격하고 단호한 '통제'의 균형성이다. 본 사례에서 유아의 어린아이 같은 울음 소통은 지나치게 허용하는 양육으로 균형이 깨진 상태이다. 그러므로 부모교육을 통해 자녀를 진심으로 사랑한다는 것이 무엇인지 부모에게 알려 줄 필요가 있다. 사랑은 자녀를 성장하게 하는 데 있다(능력부여 사랑, empowering love). 그러므로 스캇 펙 박사에 따르면, 과잉보호는 악(惡)이다. 이는 자녀를 미성숙하게 하며 사회적 책임감을 배우지 못하게 하고 지나치게 의존적이고 나약한 인간으로 자라게 하는 것이다. 그러므로 스스로 밥 먹기, 옷 입기 등 연령에 적합한 활동을 자조(self-shelp)하도록 양육해야 한다.

(3) 언어반응에 강화하기

영유아 양육의 중요한 원리 중 하나는 잘못한 부분을 고치는 것보다 잘한 행동에 긍정적인 강화를 하는 원리이다. 본 사례에서 울음, 옹알이로만 의사소통하는 영유아는 언어로 반응할 때 이를 강화하는 것이 효과적이다. 이를 '상호 배타성 원리(mutual exclusivity)'라고 하는데 이 원리는 두 가지 양립할 수 없는 행동은 동시에 관찰될 수 없다는 것이다. 그러므로 바람직한 행동이 관찰된다면 바람직하지 않은 행동은 나올 수 없다. 예를 들면, 말을 더듬지 않는 행동과 말을 더듬는 행동은 동시에 출현될 수 없는 것이다. 그러므로 본 사례에서 언어로 표현하는 것은 울음,

옹알이로 표현하는 것이 불가능한 상태이므로 언어로 말하면 영유아에게 강화를 해 주어 결국 울음, 옹알이가 사라지게 하는 것이다.

유아: (울먹이며 손으로 사탕을 가리킴)
교사: 사탕 줘?
유아: (고개 끄덕)
교사: 사탕
유아: (무언)
교사: 사탕이라고 말해 보자.
유아: 사탕
교사: (사탕을 건네며) 그래. 여기 있어.

28 발음에 문제가 있는 (영)유아

사 례

의사소통은 정확한 발음이 중요하다. 정확하지 않은 발음은 무엇을 말하는지 전달이 불분명하기 때문이다. 유아는 자신의 요구가 타인에게 정확하게 전달되지 않은 것 같은 분위기에 화가 나서 울거나 바닥에 드러눕는 등 문제행동까지 보인다. 교사는 유아의 발음 문제가 전문기관에 내원할 만큼의 문제인지 그렇지 않은지를 판단할 수 없어 고민이다.

유아: 떠~ 떠~ 떠~
교사: 응?
유아: (책상 위를 손으로 가리키며) 떠~ 떠~ 떠~
교사: 책상 위? 뭘까? 아~ 껌이구나. 껌.

원 인

(신체생물학적으로 문제인) 기질이 원인인 경우

정확한 발음은 폐에서 공기를 내 보내서 성대의 진동, 발성기능, 소리 울림, 혀, 입술, 턱이 제대로 움직이면서 정확한 발음을 낼 수 있다. 그런데 성대, 혀의 마비, 설소대 단축증, 부정교합, 구순·구개파열 등 신경계 문제가 생기면 발음 문제가 생긴다.

(환경문제로 인한) 기능이 원인인 경우

적합한 언어자극의 부족으로 언어발달상의 문제가 되고 발음까지 어려움이 생기는 경우이다. 이는 음소습득이 지연되었거나 음소체계 인식이 부족한 경우이며 주 양육자의 발음 및 부적절한 발음 보상이 문제가 되기도 한다. 특히, 한국어 발음에 문제가 있는 조선족, 외국인 도우미, 혹은 다문화 가정에서 자녀에게 잘못된 발음 자극을 지속적으로 제공하는 경우 이에 속한다.

참고하세요!

동일한 발음의 문제를 보인다 할지라도 연령에 따라 그 문제가 전문가의 도움을 필요로 하는 문제인지 그렇지 않은지는 연령과 문제된 발음의 특징에 따라 다르다. 예를 들면, 만 3세 유아가 '사자'를 '자과'라고 발음하는 대치형태의 오(誤) 조음을 보일 때 전문기관에 내원해야만 할 심각한 문제로 받아들이지 않으나 만 6세 아동이 동일한 문제를 보인다면 전문가 평가를 권한다(〈표 22〉 참고). 그러나 단순히 오 조음 음소와 연령만을 고려해서 문제 심각성을 판단하고 전문기관의 내원 유무를 결정하는 것은 바람직하지 않다. 잘못된 발음의 특성, 가족력, 가족 구성의 언어능력, 생육사, 발달력 및 발음을 제외한 의사소통 능력 등 종합적인 고려가 요구된다.

〈표 22〉 음소발달 연령표

연령	음소발달단계			
	완전습득 연령단계(95~100%)	숙달연령단계 (75~94%)	관습적 연령단계 (50~74%)	출현 연령단계 (25~49%)
만 2세	ㅍ ㅁ ㅇ	ㅂ ㅃ ㄴ ㄷ ㄸ ㅌ ㄱ ㄲ ㅋ ㅎ	ㅈ ㅉ ㅊ ㄹ	ㅅ ㅆ
만 3세	+ ㅂ ㅃ ㄸ ㅌ	+ ㅈ ㅉ ㅊ ㅆ	+ ㅅ	
만 4세	+ ㄴ ㄲ ㄷ	+ ㅅ		
만 5세	+ ㄱ ㅋ ㅈ ㅉ	+ ㄹ		
만 6세	+ ㅅ			

출처: 김영태 외(2004)에서 인용

〈표 22〉는 만약 만 2세 영아가 100명 있다면 [ㅍ ㅁ ㅇ]는 95에서 100명의 영아들이 정확한 발음을 산출할 수 있다는 뜻으로, 만약 만 2세 영아가 이와 같은 음소들이 포함된 단어에 발음을 정확하게 하지 않는다면 하위 5명에 속하는 경우이므로 전문가에게 발음 평가를 받을 필요가 있다는 해석이 가능하다. 또한 만 2세 영아가 [ㅅ]을 정확하게 발음할 수 있다면 100명 중 상위 25~49명에 해당하는 영아이므로 좋은 음소 습득력을 가졌다고 할 수 있다. 그러나 영유아의 발음평가는 위의 기준에만 준해서 이루어지는 것이 아니라 구강구조 및 기능 적합성, 표준화된 발음 검사도구, 가족력 및 생육사 등 종합적으로 이루어져야 한다.
발음오류 유형은 대치(가방/바방), 생략(가방/아방), 왜곡(가방/갸방), 첨가(가방/강방) 등이 있다. 발음 문제는 인지 등의 지적 능력(IQ) 문제로 총체적인 의사소통 결함 안에 발음 문제가 포함된 사례도 있으나 지적인 문제없이 발음에만 문제가 생기는 경우가 있어 후자의 경우, 자신의 발음이 타인에게 어떻게 인식되고 있는지 분명한 파악이 가능하여 위축되어 말하거나 관계 맺기를 거부하는 등 또래 관계 형성이 어렵고 소극적인 정서 문제를 보일 가능성이 높다. 이에 전문가의 빠른 개입을 권한다.

솔루션

(1) 구강구조 및 기능 문제 도움 주기

1-1) 전문가의 정밀한 평가와 개입

성대문제, 혀 마비 및 구순, 구개파열 등 구강구조 문제 및 기능상의 어려움은 일반교사 혹은 가정에서 지도할 수 있는 경우가 아니다. 전문기관을 내원하여 정밀한 공식검사와 개입을 시작해야 한다. 특히, 구순·구개파열과 같은 경우 전문의의 수술 이후 언어재활사의 발음치료가 개입되기 때문에 전문가들 간의 협업이 매우 중요하다. 전문가들은 대체로 아래와 같은 요소들을 확인한다.

첫째, 씹기, 삼키기와 같은 섭식 문제가 없는지 확인한다.
둘째, 혀의 상하좌우 움직임(설소대 포함)이 원활한지 확인한다.
셋째, 볼 부풀리기가 가능한지 확인한다.

1-2) 구강구조/기능 재활 및 민감도 높이기

구강구조 및 구강구조의 기능을 정상화시키기 위해서 예를 들면, 칫솔로 혀를 닦아 혀의 기능을 향상시키거나 입천장에 사탕을 발라주거나 김을 붙여서 혀를 위로 올리게 하는 연습 등을 하게 한다. 또한 별, 동그라미, 세모, 네모 등 입에 넣어도 되는 재질의 블록들을 입에 넣어 혀로 굴려서 무슨 모양인지 그림으로 그리거나 그림카드에서 동일한 모양을 찾는 놀이 등을 통해 혀의 민감도를 높인다(Oral Stereognosis Test).

> 교사: 자, ㅇㅇ야. 이제부터 선생님이 블록을 입에 넣어 줄 텐데 눈을 감고 혀로 굴리면서 무슨 모양인지 그림카드에서 찾아 볼까?
> (동그라미 블록을 입에 넣어 주고)
> 유아: 음… (동그라미 그림 카드를 교사에게 보여준다) 이 카드요.
> 교사: 그래, 맞아. 잘했다.

(2) 환경문제 개선하기

2-1) 주 양육자의 발음문제 인식하기

영유아에게 가장 많은 시간을 보내는 주 양육자의 발음이 좋지 않다면 영유아 발음에 문제가 생기는 것은 당연하다. 특히, 맞벌이 부부로 인해 주 양육자가 가족 외의 사람일 경우 그리고 그 사람이 우리나라 발음에 문제가 있는 경우라면 영유아와 오랜 시간 함께 보내는 것에 대한 대안을 생각해야 한다. 또한 부모의 모국어가 우리나라 언어가 아닌 다문화 가정이라면, 제2의 주 양육자가 있는 보육기관에서 교사가 해당 영유아의 발음을 또래들보다 더 신경을 써서 보육해야 한다. 뿐만 아니라, 정확한 발음을 어떤 것인지 구별하는 놀이 활동을 제공함으로써 영유아가 정확한 발음이 어떤 것인지 바른 인식이 생기도록 해야 한다. 이는 궁극적으로 자신의 발음에 문제가 있는지 없는지를 스스로 변별하는 자기인식단계(self-recognition)를 거침으로써 스스로 수정하고자 하는 노력을 기울이게 될 것이다.

① 청각적 현저성[141)]을 반영한 간접수정

유아: 선생님. '커비' 주세요.

교사: 커비? 아 '컵~~~' 주세요.

② 청각변별 훈련[142)]

교사: ㅇㅇ야, (나비 그림카드를 보여준다.)

이 그림카드의 그림이 무엇인지 선생님 말을 잘 듣고 알아 맞혀 봐.

유아: 네.

교사: (손가락으로 번호를 표시함) 1번 나비, 2번 바비

유아: 1번이요.

교사: 그래, 맞았어. 나비야.

---

141) 청각적 현저성이란 영유아에게 성인이 언어지도 시 '다른 말소리와는 다소 다르게 들리게 함'으로써 그 소리에 집중하게 하는 방식을 말한다. 예를 들면, 소리의 크기, 장단, 억양 등을 문장 내에서 다르게 함으로써 영유아가 그 소리에 보다 귀를 기울이는 방식이다. 즉, 지도하고자 하는 목표발음을 다르게 제시하는 것이다.

142) 청각변별 훈련을 실시하는 이유는 영유아 중 '청능문제(청각적 지능)'를 가진 경우가 있기 때문이다. 청능이란 ㅂ을 ㅂ으로 들을 수 있는지 즉, 청각적 지능에 해당하는 것으로 소리를 물리적으로 들을 수 있다는 것(청각)과 제대로 들을 수 있다는 것은(청능) 별개 영역이다. 간혹, 언어발달이 느린 영유아의 엄마들이 '우리 아이는 TV 소리가 크면 귀를 막아요'라고 말하는 경우가 있다. 이는 청각의 문제가 없음을 설명하는 표현이다. 그러나 정확한 발음이란 청각만의 문제가 아니라 청각적 지능 즉, 청능의 문제를 포함한다. 즉, 인지문제가 없는지도 파악되어야 하는 것이다. 청능문제 유무를 확인해 보는 방법으로 차폐방법이 있다. 차폐란 '막는다'는 의미인데 청능이 의심되는 영유아에게 (성인이) 손으로 자신의 입을 가린 상태에서 양순음(ㅂㅍㅁ)을 따라 하게 했을 때 영유아의 발음정확도와 입을 가리지 않은 상태에서 따라 하게 했을 때의 정확도를 확인하는 것이다. 만약, 차폐유무에 관계없이 정확한 발음을 영유아가 할 수 있다면 귀로 정확하게 들을 수 있는 능력(청능)을 가진 영유아로 볼 수 있으나 입모양을 보여주고 따라 한 경우에만 정확한 발음을 할 수 있다면 그동안 영유아는 정확하게 들었던 아이가 아니라 입모양 즉, 시각적 단서에 준해 발음한 경우임을 가정한다. 그러므로 발음문제는 단지 소리를 들을 수 있는 능력이 있다는 것만으로 설명될 수 없다. 참고로 차폐기법으로 청능을 확인하는 방식에 사용되는 음소는 양순음(bilabial sound)만 가능하다. 그 이유는 양순음이 두 입술을 붙이는 소리로서 시각적으로 가장 명확하게 보이는 음소들이기 때문이다.

참고하세요!

모든 언어지도 시 공통적으로 주의할 점이기는 하나 특히, 발음지도 시 유의할 점이 있다. 발음에 문제가 있는 영유아들은 또래친구들에게 놀림을 받거나 이들의 발음을 친구들이 따라 해서 마음에 상처를 입는 경우가 종종 있다. 이에 함묵을 하거나 엄마 귀에 작은 소리로 속삭이듯 말하는 등 언어자신감을 잃는 모습을 보인다. 따라서 성인이 발음 문제를 수면 위로 올려서 지나치게 직접적으로 수정하면 사람들 앞에서 말을 전혀 하지 않거나 공격적인 태도를 보일 수 있기 때문에 정확한 발음을 많이 들려주는 형식을 취하거나 정확한 발음이 무엇인지 변별하는 활동 등 간접적으로 수정하는 방식으로 지도한다. 또한 잘못된 발음에 수정을 하는 방법보다는 정확한 발음에 칭찬을 하도록 한다.

2-2) 성인 양육관 변화하기

아기 말이 귀여워서 발음에 문제가 있음에도 불구하고 그대로 두고 성장하면 자연스럽게 좋아질 것으로 생각하는 어른들이 있다. 이는 자녀의 발음문제에 직면하지 않는 태도로서 잘못된 발음으로 인해 또래와의 관계가 깨지게 되고 영유아에게 자아상의 문제가 생길 수 있음을 간과한 경우이다. 또한 잘못된 발음을 그대로 두었기 때문에 고착현상을 보여 정확한 발음으로 전이되기 어려워질 수 있다. 그러므로 양육자는 연령에 맞지 않는 아기 말을 어리거나 귀여움성으로 해석하지 않도록 한다.

(3) 음소 및 음운체계 습득 지도

영유아가 우리나라 음소 및 음운체계 습득에 문제가 있다면 다음과 같은 여러 가지 방식으로 음소를 정확하게 산출하는 연습을 한다. 다음은 일부 음소에 대한 지도 방법이다.

〈표 23〉 음소산출 방법

음소	산출방법
ㅂ	컵에 물을 담고 빨대로 '부-'하면서 불기 연습
ㅍ	얇은 종이, 깃털 등 가벼운 사물을 책상 위에 올려놓고 '파'하고 불기 연습 양볼에 공기를 가득 넣고 양손 집게손가락으로 눌러서 공기를 터트리는 연습
ㄴ	치조 위치(윗 치아 바로 뒷 부분)에 꿀, 사탕, 김 등을 묻혀 빨아 먹거나 떼는 연습
ㅎ	거울, 유리 앞에서 '하-' 소리를 내면서 김 서리는 것을 보는 연습

교사: 자, ㅇㅇ야. 선생님이 책상에 깃털을 두었어.
정말 가볍고 예쁘지?
유아: 네.
교사: 우리, 이 깃털을 '파' 하고 불면서 누가 더 멀리 가게 하는지 시합할까?
유아: 네, 재밌을 것 같아요.
교사: 자, 한번 해 보자. 하나 둘 셋.
유아, 교사: (불기) 파~

29 눈을 마주치지 못하고 타인에게 반응하지 않는 (영)유아

사 례

또래 친구, 성인 등 다른 사람과 눈을 마주 보며 대화를 주고받지 못하는 경우이다. 뿐만 아니라, 이름 호명에 반응하기 및 타인을 보고 웃는 미소도 결여되어 고민이다. 부모들은 혹시 청각문제로 의사소통에 어려움이 있는지를 의심하여 가정에서 큰 소리로 tv를 틀어도 보고 소리를 작게 해서 영유아를 불러보기도 하며 관찰했는데 소리가 크면 양손으로 귀를 막고 작게 불러도 관심이 있으면 돌아보는 등 청각문제는 없는 경우다.

교사: ㅇㅇ야, 같이 하자.
영아: (놀잇감을 갖고 놀고 있음)
교사: ㅇㅇ야, 이리와 봐. 같이 하자.
영아: (교사에게 관심 없이 놀잇감만 보고 있음)
교사: 선생님이 재미있는 것 보여줄까?
(교사가 다가가서 놀잇감을 보여줌)
영아: (본인 놀잇감만 쳐다봄)

원 인

수용언어(이해언어) 지연의 경우

실제연령과 비교할 때 수용언어가 1년 이상 늦어 타인의 말을 이해하지 못해 반응하지 않는 경우이다. 그러나 1년 이상 지연되어 화자의 말을 이해하지 못하는 것뿐만 아니라 이름 호명, 영유아들이 선호하는 간식 및 놀잇감 등 보편적으로 아이들이 선호하는 자극에 대해서도 반응이 없다면 단지 수용언어 지연만이 아니라 선천적으로 타인에게 관심이 없는 자폐증후군을 의심할 수 있다.

정서문제가 있는 경우

주 양육자의 비일관적이고 지시적이며 통제적인 훈육은 불안정 애착을 맺게 되어 '반응성 애착장애(reactive attachment disorder)'를 의심할 수 있다. 반응성 애착장애 아동들이 보이는 특성은 자폐증 영유아와 유사한 부분이 많은데 눈 마주침이 적고 타인의 말에 반응하지 않는 것 등이다. 반응성 애착장애 영유아는 주 양육자와의 관계가 원만하지 않은 것으로 타인에 대한 좋은 상(image)을 갖지 못했기 때문에 교사 자극에 긍정적인 반응을 보이지 않는다. 즉, 사람에 대한 긍정적인 경험이 결여된 영유아는 타인에 대한 도식(내적 작동 모델, internal working model)이 긍정적이지 않기 때문에 타인의 초대와 자극에 반응이 없거나 적고 때로는 지나치게 의존적이거나 지나치게 무관심한 모습으로 이상(abnormal) 형태를 보인다.

자폐스펙트럼 장애(ASD, Autistic Spectrum Disorder)인 경우

자폐스펙트럼 장애란 사회적 상호작용의 손상, 의사소통의 손상, 상상력의 손상 등 혼자만의 세계에 갇힌 영유아를 말한다. 자폐증이 처음 소개된 1940년대에는 냉동실과 같은 엄마 즉, 차가운 엄마가 본 질환의 주요 원인으로 주목되어 엄마에게 좀 더 친절하고 사랑이 많은 따뜻한 엄마가 될 것을 조언했다. 그러나 의학의 발달로 자폐증은 부모의 양육문제가 아니라 뇌의 인지적 결핍이 원인임을 밝혔고 그런 의미에서 자폐증을 정서장애라기보다 인지적 문제라고 설명한다. 즉, 자폐증은 사회인지(social cognition), 타인에 대한 인식, 감정교류 등 인지적인 능력을 기반으로 한 관계성 문제라는 것이다. 이에 이름 호명에 반응이 없고 눈을 마주치지 않으며 함께 활동에 참여하고자 하는 의지가 없는 모습(공동주의하기, joint attention)을 보인다.

느린 기질인 경우

느린 기질은 자극에 대한 영유아의 반응이 얼어 있다가 풀어지는 형태로 낯선 상황에서 발달상의 문제가 아니라 긴장도가 높아 이름 호명 및 눈맞춤 등을 잘하지 않을 수 있다. 그러나 순수하게 느린 기질만의 문제를 갖고 있는 것이라면 일정 시간이 지나고 낯선 상황에 대한 적응이 되면 타인 자극에 긍정적인 반응을 하게 된다.

솔루션

1) 수용언어 지도

1-1) 생활놀이

수용언어 지도방법은 여러 가지이다. 그러나 언어지연을 유의하게 보이는 영유아들의 언어습득 목적은 상위단어를 사용하거나 복잡한 문장을 유창하게 이야기하는 것보다 일상생활에서 우선적으로 소통이 가능하도록 하는 것에 있으므로 상황에 적합한 언어놀이를 제시함으로써 수용언어 향상 기회를 갖게 한다. 기본적으로 영유아 시기의 놀이란 자신의 삶에서 적응을 위한 연습의 장으로서 즐거움과 정서 긴장을 풀어주는 차원뿐만 아니라 적응과 발달촉진의 역할을 동시에 한다. 그러므로 병원놀이, 소꿉놀이(식사), 목욕놀이 등 일상에서 영유아들이 경험하는 주제들을 선택하여 언어놀이를 하도록 한다.

[소꿉놀이]

교사: 자, 우리 냠냠냠 피자 먹기 놀이를 할까?
접시 가져와 보자.
유아: 네, 여기요.
교사: 접시에 피자를 올려 둘까?
유아: 네, 맛있을 것 같아요.
교사: 그렇지?! 음… 피자 먹을 때 또 뭐가 필요할까?
유아: 포크랑 칼이요.
교사: 그래, 근데 어디 있지?
유아: 여기요. 선생님.

교사: 자, 우리 또 뭐가 필요할까?
유아: 물이랑 컵이요.
교사: 그래, 물이랑 컵도 필요하네.
　　찾아 볼까?
유아: 네.

[병원놀이]
유아: 어디가 아파요?
교사: 배가 아파요. 선생님.
유아: 무얼 먹었나요?
교사: 아이스크림이요.
유아: 찬 것 많이 먹으면 안 돼요.
　　주사 맞아야겠어요.
교사: 으악~ 싫어요.
유아: 안 돼요. 맞아야 되요.
　　참으세요.

(2) 안정애착 놀이

2-1) 관계 개선놀이

타인에 대해 지나치게 위축되어 있거나 반응하지 않는다면 주 양육자와의 관계질을 고려한다. 출생 후 처음 경험한 '인간의 상(image)'이 주 양육자이기 때문에 그 양육자에 대한 상으로 타인을 일반화하기 쉽다. 이에 주 양육자와 영유아는 안정적인 애착을 형성하여 타인에 대해 바른 관계를 맺을 수 있도록 해야 한다. 이에 '특별한 놀이 시간'[143]을 권한다. 특별한 놀이 시간이란 자녀와 매일 혹은 일주일에 2~3일 정도 특정한 시간을 정해 놓고 아이 중심의 놀이를 하는 것이다. 이는 영유아기에 부모와의 관계 개선에 도움이 되는 의미 있는 활동으로 주 양육자의 일관

143) '특별한 놀이' 시간의 진행방법은 '친구 물건이나 기관 물건을 허락 없이 가져가는 유아'의 솔루션을 참고한다.

성, 민감성, 반응성을 필요로 한다[144].

(3) 전문기관 방문

3-1) 눈맞춤 활동

장애진단을 받았거나 발달의 개인차만으로 설명될 수 없는 특성 즉, 눈맞춤 문제, 이름 호명에 반응하지 않는 것, 공동 주의하기 문제, 억양의 이질성(높은 음조, 단조로운 어투) 및 앵무새가 말을 따라 하듯이 반향어(echolalia)를 사용한다면 전문기관에 방문하여 전문적인 언어재활 서비스를 시작해야 한다[145]. 특히, 눈맞춤은 인간관계에서 첫인상을 좌우하고 대화의 기본에 속하기 때문에 매우 중요한데 눈맞춤 활동으로 교사·부모와 아이 눈 사이에 아이가 좋아하는 물건을 놓고 영유아의 이름을 부른 후, 영유아가 쳐다보면 그 물건을 주는 방법이 있다. 이는 눈맞춤을 힘들어하는 영유아들이 사람얼굴을 보는 것은 꺼리지만[146] 자신이 좋아하는 물

---

144) 주 양육자와 영유아가 안정애착을 형성하지 못한 경우, 전문가들은 주 양육자의 양육 방식 문제에 주목한다. 그러나 주 양육자의 양육 방식을 바꾸는 일은 습관과 양육자의 성장배경, 가치관 등 여러 가지 요소가 점철되어 있다는 점에서 쉽지 않다. 즉, 익숙한 방식의 습관이 탈습관되기까지는 시간을 필요로 하는 것이다. 따라서 자녀와 불안정 애착을 맺은 주 양육자에게 단지 몇 회기의 부모교육을 통해 안정애착으로 전환하는 모습을 갖추게 하기는 어렵다. 그래서 교육기관에서 주 양육자인 교사가 제2의 주 양육자로서 영유아와 안정 애착을 맺어 가정에서의 문제를 일부 상쇄하도록 한다. 이는 특별한 놀이 시간을 통해 가능한데 교육기관은 일대 다수이므로 일대일의 밀착적 특별한 놀이시간이 가능하지 않겠으나 그럼에도 불구하고 기관여건에 따라 적합한 방법을 고안하여 교사와 관계 형성을 재구조화하고 정서 문제를 해결하도록 권할 수 있다.

145) 언어재활 서비스를 전문적으로 받을 수 있는 기관은 시 도립병원, 복지관, 사설센터, 연구소, 개인병원, 종합대학병원, 특수학교 등이며 언어재활 서비스 전문가들의 전문가 자격은 1급, 2급, 2급 준으로 나뉘어져 있다.

146) 장애 영유아 특히, 자폐증후군 영유아가 사람의 얼굴을 보고 눈 마주치는 것을 꺼리는 이유 중 하나는 얼굴표정이 이들에게는 단순하지 않다는 것이다. 장애 영유아들은 인간의 얼굴에서 발현되는 표정, 메시지 등이 복잡하고 이해가 쉽지 않다고 한다. 이에 4차 산업혁명시대를 앞두고 언어재활 영역에도 로봇이 등장했다. 로봇을 언어재활사의 보조자로서 언어재활 서비스를 제공하는 것인데 특히, 눈맞춤이 어려웠던 장애 영유아들도 로봇과는 눈맞춤을 쉽게 하는 것으로 연구결과 밝혀졌다. 그리고 그 이유는 로봇의 단순한 표정이 주요 원인이다(Lee et al., 2015). 이처럼 장애 영유아는 인간과의 소통을 부담스러워하는 면이 있어 앞으로 인간형태를 띤 휴머노이드 로봇이 보완할 수 있을 것으로 전문가들은 예측한다.

건 혹은 음식물을 보는 것은 상대적으로 수월하게 느끼기 때문에 제공되는 활동이다. 이후 본 활동이 익숙해지면, 물건을 점차 성인의 눈과 영유아의 눈 사이가 아닌 약간씩 비켜 두어 영유아의 눈과 성인의 눈맞춤이 되도록 연습한다. 본 활동은 반복연습됨에 따라 이름 호명 후 자신이 선호하는 물건 혹은 음식이 제공된다는 것이 습관화됨으로써 성인에게 반응하는 것과 동시에 눈을 마주칠 가능성이 높아진다. 또한 얼굴에 스티커를 붙이는 놀이도 눈맞춤 지도에 도움이 된다.

교사: (유아와 교사 눈 사이에 젤리를 두고) ㅇㅇ야.
(젤리를 보면) 젤리를 준다.
유아: (젤리 받기)
교사: ㅇㅇ야, 우리 얼굴에 스티커 붙이기 놀이할까?
유아: 네.
교사: 자, ㅇㅇ가 선생님 코에 붙여줄래?
유아: (코에 붙인다)
교사: 자, 이번에는 선생님이 ㅇㅇ에게 붙일게.

3-2) 눈, 표정, 몸짓에 관심 갖는 놀이 활동

교사: ㅇㅇ야, 손으로 입을 이렇게 가려보자.
영아: (손으로 가리기)
교사: (입술을 손으로 두드리며) 아바바바바
영아: 아바바바바
교사: 선생님 얼굴 표정과 똑같이 해 보자.
(약간 과장되게 웃는 얼굴을 보인다.)
영아: (따라 하기)
교사: (약간 과장되게 찡그린 얼굴을 보인다.)
영아: (따라 하기)

(4) 느린 기질 이해

4-1) 반응 기다리기

느린 기질의 영유아들은 새로운 자극에 반응하고 적응하는 시간이 순한 기질 영유아들에 비해 오래 걸리기 때문에 자극에 대해 스스로 반응을 선택하고 결정해서 행동하는 절차를 기다려 주어야 한다. 이와 같은 과정은 영유아의 자아를 스스로 견고하게 하고 성취감을 갖게 하며 자조적 힘을 기르게 한다. 따라서 반응이 느리다고 영유아가 요청하지 않은 일을 미리 해 주는 일은 금지해야 한다.

교사: ㅇㅇ야, 뭐 먹고 싶어?
영아: (반응 없음)
교사: ㅇㅇ야, 먹고 싶은 것 뭐야?
영아: (귤 쳐다봄)
교사: 귤을 먹고 싶었구나, 귤 줄까?
영아: (고개 끄덕임)
교사: (귤 주면서) '귤 주세요' 해 보자.
영아: (반응 없음)
교사: '귤 주세요'라고 말하기 싫으니?
영아: (고개 끄덕임)
교사: 그래, 그럼, 다음에 한번 해 보자.

교사: ㅇㅇ야, 뭐 타고 싶어?
유아: (얼어 있듯이 가만히 있음)
교사: ㅇㅇ야, 뭐 탈까?
유아: (고개 끄덕임)
교사: 뭐가 좋아? 그네? 시소?
유아: (시소와 그네를 번갈아서 쳐다봄)
교사: 좋은 것을 손으로 가리켜 볼까? 이렇게~
유아: (시소를 가리킴)
교사: 아, 시소구나.
유아: (고개 끄덕임)
교사: 시소라고 말해 볼까?
유아: (고개 떨굼)
교사: 시소라고 말하기 싫으니?
유아: (반응 없음)
교사: 그럼, 다음에 얘기할까?
유아: (고개 끄떡임)

교사: 그래, 그럼 다음에 얘기하고 시소타자.

30 또래보다 말 내용 이해 부족 및 지시에 적절하지 않은 (영)유아

사 례

유아는 질문하는 말에 반응이 엉뚱하거나 간단한 지시에도 적절한 따르기가 되지 않아 고민이다. 어떤 때는 말을 이해하는 것처럼 반응하기도 하지만 동일한 질문에 대해 어떤 날은 이상한 반응을 보여 보육 및 교육기관에 적응하지 못하고 또래 친구들과도 적절하게 상호작용하지 못한다.

교사: 무얼 그려볼까?
유아: 노란색

교사: 우리 같이 먹을까?
유아: 어떻게요?
교사: 칼로 잘라서…
유아: 어떻게요?
교사: 이렇게 반으로 나누어서…
유아: 어떻게요?

원 인

수용언어 능력 결여의 경우

화자의 메시지를 이해하지 못한다는 것은 듣기의 절차에 문제가 있는 경우이다. '듣기(listening)'란 단순히 소리를 듣는 것이 아니라 다음과 같은 절차를 거쳐서 완전한 이해를 이루기 때문이다.

소리 감지(hearing ①)
=> 주의 기울이기(선택적 주의집중 능력 ②)

=〉 식별하기(③)

=〉 이해하기(④)

=〉 기억하기(⑤)

=〉 반응하기(⑥)

화자의 소리를 듣고(①) 집중해야 하는 말소리에 선택적으로 주의를 기울인다(②). 이 세상에는 사람의 말소리 외에도 새소리, 물소리, 자동차 소리 등 다양한 환경 음들이 존재한다. 이때 나에게 말하는 '사람의 소리'에 주의를 기울일 수 있는 능력은 매우 중요하다. 또한 화자의 여러 말들 가운데 조사와 같은 기능어는 명사, 대명사 등과 같은 내용어에 비해 상대적으로 주의를 덜 기울이는 요소이다. 이를 분별하여 듣는 것을 식별과정이라 하는데(③) 인간이 아무리 긴 문장과 복잡한 내용을 들어도 그 내용의 핵심을 요약하고 중요한 사안을 파악할 수 있는 능력은 식별능력이 바르게 작동되기 때문이다. 만약 상대방이 말하는 문장을 조사까지 포함해서 그대로 다 기억하고 중요한 부분이 아니라 비핵심 부분까지도 모두 기억해서 정작 중요한 부분을 수용하지 못하면 바른 듣기가 될 수 없다. 중요한 내용을 식별하여 수용했다면 내용을 이해하고(④) 기억해서(⑤) 바르게 반응하는 것이(⑥) 바른 듣기이다.

이 과정이 능동적으로 처리되어야 하는 데 영유아들 중에는 본 절차의 처리에 문제가 있는 경우가 있다. 이에 수용언어가 능동적인 사고와 해석을 필요로 하는 인지적 정신 과정이라는 점에서 과정상의 문제는 타인의 이야기에 적절한 반응을 하지 못하게 한다.

경청능력 및 태도 문제의 경우

올바른 의사소통은 타인의 말을 그 사람의 의도대로 파악해서 듣고 자신의 의사를 적절하게 표현하는 과정이다. 그러나 타인의 말을 왜곡하거나 집중해서 듣지 않으면 화자의 말을 제대로 이해하지 못하므로 적절한 반응을 할 수 없다. 즉, 올바른 듣기는 경청능력 및 경청의 자세와 관계된 것이다. 경청 태도가 올바르게 정립되지 않은 영유아는 '잘 듣는다'는 것이 무엇인지 배우지 못했거나 주 양육자가 영유아의 말을 경청하지 않았다면 타인에게 수용된 경험이 적은 경우이기 때문에 본인도 타인의 말을 경청하지 않을 가능성이 높다(거울효과)[147].

특정 말에 지나친 관심이 있는 경우

영유아들은 언어 발달기에 특정한 어휘 혹은 문장에 지나친 관심을 갖고 의미 없이 그 말을 사용하는 경우가 있다. 이때 대화 맥락에 관련 없이 사용하면 영유아의 반응이 적절하지 않게 보인다. 대체로 관심 언어는 의성어, 의태어와 같은 (청각적으로) 듣기에 재미있는 느낌의 소리이거나 타인이 말한 어떤 말을 재밌게 느껴서 지속적으로 사용하는 어구 혹은 자신이 우연히 내뱉은 말이 타인에게 즐거움을 주거나 관심을 끌었다고 판단하면 계속 사용하는 경우이다.

솔루션

(1) 수용언어 향상지도

1-1) 일상맥락 안에서 수용언어 지도하기

영유아기 의사소통의 목적은 일상에서 적절한 소통이 가능하도록 하는 것이다. 따라서 상위 어휘 연습시키기 그리고 복문 및 시제 등 상위 인지개념이 포함된 언어들을 가르치는 데 집중하기보다 영유아가 일상에서 자주 사용하는 상황어 연습이 필요하다. 그런 의미에서 가정에서는 식사시간, 마트 가는 길, 목욕, 놀이터, 병원에 간 상황 등 일상 안에서 수용언어를 지도한다. 또한 교육현장에서는 하루 일과 안에서 짧고 쉬운 단어와 문장을 활용하여 수용언어를 (교육현장) 맥락 안에서 확장한다. 수용언어를 이와 같이 실제 상황 및 맥락 틀 안에서 지도하는 이유는 언

---

147) '거울효과'란 자신의 모습을 직접 볼 수 없고 거울을 통해서 알 수 있듯이 자신의 행동이 어떠했는지 타인이라는 거울을 통해 알게 된다는 것이다. 예를 들면, 부모와 자녀 관계에서 자녀가 부모를 많은 부분 수용한다면 부모가 자녀를 많은 시간 수용해 왔음을 알 수 있는 것이며 만약 자녀가 부모에게 지속적으로 거부한다면 부모가 자녀에게 거절감을 많이 주었다는 해석이 가능하다.

어의 이해는 맥락에서 단서를 찾아 확장되는 경우가 많기 때문이다. 외국어를 잘하지 못해도 상황 안에서 말해진 외국어는 그 뜻을 파악하기 쉽다. 예를 들어, 생일케이크를 꺼내고 초에 불을 붙인 상태에서 이해하기 어려운 외국어를 들었다면 맥락상 '초의 불을 끄자'는 의미로 자연스럽게 유추할 수 있을 것이다. 이와 같이 맥락 안에서 수용언어를 지도하는 방법 중 '스크립트 접근법'이 있다. 스크립트 접근법은 일련의 시간 혹은 인과관계가 있는 몇 개의 장면들을 순서에 따라 지속적으로 연습하는 언어재활 서비스 방법이다. 예를 들면, 손을 씻는 스크립트 상황이라면 모든 사람이 보편적으로 다음과 같은 순서로 진행할 것이다.

물 틀어요.
=> 손에 물 묻혀요.
=> 물 잠궈요.
=> 비누로 씻어요.
=> 물 틀어요.
=> 손 씻어요.
=> 물 잠가요.
=> 타월로 닦아요.

타월로 손을 닦고 물을 틀게 되는 경우는 없을 것이며 비누로 씻고 바로 타월로 닦는 경우도 없을 것이다. 즉, 스크립트 자체는 순서상 예상이 되는 맥락이기 때문에 항상 파악이 되고 이 같은 상황은 이해언어가 부족한 영유아도 유추가 가능하다. 이와 같이 일상맥락에서 영유아들이 자주 접하는 상황을 반복적으로 제공하면 맥락단서에 의해 수용언어 확장을 가능하게 한다.

교사: (생일 케이크 꺼냄) 초 꽂자.
유아: (초 꽂기) 네.
교사: 초에 불붙일게.
유아: 네.
교사: 생일 축하 노래할까?

유아: 생일축하합니다. 생일축하합니다. 사랑하는 ㅇㅇ의 생일 축하합니다.
교사: 후~ 불자.
유아: (불기)
교사: 잘라서 먹자.
유아: (접시 가져옴)

1-2) 그림책 활용하기

그림책은 비단 언어습득만을 위해서가 아니라 영유아의 전반적 발달에 중요하다. 그림책을 통해서 여러 감정들을 간접적으로 경험할 수 있고 문제 해결법을 익힐 수 있다. 이에 독서치료라는 분야가 있을 만큼 정서적으로 그림책은 매우 유익하다. 그러나 도서를 선정할 때, 언어지연 및 장애 영유아들의 경우 주의할 점이 있다. 이는 본인의 실제연령(chronological age)에 맞는 그림책을 선택하기보다 언어능력에 초점을 맞추어야 하는 것과 읽어 줄 때, 크라센(Krashen)이 주장한 i+1 즉, 영유아의 언어발달 향상에 좋은 자극은 본인들의 현재 수준과 동일하거나(i+0), 지나치게 높은 수준(i+2)보다는 약간 상회하는 수준이(i+1) 동기 부여가 된다는 것이다. 그러므로 그림책을 읽을 때, 스토리는 원작에 충실하게 읽어 주지만 질문, 어휘 수정 등은 i+1에 맞추는 것이 바람직하다.

교사: 자, ㅇㅇ야. 우리 『사과가 쿵』 그림책을 읽어 볼까.
유아: 네.
교사: 사과가 쿵!,
유아: 사과가 쿵!
교사: 어! 사과가 쿵! 하고 떨어졌네.
유아: 떨어졌네.
교사: 맞아, 우리, 사과 말고 다른 과일 뭐가 또 쿵! 하고 떨어졌다고 해 볼까?
유아: 배요.
교사: 아, 그래. 배!
배가 쿵!
아, 그런데 냠냠 배 말고 또 (배를 만지며) 이 배도 있지?
유아: 맞아요. (배를 만지며) 배.
교사: 또 바다 위에 타는 배도 있어. 그치?

유아: 네, 배! 배! 배!
교사: 그럼, 이번에는 타는 배가 (작은 소리로) 콩! 떨어졌다고 해 볼까?
유아: 히히 네, 재밌어요.
배가 콩!

1-3) 일상에서 간단한 지시 따르기 연습

일상생활에서 간단한 지시 따르기 연습을 하는 것도 지시 적절성을 지도할 수 있다. 간단한 지시 따르기는 단순단계와 복합단계가 있는데, 단순단계는 한 가지 정도의 지시 따르기이다. 단순단계의 예는 '컵 가져와'이다. 복합단계는 두 가지 이상의 지시 내용이 연결되어 있는 것인데 예를 들면, '새로 산 접시를 동그란 테이블에 놓아.'이다. 이런 지시는 일상에서 영유아들이 쉽게 접할 수 있는 내용으로 생활에서 적절한 반응을 연습하기에 좋은 주제이다. 그러나 영유아가 어리다는 점에서 간단한 지시 따르기의 적절한 반응에 강화제를 제공하는 것이 좋다. 적합한 반응을 보였을 때, 스티커 혹은 과자 등 영유아의 선호에 맞는 보상을 제공한다. 단, 연령이 어릴수록 즉시성 원리를 지킨다. 적절한 반응을 영유아가 보인 후 '저녁 식사 후에 과자 줄게.'라는 보상은 어린 연령일수록 의미가 없다.

교사: 포크 가져오세요.
유아: 여기요.
교사: 잘했어요.
교사: 숟가락을 노란 컵에 넣으세요.
유아: (숟가락을 노란 컵에 넣음)
교사: (엄지 척)

참고하세요!

강화는 물리적 강화, 사회적 강화, 기능적 강화 등 여러 종류가 있다. 물리적 강화는 음식물, 장난감, 스티커 등 보상물을 제공하는 것이며 사회적 강화는 칭찬과 같은 관계성에 준한 보상이다. 마지막으로 기능적 강화는 영유아가 원하는 것을 주는 것으로 '우유 주세요'라는 말을 했다면 이에 대한 보상으로 "말 잘했다. 이렇게 말하니까 언니 같은데(사회적 강화) 혹은 말 잘했으니 스티커 붙여 줄게." (물리적 강화) 등이 아니라 원하는 것이 우유이기 때문에 우유를 주는 것이다.

그러나 이와 같은 외적 강화는 강화가 없으면 그 행동을 다시 하지 않으려는 특성이 적용되어 지나치게 사용하는 것은 권장하지 않는다. 이에 내적 강화 즉, 즐거움의 동기를 보다 바람직한 강화제로 제시한다. 즐거움의 동기란, 어떤 외적 보상에 의해 행동을 하는 것이 아니라 내면의 즐거움이 행동의 동인(drive)이 되는 것이다. 이와 같은 동기를 심어주기 위해서는 바람직한 행동 뒤에 그 행동을 내면의 즐거움으로 연결시키는 표현을 제공한다.

유아: 엄마, 그림책 3권이나 읽었어요.
엄마: 그렇구나. 기분 좋겠네~ (내적 동기)
유아: 엄마, 글씨 5개 썼어요.
엄마: 그렇구나, 스티커 5개 가져가라. (외적 동기)

(2) 경청능력 및 태도 향상지도

2-1) 다양한 종류의 듣기자료 제공

영유아들에게 경청이 즐거운 경험이 되어 타인의 말을 듣고자 하는 태도를 기르기 위해 다음과 같이 즐겁고 다양한 종류의 듣기 자료들을 제공한다.

① 다양한 악기 소리

② 국악, 클래식 등 다양한 종류의 음악 감상

③ 운율을 살린 동시 및 그림책

④ 음의 고저, 장단을 다양하게 제공한 놀이 활동

(예: 기~차 길 옆 오막살이, 아~기 아~기 잘도 잔다.)

⑤ '가라사대' 놀이

교사: 가라사대 뛰세요.
유아: (뛰기)
교사: 가라사대 멈추세요.
유아: (멈춤)
교사: 하하하 웃으세요.
유아: 하하하
교사: 어? 선생님이 가라사대라고 하지 않았는데~
유아: 앗, 히~

2-2) 경청모델로서의 중요한 타자(他者)

후기행동주의 발달심리학자인 반두라는 영유아 발달에 있어 모델링을 매우 강조한 학자이다. 그의 주장은 영유아는 자신에게 중요한 인물들의 모습을 보이는 대로 모방하면서 성장한다는 것이다. 특히, 이와 같은 학습효과는 안정애착 즉, 관계가 좋은 경우에 보다 더 빈번하게 발생하여 부모의 평소 언어와 행동이 매우 중요함을 설명한다. 그래서 자신의 말이 타인에게 수용되고 경청되는 좋은 경험을 부모와 교사로부터 누적한 영유아는 그 모습을 닮으며 바람직한 성장을 이루는 것이다. 따라서 부모들은 자녀와 대화할 때 혹은 자녀가 보고 있는 상황에서 다른 사람과 대화할 경우, 경청태도를 보다 적극적으로 보일 필요가 있다. 적극적 경청 방법은 다음과 같다.

① 고개 끄덕이기

② 미소 짓기

③ 들은 말을 정리하기

(예: 그러니까 네 말은 화가 났다는 뜻이지?)

④ 말 따라 하기

(예: 속상했어요 → 속상했구나)

⑤ 대화 중간에 수긍표현하기

교사: ㅇㅇ야, 어제 유치원에 왜 못 왔어?
유아: 아팠어요.
교사: (당황한 표정을 보이며) 아팠어?
유아: 네, 많이요.
교사: 그렇구나. 선생님이 걱정했어.
유아: 주사도 맞고.
교사: (고개 끄덕이며) 주사도 맞고.
유아: 무서웠어요.
교사: (고개 끄덕이며) 맞아, 선생님 같아도 무서웠을 것 같아.
유아: 선생님도요? 어른인데요?
교사: **그럼, 선생님도 무서울 수 있지.**
누구든 무서운 마음은 가질 수 있단다.
유아: 아~ 네.

(3) 다양한 말로 관심 유도

3-1) 다양한 말로 전환하기 활동

특정한 말이 재밌고 좋아서 반복하는 경우 언어발달장애 아동들의 전형적인 증후군이 아니라면 일시적인 경우가 많고 발달기의 자연스러운 현상이므로 지나치게 예민한 반응을 보이지 않아도 된다. 그러나 그대로 두는 것은 고착현상을 만들 수 있으므로 영유아가 자주 사용하는 말을 일부 변형해서 다시 전달하는 'recast 방법'을 사용한다.

① '어떻게요?'로만 반응하는 유아의 경우

교사: 정글짐에서 놀았니?
유아: 어떻게요?
교사: **어떻게 놀았어?**
유아: 어떻게요?
교사: **어떻게 놀았어? 재밌게? 신나게?**
유아: 재밌게요.
교사: 그렇구나.

3-2) 지나친 반복어에 무시반응

특정언어를 맥락에 맞지 않게 지나치게 많이 사용하는 경우, 그 말에 대한 타인들의 반응을 즐기는 경우가 있다. 즉, 자신의 말이 타인에게 영향을 미치고 그로 인해 관심을 받을 수 있다는 마음이 있는 것이다. 이럴 경우, 그 말에 대해서 반응하지 않도록 하여 영유아가 반복적인 자신의 특정어가 더 이상 관심의 대상이 되지 않음을 알게 한다.

교사: 주말에 잘 지냈니?
유아: 헐!
교사: (무시반응) 블록 가지고 놀자!

31 또래보다 문장의 길이가 짧은 (영)유아

사 례

유아는 또래보다 문장의 길이가 짧아서 어떤 이야기를 하고자 하는지 충분히 전달되지 못하여 고민이다. 또한 또래 간 갈등 상황에서 자신의 의사표현을 적절한 길이로 제공하지 못하기 때문에 갈등상황에서 피해자 입장에 놓이는 경우가 많다. 유아의 엄마는 문장을 길게 말해야 한다고 자주 말해 주지만 문장 확장은 되지 않고 잔소리로만 들려 힘들다.

유아: 까까(먹고 싶어요.)
교사: 과자 먹고 싶니?
유아: 빨리(먹고 싶어요.)
교사: 빨리 먹고 싶다고?
유아: 네.
교사: "과자 빨리 주세요." 이렇게 말해 보자.
유아: (고개 숙이기)

원 인

주 양육자의 문장이 짧은 경우

영유아들의 언어습득은 생득적인 능력과 환경자극의 상호작용으로 발달한다. 그러므로 영유아 주변의 성인 특히, 주 양육자의 언어 수준이 어떠한지가 영유아에게 영향을 미친다. 만약 주 양육자의 언어가 제한된 어휘, 짧은 문장 혹은 언어사용보다는 행동으로만 영유아에게 상호작용한다면 해당 영유아의 언어는 길이 면에서 성장하기 어렵다. 예를 들어, 목이 마른 유아에게 물을 주면서 "목이 말랐구나." 혹은 "물 줄게."라고 말하면서 물을 건네주는 주 양육자와 그냥 물만 주는 경우는 다르다. 따라서 후자의 경우 또래와 비교할 때 언어성장에 제한을 줄 수 있다.

언어발달장애 영유아인 경우

언어발달장애 영유아는 선천적으로 언어습득기제에 문제가 있는 경우이므로 또래와 비교할 때 문장의 길이가 짧다. 특히, 문장의 길이를 확장시키기 위해 보상을 제공한다 하더라도 그 강화제가 또래만큼의 문장으로 길이를 늘려 주는 동기는 되지 못한다. 이는 언어를 담당하는 뇌가 생득적으로 문제가 있기 때문이다. 특히, 문장을 그대로 암기해서 산출하는 자폐증 영유아는 비록 암기에 의해 긴 문장을 산출할 수 있지만 지능지수가 평균보다 낮은 70~75 이하인 지적장애 영유아는 성인이 되어서도 여전히 일반인보다 문장의 길이가 짧다.

그러나 경도 지적장애 영유아의 경우 전반적인 문장의 구조와 발달 순서는 일반아동과 유사하다. 다만, 속도가 느리며 연령이 높아지면서 향상되는 모습도 보인다. 경도 지적장애 영유아의 대표적인 사례인 다운증후군 영유아의 경우 평균 발화 길이가[148] 일반 영유아보다 훨씬 느리지만 청소년기까지 증가하며 구문구조가 일반 청소년과 유사하다. 그러나 정신연령이 동일한 일반 영유아에 비하면 문장의 길이가 짧고 단순한 문장을 사용한다.

강압적이고 통제적인 훈육을 특성으로 하는 권위주의적 부모 아래에서 성장한 영유아들은 위축되어 있거나 자신감이 결여된 경우가 많다. 언어는 정서와 관련되어 있다는 점에서 위축된 정서는 말을 하지 않거나 적게 하는 등 표현언어 연습의 기회를 스스로 차단하게 된다. 성인은 이미 언어습득이 완료된 상태이므로 기분에 따라 일시적으로 말을 적게 하거나 함묵을 해도 이후에 말을 다시 시작할 때 원래 언어 수준으로 말을 할 수 있다. 그러나 언어발달기인 영유아들은 문장을 연습하고 수없는 시행착오를 통해 언어의 오류와 실수를 정문으로 전환하는 발달과정을 거치면서 문장의 길이가 확장되기 때문에 위축된 정서는 구문(문장길이, 문장복잡성) 문제를 유발할 수 있다.

---

148) 평균 발화 길이란 아동의 표현언어 발달 지표로서 언어장애 아동을 진단 평가하거나 연구집단을 선정하는 기준으로 사용된다. 이는 아동의 각 발화 속에 포함된 낱말이나 형태소의 수를 평균 낸 값이다(김영태, 2014).

솔루션

(1) 주 양육자/교사 언어자극 수정하기

1-1) 문장길이 늘리는 자극법

유아: 토끼
엄마: 토끼가 뛰어가네.
유아: 다람쥐가 나무 위에서
엄마: 다람쥐가 나무 위에서 알밤을 먹고 있네.

1-2) 어휘 확장법

문장의 길이를 확장하고 문장 구조가 보다 복합적으로 표현되려면 일정 수준 이상의 어휘력을 갖추어야 한다. 이 같은 전제에서 영유아의 어휘를 확장하는 방법으로는 주 양육자가 영유아와 상호작용하고 기능주의적 관점에[149] 따라 동기 부여를 촉진할 수 있는 어휘들부터 시작하여 목표 어휘를 지도한다.

유아: (고슴도치를 보며)
엄마: 고슴도치네, '고'자로 시작하는 동물이 또 무엇이 있을까?
유아: 고양이.
엄마: 그래, 고양이가 있네. 야옹 ~
음… 이번에는 '고'자로 시작하는 음식은 무엇이 있을까?
유아: 고기.
엄마: 맞아, 고기! 냠냠냠.

149) 언어습득 이론 중 '기능주의적 관점'은 영유아에게 언어 지도 시 발달표에 의해 쉬운 어휘부터 가르치는(발달주의 관점) 것이 아니라 대상유아가 자주 접하거나 필요한 것 혹은 관심이 있어 일상에서 자주 사용하게 되는 어휘들을 먼저 지도하는 관점이다. 만약 자동차와 공룡 등을 좋아하는 남자 아이라면 자동차, 공룡에 관련된 용어부터 가르치기 시작하고 만약 과일을 좋아하는 여자 아이라면 과일 이름부터 가르치는 등 동기 부여가 생성될 수 있는 것부터 가르치는 것이 기능주의적 관점이다.

1-3) 소리유희(의성어, 의태어) 제시법

영유아는 청각적 현저성에 의해서 어휘를 습득하기 쉽다. 즉, 매력 있고 흥미 있게 들리는 말소리들에 관심을 갖는다. 그러므로 성인은 의성어, 의태어가 포함된 문장을 들려주고 따라 말하게 하며 주고받기를 실시한다. 이때 대상 영유아의 따라 말하기 수준을 파악하여 문장을 분절하고 따라서 말할 수 있는 수준만큼 먼저 제시한 후 합성하는 방법을 사용한다.

교사: (장난감 기차를 갖고 노는 유아를 보며) 칙칙폭폭 기차가 지나갑니다.
유아: 칙칙폭폭
교사: 칙칙폭폭 기차가
유아: 칙칙폭폭 기차가
교사: 칙칙폭폭 기차가 지나갑니다.
유아: 칙칙폭폭 기차가 지나갑니다.

1-4) 문장길이를 확장하도록 촉진하는 법

영아: (의자를 달라는 의미에서 손으로 가리키기)
교사: 의자 줄까?
영아: 네.
교사: "의자 주세요."라고 말해 보자.
영아: 의자
교사: 의자 주세요.
영아: 의자 주세요.

영아: 사탕
교사: 사탕 달라고?
영아: (고개 끄덕임)
교사: "사탕 주세요."라고 말해 보자.
영아: 사탕 주…
교사: 사탕 주… ? 주세요!
영아: 주세요.
교사: 사탕 주세요.
영아: 사탕 주세요.

1-5) 성인의 짧은 말 수정하기

영유아의 주 양육자가 짧은 문장으로 의사소통하는 성향이 있다면 어른의 문장을 길게 수정하여 영유아가 긴 문장을 많이 듣는 시간을 갖게 할 필요가 있다. 영유아는 아직 연령이 어려서 길고 복잡한 문장을 생성하거나 모두 완전하게 이해하기 어려울 수 있지만 이를 수용할 수 있는지 그렇지 않은지는 영유아마다 개인차가 있다. 또한 영유아가 어리다는 이유로 지속적으로 짧은 문장만 듣게 하는 것도 크라센의 i+1 원리에서 벗어난다(사례 30의 1-2 참고). 그러므로 영유아 주변의 성인들이 장문을 사용하여 영유아와 상호작용하면 누적된 언어자극 양이 문장길이 증가에 도움이 된다.

① 잘못된 예문

엄마: ("강아지에게 밥을 주어야겠어."라는 문장을) 강아지 밥.
유아: 강아지 밥.
엄마: 강아지에게 밥을 주어야겠네.
유아: 강아지 밥.
엄마: 강아지 밥이라고 하면 안 되지. 엄마가 길게 말해야 한다고 몇 번을 말했어! 자, 따라서 말해 봐. 강아지에게 밥을 주어야겠다고 말해 봐!

② 바람직한 예문

엄마: (강아지 밥 대신) 강아지에게 밥을 주어야겠네.
유아: 강아지 밥
엄마: 강아지에게 밥을 주어야겠지.
유아: 응.
엄마: 맞아, 우리 강아지에게 밥을 주어야겠어. 그래야 배가 고프지 않겠지?
유아: 강아지에게 밥을 주어야겠어.

(2) 전문센터 방문하기

2-1) 전문가 도움받기

단지 말이 늦은(late bloomer) 경우가 아니라 언어발달지연 및 장애 영유아라면 일반교육기관 및 가정에서 언어지도를 충실하게 진행하는 것뿐만 아니라 반드시 전문기관을 내원하여 언어재활 서비스를 받아야 한다. 언어재활 서비스를 받아야 하는 영유아와 늦된 아이를 구분하는 방법은 본서 언어사례 마지막 부분에 설명되어 있으므로 참고하길 바란다.

(3) 자존감 높이기

3-1) 주 양육자의 양육 태도 바꾸기

부모양육 태도 중 강압적이고 부모의 권위를 주장하며 훈육하는 것을 '권위주의적 양육(authoritarian parenting)' 방식이라 한다. 권위주의적 양육법은 부모의 권위를 내세우며 훈육하기 때문에 부모의 어떤 잘못된 방법도 합리화되기 쉽고 자녀의 마음을 읽어 주지 못하기 때문에 자녀들은 억압된 상태로 지내게 된다. 이에 어린 영유아는 물리적으로도 힘이 약하기 때문에 부모의 말을 무서워서 듣는 것처럼 행동할 수 있지만 자아상에 상처를 입고 자신감이 없어 위축된 양상을 보이는 등 정서문제를 보인다. 그래서 말수가 줄어들거나 함묵을 보이고 문장의 길이가 짧아지는 등 문제가 관찰된다. 이와 같은 영유아에게는 '권위적인 양육(authoritative parenting)' 방식으로 바꾸어 자존감을 높이고 궁극적으로 언어향상을 유도한다. 권위적인 양육방식은 자녀에게 지침을 요구하고 행동을 통제하되 이러한 통제와 요구에 대해 분명한 이유를 자녀에게 설명하고 납득시킨다. 또한 부모는 자녀의 요구에 민감하게 반응하고 분명한 규범을 제시하여 성숙한 행동을 하게 하는 동시에 자녀를 지지하여 애정을 느끼게 한다. 그래서 자녀들은 자신의 주장을 할 수 있으며 사회적으로 책임감과 절제력을 가진 인간으로 성장한다. 영유아기는 자율성, 주도성 등 인생에 있어 중요한 과업을 획득해야 하는 시기이다. 그러므로 양육자는 선택권을 제시하고 자녀가 스스로 선택하며 이 과정을 통해 높은 자존감과 세상에 대해 자신감을 갖도록 해야 한다. 또한 자녀의 부정적인 이야기를 옳고 그름의 윤리 잣대가 아닌 있는 그대로 수긍하여 들어주는 진정성 있는 경청 태도가 필요하다.

① 있는 그대로 수용하는 태도

유아: 친구 미워.
엄마: 친구가 왜 미워?
유아: 나랑 안 놀아.
엄마: 속상했겠다. 엄마 같아도 밉겠는데.
유아: 그렇지? 엄마?
엄마: 그럼, 당연히 속상하지.
그런데 친구가 왜 안 놀아 준데?
유아: 내가 블록을 빼앗아서.
엄마: 그렇구나. 그건 친구도 기분이 나빴겠는데.
유아: 엄마는 왜 친구 편만 들어?
엄마: 친구 편을 드는 게 아니라 친구 마음을 생각해 본 거야.
유아: 피~
엄마: ○○야, 사랑해. 엄마는 항상 ○○편이야. 그렇지만 친구 블록을 빼앗으면 친구도 기분이 나빴을 것 같아. ○○도 친구가 블록을 빼앗으면 기분이 좋지 않겠지?
유아: 응.
엄마: 엄마는 항상 ○○를 사랑해. 우리 다음부터는 친구의 블록을 뺏지 말고 갖고 싶으면 '빌려줄래?' 이렇게 물어보자.
유아: 네. 엄마.

② 선택권을 제공하는 태도

엄마: ○○야, 간식 먹자. 주스 마실까? 우유 마실까?
유아: 주스.
엄마: 그래, 식탁에 있어. 가져와서 마시자.
유아: 네.

엄마: ○○야, 어떤 신발 신고 어린이집에 갈까?
유아: 음… 구두.
엄마: 그렇구나. 그런데 엄마 생각에는 운동화가 어린이집에서 놀 때 편할 것 같은데?
유아: 음… 싫어. **이도 구두 신고 왔단 말이야.
엄마: 아~ 그런 일이 있었구나.
알겠어. 그럼, 구두 신고 가자.
유아: 네. 엄마.

(반드시 운동화를 신어야 하는 데 구두를 고집하는 경우)

엄마: ㅇㅇ야, 운동화 신고 어린이집에 가자.

유아: 음… 왜요? 싫어요. 나는 구두 신을 거예요.

엄마: 그렇구나. 그런데 오늘 어린이집에서 바깥놀이를 가서 운동화 신고 오라고 하셨어.

유아: 싫어요. 난 구두!

엄마: 그렇구나. 구두가 신고 싶었구나. 그런데 왜 구두를 신고 싶어?

유아: **도 구두 신고 온단 말이야.

엄마: 아~ **도 구두를 신고 온다는 말이구나. 그런데 오늘은 선생님이 모두 운동화를 신고 오라고 하셨기 때문에 **도 운동화를 신고 올 거야.

유아: 아니야. 구두 신고 올 거야!

엄마: 그럼, ㅇㅇ야. 구두를 신고 가되 운동화를 가방에 넣어서 가면 어떨까?

유아: 음… 알겠어요.

엄마: 그래, 구두를 좋아하니까 신고 가고 대신 운동화는 가방에 넣자.

유아: 네. 엄마.

32 항상 음성이 쉬어 있는 (영)유아

사 례

유아는 남자 아이로서 항상 역동적인 놀이를 좋아한다. 특히, 친구들과 몸싸움 혹은 바깥놀이에서의 정글짐을 좋아하는데 기분이 좋으면 항상 큰 소리로 놀이를 한다. 그래서 늘 목소리가 쉬어 있어 주변에서 소리 지르고 놀지 말라는 주의를 듣기도 하고 또래친구들은, 목이 쉬어서 발음이 불분명하여, 무슨 말을 하는지 모르겠다고 한다. 그리고 때로는 OO의 쉰 목소리를 놀리고 흉내까지 내는 등 관계에 불편함이 있다. 유아의 엄마는 신나서 놀이하는 데 소리를 지르지 말라고 하기도 어렵고 친구들이 계속 놀리면 결국 아이들 앞에서 울게 되는 자녀를 보며 고민이다.

유아: (소리 지르며) 야~ 내 거야.

교사: ㅇㅇ야, 소리 지르면 목 아파.

유아: (크고 쉰 목소리로) 싫어요. 신난다 말이에요.

참고하세요!

UCLA 심리학과 교수인 Albert Mehrabian에 따르면, 소통의 중요한 요소로 말의 내용은 단지 7%만 영향을 주며 표정, 제스처, 태도, 시선, 복장 등이 55% 그리고 음성, 톤, 발음 등 청각적 요소가 38%로 어떤 말을 하는지 그 내용 자체보다 비언어적 요소들이 소통에 중요한 요소임을 밝힌 바 있다(https://www.bl.uk/people/albert-mehrabian.). 그 만큼 음성은 의사소통에 매우 중요한 요소이다. 그러므로 음성이 의사소통에 지장을 초래할 만큼 문제가 있다면 이를 '음성장애'라고 하는데 대체로 음도(성별에 따른 소리의 높 낮이 문제), 크기(상황에 따른 크기 문제), 음질문제(음성 오용(misuse) 혹은 남용(abuse), 비음, 거친 소리, 쉰 소리)가 있다. 다음은 음성장애로 주의를 요하는 경우이다(Colton et al., 2006).

- 쉰 목소리
- 숨이 새는 듯한 기식상태
- 노래를 부를 경우, 높은 음이 올라가지 않아 발성 폭이 감소됨
- 소리가 나지 않는 실성 상태
- 높은 음에서 이상한 소리가 나거나 높낮이 이탈이 있음
- 성별에 맞지 않은 음역을 보임(남성/남아의 경우 지나친 고음 혹은 여성/여아의 경우 지나친 저음)
- 목소리에 떨림이 있음
- 쥐어짜는 소리

원 인

기질 문제인 경우

성대, 호흡기관 등 구조적 문제 및 기질병변이 목소리에 문제를 생기게 하는 경우이다. 정상적인 음성이 산출되려면 성대 진동이 정상범위에 있어야 하는데 진동을 위해서는 성대가 닫혀 있어야 하는 것이 중요하다. 만일 성대가 제대로 닫혀 있지 않으면 성대진동이 정상적으로 이루어질 수 없다. 그래서 목소리가 제대로 나려면 닫힌 문이 열리고 닫히는 작업이 정상적으로 이루어져야 하는데 성대 문을 열기 위해서는 성대 밑에서 올라오는 공기에 의한 압력, 즉, 성문 하 압력이 성대를 떼어 놓을 수 있을 만큼 커야 한다. 즉, 성문 하 압력이 충분히 커지면 붙어 있던 성대근육이 떨어져서 열리고 공기는 성대 사이의 좁은 공간 즉, 성문을 지나 빠른 속도로 올라가서 소리가 나오는 것이다(심현섭 외, 2010). 특히, 성대진동이 성문의

열리고 닫히는 반복적인 과정이라고 볼 때, 성대가 1초 동안 열림-닫힘을 반복하는 횟수를 '음성 기본 주파수'라고 하는데 성대의 길이와 무게의 변화에 따라 소리의 음도가 달라진다. 예를 들면, 성인의 경우 여성(250회/1초)은 남성에 비해 성대가 짧고 가늘어서 진동횟수가 남성의 2배 정도이다(심현섭 외, 2010). 이때 성대에 외상, 염증, 신경마비 등 문제가 생기면 목소리에 문제가 생긴다.

기능문제인 경우

기능문제는 정신적 스트레스, 고집이 세서 자신의 요구를 수락해 주지 않으면 지속적으로 울음을 우는 영유아, 놀이터에서 소리를 지르며 놀이를 하거나 운동경기 응원 등 음성을 남용하거나 오용하는 경우이다(장희정, 2016).

참고하세요!

영유아기 아동의 음성문제는 수술보다 음성치료를 주로 권하는데 음성 사용 시 주의할 점을 제공하고 이를 지키도록 한다. 그러나 어린 연령일수록 주의사항을 지키기 힘들기 때문에 치료를 받고 있음에도 불구하고 눈에 띄는 효과를 보기 어렵고 주의할 사안을 가정에서 일반화시키기도 쉽지 않다. 따라서 해당 영유아의 부모를 비롯하여 주변 어른들의 도움을 통해 평소에 목소리가 잘 관리될 수 있도록 해야 한다(장희정, 2016).

솔루션

(1) 전문기관 방문

음성문제는 음성클리닉, 이비인후과 등 전문기관에서 정밀한 검사를 통해 치료가 가능하므로 체계적인 치료를 받도록 한다.

(2) 일상생활 주의법

평소에 성대를 편하게 사용할 수 있는 방법들은 아래와 같다(장희정, 2016). 그러나 언어습득이 아직 이루어지지 않은 영유아들은 바르게 성대를 사용하는 그림, 사진 등을 활용하거나 신호가 될 만한 체어(예: 엄지손가락을 아래로 내리면 소리를 작게 내라는 뜻 등)를 활용해서 음성 조절이 가능하도록 지도한다.

- 큰 소리 내지 않기
- 소리 지르지 않기
- 공기 나쁜 곳에 가지 않기
- 가급적 노래 부르지 않기
- 목청 가다듬는 행동
- 기침 살살하기
- 무거운 물건 들거나 밀지 않기
- 속삭이며 말하지 않기
- 탄산음료 마시지 않기(우유 등의 유제품은 가래를 유발하므로 생수 혹은 보리차 마심)
- 가습기 사용하기
- 충분한 양의 물 마시기

33 또래에 비해 글자 및 그림책에 관심이 적은 (영)유아

사 례

유아는 또래와 비교할 때 글자에 관심이 적어 읽고 쓰는 문해 습득에 문제가 되지 않을지 부모가 고민이다. 특히, 유아들이 좋아하는 그림책도 흥미가 없어 인지발달에 어려움이 생길 것 같아서 부모는 그림책 및 글자에 관심을 갖도록 하고 싶다.

교사: 자, 우리 모두 그림책 읽고 낮잠 잘까?
유아: 저는 싫어요.
교사: 왜?
유아: 몰라요. 그냥요. 싫어요.

원 인

제한된 문해 환경을 경험한 경우

그림책, 글자들을 접한 기회가 적은 경우이다. 이는 부모 자체가 글자를 읽는 능력인 재인능력에 어려움이 있거나 지적 장애가 있는 경우 자녀들에게 다양한 그림책을 제공하여 읽어 주기 어렵다. 혹은 글자에 관심을 가지는 때에 이를 부모가 발견하지 못하여 글자 쓰기 및 읽기 그리고 그림책 등을 활용해서 지도하는 양육법에 대해 알지 못하는 경우이다.

심리적 환경문제의 경우

영유아에게 그림책을 읽어 주되 해당 영유아의 흥미와 발달 수준을 고려하지 않고 기계적으로 읽어 주거나 강압적인 읽기만을 주장하여 학습과 같은 분위기를 지속적으로 제공한 경우이다. 이는 책 읽기 자체에 흥미를 갖지 못하게 한다. 또한 한글교육을 시킨다는 목적으로 연령에 비해 높은 수준의 그림책들을 제공하면 영유아는 문해 효능감이 낮아져서 더 이상 글을 읽거나 쓰려고 하지 않는다.

솔루션

(1) 그림책, 글자 흥미도 높이기

1-1) 다양한 종류의 그림책 경험하기

팝업북, 촉감북, 플랩북, 페이퍼북, 하드커버북, 소리 나는 책, 글자 없이 그림으로만 이루어진 책, 다양한 모양과 크기의 책 등 여러 종류의 그림책을 즐거운 방식으로 경험하게 한다. 즉, 그림책을 머리에 올리는 놀이, 도미노처럼 바닥에 두기, 병풍 책으로 집 만들기 등 단순히 읽는 용도만이 아니라 놀잇감으로 다양하게 활용한다.

교사: ㅇㅇ야, 여기 큰 동시집이 있네. 우리 이 책으로 동물 우리를 만들어서 동물 인형을 넣어 볼까?
유아: 네. 재밌을 것 같아요.
교사: 그렇지? 자, 이렇게 같이 해 보자. 다 만들었네! 그림책 우리의 동물들에게 재미있는 그림책을 골라 주어 볼까? 냠냠냠 먹으라고 말이야.
유아: 냠냠냠 먹으라고요? 하하하 웃겨요.
교사: 그렇구나.
유아: 음… 저는 돼지에게는 이 동시집을 주고 소에게는 저 동시집을 줄래요.
교사: 그래, 그럼, 돼지에게 준 동시집 안에 그림을 돼지에게 보여 주자.
유아: 좋아요. 돼지야. 잘 봐~ 병아리 그림이야.
교사: 이번에는 선생님이 돼지에게 동시를 읽어 줄까?
유아: 네. 선생님.
교사: 돼지가 혼자는 심심할 테니 ㅇㅇ도 같이 앉아서 들어줄래?
유아: 네 그럴게요.

1-2) 연령에 적합한 흥미로운 그림책 경험하기

연령에 적합한 그림책이란 발달 수준에 적합한 그림책을 선택하는 것이다. 다음 〈표 24〉는 연령단계에 알맞은 그림책 선정방법이니 참고하길 바란다.

〈표 24〉 연령에 적합한 그림책 선정방법

단계	선정방법
영아기	영아기는 감각운동기(피아제), 구강기(프로이트)로서 오감 자극 및 움직임을 기초로 발달한다. 또한 입에 무언가를 자꾸 넣고자 하는 속성을 갖고 있어서 그림책도 다음과 같은 기준에 의해 선택하는 것이 좋다. ① 오감자극 그림책 소리 나는 그림책, 촉감을 느끼며 읽을 수 있는 그림책, 소근육 활동인 손을 움직이며 읽는 그림책(예: 그림책 안에 신발끈을 묶는 활동, 지퍼를 올리는 활동 등)과 어휘 습득시기이므로 청각적 유희를 경험할 수 있는 어휘 즉, 의성어, 의태어 등 다양한 소리자극어 그림책이 바람직하다. ② 크기가 큰 그림책 크기가 큰 그림책은 읽기자료로 사용될 뿐만 아니라 놀잇감으로도 활용될 수 있어 그림책에 대한 흥미를 높이고 책 읽기 활동이 즐거운 시간임을 인식하게 할 수 있다. ③ 입에 넣어도 되는 다양한 재질의 그림책 구강기 특성에 따라, 세탁이 가능하여 입에 넣어도 문제가 되지 않는 다양한 재질의 그림책이 좋다.

단계	선정방법
유아기	유아기는 전조작기(피아제), 자율성, 주도성(에릭슨), 항문기, 남근기(프로이트) 시기로서 자기중심적 도식을 갖고 있으며 자아(ego) 형성과 더불어 기본 생활습관이 만들어지기 시작하면서 적응적인 인간이 되어 가는 시기이다. ① 자조적(self-help) 기본생활습관 형성을 돕는 그림책 식사, 대소변, 수면, 정리정돈 등 기본생활 습관을 돕는 그림책을 읽어 일상에 잘 적응하도록 한다. ② 조망수용능력 향상을 돕는 그림책 자기중심적 사고를 하기 때문에 타인에 대한 이해 및 공감 능력을 기를 수 있는 조망수용능력 향상에 관련된 그림책이 적합하다. 특히, 그림책의 주인공이 3~5세 연령과 유사하면 감정이입이 보다 용이하므로 주인공 특징을 고려하여 책을 선정한다. ③ 분명한 색과 예측 가능한 스토리 유아기는 아직 미취학이라는 점에서 그림의 색이 분명하고 명확하여 그림만을 보고도 스토리를 예측할 수 있는 그림책이 바람직하다.

교사: ㅇㅇ야. 안녕? 우와~ 여기를 누르니까 소리가 나는구나. 재미있네. 같이 눌러 볼까?
영아, 교사: (함께 누름)
교사: 멍멍멍 소리가 나네.
영아: 멍멍멍.

1-3) 친구와 함께 읽기

그림책 읽기를 싫어하는 영유아는 친구와 함께 그림책을 읽어서 놀이와 같은 형태로 친숙성을 줄 수 있다. 아래 예시와 같이 그림책을 단짝 친구와 번갈아 반응할 수 있도록 놀이 형태로 제공한다.

교사: ㅇㅇ야, 재미있는 그림책이 있네. 선생님과 같이 볼까?
유아: 아니요. 싫어요. 블록놀이 할 거예요.
교사: 그래? 그럼, **랑 같이 보면 어때?
유아: 음…
교사: **랑 같이 보면서 강아지가 멍멍멍 하는 소리에서는 ㅇㅇ가 따라 하고 고양이가 야옹 하는 소리에서는 친구가 따라 해 보면 어떨까?
유아: 좋아요. **야. 이리 와 봐.
교사: 옛날 옛적 명석이네 집에서는 강아지를 키워요. 멍멍멍.
유아: 멍멍멍.
교사: 명석이네 집에 옆집 고양이가 놀러 왔어요. 야옹.

**친구: 야옹.
교사: 멍멍이가 멍멍멍 ~
유아: 멍멍멍.
교사: 야옹이가 야옹~
**친구: 야옹.
유아: 하하 재밌다.
교사: 멍멍이와~
유아: 멍멍멍~
교사: 야옹이는~
**친구: 야옹 ~
교사: 공을 갖고 재미있게 놀았어요.

1-4) 능동적 참여방식으로 읽기

그림책에 흥미가 적은 영유아는 그림책 읽기 활동에 적극적으로 참여할 수 있는 동기 부여가 필요하다. 그림책 활동에 능동적으로 참여하게 하는 방법으로 영유아 스스로 선호하는 그림책 주제를 선택하게 하거나 그림책 내용 안에서 자신이 좋아하는 장면이나 등장인물들을 선택해서 그 인물을 흉내 내어 보거나 책장을 직접 넘기는 활동 등 즐겁게 참여할 수 있는 여건을 마련한다.

교사: ㅇㅇ야. 선생님이랑 『동이가 빵빵』 그림책을 읽을까?
유아: 싫어요. 난 책 안 읽어요. 재미없어요.
교사: 그래? 그럼, ㅇㅇ가 골라줄래?
유아: 읽기 싫은데요.
교사: 음… 그럼, 어떡하지?
유아: 왜요?
교사: 4살 동생에게 읽어 주어야 하는데 어떤 그림책이 좋을지 잘 모르겠어요.
유아: 4살이요?
교사: 그래, 4살인데 ㅇㅇ랑 비슷하게 생겼거든. 그래서 선생님은 ㅇㅇ가 마음에 드는 그림책이면 4살 동생도 좋아할 것 같아서.
유아: 음… 그래요? 그럼, 제가 골라 볼게요. 이거요. 이게 재미있을 것 같아요.
교사: 그래?
유아: 네.

교사: 그럼, 우리 같이 한번 읽어 볼까? 4살 동생에게 재밌는 이야기일지 아닐지.
유아: 네, 좋아요!

교사: ㅇㅇ야. 선생님이랑 그림책 읽을까?
유아: 싫어요. 난 책 싫어해요.
교사: 그렇구나. 그럼, 선생님이 궁금한 게 있는데 말해 줄래?
유아: 뭔데요?
교사: 여기 그림책에 나비가 울고 있어. 왜 우는지 궁금해서.
유아: 왜 우는지요?
교사: 그래.
유아: 음… 그럼, 나비를 보여 주세요.
교사: (그림책 안의 나비를 보여 주며) 이 나비야. 왜 울까?
유아: 앞장을 봐야죠. 아~ 엄마를 보고 싶어 하는 것 같아요.
교사: 그렇구나. 그럼, 이 나비에게 뭐라고 말해줄까?
유아: 나비야. 울지 마. 조금 있으면 엄마가 올 거야.
교사: 그래? 그럼, 이 책에서는 뭐라고 했는지 살펴볼까?
유아: 좋아요!

1-5) 그림책의 글자 및 스토리를 일상생활에 접목하기

영유아와의 그림책 읽기 활동은 가정과 교육기관의 책상에서 일정 시간을 정해 항상 착석으로만 가능한 것이 아니라 하루 일과 안에서 언제든지 창의적인 아이디어를 갖고 그림책 상호작용을 할 수 있다. 또한 그림책에서 읽었던 내용, 글자를 일상생활에 접목해서 역동적 관계를 맺을 수 있다.

교사: ㅇㅇ야, 그림책에서 본 '동'자랑 같은 글자가 매표소에 씌어 있네.
유아: 맞아요. '동'자예요. 똑같아요.
교사: 우리 또 '동'자가 더 있는지 찾아 볼까?
유아: 저기, 저기 있어요. '동'물원.
교사: 그러네. 동물원에 '동'자가 또 씌어 있네.
유아: 또 찾아 볼래요. 재밌어요.
교사: 그럴까? 한번 같이 찾아보자.
유아: 네.

유아: 어? 저기 '주차금지'라고 씌어 있어요.

교사: 그러네. '주차금지'라고 씌어 있구나.

유아: 아까 본 그림책에 차를 아무 데나 주차하면 안 되는데 로코코가 아무 데나 주차해서 크리스 아저씨가 화를 냈잖아요.

교사: 맞아. 로코코에게 크리스 아저씨가 벌점을 뗀다고 했지.

유아: 네, 맞아요. 크리스 아저씨가 화가 많이 나서 머리카락이 다 위로 올라갔었어요. 히히.

교사: 맞아. 그런 내용이 있었지. 우리 ○○는 그림책 내용을 잘 기억하는구나.

유아: 헤헤. 네. 고맙습니다!

참고하세요!

가정에서 이루어지는 문학교육의 유익에 대해 『라브리의 가정교육(1990)』의 저자 매콜리(Macaulay)는 다음과 같이 말하고 있습니다(현은자 외, 2016).

아이들은 실제 생활에서 이미 죄와 실패, 잔인함 그리고 문제점들을 충분하리만큼 가지고 있습니다. 아이에게 '좋은 책들'로 문학의 양식을 먹인다면, 아이는 온갖 종류의 삶들과 함께 '동감'하는 것을 배우게 됩니다. 그는 자신이 옳다고 생각하는 바탕 위에서 일들을 생각하고 판단하게 될 것입니다. 문학이라는 형태에 의해서 제약을 받기는 하지만, 그는 죄와 낙망, 비극, 좌절 등의 다양한 경험들에 대해서 읽을 수 있게 됩니다. 우리가 분명히 최상의 문학 작품을 고르기 시작한다면, 아이로 하여금 우수하고 정말로 '좋은' 것을 사랑하도록 해 주게 될 것입니다. 아이는 책을 계속 읽어 나가면서 서로 토론해 볼 필요가 있는 괴로운 사건들이나 이야기들이 있다는 것을 발견할 것입니다. 문학은 아이들이 훗날 어른이 되어서 살아 보기 전에 인생이 어떠한 것인지를 미리 생각할 수 있도록 도와줍니다(pp. 179-180).

34 징징거리며 말하는 (영)유아

사 례

유아는 언어로 자신의 의사를 표현할 수 있는 유아기임에도 불구하고 징징거리는 울음으로 의사소통을 해서 고민이다. 뿐만 아니라, 때로는 감기에 걸린 것도 아니고 울고 있는 상태도 아닌데 징징거리는 과비음을 내기 때문에 주변에서 불편해한다. 또래 친구들은 아기 같다며 놀리기도 하고 보육교사들은 항상 감기에 걸린 것 아닌지 의심하게 되는 상황이다.

유아: (우는소리로) 이~겅~ 이~겅~
교사: 우는소리로 말하니까 무슨 얘기인지 잘 모르겠는데. 어떤 것?
유아: (우는소리로) 이~겅~ 이~겅~

원 인

또래에 비해 의사소통 지연인 경우

아동의 언어발달단계는 울음에서 시작한다. 즉, 영아 초기를 '전 언어기'라 하며 이 단계에서는 울음, 쿠잉, 옹알이, 자기 소리/타인 소리 모방, 몸짓 등으로 언어 이전 단계를 거친다. 그러므로 실제 연령은 유아기라 할지라도 의사소통 능력이 지연되어 있다면 '전 언어기'에 속하기 때문에 말보다 울음이 보다 편안한 의사소통 방식이 될 수 있다.

정서 문제가 있는 경우

영유아들은 다양하고 많은 욕구가 있으며 이를 어떤 방법으로든 표출하고자 한다. 그러나 의사소통 능력이 완성되지 않은 상태에서 욕구를 표현하는 방법은 사회적으로 용납되기 어려운 방법들이 대부분이다. 예를 들면, 화가 나면 물건을 던지거나 친구를 물거나 아니면 소리를 지르는 외적 공격 등이다. 그러나 외부 지향적 영유아가 아니라면 다소 소심한 방법으로 본인의 욕구를 표현하는 데 예를 들면, 징징거리는 울음을 통해 욕구를 관철시키는 것이다. 뿐만 아니라, 동생 출생, 잦은 부모님의 다툼, 이사 등으로 교육기관의 잦은 이동은 스트레스로 인해 징징거리는 방법으로 표출할 수 있다.

양육태도에 문제가 있는 경우

영유아의 징징거리는 말투에 대해 교사 및 부모가 수긍과 거절을 비일관적으로 반복하거나 특별한 문제의식을 갖지 않고 수용한다면 징징거리는 표현은 강화(reinforcement)될 수밖에 없다. 강화란 정적 강화와 부적 강화로 이루어져 있는데 정적 강화는 무언가를 주어서 행동을 증가시키는 것이고 부적 강화는 무엇인가를 빼앗아서 행동을 증가시키는 경우이다. 영유아가 징징거리는 모습에 대해 이를 성인이 용납한다면 '용납'이라는 '수긍'이 영유아에게는 괜찮다는 암묵적 훈육이 되기 때문에 징징 소리를 증가시키는 정적 강화가 된다. 특히, 맞벌이 부부로 인해 주 양육자가 자주 바뀌게 되는 경우 양육자의 양육방식에 따라 징징거림이 보다 강력한 강화가 될 수 있다. 이는 영유아 시기의 가장 중요한 양육의 핵심이 '예측 가능성(predictability)'이라는 특성 때문인데 한 아이에게 다양한 방식으로 양육하는 주 양육자들이 많다면 영유아들은 예측하지 못하는 시간에 생각하지 못하는 방식으로 성인과 상호작용하게 되어 다양한 양육자들에게 적응하기 위해 자신의 태도를 조율해야 하는데 연령이 어릴수록 조율하지 못한다. 따라서 징징거리는 자신에게 가장 편한 방식을 모든 양육자들에게 사용하는 것이며 이는 욕구 호소 및 관철 표현에 해당한다. 뿐만 아니라, 영유아 울음에 대해 성인들이 울음이 아닌 사회적으로 용납되는 언어(예: 징징징 → 주스 주세요)로 알려 주어야 하는데 이러한 방법을 사용하지 않는다면 징징거리는 문제는 보다 더 빈번해질 것이다.

구강구조에 문제가 있는 경우

징징거리는 울음의 표현이 간혹 구강구조상의 문제로 발생하는 경우가 있다. 징징거린다는 것은 과비음(hyper-nasality) 즉, 과한 콧소리를 말하는 것인데 비음(/ㅁㄴㅇ/)은 비강(nasal cavity)으로 공기가 들어가서 산출되는 소리이다. 그런데 입천장에 구멍이 있다면 혹은 구개수의 기능이 원활하지 못하면 구강(oral cavity)이 아닌 비강으로 공기가 세어나가게 되어 과한 콧소리가 생성되는 것이다. 이를 구개파열이라고 한다.

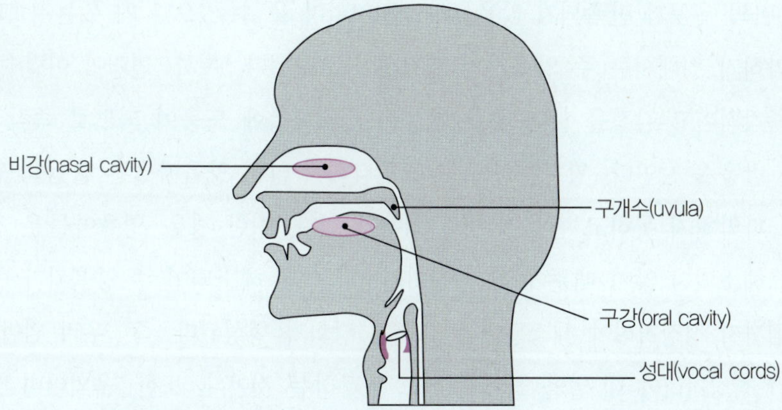

출처: https://www.bing.com/images/search

솔루션

(1) 의사소통 지도 촉진

또래에 비해 언어능력이 부족하여 울음으로 의사소통한다는 것은 언어기로의 전이가 아직 이루어지지 않은 단계이다. 이는 어휘습득, 기본적인 의사소통 기능(요구하기, 대답하기, 저항하기, 인사하기 등) 습득 등 기본적인 언어능력이 촉진되도록 지도해야 한다. 특히, 목표언어는 연령적합성, 관심주제 선정 등 동기 부여가 보다 잘 이루어질 수 있도록 정해야 한다.

기본적인 의사소통 기증 중 '요구하기' 가르치기

유아: (울기) 잉잉잉
교사: ㅇㅇ야, 왜 울어?
유아: 잉잉잉
교사: (친구가 블록을 가져가서 우는 것을 보고는) 아~ 친구가 블록을 가져가서 울었구나. 친구에게 "내 거야. 줘."라고 말해.
유아: 내 거야. 줘.
교사: 그렇지. 울지 말고 그렇게 말하는 거야.

(2) 양육방법 바꾸기

2-1) 양육자의 반응법 지도하기

영유아의 욕구가 만족되지 않을 때, 징징거리며 울 수 있으나 왜 우는지 그 원인을 파악하기 위해서는 주 양육자의 민감성이 요구된다. 특히, 연령이 어릴수록 요구에 즉각적이고 감정을 읽어 주는 반응은 정서회복에 도움이 되므로 즉각적이며 민감한 반응을 보인다. 영유아의 요구에 민감하지 않은 양육자들은 울음의 원인을 제대로 파악하지 못하고 반응이 느린 경우가 있다. 이런 경우, 영유아들은 자신의 욕구가 해소되지 않기 때문에 더 징징거리거나 늦게 해소되어 주 양육자가 반응하는 시점까지 징징거려야 해소된다는 그릇된 강화가 형성된다. 즉, '우리 엄마는 오랜 시간 징징거려야 내 말을 들어준다.'고 생각하는 것이다. 또한 "울먹이며 말하지 마라."라는 언어적 지침보다 징징거리지 않고 말을 하는 경우 칭찬해 주는 방법도 효과적이다.

① 요구 응수

영아: (우는소리로) 내 블록 ~ 내 블록 ~
교사: 블록을 친구가 가져갔구나, 맞니?
영아: (우는소리로) 잉~ 잉~ 잉~
교사: (안아 주며) 정말 속상하겠다.
(블록 가져 간 친구에게) ○○야, 그 블록 ○○거래. 돌려줄래?
** 친구: (블록 주기) 싫어요.
교사: ○○야, **에게 '줘.'라고 말해.
영아: 줘.
교사: 그렇지. **야. ○○에게 블록 줘.
영아: 줘.
** 친구: 여기 있어.

② 바른 말투에 칭찬하기

유아: ○○야, 내 거 줘.
교사: 와~ "내 거 줘."라고 말했네. 정말 잘했다. 선생님은 ○○가 자랑스러운데. 큰 언니 같아.

③ 언어로 전환해 주기

유아: (울기) 잉잉잉

교사: ㅇㅇ야, 왜 울어?

유아: 잉잉잉.

교사: (유아가 떨어진 사탕을 보며 울고 있는 것을 보고는) 아~ 사탕이 떨어져서 울었구나.

유아: 사탕 잉잉잉.

교사: ㅇㅇ야, 이럴 때는 '사탕 먹고 싶어요.'라고 말하는 거야.

유아: 사탕 먹고 싶어요.

교사: 그래, 사탕이 더 있는지 찾아 볼게.

유아: 네.

참고하세요!

영유아는 아직 발달기라는 점에서 징징거리는 떼쟁이 모습을 보일 수 있다. 이는 자연스러운 발달상의 모습이기도 하다. 또한 자기 자신의 감정에 직면하는 모습이기도 하며 양육자가 이와 같은 감정을 충분히 받아 줄 때보다 높은 정서적 성장을 이루기도 한다. 그러므로 징징거리는 표현법을 가진 영유아에 대해 문제로 삼을 수준인지 수긍해도 되는 정도인지를 파악한 후 해야 할 것이다.

2-2) 환경 재구조화(restructuring) 하기

영유아가 어떤 상황에서 징징거리는지 파악하여 이와 같은 일이 발생하지 않도록 하는 방법이다. 이를 '환경의 재구조화'라고 하는데 영유아에게 욕구 좌절 및 징징거릴 수 있는 상황을 적게 만들어 영유아 스스로가 '나는 징징거리는 사람이 아니다.'라는 긍정적인 자아상을 갖게 하는 데 목적이 있다. 예를 들면, 블록을 혼자서만 사용하고 싶은 유아라면 가정에서 동생 것과 유아 것 각각 한 세트씩 준비해 주는 방법이다. 또한 어둑해지는 저녁시간에 엄마가 보육기관에 오지 않아서 징징거리는 영아라면 엄마가 시계 바늘이 어느 숫자까지 되면 데리러 온다는 약속을 분명하게 하고 그 시간을 정확하게 지켜 주는 방식으로 징징거리는 빈도를 낮춘다.

2-3) 안정된 일상을 제공하기

영유아들은 기질에 따라 조금씩 다를 수 있으나 대부분 환경에 영향을 많이 받는다. 동생 출생, 잦은 이사 및 부부불화 등 일상에서 경험되는 생활사건 스트레스는 영유아로 하여금 징징거리며 자신의 불쾌감을 통제하고자 한다. 특히, 혼잣말로 자신의 정서를 통제하는 행동(예: 엄마 보고 싶어도 참을 거야)을 사회문화 발달심리학자인 비고츠키는 성숙한 언어형태로 보았다. 그러나 동일한 혼잣말에 대해 인지 발달심리학자인 피아제는 타인을 고려하지 않고 산출한 발화라는 점에서 매우 미성숙한 단계의 표현이라는 다른 의견을 내놓았다. 두 학자들의 의견에 대해 어떤 의견이 보다 정답인지를 논의하고자 함이 아니라 혼잣말은 자신의 감정을 통제하든 타인을 의식하지 않는 미성숙한 발화이든 영유아들에게 언어는 자신의 감정을 표출하는 도구라고 볼 수 있다. 그러므로 징징거리는 횟수가 많고 교육기관, 가정, 친구네 집 등 일관되게 징징거리는 표현을 사용하는 영유아라면 놀이치료, 가족치료 등 전문가의 도움을 고려하여 안정된 일상을 제공한다.

(3) 이비인후과, 언어 재활사 등 구강구조 전문가 만나기

징징거리는 콧소리가 입천장, 구개수 등 구강구조의 구조적 문제로 인한 과비음이라면 관련 전문가에게 의뢰하여 정밀한 검사를 통해 그 결과에 따라 수술 혹은 언어 재활서비스를 받도록 한다.

35 또래에 비해 쓰기 도구에 관심이 적거나 사용이 미숙한 (영)유아

사 례

○○는 또래에 비해 색연필, 크레파스 등 쓰기 도구 사용에 흥미가 없어 끼적이는 활동을 적게 하거나 사용한다고 해도 자연스럽게 손에 쥐고 그리지를 못해 부모가 고민이다.

교사: ○○야. 우리 얼굴 그리기 할까?
유아: 얼굴이요?
교사: 그래, ○○ 얼굴 그리면 어때?
유아: 음… (색연필을 보고) 싫어요. 그리는 것 재미없어요.

원 인

부적절한 쓰기 도구 경험을 한 경우

연령에 적합한 쓰기 도구를 사용해 본 경험이 적거나 이와 관련하여 부정적인 양육을 받은 경우이다. 주 양육자가 영유아의 끼적이기 활동을 가치 없는 것으로 여겨서 부정적인 표현(예: "이게 뭐니?", "어지럽히지 마라.")을 했거나 아이가 보는 앞에서 끼적인 것을 쓰레기통에 버리는 등 쓰기 도구를 사용한 활동들을 무가치하게 여기면 영유아는 흥미를 잃게 된다. 뿐만 아니라, 연령에 적합하지 않은 도구를 제시하여 무리하게 완성된 작품을 만들도록 요구하는 양육방법도 쓰기 도구에 대해 더 이상 관심을 갖지 못하게 한다.

오른손잡이를 선호하는 문화의 경우

오른손잡이를 선호하는 문화권에 속한 영유아가 만약 왼손잡이라면 왼손으로 하는 끼적이기 활동이 주변 사람들에게 긍정적인 반응을 받지 못할 수 있다. 예를 들면, 끼적이기 활동을 하는 영유아를 보고 '어머, 왼손잡이구나!, 어? 왼손으로 쓰는구나! 이러면 커서 불편할 텐데…' 등의 반응을 했을 수 있다. 또한 부모가 오른손잡이가 주류문화라는 가치관이 강해서 무리하게 영유아를 오른손잡이로 바꾸고자 반복적이고 강압적으로 훈련시키면 스트레스로 인해 쓰기 도구 사용 자체를 거부할 수 있다.

소근육 문제아동 경우

선천적으로 소근육이 약해서 손으로 하는 활동을 부담스러워하는 영유아는 쓰기 도구로 활동하는 일에 반감을 가질 수 있다. 소근육이 약한 영유아들의 경우, 콩알을 손바닥에 두고 만지는 활동, 두부 혹은 플레이 도우 안에 콩이나 구슬을 넣고 꺼내는 활동 등 손으로 하는 활동을 꾸준히 하는 것이 좋다. 만약 전문가의 도움이 필요한 경우라면 (물리)재활서비스, 감각 통합 등 치료기관 내원을 고려한다.

까다로운 혹은 느린 기질인 경우

까다롭거나 느린 기질의 영유아는 선천적으로 새로운 자극에 대한 거부감이 순한 기질의 영유아보다 크다. 이에 손에 무언가 자극이 닿는 것을 극도로 싫어하거나 자극이 편안해질 때까지 시간이 오래 걸리기도 한다. 발에 흙이 묻는 것, 미끄럼틀에 올라가서 내려오는 것, 오랜만에 방문한 친척집, 마트나 친구 집 등 익숙하지 않은 환경에 대해서도 거부한다. 그러므로 기질적 문제라면 여유를 갖고 체계적으로 지도해야 한다.

솔루션

(1) 연령에 적합한 풍성한 쓰기 도구 사용해 보기

가정에서 자유롭게 쓰기 활동을 할 수 있는 공간을 마련하여 연령에 적합하고 다양한 도구들을 비치한다. 예를 들면, 큰 종이를 벽에 붙이거나 바닥에 깔아서 언제든지 색연필, 크레파스, 물감, 나무젓가락, 빨대, 이젤 등 다양하게 그리기와 쓰기가 가능하도록 한다. 뿐만 아니라, 쓰기 활동을 하도록 정해진 특정 공간에서는 어떤 종류의 끼적임도 긍정한다(hospitality). 끼적임이란 영유아들이 자신들의 발달 수준에 맞추어서 자유롭게 선을 그어도 보고 낙서하듯이 칠하는 활동이다. 그러므로 본 공간은 완성된 작품을 만들어야 하는 중압감이 부여된 장소가 아니며 누가 보아도 멋진 작품을 만들어야 하는 장소가 아니다. 자유롭게 자신만의 표현이 가능한 장소로 분위기를 만들어야 한다. 또한 쓰기 도구에 관심이 적었거나 소근육 발달이 약한 영유아들은 특히 쓰기 도구 선정 시 주의해야 하는데, 힘을 세게 주지 않아도 발색이 분명하게 나타날 수 있는 사인펜, 크레파스, 물감 등이 연필보다 더 좋다. 그래서 손에 힘을 주지 않아도 즐겁게 자신을 표현하고 가시적으로 쉽게 드러나게 한다.

교사: (끼적이는 공간에 있는 ㅇㅇ를 보고) ㅇㅇ야, 뭐하니?
유아: (사인펜으로 끼적인 종이를 숨기며) 아니에요.
교사: 선생님은 여기 그림 그리려고 왔는데…
유아: (무언)
교사: (유아를 의식하지 않는 듯이 혼자서 사인펜으로 그림을 그림)
유아: (교사를 쳐다보고 있음)
교사: (유아를 쳐다보고 웃으며) 선생님 그림 보고 싶니?
유아: 네.
교사: 선생님이 얼굴 그릴 건데 눈만 그려 줄래?
유아: 음…
교사: 만약, 하기 싫으면 하지 않아도 괜찮아.
유아: 음…
교사: (눈을 그린다) 누가 물감으로 귀를 좀 그려주면 좋겠는데…
유아: 제가 할게요.
교사: 그래?! 고마워. 그럼, 한쪽은 물감으로 한쪽은 사인펜으로 어떨까?
유아: 네?
교사: 그게 더 재미있을 것 같아서 말이야.
유아: 네. 히히.
교사: 고마워.

(2) 다양한 끼적이기 활동 경험 늘리기

2-1) 모양, 숫자, 글자 등 따라 그리기

교사: ㅇㅇ야, 『토끼와 거북이』 책에 있는 그림 중 어떤 모양이 제일 예뻐?
유아: 산이요.
교사: 그래? 그럼, 선생님이 투명지를 줄게. 위에 따라 그리기를 해 볼까?
유아: 싫어요.
교사: 그럼, 불을 끄고 투명지 위에 플래시를 비추어서 그려보면 어떨까?
유아: 그림자 놀이처럼요?
교사: 맞아, 재미있겠지?
유아: 네, 불 꺼주세요.
교사: (투명지를 덮고 플래시를 비춘다) 그래, 잘 봐.

유아: 우와~ 멋지다.
교사: 신기하지?! 한번 그려 보자.
유아: 네.

(3) 오른손잡이 선호관 직면하기

인간은 자신이 속한 사회에 주류(mainstream)가 되고자 한다. 그래서 대부분의 사람들이 동의하는 가치, 문화에 가능한 한 속하려고 한다. 그리고 주류문화에 속하지 않으면 틀리거나 열등하다는 생각이 강하다. 이런 의미에서 우리나라는 대부분 오른손잡이에 맞춰진 환경이며 오른손잡이자들이 주류인 경향이 있다. 그러나 왼손잡이가 잘못되었거나 틀린 것은 아니다. 그럼에도 불구하고 자녀가 왼손잡이이면 부모로서 신경이 쓰인다. 이럴 때, 신경이 쓰이는 진짜 이유가 무엇인지 생각해 보고 그 이유가 자녀를 위한 것인지 타인에 대한 부모의 의식인지 살펴보아야 한다. 많은 고심 끝에 그럼에도 불구하고 왼손잡이 자녀를 오른손잡이로 바꾸기로 결정했다면 쓰기 도구를 사용할 때 자녀의 심리적 중압감을 섬세하게 다루어 주어야 할 것이다.

(4) 소근육 문제 해결하기

4-1) 전문가(미술치료, 감각통합치료, 물리치료) 만나기

선천적으로 소근육 발달에 문제가 있는 영유아들은 다양한 쓰기 도구를 통한 끼적이기가 부담스럽다. 이에 소근육과 관련된 전문기관 즉, 미술치료, 감각통합치료, 물리치료실 등을 내원하여 전문가의 치료적 도움을 받는다. 뿐만 아니라, 가정에서도 소근육 발달을 촉진시킬 수 있는 다양한 활동(색종이 찢기, 플레이 도우, 구슬, 단추, 퍼즐 맞추기) 기회를 자주 제공한다.

(5) 기질 이해하기

5-1) 까다로운 기질, 느린 기질 적응시키기

까다롭거나 느린 기질의 영유아들은 손에 묻는 자극을 부담스러워한다. 이에 다양한 활동(예: 두부 으깨기, 작은 콩 발로 밟기, 플레이 도우 안에 콩 넣고 찾기, 밀가루 반죽 안에 구슬 넣고 찾기 등)들을 통해 감각신경의 예민도를 낮추는 활동을 연습한다.

교사: ㅇㅇ야, 선생님한테 색깔 찰흙으로 만든 만두가 있어.
유아: 정말요? 보여 주세요.
교사: 자, 여기.
유아: 우와, 정말 예뻐요.
교사: 그런데 이 만두 안에 반짝이는 구슬이 들어 있어. 찾아 볼래?
유아: 네. 재미있을 것 같아요.

36 대화가 안 되고 스마트폰 혹은 TV에서 본 문장을 따라 하듯 말하는 (영)유아

사 례

영유아들 중에 타인을 고려하지 않고 혼잣말을 하거나 스마트폰 혹은 TV에서 본 문장 중 일부를 암기하듯이 말하고 다른 사람의 질문에는 거의 대답을 하지 않는 경우가 있다. 혹은 답변이 매우 이상해서 화자(speaker)로 하여금 당황하게 하는 경우도 있다. 이럴 경우, 자폐스펙트럼장애(특히, 아스퍼거 증후군)일 수 있다. 이들은 또래친구에게 관심이 없어 혼자놀이를 즐기는 영유아처럼 보이고 운동발달이 지연되기도 하는데 언어발달은 크게 지연되어 보이지 않으나 주고받는 소통 즉, 화용 문제를 크게 보이며(장희정, 2016) 제한적이고 반복적인 사물 형태에 관심을 나타내서 융통성이 떨어져 사회적으로 고립되기 쉽다. 예를 들면, 과학지식, 숫자원리, 사회, 도덕성 측면에 지나치게 관심이 많은 반면 타인의 마음을 이해하고 읽어 내는 정서지능에는 어려움이 많다. 또한 은유, 속담 등을 이해하기 어렵고 주고받는 기술이 부족하여 혼자서 장황한 내용을 독점하듯이 말한다. 언어란 소통의 도구이지 혼자 자신의 의견을 피력하는 도구가 아니다. 그런 의미에서, 말을 하기는 하지만 진정한 의미의 대화를 하지 못하는 영유아들로서 부모들의 고민이 크다.

교사: ㅇㅇ야, 친구들과 보드게임하자.
유아: 나는 브레멘 음악대란 말이지.
교사: 어서 와.
유아: 넵!
교사: 누가 먼저 할까?
유아: 당나귀는 조심해야지.

교사: 자, 선생님이 접시를 가져오는 동안 여기 있는 피자는 그대로 두어야 되요. 선생님이 온 다음에 먹는 거예요.
유아들: 네.
**친구: 우리 선생님 오시기 전에 몰래 먹을까? 맛만 보자. 모르실 걸?
유아: 아니지! 선생님이 오시기 전에 먹는 것은 약속을 지키지 않는 것으로서 대한민국 국민으로서 그렇게 할 수 없다고 나는 생각한다는 말씀이지!

원 인

유전이 영향을 준 경우

아스퍼거 증후군은 후천이 아니라 가계에 영향을 받는다. 그러므로 집안에 아스퍼거 증후군을 가진 사람이 있을 경우 그렇지 않은 집안보다는 아스퍼거 질환을 앓을 확률이 높다.

신경학적 영향을 받은 경우

아스퍼거 증후군은 신체 움직임이 민활하지 못한 편인데 이는 대뇌 우반구 기능 이상, 도파민, 세로토닌 관련 신경화학계 이상 등 신경학적 문제가 원인인 것으로 학자들은 주장하고 있다.

출산 시 전후에 문제가 생긴 경우

출산 시 저산소증과 같은 문제와 출산 전, 후의 합병증이 아스퍼거 증후군을 발병하게 한다.

솔루션

(1) 전문기관 내원하기

아스퍼거 증후군은 후천적 환경이라기보다는 생물학적 속성에 큰 영향을 받는다. 따라서 전문기관을 방문하여 전문가들의 체계적인 치료를 받아야 한다. 그러나 가정 및 일반교육 기관에서 아스퍼거 증후군 영유아들의 언어능력을 보완할 수 있는 몇 가지 방법을 아래와 같이 소개하니 참고하길 바란다.

그림책으로 공감능력 향상시키기

아스퍼거 증후군 영유아들은 언어능력 자체보다 비언어적 능력 즉, 표정, 제스처 등을 조합하여 타인의 마음을 읽어 내는 공감능력 자체의 문제로 피아제가 주장하는 '조망수용능력'에 문제가 있다. 조망수용능력이란 인지발달 심리학자인 피아제가 세 산 실험을 통해 설명하고 있는데 만 2세에서 7세에 해당하는 전 조작기 유아들은 자기중심적 사고로 타인의 마음, 입장, 신념을 이해할 수 없다. 이는 이기적이라기보다는 타인의 입장을 인식하기 어려운 '중심화 현상(centrism)'을 의미한다. 즉, 한 차원밖에 볼 수 없는 것이다. 가족 간에 갈등이 생겼을 때, 아버지와 어머니의 입장 그리고 자녀의 입장은 각각 다르다. 자신의 위치에 따라 사건에 대한 해석이 다른 것이다. 이와 같은 다측면적인 요소를 파악할 수 있는 능력이 조망수용능력인데 영유아기는 불가능하다. 그러나 일정연령이 지나서도 타인의 마음을 읽지 못하고 타인의 질문에 엉뚱한 대답과 반응을 보이는 경우가 있는데, 이와 같은 아스퍼거 증후군 영유아들은 그림책을 통해 인간의 여러 역할과 마음을 간접적으로 경험하여 조망수용능력이 가능하도록 지도한다.

교사: ㅇㅇ야, 우리 오늘 『토끼와 거북이』 책을 읽었네.
유아: 네, 재미있었어요.
교사: 그렇지?
유아: 네.
교사: 그런데 ㅇㅇ는 토끼와 거북이 중 누가 더 마음에 드니?
유아: 음… 저는 거북이요.

교사: 그래? 왜?
유아: 거북이가 이겼으니까요.
교사: 그렇구나. 그럼, 토끼의 마음은 어떨까?
유아: 토끼는 속상할 것 같아요. 그리고 낮잠 잔 것을 후회할 것 같아요.
교사: 그래? 그럼, 거북이는 마냥 기쁘기만 할까?
유아: 음… 그럴 것 같은데요…
교사: 어쩌면 거북이는 신나면서도 토끼의 마음이 어떨지 걱정할 것도 같은데.
유아: 왜요?
교사: 거북이와 토끼는 친구니까.
유아: 아. 그렇구나.

상황에 적합한 표현 연습하기

아스퍼거 증후군 영유아들은 말을 못한다기보다는 이상한 형태로 산출한다. 그래서 상황과 맥락에 적합한 표현법을 연습해야 한다.

교사: (어항을 들고 할머니에게 뛰어가다가 넘어진 그림을 보여 주며) ○○야, 어항을 들고 가다가 넘어져서 할머니가 다치실 뻔했네. 이럴 때 뭐라고 말씀드려야 할까?
유아: 할머니 조심하세요! 아니면 할머니 내 어항!
교사: 그렇구나. 그런데 할머니는 어떤 마음이 드실까? 갑자기 할머니 앞에서 어떤 아이가 어항을 들고 가다가 넘어지면 당황하시지 않을까?
유아: 음… 네.
교사: 그러니까 이럴 때는 "할머니, 죄송합니다. 괜찮으세요?"라고 말해야 하는 거야.
유아: 네. 선생님.
교사: (빈 좌석이 없는 버스에 아이가 앉아 있는 그림을 보여주며) ○○야, 버스에 자리가 없는데 지팡이를 짚고 할아버지가 타셨네. ○○는 이럴 때 어떻게 해야 할까? 그리고 뭐라고 말씀드려야 할까?
유아: 저도 다리가 아파요.
교사: 그래, 그런데 할아버지는 지팡이를 짚고 타셨네. 지팡이를 짚으시고 계시다는 것은 무슨 의미일까?
유아: 걷는 게 힘드신 거요.
교사: 그렇지? 그러니까 어떻게 하면 좋을까?
유아: 양보해요.

교사: 그래. 양보해야겠지. 그럼, 할아버지께 뭐라고 말씀드릴까?

유아: 할아버지, 여기 앉으세요.

교사: 그래, 맞아. 잘했어!

교사: (친구의 옷을 돌려주려고 친구 집에 온 그림을 보여주며) ○○야, 친구의 옷을 돌려주려고 친구 집에 왔는데 초인종을 누르니 아무도 집에 없어. 이럴 때 어떻게 해야 할까? 그리고 이런 일이 생기지 않으려면 어떻게 해야 했을까?

유아: 친구에게 전화해서 화내요. 왜 집에 없냐고.

교사: 그래? 그럼, 친구가 어떻게 할까?

유아: 기분이 나빠서 같이 화내요.

교사: 그래. 그럼, 서로 사이좋게 놀 수도 없고 옷도 돌려주기 어렵겠지. 이럴 때는 '친구야. 옷을 돌려주려고 왔어. 너 어디야?'라고 물어봐야 돼.

유아: 네. 선생님.

교사: 그리고 다음부터 이런 일이 생기지 않게 하려면 친구 집에 가기 전에 항상 미리 연락을 해 보고 가야 한단다. 알겠지?

유아: 네.

37 또래에 비해 어휘를 잘 기억하지 못하는 (영)유아

사 례

영유아는 습득된 특정한 낱말 혹은 대화상황에서 갑자기 어휘 산출에 어려움이 있어 부모가 고민이다. 이런 경우 언어병리학에서는 '낱말 찾기 장애(word-finding deficit)'라고 하는데 이들은 지적인 능력, 사회적 능력, 그리고 말 산출과 관련된 구조적 결함은 없지만 언어발달에 어려움을 보이는 단순언어장애(specific language impairment) 아동에게서 주로 나타난다. 이들은 정확한 단어를 인출하는 것에 어려움을 보이기도 하지만 반응시간이 지연되기도 한다. 그래서 특정 단어를 산출하는 것이 아니라 길게 설명하는 표현을 쓰거나, 간투사(어, 음, 그러니까) 혹은 다른 말로 대치하는 형태의 언어들을 사용하기도 한다. 낱말 찾기 결함 아동들은 읽기 과정에서 적절한 속도의 자동적인 낱말 인출이 어렵기 때문에 학령기에 필수적인 요소인 읽기 발달에 문제가 생긴다(Perferri, 1985).

교사: ㅇㅇ야, 오늘 뭐 타고 왔어?
유아: 타는 거요.
교사: 타는 거?
유아: 네, 타는 거, 바퀴로 굴러가는 거요.
교사: 아~ 자동차.
유아: 네, 자동차요.

원 인

어휘저장에 문제가 있는 경우

저장가설은 영유아기 연령에 적절한 어휘량이 머릿속에 저장되어 있지 못하기 때문에 어휘를 산출하지 못하거나 저장은 되어 있지만 의미(말의 뜻 혹은 내용)에 적합한 낱말을 정확하게 표상하지(representation) 못하기 때문에 어휘를 기억하지 못한다는 가설이다. '표상'이란 감각에 의해 획득한 현상이 마음속에서 재생되는 것으로 여러 감각을 통해 어휘자극을 영유아가 받게 되면 이를 다시 떠올릴 수 있는 능력을 말한다. 즉, '행복'이라는 단어를 엄마를 통해 획득한 유아가 또래와 함께 놀이하면서 표현할 상황이 생기면 '행복'이라는 단어를 떠올리며 사용하는 것이다. 그러나 뇌에 입력될 때, 어휘의 뜻이 분명하게 저장되지 못하면 표상이 부자연스러울 것이며 결국 어휘를 떠올리지 못해 표면적으로는 기억하지 못하는 것으로 보인다. 다시 말하면, 기억이란 결국 연결이라는 속성을 갖고 있는데 어휘의 형식(행복)이 내용(기분 좋은 감정)과 긴밀하게 연결되어야 바른 표상이 가능한 것이다. 이 연결을 강화시켜 주는 방법으로 학자들은 '반복, 정교화, 조직화' 등 기억전략을 제시하고 있다. 반복은 여러 번 시연(rehersal)하는 것이며 정교화는 어휘 첫 자들을 묶어서 암송하는 것, 조직화는 어휘들을 공통된 특질로 묶어서 상위범주로 기억하는 것이다. 만약 기억해야 할 어휘가 '사과, 배, 오이, 당근, 참외'라면 반복기법은 사과, 배, 오이, 당근, 참외를 여러 번 암송하는 방법이다. 그러나 정교화 기법은 사, 배, 오, 당, 참 이렇게 앞 자를 따와서 외우는 것이고 조직화 기법은 과일(사과, 배, 참외), 야채(오이, 당근) 이렇게 묶어서 상위범주인 '과일, 야채가 있었지. 그리고 그 안에 사과, 배, 참외, 오이, 당근이 있었어' 이렇게 범주화시키는 방법이다. 보편적으로 연령에 따른 총 어휘 수는 만 2세가 300개 이상, 만 3세는 500~900개, 만 4세는 1,200~2,000개, 만 5세는 2,800개에 해당한다.

어휘 인출에 문제가 있는 경우

어휘 인출 문제는 어휘가 머릿속에 저장되어 있지만 이를 산출하는 과정에서 문제가 발생하는 경우이다. 즉, 기억하지 못하거나 저장이 희미해서 인출이 되지 않는다는 것이다. 어휘 인출 능력을 측정할 수 있는 '생성 이름 대기 과제'가 의미기억(semantic memory, 개인이 갖고 있는 어휘지식의 영구적 표상을 포함한 장기기억)과 상관이 높다는 연구결과는 인출 문제가 저장과 관련되어 있음을 명시한다. 그래서 '망각'이 나타나기도 하는데 예를 들면, "그 사람 이름이 뭐였더라? 입에서 자꾸 도는데 생각이 안 나네."이다. 이후 이 말을 들은 청자가 "지난번에 김 철 수씨라고 하지 않았던가요?"라고 말하면 "아 맞다, 김 철 수"라고 다시 생성이 된다. 즉, 머릿속에 저장은 되어 있는데 꺼내는 데 어려움이 있다는 것이다. 그러나 '치매' 환자는 "그 사람 이름이 뭐였더라? 입에서 자꾸 도는데 생각이 안 나네."라고 표현한 후, 청자가 "지난번에 김 철 수씨라고 하지 않았던가요?"라고 말해도 "그 사람이 누구지?" 이렇게 반응한다. 즉, 병리적이지 않은 어휘기억 문제는 기억저장과 관련되어 있지만 치매와 같이 임상적으로 문제가 있는 경우는 저장, 인출 양쪽에 모두 문제가 있다. 영유아들에게 어휘 인출을 평가하는 검사문항은 보통 1분 안에 동물 이름 혹은 가게에 있는 물건들을 말해보라고 하는데 몇 개를 말할 수 있는지 총 어휘 수를 측정해서 평가한다.

솔루션

어휘 기억의 문제 지도는 어떤 어휘부터 목표어휘로 선정하고 진행할 것인지를 결정해야 한다. 그리고 목표어휘를 선택하는 기준은 연령, 선호주제, 또래들이 모두 알고 있는 보편어휘 중 습득되지 못한 낱말 등 여러 가지를 고려해서 결정해야 한다. 지도 방법은 개별, 소집단, 대집단 형태로 지도할 수 있으나 습득된 어휘의 일반화를 고려한다면 개별 및 소집단에서 지도를 받은 후 다양한 상황이 포함된 대집단에서 지도하여 일상에서 자유롭게 사용할 수 있는 연습이 되도록 한다(김영태, 2015).

(1) 어휘저장 촉진활동하기

1-1) 어휘습득 양 늘리기

「또래보다 어휘량이 적은 영유아 편(283쪽)」 솔루션을 참고하길 바란다.

1-2) 어휘저장 용량 늘리기

어휘저장 용량을 넓힌다는 것은 기억용량의 확장으로 대부분 전두엽의 활성화를 의미한다. 기억과정 자체는 감각기억, 단기기억(작업기억), 장기기억의 단계로 진행되는데 시청각 자극에 의해 2~3초 정도 들어오는 기억을 '감각기억'이라 하며 이를 잠깐(예: 30초, magic 7+/−2: 5에서 7자리 숫자, 단어를 기억하는 정도) 머릿속에 넣어 두면서('단기기억') 조작하는 작업을 '작업기억(working memory)'이라 한다. 단기기억의 내용들을 반복, 정교화, 조직화 등의 전략을 통해 영구적으로 기억하게 하는 저장소는 '장기저장'이다. 여기서 어휘 저장 용량을 늘리는 부분은 작업기억 용량을 늘리는 것으로 설명할 수 있다. 작업기억은 장기기억으로 이관하는 중간체 역할을 하기도 하고 반대로 장기기억의 정보를 작업기억으로 불러오는 역할도 한다. 이를 활성화시키는 방법으로 예를 들면, '2-4-3-6-4-8-5'를 불러주고 따라하라고 하면(forward) 단기기억에 의해 기억한다. 그러나 이를 거꾸로 기억하라는(backward) 지시문은 작업기억이 작동해야 한다. 뒤의 숫자부터 기억하고 다시 조합해야 하는 '작업'을 수행해야 하기 때문이다. 이와 같은 활동은 전두엽에서 일어나기 때문에 작업기억 활성화 활동을 많이 할수록 전두엽이 좋아진다. 그래서 전화번호, 긴 단어, 외국어 등을 거꾸로 말하거나 바둑, 장기 등과 같이 집중력을 요하면서 다음 수를 생각해야 하는 활동들이 용량 확장에 좋은 방법이다.

교사: ㅇㅇ야, 선생님이 말하는 숫자를 그대로 따라 해 볼까?
2, 5, 7, 4

유아: 2, 5, 7, 4

교사: 잘했어. 이번에는 그 숫자들을 거꾸로 말해 볼까?

유아: 음… 어려워요.

교사: 그렇지. 쉽지 않지? 선생님이 다시 그 숫자들을 말해 줄게.
2, 5, 7, 4.

유아: 음… 4, 7, 5, 2.

교사: 와~ 잘했어.

교사: ㅇㅇ야, 선생님이 말하는 단어를 따라 말해 볼까?

유아: 네.

교사: 운동장.

유아: 운동장.

교사: 잘했어. 이번에는 거꾸로 해 볼까?

유아: 장동운

교사: 우와 ~ 잘한다.

유아: 재밌고 좀 웃겨요. 발음이. 장동운 히히.

교사: 그래, 재밌지? 이번에는 단어를 세 개 줄게. 그대로 따라 해 보자.

유아: 네.

교사: 유치원, 과일가게, 생선.

유아: 유치원, 과일가게, 생선.

교사: 이번에는 이 단어들을

유아: 아, 알아요. 알아요. 이 단어들을 거꾸로 하라는 거죠?

교사: 그래.

유아: 생선, 과일가게, 유치원.

교사: 우와~ 정말 잘한다.

유아: 재밌어요. 거꾸로 말하기.

참고하세요!

기억을 촉진하는 방법은 개인마다 다르다. 이를 '기억전략'이라고 하는데 기억검사에서 동일한 점수를 받아 같은 수준의 유아라고 평가를 받았을지라도 기억방식에 있어서 스스로 전략을 사용했는지 그렇지 않은지는 유아 기억능력의 잠재성을 평가하게 되는 기준이 된다. 예를 들어, 여러 개의 숫자를 기억하기 위해서 그냥 숫자를 암기하는 유아와 핸드폰 숫자 자판의 위치를 활용해서 공간 지각적으로 기억하는 방식을 사용하는 유아는 기억이 앞으로 더 발전될 수 있는 잠재력이 있다는 점에서 다르다.

(2) 어휘인출 촉진활동하기

저장된 어휘를 인출하기 위해 여러 가지 단서를 제공하여 인출하게 한다.

2-1) 동의어/반의어 지도법

유아: 음… 음…
교사: 왜?
유아: 뭐라고 불러요?
교사: 뭐라고 부르느냐고?
유아: 네.
교사: 나를?
유아: 네, 어려운 말로 뭐라고 불러요?
교사: 아~ 선생님이랑 비슷한 말!
유아: 맞다. 교사.

어휘 '교사'를 인출하기 위해 '선생님'을 말해 주기

유아: 음… 음…
교사: 왜?
유아: 뭐라고 불러요?
교사: 뭐라고 부르느냐고?
유아: 네
교사: 나를?
유아: 네, 어려운 말로 뭐라고 불러요?

교사: 아~ 학생과 반대말!
유아: 맞다. 선생님.

어휘 '선생님'을 인출하기 위해 '학생'을 말해 주기

2-2) 연상어 지도법

유아: 선생님, 그 꽃이요.
교사: 그 꽃?
유아: 뭐라고 불러요?
교사: 뭐라고 부르느냐고? 어떤 꽃일까?
유아: 분홍 꽃이고 우리 유치원 앞에 있는 그 꽃이요.
교사: 아~ 우리나라 꽃?
유아: 아, 맞다. 무궁화.

어휘 '무궁화'를 인출하기 위해 '우리나라 꽃'이라고 말해 주기

2-3) 동음이의어 지도법

교사: ㅇㅇ야, 친구를 괴롭히면 안 되겠지! 만약 괴롭혔다면 어떻게 해야 할까?
유아: 음… 모르겠어요.
교사: 생각해 볼까?
유아: 아, '미안하다'고 말해요.
교사: 맞아. 그런데 '미안하다'는 말보다 조금 더 어려운 단어로 뭐가 있을까?
유아: 음…
교사: 선생님이 보여주는 이 과일을 보면 아마 떠오를 것 같은데… (사과를 보여준다)
유아: 아~ 히히 사과해요.

어휘 '사과'를 인출하기 위해 '사과' 과일 보여주기

2-4) 상위범주/하위범주 지도법

교사: ㅇㅇ야, 지난번에 친구들과 함께 읽었던 책 생각나니?
유아: 음… 무슨 책이요?

교사: 과일 이름이 들어간 책이었지.
유아: 아~ 파인애플 아저씨요?
교사: 그래, 맞아.

어휘 '파인애플'을 인출하기 위해 '과일'을 말해 주기(상위범주)

교사: ㅇㅇ야, **가 어제 가족들과 어디 다녀왔다고 했지?
유아: 음… 모르겠어요.
교사: **가 호랑이, 사자, 곰 등을 보았다고 하던데
유아: 아, 맞다. 동물원이었어요.
교사: 그래, 잘 기억했구나. 맞아!

어휘 '동물원'을 인출하기 위해 '호랑이, 사자, 곰' 등 말해 주기(하위범주)

2-5) 기능/물리적 특성 지도법

유아: 선생님, 아까 배운 노래요. 그 노래 제목이 생각 안 나요.
교사: 아까 배운 노래?
유아: 음… 네, 노래요.
교사: 아~ 우리가 타고 다니는 것, 그 노래?
유아: 아, 맞다. 띠띠빵빵 자동차 노래요.
교사: 맞아. 자동차 노래였어.

어휘 '자동차'를 인출하기 위해 '타고 다니는 것'이라고 말해 주기

유아: 선생님, **가 미국 다녀왔데요.
교사: 맞아, **가 미국에 다녀왔다고 말해 주었지.
유아: 그런데 그게 생각이 안나요.
교사: 생각이 안 난다고? 어떤 것이?
유아: 무얼 타고 다녀왔는지요.
교사: 아~ 하늘을 날아다니는 것!
유아: 맞다. 비행기.
교사: 그래, 비행기였지.

어휘 '비행기'를 인출하기 위해 '하늘을 날아다니는 것'이라고 말해 주기

2-6) 감각 운동적 특성 지도법

교사: ㅇㅇ야, 동물원에서 어떤 동물이 제일 귀여웠어.
유아: 음… 그건데 그거요.
교사: 그거? 그게 뭘까?
유아: 하얀 건데… 생각이 안 나요. 뭐라고 말하는지.
교사: 아… 하얀 거라면… (토끼 귀 모양을 하고 뛰는 모습을 보여줌)
유아: 맞다. 토끼.
교사: 그래, 토끼지. 토끼가 제일 귀여웠구나.

어휘 '토끼'를 인출하기 위해 '토끼 모습' 보여주기'

2-7) 음향음소 단서(첫 음절 말하거나 음절 수 알려주기) 지도법

유아: 선생님, 간식 먹고 싶어요.
교사: 간식 먹고 싶다고?
유아: 네, 맛있는 거요.
교사: 그렇구나. 어떤 것을 먹고 싶은데?
유아: 음… (과자를 가리키며) 저거요.
교사: 아~ '과'로 시작하는 단어.
유아: 네, 맞다. 과자요.
교사: 그래, 과자.

어휘 '과자'를 인출하기 위해 '과'자를 말해 주기

유아: 선생님. 더워서 물 마시고 싶어요.
교사: 그래, 물 가져다 줄게.
유아: 아… 잠깐만요. 선생님. 그런데 물 말고 다른 것 없어요?
교사: 다른 것?
유아: 네.
교사: 다른 것, 무얼 말하는 것일까?
유아: 음… 그거요. 달콤한 물이요.
교사: 아… 무얼 말하는지 알겠다. 선생님이 손가락을 펴볼 테니 손가락 개수를 잘 보고 맞혀 봐.
유아: 네.

교사: (손가락 세 개를 편다.)
유아: 아… 세 개… 음… 알았다! 음! 료! 수! 음료수예요.
교사: 맞아. 음료수.

어휘 '음료수'를 인출하기 위해 세 번(음절 수) 책상을 두드리거나 손가락으로 3을 표시해 주기

2-8) 문맥특성(구문단서) 지도법

유아: 선생님. 매운 것 어제 먹었어요.
교사: 그래? 뭘까?
유아: 긴 매운 거요.
교사: 긴 매운 것?
유아: 네.
교사: 무얼 말하는 것일까?
유아: 음… 그거요. 긴 매운 것.
교사: 아… 알겠다. ○○야, 선생님이 노래를 불러 줄 텐데 듣고 한번 맞혀 볼래? 할머니는 나귀 타고 장에 가시고 … ○○ 먹고 맴매, 달래 먹고 맴매.
유아: 아… 고추.
교사: 맞아. 고추.

어휘 '고추'를 인출하기 노래 및 구문단서('-먹고'라는 구문 앞에 올 수 있는 어휘) 활용하기

38 또래에 비해 말 내용이 조리 없는 (영)유아

사 례

유아는 또래친구는 물론이거니와 부모와 교사인 성인에게도 말하고자 하는 내용 즉, 메시지가 잘 전달되지 않아서 부모 입장에서는 고민이다. 전달이 잘되지 않는 주요한 이유는 소리 크기가 아니라 말의 내용에 조리가 없기 때문이다. 그래서 청자가 잘 이해되지 않는 말에 재차 물으면 화를 내거나 짜증을 낸다.

교사: 자, 오늘은 다양한 나라의 대표적인 음식에 대해서 배워 볼 거예요.
**친구: 와 ~ 신난다. 재미있을 것 같아요.
교사: 먼저, 우리나라는 비빔밥, 김치 등이 있고 인도는 카레가 있어요. 또 일본에는 초밥이 대표적인 음식이에요.
**친구: 저는 카레 먹어봤어요. 김치도 맵지만 잘 먹어요.
교사: 그렇구나. 매운 김치도 잘 먹는구나.
유아: 저도요. 저도 김치 잘 먹는데 그런데 거기 있었는데… 김치는 고추가 들어가면 다음에 사 준다고 했는데 감자도 봤고 시금치는 초록이에요.
교사: 응? 김치를 사 주신다고 했다고? 누가?
유아: 아니 그게 아니라 밭에 가면 김치가 있잖아요. 그런데 거기는 토끼가 살고.
교사: 응?

원 인

집중력에 문제가 있는 경우

말에 조리가 없는 경우는 산만한 정서가 그 원인일 수 있다. 산만하다는 것은 말을 하면서 무시해도 되는 주변자극에 영향을 많이 받는 것이다. 이에 하나의 주제로 연결되지 못하고 여러 주제들이 섞여 청자는 무슨 말을 하는지 이해하기 어렵다. 뿐만 아니라, 올바른 의사소통은 청화자 간의 주고받기가 원만해야 하며 이를 위해서 상대방의 이야기를 잘 듣고 바른 반응을 보여야 하는데 경청하지 않기 때문에 반응에 문제가 있고 이는 청각적으로 조리 없는 말투로 보인다.

논리적 사고에 결함이 있는 경우

영유아기는 논리적 사고가 어렵다. 그러나 이 시기에도 획득 가능한 인지개념들이 있는데 상황의 전후 맥락 파악하기(sequence), 인과관계(cause-effect), 가정하기(pretend, if) 등이다. 이와 같은 인지의 결함은 조리 있는 대화 산출을 형성하기 어렵다.

참고하세요!

영유아 시기는 인지발달 심리학자인 피아제가 주장한 전 조작기로서 자기중심적 사고를 특징으로 한다. 이는 이기적인 것이 아니라 타인의 입장을 고려할 수 없는 조망수용능력(taking-perspective)의 부재인데 본 도식으로 인해 만 2세에서 7세 영유아는 자기중심적으로 표현한다. 그러므로 말의 조리가 없고 타인의 얘기에 반응이 적절하지 않더라도 그 수준이 심각하지 않다면 크게 문제 삼을 필요가 없으며 연령이 높아짐에 따라 자연스럽게 좋아질 수 있다.

솔루션

(1) 집중력 향상시키기

여러 가지 주제가 아니라 한 가지 주제에 대해 여러 번 주고받는 패턴의 대화연습을 한다. 뿐만 아니라, 성인의 말을 모방하게 함으로써 한 주제에 머무를 수 있는 선(guideline)도 제공한다. 그리고 수수께끼 혹은 전화놀이처럼 주의력을 요하는 말놀이를 해 본다. 그러나 유아의 산만성이 단순히 유아기의 특성이 아니라 정서적으로 문제가 있어서 나타나는 모습이라면 놀이치료를 통해 심리적 문제를 함께 다루어 주어야 한다. 무엇보다 강압적인 부모 양육태도로 인해 가정의 분위기가 항상 긴장되어 있어 불안함, 두려움이 누적된 유아는 산만할 수 있으며 그것이 주요한 원인이라면 가족치료를 통해 유아의 생태학적 환경을 재구조화한다.

교사: ㅇㅇ야, 우리 기차에 대해서 이야기해 볼까?
유아: 저는 기차를 타고… 오이를 좋아하는 데 동생이 나한테.
교사: ㅇㅇ야. 지금은 선생님이 기차에 대해서만 이야기하고 싶어.
유아: 기차를 타고 엄마랑 동생이랑…
교사: 그래. 기차를 타고 엄마랑 동생이랑…
유아: 할머니 집에…
교사: 할머니 집에…
유아: 가서 놀았어요.
교사: 그렇구나. 가서 놀았구나.
'저는 기차를 타고 엄마랑 동생이랑' 이렇게 따라 해 볼까?
유아: 저는 기차를 타고 엄마랑 동생이랑…

교사: 할머니 집에 가서 놀았어요.
유아: 할머니 집에 가서 놀았어요.
교사: 그래, 잘했어. '저는 기차를 타고 엄마랑 동생이랑 할머니 집에 가서 놀았어요.' 그 뜻이지?
유아: 네.

(2) 공감능력 향상하기

자기중심적 사고에서 벗어나기 위해서 여러 가지 역할놀이 혹은 도우미 역할을 해 보고 본 과정을 통해 타인의 마음을 이해할 수 있는 공감능력을 향상시킨다.

교사: ㅇㅇ야, 신데렐라 책을 다 읽었구나. 기특하네. 그런데 유리 구두를 들고 신데렐라를 찾아다니는 왕자님의 마음은 어땠을까?
유아: 신데렐라가 보고 싶었을 것 같아요.
교사: 맞아, 그랬을 거야.
그럼, 12시가 되었을 때 신데렐라는 파티장에서 어떤 마음이었을까?
유아: 불안했을 것 같아요.
교사: 왜?
유아: 마차와 마부가 사라지니까요.
교사: 그렇구나.

교사: 오늘은 ㅇㅇ가 다리가 불편한 친구를 도와주는 도우미 친구를 해 줄래?
유아: 네. 선생님.
교사: 고마워. 오늘 친구 도와주니까 어떠했니?
유아: 불편한 친구를 도와주니까 그 친구의 마음을 이해할 수 있었어요. 그리고 어떻게 도와주어야 하는지도 알 수 있었어요.

(3) 인지적 사고 지도하기

조리 있는 사고가 정립되고 이를 표현언어로 산출하기 위해서 상황의 전후 맥락 파악하기(sequence), 인과관계(cause-effect), 가정하기(pretend, if) 등 다양한 인지적 사고를 촉진하는 활동을 한다.

교사: 친구가 페인트칠 된 의자인 줄 모르고 앉았네. 친구는 어떻게 될까?
유아: 바지에 페인트가 묻어요.

교사: 그래, 맞아. 만약, 친구가 알았다면 어떻게 했을까?

유아: 앉지 않았을 거예요.

교사: 그렇지?! 그럼, 바지에 페인트가 묻는 일이 생기지 않게 하려면 어떻게 해야 할까?

유아: 의자에 뭐가 묻었는지 보고 앉아야 해요.

교사: 그래, 맞아.

부 록

"우리 아이 놀이치료가 필요할까?"

미취학 시기는 양육자와의 안정애착을 기반으로 분리-개별화가 시작되어 자아가 출현하며 자아 분화가 본격적으로 이루어지는 시기로서 신체, 인지, 언어, 정서 및 사회성 발달이 이루어지는 과정 속에 있다. 그러므로 충동, 욕구 등의 본능적 측면과 외부 환경의 영향을 많이 받는다. 이 과정에서 미숙한 행동뿐만 아니라 문제행동으로 보여지는 다양한 반응들이 나타날 수 있다. 이때 영유아의 특정 행동이 문제행동인지를 판단하기 위해서는 영유아의 정상발달에 대한 이해가 필수이다. 그리고 그 특정행동이 영유아의 나이를 고려할 때 정상발달 규준에서 벗어난 문제행동으로 판단된다면 먼저 발생맥락인 원인을 유추해 보고 그에 따른 적절한 개입을 하며 행동 변화 추이를 지켜볼 필요가 있다. 언급했듯이 이 시기는 전반적 영역에서의 폭발적 성장 변화가 일어나는 시기이고 본능적 충동성이나 욕구, 그리고 외부 환경의 영향도 쉽게 받으므로 문제행동이 출현했다가 자연스럽게 완화되기도 하고 소거되는 듯 보였으나 다른 문제행동들로 재출현하기도 한다. 그러므로 문제행동 발현 초기 시점의 적절한 개입이 매우 중요하다. 또한 문제행동의 시작점에는 부모와 교사의 적절한 개입만으로도 완화시킬 수 있는 경우가 많으므로 본서에서 제공된 솔루션을 적용해보도록 권한다. 이 과정에서 완화된다면 문제 되지 않겠지만 개입을 했음에도 문제행동이 완화되지 않고 다른 문제들이 출현하거나 반복적으로 발생한다면 시간이 지나도 문제가 지속될 가능성이 높다. 이는 문제행동의 원인적 측면이 복합적이거나 무의식적 역동과 관련되어 있을 수 있기 때문이므로 전문기관의 방문[150]을 고려해야 한다.

아래 〈표 25〉는 본서에서 제시된 문제행동들과 관련된 『정신질환의 진단 및 통계편람 제5판(DSM-5)』의 진단명과 진단 시 고려사항의 일부[151]를 제시한다. 이는 전문가 방문시점 및 심리치료의 필요성 여부를 고려할 때 참고할 수 있는 기준이 된다.

---

150) 놀이, 미술치료와 같은 심리치료를 받아야할지 결정할 때 가장 중요한 기준이 되는 것은 문제행동의 출현 빈도와 강도, 지속성의 여부임을 기억할 필요가 있다.

〈표 25〉 문제행동 관련 진단명 및 진단 시 고려사항

문제행동 양상[152]	관련 DSM-5 진단명	진단 시 고려사항 (주 특성, 지속기간, 연령을 중심으로)
등원거부, 분리불안, 집에서 물건을 가져옴, 자위행동	분리불안 장애	집이나 애착 대상과의 분리에 대한 과도한 공포와 불안으로 발달 수준을 고려할 때 부적절하고 지나친 정도로 발생함, 최소한 4주 이상 지속됨, 단, 생후 12개월 전후의 분리불안은 정상발달임
징징거리고 울음으로 표현, 화/감정 폭발을 많이 함[153], 자위행동, 단체 활동에 참여 못함, 타인의 물건을 허락 없이 가져옴, 손톱/발톱 뜯기, 반복적인 거짓말	부모-아동 관계문제[154]	행동적, 인지적, 정동적 영역의 기능손상과 관련됨[155]
교사에게 반항적임, 잘못을 인정하지 않고 고집 부림, 화/감정 폭발을 많이 함, 또래를 공격함, 다른 사람이 싫어하는 행동을 일부러 함	부모-아동 관계문제	(위와 같음)
	적대적 반항장애	분노/과민한 기분, 논쟁적/반항적 행동 또는 보복적 양상이 형제자매 아닌 적어도 한 명이상의 타인과의 관계에서 나타나야 함. 5세 이하인 경우 최소 6개월 동안 거의 매일 나타나야 함, 5세 이상인 경우 6개월 동안 주 1회 이상 나타나야 함

151) 평가와 진단은 국가에서 요구하는 자격요건을 모두 갖춘 임상전문가에 의해 이루어져야 한다. 임상심리전문가는 각 사례에 필요한 다양한 체계적인 평가를 진행한 후 진단기준, 진단적 특징, 진단을 뒷받침하는 부수적 특징 등을 전반적으로 고려한 후 진단적 소견을 내리게 된다. 여기서 진단기준의 일부(주 특성, 연령, 지속기간 등)를 소개하는 것은 섣불리 진단을 내리기 위함이 아니라 임상전문가 방문 여부 및 (방문해야 한다면) 방문 시점을 정할 때 참고하기 위해 제시하는 것임을 강조하고자 한다.

152) 이 외에도 다양한 문제행동들이 있을 수 있으나 본 표에서는 본서의 실제 편에서 다루어진 심리정서 파트의 문제행동 사례를 기준으로 작성하였다.

153) 이와 같은 문제양상은 좌절, 우울, 화, 짜증 등과 관련이 있으나 정신질환의 진단 및 통계편람 제5판에서 소아 우울장애라는 진단은 없으므로 부모-아동 관계문제 범주로 넣었다.

154) 본 표에서 모든 문제행동양상에 관련 진단명으로 '부모-아동 관계문제'를 넣지는 않았으나 미취학 아동의 모든 문제행동의 이면에는 부모-아동 관계문제가 있는 경우가 많으므로 이를 유념할 필요가 있다. 본서 실제 편에서 다루었으나 본 표에서 생략된 사례(예: 친구를 자주 고자질하는 영유아, 또래보다 교사와만 대화하려 하는 영유아 등)는 '부모-아동 관계문제'와 관련될 가능성이 크다.

155) 행동문제의 예로는 아동에 대한 부모의 부적절한 통제와 감독 및 간섭, 부모의 과잉보호, 부모의 지나친 압박, 신체적 폭력의 위협으로 확대되는 언쟁, 문제해결 없는 회피 등이 있다. 인지문제에는 타인의 의도에 대한 부정적 해석, 타인에 대한 적대나 희생양화, 부당한 소외감 등이 있다. 정동 문제에는 (관계에 있는) 다른 사람에 대한 비애, 무감각, 분노 등의 느낌들이 있다(『정신질환의 진단 및 통계편람 제5판』, 2015).

<table>
<tr><th>문제행동 양상[152]</th><th>관련 DSM-5
진단명</th><th colspan="2">진단 시 고려사항
(주 특성, 지속기간, 연령을 중심으로)</th></tr>
<tr><td rowspan="2">대소변 문제</td><td>유뇨증</td><td colspan="2">낮 또는 밤에 침구나 옷에 반복적으로 소변을 봄
3개월 동안 주 2회 이상의 빈도로 나타남
연령이 5세 이상이어야 함</td></tr>
<tr><td>유분증</td><td colspan="2">부적절한 장소에 반복적으로 대변을 봄
3개월 동안 월 1회 이상 나타남
연령은 최소한 4세 이상이어야 함</td></tr>
<tr><td rowspan="4">의사표현을 하지 않음</td><td>의사소통
장애</td><td colspan="2">어휘, 문장구조, 담론에 대한 이해와 생성의 결함으로 언어습득과 사용에 어려움을 겪음
4세 이후 진단 가능함</td></tr>
<tr><td>선택적
함구증</td><td colspan="2">말을 할 수 있음에도 특정 사회적 상황에서 일관되게 말을 하지 않음
최소 1개월 이상 지속됨. 주로 5세 이전에 나타남[156]</td></tr>
<tr><td>자폐스펙트럼
장애</td><td colspan="2">사회적 의사소통뿐만 아니라 상호작용의 지속적 결함 및 제한적이고 반복적 행동/관심이 포함됨
생후 12~24개월 사이에 증상 출현함</td></tr>
<tr><td>반응성 애착장애</td><td colspan="2">현저하게 발달적으로 부적절한 애착행동의 양식을 보이며 애착대상에 의지하는 것이 거의 없거나 최소한임. 연령은 최소 9개월 이상이어야 함</td></tr>
<tr><td rowspan="2">틱[157] 증상</td><td>투렛장애, 지속성 운동 또는 음성 틱장애</td><td>1년 이상 지속됨</td><td>4~6세 사이 시작</td></tr>
<tr><td>잠정적 틱장애</td><td>1년 미만 지속됨</td><td>4~6세 사이 시작</td></tr>
<tr><td>착석유지 안 되고 과도한 움직임, 차례 지키기, 기다림을 힘들어함, 단체 활동에 참여 못함[158].</td><td>주의력결핍
과잉행동장애</td><td colspan="2">(*사례 14에서 진단기준 제시함)</td></tr>
<tr><td>편식이 심함</td><td>회피적/제한적
음식섭취장애</td><td colspan="2">섭식 또는 급식장애가 지속적으로 나타나 심각한 체중감소, 영양결핍, 영양보충제에 의존과 관련 있으며 정신사회적 기능에 영향을 줌</td></tr>
</table>

출처: 『정신질환의 진단 및 통계편람 제5판』(2015)에서 본 내용에 맞게 수정·보완함

156) 선택적 함구증은 주로 5세 이전에 발병하지만 아이들이 학교에 들어가서 사회적 관계가 증가하고 읽기 같은 수행과제가 크게 증가하기 전까지는 임상적 관심을 끌지 못한다(『정신질환의 진단 및 통계편람 제5판』, 2015).

157) 틱은 갑작스럽고 빠르며 반복적이고 비율동적인 동작이나 음성 증상을 말한다. '투렛 장애'는 여러 운동성 틱과 한 가지 또는 그 이상의 음성 틱이 일부 기간 동안 나타나되 반드시 동시에 나타날 필요는 없다. '지속성(만성) 운동 또는 음성 틱 장애'는 한 가지 또는 여러 가지 운동 틱 또는 음성 틱이 장애의 경과 중 일부기간 동안 존재하지만 운동 틱과 음성 틱이 모두 나타나지는 않는다. '잠정적 틱 장애'는 한 가지 또는 다수의 운동 틱 또는 음성 틱이 존재한다(『정신질환의 진단 및 통계편람 제5판』, 2015).

158) 이러한 문제행동 양상들은 '주의력 결핍 과잉행동 장애'가 아니더라도 불안이나 '외상 후 스트레스 장애', '급성 스트레스 장애'로도 비롯될 수 있다. 또한 '사회불안장애(사회공포증)'로도 발전될 수 있다.

"우리 아이 언어치료가 필요할까?"

두 돌이 지났는데도 '엄마 우유', '아빠 양말' 등 두 단어 조합 형태의 한 문장이 산출되지 못하고 자발적으로 사용할 수 있는 어휘의 수가 50개 미만이며(Rescorla, 1989), 울음으로 주로 의사소통하는 영아들의 부모는 마음이 조급하다. 그러나 영아의 언어 지연이 언어재활 서비스를 받을 만큼의 언어문제인지 시간이 지나면서 자연스럽게 해결될 늦된 아이인지를 구분하는 것도 쉽지 않다. 또한 조기 언어개입이 예후에 중요한 요소임을 고려할 때 빠른 시간 내에 판단해서 적합한 개입을 하는 것은 매우 중요하다. 이를 판단하는 몇 가지 기준을 제시한다(장희정, 2016).

첫째, 표현언어는 늦지만 이해할 수 있는 능력이 본인의 실제연령에 준한다면 입술 주변 근육의 움직임이 아직 발달되지 않아서 말이 늦을 수 있으므로 언어가 늦된 아이로 생각하여 강압적으로 말을 유도하지 않는다(김수연, 2016). 그러나 만 4세까지 기다려도 계속 지연되어 있다면 언어재활기관 방문을 권한다.

둘째, 언어문제 가족력이 있는 경우라면 언어가 늦된 영아보다는 언어재활 서비스를 받아야 할 영아일 수 있다.

셋째, 언어가 늦된 영아는 타인과 의사소통하고자 하나 언어재활 서비스를 받아야 하는 영아는 타인과 상호작용하고자 하는 욕구가 적다.

넷째, 언어가 늦된 영아는 옹알이 시기에 옹알이 양이 많고 다양한 자음, 모음 형태의 옹알이를 산출한다. 그러나 언어재활 서비스를 받아야 하는 영아는 옹알이가 매우 단조롭고 양이 적다.

다섯째, 언어가 늦된 영아는 표준화된 언어 검사 도구에서 언어이해력 점수가 자신의 연령과 일치하거나 근접하고 적어도 언어표현력보다는 높은 점수를 획득한다. 그러나 언어재활 서비스를 받는 영아는 검사에서 이해, 표현언어 모두 유의하게 낮은 점수를 받는다.

여섯째, 언어는 상징놀이 수준을 반영한다. 따라서 언어가 늦된 영아는 실제 연령과 상징놀이 수준이 유사하거나 일치하지만, 언어재활 서비스를 받아야 하는 영아는 상징놀이가 본인의 실제 연령과 유의한 차이가 난다. 다음은 상징행동 검사표이다. 이 표에서 제시하는 발달시기와 영유아의 놀이형태를 비교하여 상징놀이 수준을 확인할 수 있다.

〈표 26〉 상징행동 검사표

상징행동	내용	발달시기
탐험적인 놀이	물건에 합당한 기능을 보여 주지는 못하지만 탐험하는 자세를 보인다.	9~10개월
전 상징기적 행동	물건에 대한 전체적인 사용을 보여 준다. 예 전화기를 들어 귀에 가져간다.	11~13개월
자동적 상징행동	자신의 몸을 중심으로 하는 놀이를 보인다. 예 빈병을 들이마시는 흉내를 낸다.	14~15개월
단순 상징행동	자신의 신체에만 국한되지 않는 진정한 상징행동을 보인다. 예 인형에게 우유를 먹이는 흉내를 낸다. 신문을 읽는 흉내를 낸다.	16~17개월
단순상징행동 조합	한 가지 단순한 상징행동을 둘이나 그 이상의 대상에게 반복한다. 예 인형에게 우유를 주는 흉내를 낸 후, 자신도 우유 먹는 흉내를 낸다.	18~19개월
복합 상징행동 조합	연속적인 일련의 행동 속에 두 가지 이상의 상징행동이 나타난다. 예 국자로 냄비를 젓는 다 → 접시에 따른다 → 인형에게 떠먹인다.	20~23개월
물건대치 상징행동	관습적인 물건 대신 다른 물건으로 대치하여 상징행동을 보일 수 있다. 예 블록을 다리미로 사용한다. 빗을 비누로 사용한다. 생일케이크 촛불을 끄는 시늉을 한다.	24~35개월
대행자 놀이	인형이나 다른 사물을 움직이고 행위를 할 수 있는 행위자로 가장하거나 다른 사람의 역할을 가장한다. 예 우는소리를 내며 인형이 우는 것처럼 가장한다. 엄마, 구두를 신으며 "엄마 나갔다 올게." 한 인형이 다른 인형에게 말을 하면, 다른 인형이 그에 맞게 반응한다. 블록을 도깨비라 부른다. 도깨비가 곰 인형을 무섭게 하는 척한다.	
두 가지 사회적 역할놀이	한 인형이 사회적인 역할을 보이고 또 다른 인형이 또 다른 사회적 역할을 하도록 한다. 예 엄마의 역할을 하는 인형에게 딸의 역할을 하는 인형이 적절하게 반응한다. 의사가 청진기로 환자를 검사하면 환자는 신음한다.	36~47개월
세 가지 사회적 역할놀이	세 인형 사이의 사회적인 역할을 보인다. 예 의사는 환자를 진단하고 간호사는 의사의 말에 따라 환자를 대해 주며 그에 맞게 환자도 반응한다.	48~59개월
복합적인 사회적 역할놀이	한 인형(예: 의사)이 두 가지 이상의 사회적인 역할을 할 수 있음을 보여 준다. 예 의사인형이 병원에서는 환자를 돌보고 집에서는 아빠 역할을 한다.	60~72개월

출처: 김영태, Lombardino(2016)

"우리 아이 조기영어교육 필요할까?"[159)]

2002년, LA 타임즈 기사에는 "한국은 영어가 국가종교"라는 헤드라인이 있었다. 기사의 내용은 대한민국은 아동들의 영어발음을 좋게 만들기 위해서 부모들이 혓바닥 밑 부분을 절개하는 수술(설소대 수술)을 시키는 것이 유행이며 영어를 가르치는 고(高)가의 유치원들이 인기가 있다는 조기 영어교육 열풍에 관한 것이다. 물론, 전 세계가 혁신적인 기술 개발로 인해 국경 없는 시대가 되어 다양한 문화의 사람들이 유입, 유출되는 등 현시대는 새로운 국면을 맞이하고 있어 세계 공용어인 영어가 필요한 것은 사실이다. 그러나 아동들에게 설소대 수술을 하면서 가정경제에 무리에도 영어에 집중하는 이유는 무엇인가?

영어에 집중하는 대부분의 부모 마음은 입시, 진로 등 자녀 삶에 윤택함을 바라는 마음에서 시작된다. 그러나 집중적인 영어교육을 시키면서도 모국어가 아직 완성되지 않은 영유아 자녀에게 모국어와의 혼동 혹은 전문가들이 매체를 통해 우려점들을 제시한 것이 내 자녀에게 현실화되지 않을까 하는 불안도 동시에 갖는다. 이에 집중적으로 영어에 노출을 시키면서도 모국어에 혹시 혼동을 갖는 것은 아닐지 그리고 전문가들이 매체를 통해 제시한 문제들이 내 자녀에게 현실화되지 않을지를 동시에 불안해한다.

외국어 교육과 관련하여 수많은 연구와 이론을 제시하고 논의한 샌프란시스코 대학의 TESOL 프로그램 교수인 Brown은 2006년 그의 저서『*Principles of Language Learning and Teaching*』에서 외국어 교육의 노출 환경 즉, 영어를 배우는 교실이나 교실 밖의 일상에서 모두 영어를 사용할 수 있는 환경인 미국, 영국, 싱가포르 같은 국가는 '제2언어로서의 영어(English as a second language: ESL)'로 분류하고 영어를 배우는 교실에서 수업이 끝나면 자국어를 사용하게 되는 우리나라,

159) 본 내용은 집필진의 주관적인 견해임을 밝힘.

일본, 중국 등과 같은 환경은 '제2외국어로서의 영어(English as a foreign language: EFL)'라고 하는데 언어를 배우는 환경이 다르다는 점은 습득경로가 다르다고 주장하며[160] 지도방법이 달라야 한다고 설명한다. 즉, 같은 언어 습득이라 할지라도 환경에 따라 습득방식이 다르며 더 나아가서 모국어 습득 방식과 외국어 습득 방식은 더욱 다르다. 이에 모국어 습득의 가장 중요한 원리인 '출생 직후 시작(the earlier, the better)'을 제2언어/제2외국어에 과잉 적용할 수 없다[161].

또한 조기 영어교육과 관련하여 생각할 논제가 있다. 첫째, 두 가지 언어를 사용하는 유아를 한 가지 언어만 사용하는 유아를 기준으로 이중언어 유아의 언어능력이 지연 혹은 우수 등으로 평가되는 것은 위험하다. 예를 들면, 한국어만 습득하여 사용하는 유아의 한국어를 한국어, 영어를 동시에 습득해서 사용하는 유아의 한국어와 비교하거나 미국 아이의 영어를 한국어, 영어를 동시에 사용하는 유아의 영어와 비교하는 것은 바람직하지 않다. 이는 한국어-영어 동시 사용 유아를 한국어만 사용하는 유아 그리고 영어만 사용하는 유아 즉, 두 명을 합산한 단일 개체로 인식하는 것인데 한국어-영어 동시사용 유아들의 언어오류는 단일언어 유아들의 오류와 근본적으로 다르다는 점에서(주석 160 참고) 두 집단의 절대 비교는 불가하다. 그래서 두 가지 언어를 사용하는 아동을 한 언어만 사용하는 아이와 비교

160) 한국어만 사용하는 유아의 언어 오류와 한국어, 영어를 동시에 사용하는 이중언어 유아의 언어 오류는 그 양상이 다르다. 필자의 연구자료에 따르면, '치과 의사'라는 합성어에서 한국어만 사용하는 단일언어 유아는 문장에서 "'치과 의사'을 가요"와 같이 조사선택에서만(을→에게) 문제가 발생하였지만 한국어, 영어를 동시에 사용하는 이중언어 아동은 '치과 의사' 단어를 쪼개서 "'치과를 의사를' 가요."라는 오류형태를 보였다. 이는 잘못된 조사선택도 문제이지만 조사가 들어갈 수 없는 위치에 조사를 넣는 즉, 합성어(compound words) 사이에 조사를 넣는 형태로서 한국어 구문구조의 기본도식이 단일언어 아이들과는 다름을 알 수 있다. 즉, 한국어만 사용하는 단일언어 유아는 '언어사용(language performance)' 문제이나 한국어, 영어를 동시에 사용하고 있는 유아는 '언어능력(language competence)' 문제이다. 즉, 외현적으로는 두 유아 모두 조사오류를 보인 것이지만 심층구조는 두 집단이 다름을 알 수 있다(이하원, 2009).

161) 물론 모국어 습득방식의 일부 원리를 제2외국어/제2언어에 적용할 수 있다. 그러나 모국어 습득의 가장 중요한 원리인 '태어나면서부터 시작해야 한다는 핵심적인 전제'는 제2외국어/제2언어 지도법에 적용되지 않는다(Brown, 2006).

하여 빠르다, 느리다 라고 평할 수 없다.

둘째, 두 가지 언어를 습득하는 방법은 엄마 표 영어, 외국 거주, 종일제 영어학원(영어 유치원), 일반 영어학원 등 여러 가지이고 두 가지 언어가 한국어와 영어 조합인지 영어와 일본어 조합인지 다양한 요인이 있는데 이를 고려하지 않고 조기 교육이 필요하다 그렇지 않다는 결론을 내리는 것은 위험하다. 한국어와 일본어는 어순이 유사하고 중국어와 영어도 어순이 유사하다. 그래서 우리나라 사람이 영어를 배울 때보다 일본어를 배울 때 어순에서는 보다 쉽다. 필자의 개인적 경험에 따르면, 우리나라 사람이 영어를 할 때보다 중국인이 영어를 할 때 이해가 수월하다는 이야기를 영어권 사람들로부터 들은 적이 있다. 그 이유로 발음보다는 문장구성력을 들었다. 즉, 영어와 중국어는 어순에서 이질감이 낮기 때문에 중국인들의 문장이 영어권 화자에게 보다 소통력이 있다고 설명한다. 그러므로 두 언어를 배우는 미취학 아동들의 조기 외국어 교육 유무에 대해 간명한 결론을 내리기 전에 어떤 환경에서, 어떤 언어 두 가지를 습득해서 얻게 된 결론인지를 고려해서 자녀에게 적용해야 한다. 또한 일찍 시작한다고 모든 아이들이 원어민처럼 영어를 말할 수 있는 것은 아니다.

혹자는 원어민과 같은 발음을 습득하기 위해서 조기에 영어교육을 실시해야 한다고 주장한다. 월시와 딜러(Walsh & Diller, 1981)에 따르면, 발음과 같은 하급기능(lower-order process)은 조기에 성숙해지고 적응력이 적은 대신경회로에 의존하기 때문에 아동기를 넘기면(after childhood) 원어민과 같은 악센트를 갖기 어렵다고 주장한다. 그러나 의미 관계와 같은 상급기능(higher-order language function)은 아동기 이후에 성숙해지는 신경회로에 더 의존적이기 때문에 대학생들이 주어진 시간 안에 초등학생들이 습득할 수 있는 문법과 어휘의 몇 배 이상을 습득할 수 있다고 설명한다. 그러므로 브라운(Brown, 2009)은 아동기 이전에 외국어를 시작하는 것은 원어민스러운 발음을 획득할 수 있음이 전부이며 의사소통의 유창성 즉, 논리적이고 대화다운 능력을 산출하는 것과는 관계가 적다고 본다. 그렇다면 '원어민과 같은 유능한 화자를 설명할 때 발음이 차지하는 비중은 어느 정도인가?'

사실 유능한 의사소통가를 구성하는 핵심요소는 발음이 아니라 소통이다. 물론 발음이 좋아야 소통이 원만하다. 그러나 발음이 다소 미흡하더라도 전달력에 문제가 없다면 이와 반대인 경우 즉, 말의 내용이 이해되지 않는데 발음만 좋은 경우보다는 훨씬 유능한 소통가이다. 예를 들어, 외국인이 우리만큼 발음이 좋은데 무슨 내용을 말하고자 하는지 알 수 없다면 그 외국인이 한국어를 잘한다고 할 수 있을까? 그러나 발음은 외국인스럽지만[162) 소통의 내용이 매우 분명하여 말하고자 하는 메시지를 쉽게 파악할 수 있다면 우리나라 말에 어려움이 없다.

물론, 발음을 위해서 일찍 영어교육을 시작하든 그렇지 않든 모두 부모의 선택이다. 다만, 발달심리학자로서 미취학 영유아들의 교환개념(trade off)에 대해 설명하고자 한다. 미취학 시기에 영유아가 반드시 획득해야 하는 핵심 과제들이 있다. 예를 들면, 안정적인 애착, 발달을 위한 놀이, 모국어 완성, 수, 문해 등 인지 및 그림책 읽기습관이다. 이와 같은 요소들은 미취학 시기에 필수 과제이다. 이 과제들을 성실하게 수행하지 않았을 때 발달의 연속성 차원(이전발달 수준이 다음 발달단계에 기초가 된다는 것)에서 이후 발달의 문제를 예측하게 된다.

그리고 우리나라 말로 논리적인 대화를 하지 못하는 아이가 유창한 논리로 외국어 구사가 가능할 것인가? 논리는 인지능력인데 외국어마다 각각 다르게 뇌에 탑재되어 있는 것이 아니다. 즉, 한 명의 아이가 삼개국어를 할 때 각각의 언어마다 이에 해당하는 인지가 개별적으로 존재한다기보다 하나의 인지에서 여러 언어가 파생된다. 이는 지능지수가 70인 영국인이 있다면 그 사람의 영어 실력은 지능지수 70을 넘기기는 어려운 것이다. 뿐만 아니라 불어를 탁월한 방법으로 배운다 해도 갖기 어렵다. 지능지수 70을 넘는 불어실력을 가질 수 없을 것이다. 반면에, 지능지

---

162) 오늘날의 외국어 발음은 '한국인으로서의 영어발음, 중국인으로서의 영어발음, 일본인으로서의 영어발음' 등 발음의 다양성을 인정한다. 즉, 발음보다 더 중요한 것이 소통임을 강조하는 시대이다. 물론 예전과 다르게 외국 경험도 많고 어려서부터 외국어에 노출되어 원어민스러운 발음을 갖춘 미취학 아이들 그리고 젊은이들이 우리나라에도 많다. 그렇기 때문에 상대적으로 자녀의 발음이 원어민스러워야 한다는 것을 포기할 수 없다고 주장하는 부모들도 많이 있다. 필자 역시 부모들의 마음에 100% 동의한다. 단, 본서에서 강조하고자 하는 것은 발음의 중요성을 무시하는 것이 아니라 언어습득에서 보다 중요한 것은 소통이라는 것이다.

수가 120인 한국인이 영어를 배운다면 지능지수 70인 영어권 화자보다 우수한 어휘력, 높은 소통력을 가질 수 있다. 본서에서 주장하고자 하는 것은 조기 영어교육을 반대하는 것이 아니라 미취학 시기에 중요하고 반드시 해결되어야 하는 과제에 집중하면서 자녀에게 영어교육을 시키는지 아니면 무조건 영어가 중요하다는 맹목적 사고에 의해 자녀를 영어에 노출시키는지를 살펴보아야 한다는 것이다.

마지막으로, 조기 영어교육을 실시하는 부모의 바람이 만약 전문가로서의 삶을 살기 원하는 관점에서 비롯되었다면 '전문가 삶에서 필요한 외국어 능력'이 무엇인지 생각해야 한다. 전문가들 집단에서 중요한 외국어 능력은 말하기, 듣기 즉, 구어도 중요하지만 문어(written language) 능력이 매우 요구된다. 그래서 말하기, 듣기는 모든 사람들에게 허락된 일반 언어능력이지만 읽기, 쓰기 등은 후천적 능력으로서 교육배경에 영향을 받는다. 이에 미취학 시기의 구어 중심적인 영어교육이 전문가 삶의 가장 핵심이라고 보기 어렵다.

발달 심리학자이자 본 도서의 집필자인 저자는 부모의 교육관 그리고 가정환경에 따라 영어에 일찍 노출되는 것을 반대하지 않는다. 다만, 부모로서 자녀에게 영어를 가르치고자 하는 이유가 무엇이며 영어에 노출된 내 자녀가 현재 경험하고 있는 직·간접적 영향들이 자녀의 인생 전체를 고려할 때 얼마나 의미 있는지 고려해야 한다.

이는 '자녀교육'이란 부모의 원함(wants)대로 자녀를 키우는 것이 아니라 자녀를 만든 조물주의 원안(original design)대로 부모가 반응해야 하기 때문이다. 즉, 자녀는 부모의 소유가 아니라 신으로부터 잠시 맡겨진 인격체이다. 결국, '자녀의 문제행동'은 조물주가 부모에게 자신의 존재를 알리며 하늘로 눈을 향하라는 사랑의 외침이다.

품에 아기를 안은 여인이 말했다. 우리에게 자녀들에 대해 말해 주소서.
그러자 그가 말했다.
그대들의 자녀들은 그대들의 자녀들이 아니라네.

그들은 그대들을 통해 오지만 그대들로부터 오는 게 아니지.
또 그들이 그대들과 함께 있다 해도 그들은 그대들의 소유가 아니네.
자녀들에게 사랑을 주어도 생각은 주지 못하지,
그들 스스로 생각을 갖고 있기에.
그들의 육신은 집에 들여도 그들의 영혼은 그리하지 못하지,
그들의 영혼은 내일의 집에 살고, 그대들은 꿈속에서도 그곳을 찾아갈 수 없기에.
그대들은 자녀들같이 되려고 애쓸 수 있지만
그들을 그대들처럼 만들려고 하면 안 되네.
인생은 뒤로 가지 않고 어제와 함께 머무르지도 않으니,
그대들은 활이요, 자녀들은 살아 있는 화살처럼, 그 활에서 나아가네.
궁수이신 신은 무한의 길에 새겨진 표적을 보고, 힘을 들여 그대들을 구부려서
화살이 빠르게 멀리 날아가게 하지.
궁수이신 신의 손에 구부려지는 것을 기뻐하기를.
신은 날아가는 화살을 사랑하는 것과 똑같이 든든한 활도 사랑하시니.

칼리지브란 『예언자(The Prophet)』 중 자녀들에 대하여

참고문헌

강현경(2009). 유아 사회적 행동 척도 개발 및 타당화. 중앙대학교 박사학위논문.

공영숙(2012). 유아의 기질과 어머니의 양육태도가 유아의 문제행동 및 친사회적 행동에 미치는 영향: 실행기능의 매개효과를 중심으로. 경북대학교 박사학위논문.

권건일, 신재흡(2006). 유아교사론. 서울: 양서원.

권정윤, 안혜준, 성승민, 권희경(2013). 유아생활지도. 서울: 학지사.

권준수 역(2015). 정신질환의 진단 및 통계 편람 제5판. American Psychiatric Association (2013). *Diagnositic and statistical manual of mental disorders*(5th edition). 서울: 학지사.

김광웅, 유미숙, 박영애, 유가효, 최영희, 방은령 역(2006). 놀이와 아동발달. Hughes, F. P. (1999). *Children, play, and development*. 서울: 시그마프레스.

김동은(2009). 자기불일치와 스트레스 대처방식이 인터넷 중독에 미치는 영향. 가톨릭대학교 대학원 석사학위 청구논문.

김수연(2015). 0~5세 말 걸기 육아의 힘. 경기도: 예담 프렌드.

김수정(2009). 가족치료놀이. 경기도: 공동체.

김수정(2010). 애착장애와 치료놀이. 서울: 공동체.

김영아, 이진, 김유진, 김민영, 오경자(2011). 한국판 유아행동평가 척도 교사용(C- TRF)의 표준화 연구. 한국심리학회지 발달, 24(2), 65-86.

김영태(2015). 아동 언어 장애의 진단 및 치료(2판). 서울: 학지사.

김영태, Linda, J. Lombardino(2016). 학령 전 아동의 한국어 초기 읽기 능력 검사. 읽기 장애의 진단 및 치료 워크숍 자료집. 서울: 이대발달장애아동센터.

김영태, 신문자(2004). 우리말 조음음운평가(사용자 지침서). 서울: 학지사.

김유숙, 박진희, 최지원(2014). ADHD 유아. 서울: 학지사.

김유숙(2017). 심리치료이론과 가족치료. 서울: 학지사.

김윤옥, 황선회(2017). 보건복지부 개발 교육과정에 따른 보육교사교육원 교재-영유아 문제행동지도 및 상담. 07권. 서울: 양서원.

김인자 역(2014). P.E.T. 효과적인 부모역할 훈련 생활심리시리즈 1-2. Zender, Anthony E. & Gordon, Thomas(1976). 서울: 한국 심리상담 연구소.

김정겸, 강영식(2015). 유아의 기질과 부모의 양육 행동 관련 유아의 문제행동 변화 연구 추이 및 유형에 대한 종단적 탐색 연구. 한국산학 기술학회 논문지, 16(10), 6722-6742.

김정택, 심혜숙(2013). 16가지 성격유형의 특성(개정판). 서울: (주)어세스타.

김제한(2000). 발달심리학. 서울: 양서원.

김진호, 이병래(2006). 유아정신건강. 서울: 동문사.

김춘경, 이수연, 이윤주, 정종진, 최웅용(2016). 상담학 사전. 서울: 학지사

남명자(2011). 부모의 양육태도와 아동의 성격장애. 서울: 학지사.

문송이(2008). 유치원 교실에서 일어나는 유아행동지도와 교사의 어려움. 중앙대학교 석사학위 청구논문.

민성혜, 신혜원, 유영미(2007). 부모-자녀 관계에 대한 유아의 정신적 표상. 경기도: 한국 학술 정보(주).

민병배, 오현숙, 이주영(2007). 기질 및 성격검사 매뉴얼. 서울: 마음사랑.

민성혜 역(2007). 유아의 문제행동. Campbell, Susan, B.(2002). *Behavior problems in Preschool Children*. 서울: 시그마프레스.

박경자, 김송이, 권연희, 김지현 역(2014). 영유아의 사회정서발달과 교육 제6판. Kostelnik, M., Whiren, A., Soderman, A., Rupiper, M., & Gregory, K.(2008). *Guiding children's social development and learning*(6th edition). 경기도: 교문사.

박명애, 이효신(2007). 유아기 정서 및 행동장애. 서울: 시그마프레스.

박소영(2015). 유아의 스마트미디어 사용실태 및 과다사용에 영향을 미치는 변인 연구. 가톨릭대학교 박사학위 청구논문.

박정옥, 김태인(2013). 아동 생활지도. 경기도: 양서원.

박진아, 이경숙, 신의진(2009). 모-자녀관계와 어머니의 양육스트레스가 유아의 문제행동에 미치는 영향. 한국심리학회지. 여성 14(4), 549-566.

박진주(2017). 유아의 스마트기기 중독경향성과 놀이행동. 서울여자대학교 석사학위 청구논문.

배한동, 이애란(2008). 비고츠키의 관점에서 본 부적응아 인성교육 방안. 윤리교육연구, 17, 243-266.

성영혜, 김현숙, 유가효, 송정아, 최영희, 이경화, 박인전, 방은령, 윤혜경, 장미경 역(1997). 가족놀이치료. Charles Schaefer, Lois Carey(1994). *Family play therapy*. 서울: 상조사.

송수미, 김재환(2002). ADHD 및 우울, 불안장애 아동의 문제행동에 대한 부모-교사 간 평가 일치도. 한국심리학회지. 임상, 21(4), 859-869.

송영혜, 김현희(2002). 부모-아동 자유놀이 상호작용 평가 모형놀이치료연구. *The journal of play therapy, 6*(1), 29-44.

신문자 역(1999). 엄마, 엄마, 말이 잘 안 나와요. Robert West(1999). *If your child stutters: a guide for parents*. 서울: 하나 의학사.

신민섭, 김수경, 김용희, 김주현, 김향숙, 김진영, 류명은, 박혜근, 서승연, 이순희, 이혜란, 전선영, 한수정(2009). 그림을 통한 아동의 진단과 이해. 서울: 학지사.

신윤희(2010). 부모의 양육행동과 아동의 내외통제성이 아동의 스트레스 대처행동에 미치는 영향. 연세대학교 석사학위 청구논문.

신혜영, 이은해(2005). 어린이집 교사의 직무 스트레스와 효능감이 교사 행동의 질에 미치는 영향. 아동학회지, 26(5), 105-121.

심혜숙, 곽미자 역(1998). 성격유형과 자녀 양육태도. Janet Penley & D. Stephens, *Understanding personality type in mothering*(1995). 서울: 한국심리검사 연구소.

심현섭, 김영태, 김진숙, 김향희, 배소영, 신문자, 이승환, 이정학, 한재순, 윤혜련, 김정미, 권미선(2010). 의사소통장애의 이해. 서울: 학지사.

안영진(2002). 새 아동발달 연구. 서울: 도서출판 꾸벅.

염숙경(2002). 아동의 특성과 문제별 아동상담과 놀이치료. 서울: 상조사.

오성춘 역(2001). 상담학 개론. Gerald Corey(1983). *Theory and practice of counseling and psychotherap*y. 장로회 신학대학교 출판부.

오지선(2015). 일상생활에서 영유아 멀티미디어 사용양상 및 부모의 생각. 성신여자대학교 석사학위 청구논문.

이경숙, 진미경(2008). 나레이티브를 통한 아동의 애착 표상과 어머니의 성인애착 표상에 대한 연구. 한국심리학회지 상담 및 심리치료, 20(2), 355-368.

이기복(2010). 이기복 교수의 성경적 부모교실. 서울: 두란노.

이무석(2004). 정신분석으로의 초대. 서울: 이유.

이사라, 손승민, 박선영, 이주연, 박민선(2013). 영아발달. 서울: 파워북.

이소은, 이완정, 성미영, 권기남(2013). 아동생활지도. 서울: 교문사.

이숙희, 고인숙, 김미정(2009). 유아의 문제행동에 영향을 미치는 관련 변인연구. 유아교육학논집, 13(1), 163-183.

이순자, 유수옥.(2012). 유아 문제행동에 대한 연구 동향 및 유아 문제행동 관련 변인 분석, 유아교육학논집, 16(6), 127-157.

이승환(2003). 유창성 장애. 서울: 시그마프레스.

이재창, 정영윤, 구본권, 손진훈, 김정기, 박승호(1997). 인간이해를 위한 심리학. 서울: 문음사

이재훈 역(1997). 유아의 심리적 탄생. Mahler, M. S., Pine, F., & Bergman, A(1975). *The psychological birth of the human infant*. 서울: 한국심리치료연구소.

이종숙, 이옥, 신은수, 안선희, 이경옥 역(2008). 아동발달(7판). Berk, L. E.(2006). *Child development*. 서울: 시그마프레스.

이진, 김영아, 오경자(2009). 한국판 CBCL 1.5-5의 변별타당도 및 임상적 유용. 한국심리학회지 임상, 28(1). 171-186.

이춘재, 성현란, 송길연, 윤혜경, 김혜리, 박혜원, 곽금주, 장유경, 박선미, 황상민, 이은희, 이도헌, 조정호, 김선아 역(1998). 발달 정신 병리학(3판). Wenar, C.(1994). *Developmental psychology: from infancy through adolescence*(3th ed). 중앙적성출판사.

이하원(2009). '한국어-영어'를 동시 습득한 5-6세 이중언어아동의 한국어 어미(Verbal endings) 습득 분석. 성균관대학교 일반대학원 박사학위 논문.

이훈구 역(2002). 부모 역할 훈련. Thomas Gordon.(1970). P. E. T. *Parent effectiveness training*. 서울: 양철북.

이홍수, 박주경, 이병민, 이소영, 최연희, 차경환, 이성희 역(2011). 외국어 교수 학습의 원리(제5판). Pearson Longman. Brown, D, H.(2009). *Principles of language learning and teaching*.

임경민(2005). 유아의 나리에티브 표상과 사회적 상호작용 간의 관계. 연세대학교 석사학위 청구논문.

장희정(2016). 언어발달지도-옹알이부터 문장완성까지. 서울: 창지사.

정성훈, 박애선, 진미경(2009). 부모-자녀 관계 평가 및 상담의 실제. 서울: 시그마프레스.

정옥분(2013). 아동발달의 이해. 서울: 학지사.

정옥분, 정순하, 임정하(2007). 정서발달과 정서지능. 서울: 학지사.

정문자, 정혜정, 이선혜, 전영주(2007). 가족치료의 이해. 서울: 학지사.

조운주, 최일선(2016). 유아교육기관에서의 유아생활지도. 서울: 창지사.

조명한(1982). 한국유아의 언어 획득연구: 책략모형. 서울: 서울대학교출판부.

진미경, 유미숙(2005). 애착측정 도구들에 대한 개관: 시기별, 영역별 애착 평가를 위한 도구들의 개관. 인간발달연구, 12(4), 139-158.

최경숙(2006). 아동발달심리학. 서울: 교문사.

최경숙, 송하나(2010). 발달심리학-전 생애: 아동 청소년 성인. 서울: 교문사.

황선희(2015). 유아교사를 위한 생활지도 및 상담. 서울: 양서원.

한국기업교육학회(2010). HRD 용어사전. 서울: 중앙경제.

현은자, 곽영미, 김민정, 박은미, 이란, 김가양, 이민재, 이나은, 이신애, 이수형, 김채은, 설려나, 홍지민(2016). 그림책으로 보는 아동과 우리 사회. 서울: 학지사.

홍광표, 조준오(2015). 유아 미디어 및 인터넷 중독 경향성이 문제행동에 미치는 영향. 유아교육연구, 35(4). 469-491.

홍현재(2013). 유아의 기질, 어머니의 양육행동, 교사-유아 관계가 유아의 문제행동에 미치는 영향. 가톨릭대학교 석사학위논문.

Achenbach, T. M., Edelbrock, C.(1983). *Manual for the child behavior checklist and revised child behavior profile.* Burlington. VT: University of Vermont.

Ainsworth, M. D. S., Blehar, M., Waters, E., & Wall, S.(1978). *Patterns of attachment.* Hillsdale. NJ: Erlbaum.

Alschuler, R., &Hattwick, L. A. (1947). *Painting and personality*. Volumes I and II.

Band, E. B. & Weisz, J. R.(1988). How to feel better, when it feels bad: Children's perspectives on coping with everyday stress. *Developement Psychology, 24*, 247–253.

Bandura, A.(1977). *Social learning theory*. Englewood cliffs, NJ: Prentice–Hall.

Baumrind, D.(1971). Current patterns of parental authority. *Developmental Psychology, 4*, 1–13.

Beck, K. V., Miltenberger, R. G., & Ninness, C.(2009). Evaluation of a commercially available program and in situ training by parents to teach abduction prevention skills to children. *Journal of Applied Behavior Analysis, 42*(4), 761–772.

Berk, L. E.(2006). *Child develomnet* (7th edition). Longman.

Bornstein, M. H.(1995). Parenting infant. In M. H. *Handbook of parenting 1* 3–41.

Bretherton, I., & Munholland, K. A.(1999). Internal working models in attachment relationships: A construct revisited. In J. Cassidy & P. R. Shaver(Eds.), *Handbook of attachment: Theory, research, and clinical applications*(pp. 89–111). NY: Guilford Press.

Bretherton, I., Oppenheim, D., Buchsbaum, H., & Emde, R. N. (1990). *The McArthur story stem battery*. Unpublished manual.

Brown, H. D.(2000). *Principles of language learning and teaching*. Longman.

Bowlby, J.(1969). *Attachment and loss*. Vol. 1: Attachment. NY: Basic Books.

Bowlby, J.(1980). *Attachment and loss. vol. 3: Loss, sadness and depression*. NY: Basics Books.

Burns, R. C., & Kaufman, S. (1970). *Kinetic Family Drawings (KFD): An introduction to understanding children through kinetic drawings*.

Buss, A. H., & Plomin, R.(1975). *A temperament: Early developing personality development*. NY: Wiley.

Campbell, S. B.(2002) Longitudinal studies of active and aggressive preschoolers: Individual differences in early behaviour and in outcome. In D. Cicchetti and S. L. Toth(eds.), Internalizing and externalizing expressions of dysfunction. *Rochester symposium on developmental psychopathology, vol. 2*, pp. 57–90. Hillsdale, N. J.: Erlbaum.

Cassidy, J., & Marvin, R. S., with the MacArthur Working Group on Attachment(1992). A system for Classifying Individual Differences in the Attachment–Behaviour of 2 1/2 to 4

1/2-year-old Children. Unpublished coding manual. University of Virginia.

Cloninger, C. R.(2004). *Feeling good: The science of well-being*. NY: Oxford.

Cloninger, C. R., Svrakie, D. M., & Przybeck, T. R.(1993). A psychobiological model of temperament and character. *Archives of General Psychiatry, 50,* 975-990.

Colton, R. H., Casper, J. K., & Leonard, R.(2006). *Understanding voice problems: A physiological perspective for diagnosis and treatment*. Philadelphia: Lippincott Williams & Wilkins.

Damon, W., & Hart, D.(1982). The development of self-understanding from infancy through adolescence. *Child Development*, 841-864.

Darling-Hammond, L.(2000). Teacher quality and student achievement. *Education policy analysis archives, 8*, 1.

Darling-Hammond, L., Holtzman, D. J., Gatlin, S. J., & Heilig, J. V.(2005). Does teacher preparation matter? Evidence about teacher certification, Teach for America, and teacher effectiveness. *Education Policy Analysis Archives*, 13, 42.

Diller, K. C.(1981). Individual Differences and Universals in Language Learning Aptitude.

Dornyei, Z., & Skehan, P.(2003). 18 Individual Differences in Second Language Learning. *The handbook of second language acquisition*(pp.589-630). Malden, MA: Blackwell Publishing.

Egeland, B., Kalkoske, M., Gottesman, N., and Erickson, M. E.(1990). Preschool behavior problems: Stability and factors accounting for change. *Journal of Child Psychology and Psychiatry, 31*, 891-909.

Emde, R. N., Biringen, Z., Clyman, R. B., & Oppenheim, D.(1991). The moral self of infancy: Affective core and procedural knowledge. *Developmental Review, 11*(3), 251-270.

Erickson, E. H.(1950). *Childhood and society*. NY: Norton.

Essa, E.(2003). *A practical guide for solving preschool behaviour problems*. Delmar Learning, Inc.

Fabes, R.A., & Eisenberg, N., Karbon, M., Bernzweig, J., Speer, A., & Carlo, G.(1994). Socialization of children's vicarious emotional responding and prosocial behavior. *Development Psychology, 30*, 44-55.

Feinman, S., Roberts, D., Hsieh K., Sawyer, D., & Swanson, D.(1992). A critical review of social referencing in anfancy. In S. Feinman(Ed), *Social referencing and the social construction of reality in infancy*. NY: Plenum.

Fleisher, D. R., & Morrison, A.(1990). Masturbation mimicking abdominal pain or seizures in young girls. *The Journal of Pediatrics, 116*(5), 810–814.

Freeman, D.(1989). Teacher training, development, and decision making: A model of teaching and related strategies for language teacher education. *Tesol Quarterly, 23*(1), 27–45.

Gimpel, G. A., Peacock, G. G., & Holland, M. L.(2003). *Emotional and behavioral problems of young children: Effective interventions in the preschool and kindergarten years*. Guilford Press.

Gordon, T.(1970). *PET: Parent effectiveness training: the tested new way to raise responsible children*. PH Wyden.

Grice, P.(1975). Logic and conversation. In P. Cole & J. L. Moran(Eds), *Syntax and semantics III: Speech acts*(pp. 44–58). NY: Academic Press.

Green, J., Stanley, C., Smith, V., & Goldwyn, R.(2000). A new method of evaluating attachment representations in young school-age children: The Manchester Child Attachment Story Task. *Attachment and Human Development, 2,* 48–70.

Green, J., Stanley, C., & Goldwyn, R.(2003). *Manchester Child Attachment Story Task.* Unpublished manual. University of Manchester

Guerney, L., & Ryan, V.(2013). *Group filial therapy: The complete guide to teaching parents to play therapeutically with their children*. Jessica Kingsley Publishers.

Halliday, M.(1975). *Learning how to mean: exploration in the development of language*. NY Allmond.

Harlow, H. F., & Zimmermann, R. R.(1959). Affectional responses in the infant monkey. *Science, 130*(3373), 421–432.

Harris, A.(2003). Teacher leadership as distributed leadership: heresy, fantasy or possibility. *School Leadership & Management, 23*(3), 313–324.

Harris, D. N., & Sass, T. R.(2011). Teacher training, teacher quality and student achievement. *Journal of Public Economics, 95*(7–8), 798–812.

Hirshfeld, D. R., Rosenbaum, J. F., Biederman, J., Bolduc, E. A., Faraone, S. V.,

Hirshfeld, D. R., Rosenbaum, J. F., Biederman, J., Bolduc, E. A., Faraone, S. V., Snidman, N., ... & Kagan, J. (1992). Stable behavioral inhibition and its association with anxiety disorder. *Journal of the American Academy of Child & Adolescent Psychiatry, 31*(1), 103-111.

Kanner, L.(1977). *Child psychiatry*(4th ed). Springfield, Ⅲ.: Charles C. Thomas.

Kellerman, A.(1982). Interpersonal conflict and the children of discord and divorce. *Psychological Bulletin, 92*(2), 310–330.

Kochanska, G., Gross, J. N., Lin, M. H., & Nichols, K. E.(2002). Guilt in young children: Development, determinants, and relations with a broader system of standards. *Child Development, 73*(2), 461–482.

Laible, D. J., & Thompson, R. A.(2000). Mother–child discourse, attachment security, shared positive affect, and early conscience development. *Child Development, 71*(5), 1424–1440.

Lorenz, K. Z.(1943). The innate forms of possible experience. Zeitcshbrift fur *Tierosychologie, 5*, 233–409.

Lynch, E. W., Hanson, M. J.(2004). *Developing cross-cultural competence: A guide for working with young children and theirfamilies*(3rd ed.). Baltimore: Paul H. Brookes, 1.

Manley, K., Titchen, A., & Hardy, S.(2009). Work-based learning in the context of contemporary health care education and practice: A concept analysis. Practice *Development in Health Care, 8*(2), 87–127.

Marion, M.(2007). Guidance of young children. 8th Edition NY: Macmillan

Miller, L. K.(2006). *Principles of Everyday Behaviour Analysis*(4th ed.). Belmont, CA: Thomson Wadsworth.

Nicolas, C.(2011). 생각하지 않는 사람들–인터넷이 우리의 뇌 구조를 바꾸고 있다. (최지향 옮김). 서울: 청림출판사.(원서 출판 2010).

Olson, S. L.(1992). Development of conduct problems and peer rejection in preschool children: A social systems analysis. *Jounal of Abnormal Child Psychology, 20*(3), 327–350.

Patterson, G. R.(1986). Performance models for antisocial boys. *American Psychologist 41*, 432–444.

Perferri, C. A.(1985). *Reading Ability*. NY: Oxford University Press.

Perry, D. G., Perry, L. C., and Boldizar, J. P.(1990). Learning of aggression. In M. Lewis and S. M. Miller(eds.), *Handbook of developmental psychopathology*, 135–146. NY: Plenum.

Rabinowitz, A., & Eldan, Z.(1989). Social schemata and aggression. *Perceptual and motor skills*.

Rescorla, L.(1989). The Language Development Survey: A screening tool for delayed language in toddlers. *Journal of Speech and Hearing Disorders, 54*(4), 587–599.

Rice, J. K.(2003). Teacher quality: Understanding the effectiveness of teacher attributes. Economic Policy Institute, 1660 L Street, NW, Suite 1200, Washington, DC 20035.

Rosa, E. M., & Tudge, J.(2013). Urie Bronfenbrenner's theory of human development: Its evolution from ecology to bioecology. *Journal of Family Theory & Review, 5*(4), 243–258.

Rosenthal, R., & J acobson, L.(1968). *Pygmalion in the classroom: Teacher expectation and pupils' intellectual development*. NY: Holt, Rinehart and Winston.

Shaffer, D. R., & Kipp, K.(2014). *Developmental psychology: Childhood and adolescence*. Cengage Learning.

Santrock, J. W.(2007). *A topical approach to life-span development*, 3E. Ch, 5, 192.

Schaffer, H. R., & Emerson, P. E.(1964). The development of social attachments in infancy. *Monographs of the society for research in child development*, 1–77.

Schaefer, E. S.(1965). Children's reports of parental behavior: An insventory. *Child Development, 36*, 417–424.

Smith, D. T.(2000). Parent–child interaction play assessment. In C. Schaefer., K. Gitlin., & A. Sandgrund(Eds), *Play diagnosis and assessment*(2nd)(pp. 339–370). NY: John Wiley & Son.

Snidman, N., Reznick, J. S., and Kagan, J.(1992). Stable behavioral inhibition and its association with anxiety disorder. *Journal of the American Academy of child and Adolescent Psychiatry 31*, 103–111.

Thomas, A., & Chess, S.,(1977). *Temperament and development*. NY: Brunner Mazel.

Thompson, R. A.(1994). Emotion regulation: A theme in search of definition. *Monographs of the society for Research in Child Development, 59*(2–3), 25–52.

Thompson, R. A(2006). the development ih the person: Social understanding, relationships, conscience, self. In N. Eisenberg, W. Damon, & E, M. Lerner(Eds.), *Handbook of child psychology*(pp. 24–98). Hoboken NJ: Wiley.

Walsh, T. M., & Diller, K. C.(1979). Neurolinguistic considerations on the optimum age for second language learning. *In annual meeting of the berkeley linguistics society. Vol. 5*, 510–524.

Wellman, H. M., & Woolley, J. D. (1990). From simple desires to ordinary beliefs: The early development of everyday psychology. *Cognition, 35*(3), 245-275.

Wenar, C., & Kerig, P.(2000). *Developmental psychopathology: From infancy through adolescence*. McGraw–Hill.

Westen, D.(1994). Toward an integrative model of affect regulation: Applications to social–psychological research. *Journal of Personality, 62*(4), 641–667.

York-Barr, J., & Duke, K.(2004). What do we know about teacher leadership? Findings from two decades of scholarship. *Review of Educational Research, 74*(3), 255–316.

https://www.bing.com/images/search?q=%ea%b5%ac%ea%b0%95%ea%b5%ac%ec%a1%b0+%ea%b7%b8%eb%a6%bc&id=141F7C1D7C593517ECB0B5B7943105B062A0639E&FORM=IQFRBA 2018년 12월 5일 인출

http://www.kukinews.com/news/article.html?no=420100 2019년 1월 5일 인출

http://www.koreanpsychology.or.kr 2019월 1월 2일 인출

https://www.iapc.or.kr 2019년 1월 6일 인출.

https://msit.go.kr/web/main/main.do 과학기술정보통신부 2018년 9월 7일 인출

저•자•소•개

이하원
성균관대학교 일반대학원 철학박사(발달심리학 전공)
총신대학교 교수
한숲 아동청소년 상담센터 산하『전인격 발달연구소』자문교수

이신혜
서울여자대학교 일반대학원 문학석사(교육심리학과 상담심리 전공)
한숲 아동청소년 상담센터 산하『전인격 발달연구소』소장

이지연
서울여자대학교 특수치료전문대학원 문학석사(미술치료 전공)
한숲 아동청소년 상담센터 산하『전인격 발달연구소』연구원

영유아 문제행동 지도

초판 1쇄 발행 2020년 1월 10일
초판 4쇄 발행 2024년 1월 12일

지 은 이 | 이하원·이신혜·이지연
펴 낸 이 | 김기섭
책임편집 | 이윤미
펴 낸 곳 | 창지사 www.changjisa.com
08589 서울시 금천구 가산디지털 1로 83 파트너스타워 1차 9층
전화(02) 719-2211~3
팩스(02) 701-9386
등 록 | 1977년 4월 28일·제1-421호

ISBN 978-89-426-1238-3 (93370)

값 23,000원